La peinture à Orsay

Michel Laclotte
Inspecteur général des Musées

Geneviève Lacambre
Conservateur en chef au musée d'Orsay

Anne Distel
Conservateur au musée d'Orsay

Claire Frèches-Thory
Conservateur au musée d'Orsay

Avant-propos de Françoise Cachin
Directeur du musée d'Orsay

Éditions Scala
Éditions de la Réunion des musées nationaux

ISBN 2-86656-027-2
Première impression en 1986 par les Éditions Scala
14 bis, rue Berbier du Mets - 75013 Paris

Photos : Réunion des musées nationaux - Paris
Conception : Maxence Scherf

En couverture : *Le Déjeuner sur l'herbe* de Claude Monet, partie centrale (détail)

Avant-propos

Depuis la première parution de ce livre à l'ouverture du musée d'Orsay, deux ans se sont écoulés : sept millions de visiteurs environ seront passés devant les tableaux reproduits ici, dans leur nouveau décor. Les uns venaient de lieux prestigieux comme le Jeu de Paume ou le Louvre, d'autres étaient exhumés de réserves ou de dépôts où les avait relégués depuis un demi-siècle une histoire du goût plus prompte à admirer ce qui prépare le XXe siècle, qu'à regarder sans préjugés les succès d'hier.

Michel Laclotte, qui a dirigé l'équipe conceptrice du musée, précise plus loin quelle a été l'histoire de ces collections. En ouvrant ce musée, nous avons eu la volonté de montrer le meilleur de ce qui était occulté par une modernité triomphante, sans en remettre en cause la prééminence. C'est dans cette perspective que les collections de peinture du musée se sont enrichies depuis deux ans.

L'acquisition récente la plus éclatante, pour la peinture, aura été sans conteste le fragment central du chef-d'œuvre de la jeunesse de Monet, son *Déjeuner sur l'herbe*, entré par dation, et dont on reproduit ici un détail en couverture. Par la même procédure, le musée bénéficie d'un incomparable ensemble décoratif de quinze panneaux peints par Odilon Redon, en 1903, pour un château de Bourgogne. La présence de Puvis de Chavannes a été renforcée, grâce au don généreux d'un marchand-collectionneur américain, par deux toiles : *Le Pigeon* et *Le Ballon*, peintes à l'occasion du siège de Paris en 1870-1871, et qui montrent avec quelle grandeur cet artiste inclassable savait mêler l'allégorie et l'événement. Des achats ont permis de compléter les salles dévolues aux nabis, par une *Vague violette* de Lacombe, et une petite mais exquise maternité de Maurice Denis, *L'Enfant au pantalon bleu*. J'aimerais souligner aussi nos efforts continus pour combler les lacunes dans la représentation de la peinture étrangère. Si le beau Van Gogh sombre de l'époque de Nuenen est entré par don, on a tenu à faire plusieurs achats destinés à mieux montrer ce qu'avait de véritablement européen la peinture à la fin et au tournant du siècle : depuis le très surprenant tableau du Belge Lemmen qui trouve sa place logique dans la salle néo-impressionniste, jusqu'à un grand pastel gouaché de Mondrian, que ses liens de jeunesse avec le naturalisme et le symbolisme inscrivent tout naturellement dans le circuit d'Orsay, non loin des paysages de Redon. Citons encore le tableau du Catalan Rusiñol, montrant la colline de Montmartre peu avant l'arrivée à Paris de son compatriote Picasso, et enfin un très beau paysage alpin du Suisse Ferdinand Hodler, qui trouve sa place dans la dernière salle, celle des « sources du XXe siècle ». Malgré son thème apparemment réaliste, il se situe dans le courant symboliste international, avec une technique qui n'est pas sans évoquer le pointillisme et les volutes des nabis français.

N'ont été cités ici que les plus importants parmi les nouveaux enrichissements exposés à ce jour, mais souhaitons que ce livre encourage le lecteur à revenir bientôt au musée d'Orsay : de nombreuses découvertes vont, dans les années à venir, l'y accueillir.

Novembre 1988

Introduction

Le musée d'Orsay présente, on le sait, un panorama d'ensemble sur la création artistique de la seconde moitié du XIXe siècle et du début du XXe siècle. Ses programmes d'expositions temporaires, de concerts, de spectacles audiovisuels, favorisent toutes sortes de confrontations interdisciplinaires, soulignant la complexité d'une époque exceptionnellement riche en expériences variées. Mais, par contraste, et pour éviter tout risque de surcharge et de confusion, le parti muséographique adopté pour les salles permanentes repose clairement sur la distinction des différentes techniques et des divers modes d'expression. C'est dire qu'il est aisé de composer un parcours général du musée qui lie entre elles et isole les salles de peinture et propose, comme le fait ce livre, une histoire de la peinture allant du milieu du siècle dernier aux premières années du nôtre, telle qu'on peut l'illustrer à travers les collections.

Avant d'esquisser l'histoire de ces collections, il faut sans doute donner quelques explications sur le champ chronologique couvert par le progamme du musée, qui établit ses frontières, d'un côté avec le musée du Louvre, de l'autre avec le musée national d'Art moderne.

La limite finale s'est imposée d'elle-même : le musée d'Orsay termine son parcours au point où le musée d'Art moderne commence le sien, autour de ces années 1904-1907 d'intense ébullition qui voient naître un nouveau langage pictural, celui du fauvisme et de l'expressionnisme, encore nourri des expériences du « post-impressionnisme », avant la bouleversante remise en cause des *Demoiselles d'Avignon* (1907). Ajoutons que ces mêmes années correspondent, tandis que s'épuise la sève de l'Art Nouveau, à des mutations radicales également dans le domaine de l'architecture et du « design » (les Wienerwerkstätte sont créés dès 1903).

Il était moins aisé de déterminer une date liminaire, correspondant à une fracture dans le massif XIXe siècle. L'année 1863, celle du « Salon des refusés », à laquelle on s'était quelque temps référé, n'est marquante que pour la seule peinture française et ne correspond à aucune césure dans les autres arts. Pour remonter plus haut dans le temps en absorbant la période romantique — autre possibilité sérieusement étudiée — il aurait fallu encore plus d'espace et surtout de murs (pour les immenses toiles de Géricault, Delacroix et des peintres de Louis-Philippe) que n'en pouvait offrir le nouveau musée. On a donc choisi de fixer les débuts du programme au milieu du siècle (autour de 1848-1850), moment qui répond bien à un profond changement sur tous les plans, et pas seulement politique, économique et social.

Reconnaissance publique de Millet, de Courbet et, avec eux, du « Réalisme » aux Salons de 1849 et de 1850-51, fondation de la Preraphaelite Brotherhood en 1848, construction du Crystal Palace (1850-51) et du Nouveau Louvre (à partir de 1852), rôle essentiel des premières expositions universelles (Londres, 1851 ; Paris, 1855) dans le développement de l'éclectisme historicisant d'une part, et de l'autre dans la conflictuelle confrontation entre les produits de l'art et ceux de l'industrie, autant de traits, parmi bien d'autres, qui signalent un renouvellement fondamental dans tous les domaines de la création artistique, au cœur même du siècle.

Pour atténuer la brutalité des coupures trop simplificatrices, on a toutefois ménagé, au début et à la fin du circuit, des zones de transition. Dans les premières salles, quelques œuvres tardives évoquent la présence des grands artistes de la première moitié du siècle encore actifs et influents dans les années suivantes (notamment pour la peinture, Ingres et les ingresques, Delacroix, Chassériau, Corot, Rousseau et les paysagistes de Barbizon), l'essentiel de leur production demeurant au Louvre. De même, au terme du parcours, trouve-t-on une brève allusion au fauvisme dont le développement illustre le premier « chapitre » du musée d'Art moderne.

A l'origine des collections aujourd'hui regroupées au musée d'Orsay, il y a d'abord le musée du Luxembourg, fondé en 1818 par Louis XVIII pour accueillir les « ouvrages de peinture et de sculpture de l'école moderne » et qui, jusqu'en 1937 (date de création du musée national d'Art moderne au Palais de Tokyo) allait présenter un choix des œuvres des artistes vivants appartenant à l'État. La règle voulait qu'après la mort des artistes dont « l'opinion universelle a consolidé la gloire », leurs œuvres entrent au Louvre, consécration suprême, suivant un délai de purgatoire qui varia au cours des temps.

Nourri presque exclusivement à ses débuts par les achats aux Salons — seul moyen, faut-il le rappeler, qu'eurent longtemps les artistes, à condition d'y être admis, pour faire connaître leurs œuvres —, le musée du Luxembourg reflète donc le goût officiel. Ouvert d'abord aux diverses tendances de l'art vivant (Delacroix et Ingres s'y côtoient dès 1824), le choix se resserre dès le milieu du siècle. Après un moment plus libéral, dans les années 1848-51, qui fait entrer enfin Corot et Théodore Rousseau et aussi Rosa Bonheur et Antigna (tandis que l'*Après-dîner à Ornans* de Courbet est acquis pour le musée de Lille), le musée ne retient que certains aspects de la création contemporaire, essentiellement, à côté des paysagistes les plus sages, les peintres d'histoire et de genre qui cultivent un éclectisme de bon aloi, à l'exclusion des représentants les plus forts du réalisme : l'absence de Courbet et de Millet, de leur vivant, témoigne d'une étroitesse de vue qui s'applique, cela va sans dire, à la jeune école qui prend Manet pour chef.

Malgré les efforts de son conservateur, devenu directeur des Beaux-Arts en 1873, le remarquable Philippe de Chennevières (qui avait en vain essayé d'acquérir en 1861 le grand *Combat de cerfs* de Courbet), le Luxembourg reste obstinément fermé, au cours des années 1870 et 1880, aux recherches les plus neuves, même si l'achat d'œuvres aux ventes Millet (1875), Diaz (1877), Daubigny (1878), introduit enfin certains grands aînés disparus dans les collections ou renforce leur représentation.

C'est au Louvre que devait se faire la réhabilitation posthume de Corot, de Courbet, de Millet et des peintres de Barbizon. L'entrée de *L'Enterrement à Ornans* offert par la sœur de Courbet en 1881 et de plusieurs tableaux acquis la même année à la vente Courbet en est le signe. Dès lors, la générosité privée comblera le musée de pièces prestigieuses (*Le Printemps* de Millet, donné par Mme Hartmann en 1887 et *Les Glaneuses* par Mme Pommery en 1890, alors que la cote de l'artiste était à son zénith) et de collections entières. La collection de Thomy Thiéry, amateur mauricien établi en France, enrichit ainsi le Louvre en 1902 d'un groupe parfaitement choisi et abondant d'œuvres des maîtres de Barbizon ainsi que de Corot et de Delacroix. Évitant de briser l'unité de cet ensemble, on a jugé bon de maintenir intacte la collection sans la transférer au musée d'Orsay ; une majorité d'artistes la composant appartiennent d'ailleurs au programme du Louvre. La présence dans cette collection de quelques artistes qui, eux, sont pris en charge par le musée d'Orsay (Millet, Daubigny), permettra aux visiteurs du Louvre d'établir les liens nécessaires entre l'« Ecole de 1830 », l'École de Barbizon et ses prolongements réalistes.

A l'inverse, pour ménager une transition dans l'autre sens d'un musée à l'autre et pour représenter au musée d'Orsay les paysagistes de Barbizon, on a choisi d'y montrer une collection de même type, caractéristique du goût de tant de riches amateurs français et américains de la fin du siècle, la collection Chauchard, entrée au Louvre en 1909. Constituée à grands frais par l'un des fondateurs des Magasins du Louvre, Alfred Chauchard, qui n'hésita pas à payer la somme exorbitante de 800 000 francs la gloire de faire rentrer d'Amérique *L'Angélus* de Millet, cette collection rassemble un magnifique ensemble d'œuvres de Millet, de l'École de Barbizon, de Corot, Delacroix et Decamps, ainsi que de Meissonier.

Chennevières avait rêvé de confier à « Manet et à ses élèves » des murs à décorer, comme il le fit pour Puvis de Chavannes. Projet sans suite, bien entendu ; pas plus que Courbet ou Millet, Manet ne devait d'ailleurs connaître de son vivant la consécration du Luxembourg. C'est pourtant sur son nom qu'est livrée la première bataille ouvrant le musée aux impressionnistes. En 1890, l'*Olympia* est acquise à Mme Manet, qui s'apprêtait à vendre le tableau à un amateur américain, par un groupe de souscripteurs animé par Monet et offerte à l'État pour le Luxembourg. L'année suivante, également à l'instigation d'admirateurs (parmi lesquels Mallarmé et Clemenceau), est acheté un autre chef-d'œuvre « classique » de l'art moderne, *La Mère* de Whistler. C'est en revanche une œuvre récente, quasiment une commande, qui est retenue pour l'admission de Renoir au musée, les *Jeunes filles au piano*, l'année où Monet, Bazille et Renoir lui-même pénètrent en effigie au Luxembourg, puisqu'on les voit groupés autour de Manet dans *L'Atelier des Batignolles* de Fantin-Latour, acquis en 1892.

Avec les tableaux légués par le peintre Caillebotte, leur ami et mécène, les impressionnistes entraient en force au Luxembourg en 1896 : sept pastels de Degas, deux Manet (dont *Le Balcon*), un Cézanne, huit Monet, six Renoir (dont *Le Moulin de la Galette*), six Sisley et sept Pissarro.

Mais cette irruption ne s'était pas faite sans mal, ni sans accroc : seule une partie de la collection avait finalement été acceptée. L'« affaire Caillebotte » fit et fait encore du bruit. On y a reconnu la preuve confondante de l'aveuglement des pouvoirs publics à l'égard de l'art vivant. Même si ce jugement peut être nuancé et certains responsables absouts (le comité des conservateurs des musées nationaux avait accepté le legs dans son intégralité), un fait demeure, le rejet des collections nationales de vingt-neuf tableaux de Cézanne, Manet, Renoir, Sisley et Pissarro, qu'en vain Martial Caillebotte tenta, semble-t-il, de faire accepter par la suite. L'ouverture au public en 1897 d'une salle consacrée aux impressionnistes du legs Caillebotte (en annexe de la nouvelle galerie aménagée depuis 1886 dans l'Orangerie du Luxembourg) devait d'ailleurs déchaîner la protestation officielle de l'Académie des Beaux-Arts, indignée que des œuvres « défectueuses, pour la plupart jusqu'à l'extravagance, » puissent voisiner avec les « meilleurs spécimens de l'art français contemporain ».

Durant tout le dernier tiers du XIXe siècle, le Luxembourg s'est enrichi régulièrement, notamment grâce aux achats aux Salons et parfois à des dons, de très nombreuses toiles. Les peintres choisis n'appartiennent pas tous aux tendances les plus conservatrices. L'acquisition de tableaux de Fantin-Latour, de Puvis de Chavannes, de Carrière, plus tard des jeunes de la Bande noire, pour ne citer que quelques cas, le prouve. Reste que le musée est dominé par la peinture d'histoire, ancienne et contemporaine, exemplaire par ses sujets, par le portrait social ou mondain, puis par la peinture naturaliste ; cette dernière tendance gouverne d'ailleurs à travers les sources d'inspiration les plus variées, allant du populisme au symbolisme — utilisant les techniques claires et souvent brillantes d'un nouvel éclectisme moderniste — une bonne part de la production occidentale de la fin du siècle, hors des cercles d'avant-garde. Grâce à l'action de son conservateur, Léonce Bénédite, le musée s'est heureusement ouvert aux écoles étrangères, en accueillant, après Whistler, de nombreux artistes de tous pays. On regrettera certes — mais comment s'en étonner ? — qu'on ait alors ignoré Munch et Ensor, Hodler, Klimt ou Segantini ; mais on se réjouira que de larges coups de filet aient amené au musée des œuvres rares, telle la *Nuit d'Été* de Winslow Homer (en 1900) ou, plus tard (1910), une remarquable suite de toiles italiennes (Pellizza da Volpedo). Après le don de plusieurs tableaux britanniques par Edmund Davis (1915), la section étrangère du Luxembourg était assez abondante (420 tableaux en 1924) pour se constituer en musée indépendant, ce qui fut fait au Jeu de Paume en 1922.

Revenons au Louvre pour saluer la libéralité de deux collectionneurs qui, coup sur coup, gratifièrent le patrimoine national de tableaux impressionnistes du plus haut rang. Le premier est Étienne Moreau-Nélaton (1859-1927), que ses travaux sur Corot, Delacroix, Millet ou Manet placent parmi les meilleurs historiens d'art de son temps. Sa donation de tableaux (complétée à sa mort par le legs d'inépuisables séries de dessins de Corot, Delacroix ou Millet) comprenait un ensemble unique, en partie hérité de son grand-père, de peintures de Corot, Delacroix et des maîtres de « l'école de 1830 » (cette partie de la collection demeure aujourd'hui au Louvre), et, à côté de l'*Hommage à Delacroix* de Fantin-Latour, d'œuvres majeures de Monet, Sisley, Pissarro et Manet, dominées par *Le Déjeuner sur l'herbe*. La collection fut présentée en 1906 d'abord au musée des Arts décoratifs avant de rejoindre le Louvre même en 1934.

La collection du comte Isaac de Camondo (1851-1911), banquier et grand amateur du XVIIIe siècle français, léguée en 1911, complète et équilibre à merveille les collections Caillebotte et Moreau-Nélaton, puisqu'elle apporte, à côté d'œuvres des maîtres déjà représentés, une somptueuse suite de Degas, des Monet tardifs, cinq Cézanne et qu'elle intronise au Louvre Lautrec et Van Gogh. Dès lors, les impressionnistes ont droit de cité. Les collections ne cesseront plus de s'accroître, essentiellement encore, il faut le souligner, grâce à la générosité privée : dons des héritiers des artistes eux-mêmes (Caillebotte, 1894 ; Toulouse-Lautrec, 1902 ; Renoir, 1923 ; Bazille, 1924 ; Monet, 1930 ; Pissarro, 1930) ; dons des modèles (par exemple les *Dihau* de Degas ou le *Zola* de Manet) ; dons surtout des amateurs. En 1929, le transfert au Louvre des impressionnistes marque le triomphe d'une école dont la gloire va peu à peu éclipser celle de tous les autres mouvements de la fin du XIXe siècle. Désormais supplantées, bien des vedettes de l'ancien Luxembourg se voient refuser, leur temps venu, l'entrée du Louvre et l'on disperse à l'aveuglette leurs œuvres aux quatre coins de la France.

On déplorera d'autant plus la pénurie de moyens des musées nationaux durant cette période, l'entre-deux-guerres, que les appétits des amateurs et le talent des grands marchands amenaient alors sur le marché français une foule de toiles des novateurs de la seconde moitié du XIXe siècle, tenus dès lors pour des grands maîtres (et comprenant, à côté des impressionnistes, Courbet, Corot ou Daumier), toiles promises tôt ou tard à l'exportation. Certes, on acquiert quelques œuvres à la vente Degas en 1918 (*Sémiramis, la Famille Bellelli*), les *Femmes au jardin* de Monet en 1921 et le *Cheval blanc* de Gauguin en 1927. Une souscription publique, appuyée par les Amis du Louvre, permet l'acquisition en 1920 de l'*Atelier* de Courbet. Mais, en regard de ces brillantes exceptions, on ne peut que constater la perte irrémédiable pour notre patrimoine de tant de toiles de Cézanne, de Gauguin, de Seurat, que les musées français ne purent ou ne surent alors retenir.

En 1937, le musée du Luxembourg disparaît, remplacé par le musée national d'Art moderne, au Palais de Tokyo, construit à l'occasion de l'Exposition Universelle. Lorsqu'il rouvre ses portes, après la guerre, avec des collections considérablement enrichies grâce à l'active politique d'acquisitions (dons des artistes et achats) menée tambour battant par Jean Cassou, le musée d'Art moderne propose un panorama de l'art moderne qui commence en 1890 avec le néo-impressionnisme (sans Seurat), l'École de Pont-Aven (sans Gauguin) et les nabis; certains aspects de la peinture fin de siècle (notamment les peintres de la « vie parisienne » et quelques intimistes symbolistes) sont aussi évoqués, un peu hors circuit.

La réorganisation du Louvre, entreprise avant guerre et qui se développe activement à partir de 1946, donne lieu à une innovation spectaculaire. Le Jeu de Paume accueille les collections « impressionnistes » du Louvre, de Boudin, Jongkind et Guigou à Seurat, Lautrec et au Douanier Rousseau. Après les années sombres, l'ouverture du musée de l'Impressionnisme en 1947, dans la lumière des Tuileries, prend valeur de symbole, au moment où les jeunes peintres se gorgent de peinture pure.

Le rassemblement des collections, qui laisse groupés certains ensembles illustrant le goût des grands donateurs (telle la collection d'Antonin Personnaz, riche en tableaux de Monet, Pissarro et Lautrec, entrée en 1937), est impressionnant. Une telle abondance est principalement due, disons-le une fois encore, au désintéressement et au sens civique de mécènes, trop nombreux pour être ici nommés; mais comment ne pas citer au moins le geste de Madame de Goldschmidt-Rothschild télégraphiant au directeur des musées de France, le jour même de la libération de Paris, son intention de laisser au Louvre son plus précieux trésor, *L'Arlésienne* de Van Gogh?

Fort heureusement, des moyens financiers un peu moins réduits, l'aide des Amis du Louvre et les revenus d'une donation canadienne anonyme (à laquelle est associée la mémoire de la Princesse de Polignac, qui avait légué par ailleurs en 1943 ses tableaux de Monet et de Manet) vont permettre, au cours des années suivantes, d'effectuer quelques achats indispensables (notamment pour Seurat, Cézanne ou Redon). D'autres amateurs encore donnent les plus belles œuvres de leur collection (J. Laroche, 1947; le docteur et Mme A. Charpentier, 1951; M. et Mme Frédéric Lung, 1961; la baronne Gourgaud, 1965). Le traité de paix avec le Japon attribue à l'État Français certaines pièces insignes de la collection Matsukata (1959). Enfin, trois nouvelles collections entrent en bloc au Jeu de Paume : la collection du docteur Gachet, avec ses huit Van Gogh (1949-1954); celle d'Éduardo Mollard (1961) et, s'étendant de Daumier à Derain, la collection Max et Rosy Kaganovitch (1973).

Conséquence de cet afflux d'œuvres nouvelles : le local du Jeu de Paume, désormais trop exigu et assailli par des foules de plus en plus nombreuses, ne peut plus présenter les conditions d'agrément et de sécurité qu'il offrait au moment de son ouverture. On connaît la suite : le classement de la gare d'Orsay menacée de destruction et la décision (1977) d'y installer un musée consacré à l'art de la seconde moitié du XIXe siècle et du début du XXe siècle, englobant donc une de ses expressions majeures, l'impressionnisme et le post-impressionnisme. Du coup se trouvait résolu le problème posé par le reversement effectué par le musée national d'Art moderne, lors de son transfert au Centre Georges Pompidou (1976), des œuvres trop anciennes pour entrer dans son programme : les peintures de l'Ecole de Pont-Aven, du néo-impressionnisme, du groupe nabi mais aussi, d'une foule d'artistes français et étrangers fin de siècle depuis longtemps en réserve et que l'histoire de l'art et la mode remettaient à l'honneur. Le musée d'Orsay regrouperait donc les collections du Jeu de Paume, celles laissées au Palais de Tokyo par le musée d'Art moderne, et qui furent présentées de 1977 à 1986 en « Préfiguration du musée d'Orsay » sous la bannière du post-impressionnisme, et enfin les peintures du Louvre de la seconde moitié du XIXe siècle non montrées au Jeu de Paume.

Ainsi regroupées, les collections n'auraient sans doute pas suffi pour rendre compte des complexités d'une époque singulièrement féconde. On sait combien notre vision de l'art du XIXe siècle a changé depuis un quart de siècle. Une série de redécouvertes et de remises en cause a fait ainsi resurgir, aux « sources du XXe siècle » (titre d'une mémorable exposition organisée à Paris en 1961), les modernismes liés au symbolisme et à l'Art Nouveau, mais aussi, pour la période antérieure, les mérites de certains artistes injustement engloutis dans l'enfer réservé aux « pompiers », ainsi que ceux de nombre de peintres d'Europe et d'Amérique longtemps offusqués par la gloire trop exclusive de l'école française. Une politique d'acquisitions fut donc mise en œuvre dès 1978 pour équilibrer les collections, renforcer certaines sections par trop insuffisantes, combler quelques lacunes lorsque c'était encore possible : cinq cents peintures sont ainsi entrées au musée. Citons d'abord le cas de celles appartenant déjà aux collections nationales et qui sont revenues des divers lieux publics (musées ou locaux administratifs) où elles avaient été déposées, soit à l'occasion de la dispersion, le plus souvent irraisonnée, des collections du Luxembourg au cours de l'entre-deux-guerres, soit par attribution du Service des œuvres d'art de l'État.

Ainsi rentraient au musée une trentaine de peintures (évidemment remplacées dans les musées où elle avaient été accueillies par de nouveaux dépôts conformes aux vœux des conservateurs), renforçant surtout les collections pour la tendance réaliste des années 1848-1860 (Breton, Antigna, Pils, Jacque, Troyon, Vollon, etc.), certains aspects de l'« éclectisme » du Second Empire (Tissot, Legros, Cabanel, etc.) et de l'art officiel de la Troisième République (Lhermitte, Gervex, Alphonse de Neuville, Weerts, Henri Martin). Les musées nationaux (Compiègne, Fontainebleau) ont également été mis à contribution en participant à notre effort de regroupement, celui de Versailles offrant généreusement une appréciable série de portraits (Hippolyte Flandrin, Baudry, Bonnat, Sargent, Meissonier, Forain). On doit au musée des Arts décoratifs la décoration peinte par Maurice Denis pour la Chapelle du Vésinet. Deux autres ensembles de peinture décorative ont pu être arrachés à un sort incertain et restaurés : celui conçu par Luc-Olivier Merson pour orner l'escalier d'un hôtel particulier (1901), et la vaste suite mythologique peinte par René Ménard pour la Faculté de Droit de Paris.

Deuxième source d'enrichissement : la générosité privée, soutenue dans certains cas par la jeune Société des Amis du Musée, ou par la Lutèce Foundation. Parmi de nombreux cadeaux, il faut au moins relever ceux, dus aux héritiers des artistes, qui ont permis une meilleure représentation de l'œuvre de Sérusier (legs Boutaric), Mucha (don Jiri Mucha, 1979), Cappiello (don Mme Cappiello, 1981) et surtout Odilon Redon, si longtemps le mal aimé des musées français (donation Ari et Suzanne Redon, 1984, de 542 œuvres dont 91 peintures et pastels).

Grâce à des achats réguliers pratiqués depuis 1904 (Vuillard, *Le Déjeuner du matin*) et à des donations (Vuillard, 1941, avec de nombreuses œuvres de l'artiste ; Reine Natanson ; Bernheim de Villers avec des portraits de famille par Bonnard, Vuillard et Renoir, etc.), les Nabis étaient déjà bien représentés dans l'ancien fonds du musée d'Art moderne. La période proprement « nabi » de Bonnard est montrée de façon incomparable au musée d'Orsay, grâce à une suite opportune de donations (notamment la *Partie de Croquet* donnée par M. Daniel Wildenstein par l'intermédiaire de la Société des Amis d'Orsay, *Le Jardin* donné par M. Jean-Claude Bellier et le *Portrait de Claude Terrasse*, donné par son fils Charles) et de dations (*Femmes au jardin*).

Le musée a, par ailleurs, bénéficié d'une suite éclatante de « dations » qui illustrent l'ensemble du programme du musée, de Courbet (*La Truite, La Femme au chien*) à Matisse (*Luxe, Calme et Volupté*), en passant par Manet (*Combat de taureaux, Évasion de Rochefort*), Monet (*La Rue Montorgueil, Jardin à Giverny*), Pissarro, Renoir (*La Danse à la ville,* rejointe par *La Danse à la campagne,* achetée en 1979), Redon (*Ève* et deux pastels, *Vitrail* et le *Char d'Apollon*). La série de cinq Cézanne autrefois dans la collection d'Auguste Pellerin retrouve (1982) ceux que la générosité de ce grand amateur et de ses enfants avait déjà fait entrer successivement au musée, trois *Natures mortes* (1929), la *Femme à la cafetière* (1956), *Emperaire* (1964).

Sans renoncer, bien sûr, à inclure des pièces exceptionnelles qui auraient, sans cela, quitté la France (telle *La Pie* de Monet), le programme d'achats, soutenu par un crédit annuel spécialement affecté au musée d'Orsay jusqu'à son ouverture, devait concerner en priorité les artistes mal ou non représentés dans les collections. C'est ainsi qu'un effort particulier, mais encore insuffisant, a été fait pour les écoles étrangères (Klimt, Munch, Böcklin, Burne-Jones, Khnopff, Strinberg, Stück, Breitner, etc.).

Pour la France, on a notamment cherché à renforcer par quelques œuvres la présence au musée d'Orsay des grands anciens du Louvre (Ingres, *Vénus* ; Delacroix, *Chasse aux lions* ; Huet ; Isabey, *Saint Antoine*, donné par les Amis du musée d'Orsay) et développé certaines sections trop négligées après guerre, notamment celles concernant le néo-impressionnisme et l'École de Pont-Aven. Pour le premier de ces mouvements, l'élan avait déjà été donné par le geste généreux de Ginette Signac (Signac, Cross, Théo van Rysselberghe) ; il s'est poursuivi avec l'achat d'œuvres de Signac, Luce, Théo van Rysselberghe et Lemmen ; et pour le second, après l'achat en 1977 de *Madeleine au bois d'Amour* de Bernard, on a continué avec l'acquisition d'autres œuvres de Bernard et de Sérusier, dominées par *Le Talisman*.

Au moment où s'ouvre le musée, peut-on dire que l'histoire qu'il raconte est complète et objective ? Certes pas. Un musée n'est pas, ne doit pas être, un livre encyclopédique froidement composé et « bouclé » une fois pour toutes. Il reflète les prédilections, les parti-pris de ceux qui, au cours des générations, l'ont peu à peu composé. Au demeurant, bien des maîtres manquent encore, bien des écoles ou des mouvements, notamment dans le domaine étranger, sont à peine évoqués. Parions que l'avenir, riche en surprises, lourd de nouvelles révisions, ne pourra que parfaire, à force de retouches, d'additions — et sans doute de soustractions —, l'image aujourd'hui proposée d'une époque foisonnante et nourrie de stimulantes contradictions.

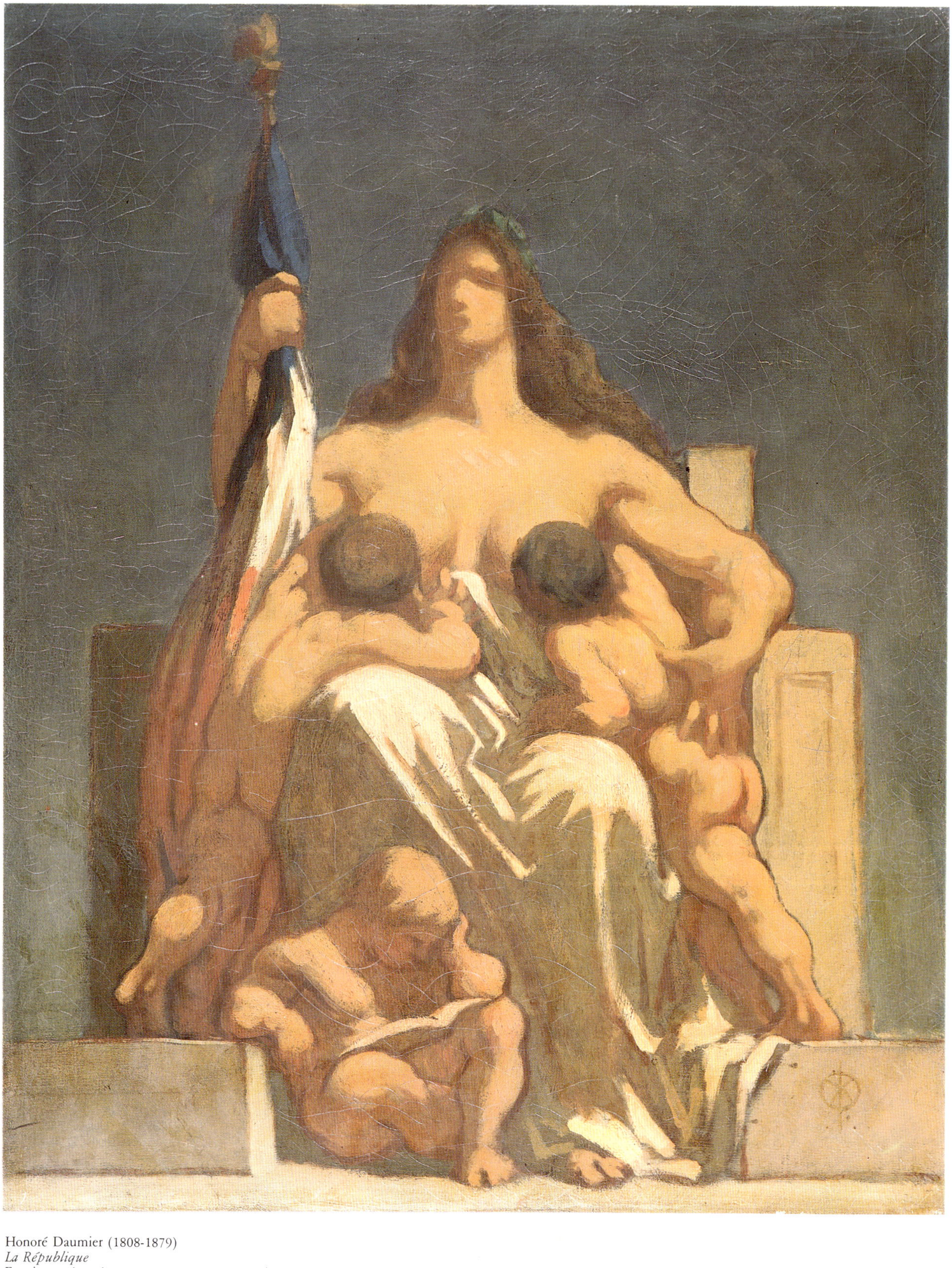

Honoré Daumier (1808-1879)
La République
Esquisse présentée au concours ouvert en 1848
par la Direction des Beaux-Arts
73 × 60
Donation Étienne Moreau-Nélaton, 1906

Eclectisme et Réalisme

Les journées de février 1848, en mettant fin à la Monarchie de Juillet, furent certes un événement politique considérable, suivi à travers l'Europe d'autres révolutions ; elles eurent de plus d'immédiates conséquences sur la vie des artistes. Celle-ci était largement dominée par le Salon : au premier choix que faisait le jury — composé alors des membres de l'Académie des Beaux-Arts — parmi les œuvres présentées s'ajoutait la possibilité non seulement de se faire connaître d'éventuels amateurs, mais aussi d'obtenir des acquisitions publiques, destinées, pour les plus prestigieuses d'entre elles, au musée du Luxembourg, consacré aux meilleures œuvres des artistes vivants.

Un des premiers gestes de l'administration républicaine de 1848 fut d'ouvrir au Louvre un Salon sans jury, expérience non renouvelée qui avait attiré trop d'amateurs inexpérimentés, mais qui avait permis à quelques perpétuels refusés, Courbet en premier lieu, de se faire connaître. Ce fut aussi l'année de l'organisation par le gouvernement à la recherche d'un emblème, d'un concours public pour une figure symbolique de la République ; il y en eut de toutes sortes, puisant dans le répertoire traditionnel de l'allégorie, mais parmi les vingt esquisses peintes retenues pour être exécutées en grand, se trouvait celle de Daumier, alors à ses premiers essais de peintre. Républicain enthousiaste, il avait su traduire avec force la devise : « La République nourrit ses enfants et les instruit ». Daumier n'exécuta jamais la grande version commandée et garda son esquisse, qui n'entra au Louvre qu'en 1906 avec la donation Moreau-Nélaton. Mais après quelques années de soutien à une peinture jusque-là condamnée avec remise en cause de la hiérarchie des genres imposée par l'Académie, et malgré un retour progressif aux structures traditionnelles, notamment en ce qui concernait le jury du Salon, on doit constater, dans bien des domaines, une véritable rupture dont se ressent l'art du Second Empire.

Les prémices s'en faisaient sentir dès avant 1848 ; pour la peinture d'histoire, outre le développement du courant néo-grec et les débuts de Jean-Léon Gérôme, le Salon de 1847 reste célèbre par l'envoi — d'autant plus remarqué qu'il arriva avec quelque retard — d'une vaste composition de Thomas Couture, commandée en 1846 par l'administration, *Les Romains de la décadence*, qui devait être exposée au Musée du Luxembourg en 1851. Par son sujet d'orgie antique, par les attitudes jugées triviales des personnages, on y pressentit quelque réalisme ; pourtant, les références multiples à l'art du passé, Veronèse ou Tiepolo, Poussin ou l'antique, en font un bel exemple d'éclectisme, traité en teintes claires, surtout dans l'architecture presque crayeuse, et largement brossé.

En 1853, lors du premier Salon du Second Empire, l'évolution de la peinture d'histoire vers le format de la scène de genre, se remarque notamment avec les figures demi-nature de deux tableaux acquis pour le musée du Luxembourg, *Le Tepidarium* de Chassériau et le *Saint-François* de Bénouville.

Ces œuvres devaient être réexposées dans le Palais des Beaux-Arts, édifice provisoire construit pour l'Exposition universelle de 1855 que Napoléon III décida d'organiser à l'exemple de celle qui, en 1851, au Crystal Palace, avait fait la gloire de la reine Victoria et du prince Albert. C'était, par rapport à Londres, une innovation que d'appeler aussi les artistes vivants de toutes les nations à participer à une exposition rétrospective et c'était créer un fabuleux musée provisoire de l'art des décennies précédentes. On put voir ainsi toutes les peintures majeures d'Ingres et de Delacroix, les deux personnalités qui dominaient alors la scène artistique. Si l'ensemble de leur œuvre reste exposé au Louvre, le musée d'Orsay présente cependant quelques exemples de la fin de leur carrière. Ingres, qui boudait depuis longtemps le Salon, envoya quelques nouveautés, notamment une version de la *Vierge à l'hostie*, commandée par l'État et terminée en 1854. Ce n'est que l'année suivante, en 1856, qu'il acheva *La Source* que se disputèrent alors les riches collectionneurs, après une présentation particulière dans son atelier. Le comte Duchâtel l'emporta et sa veuve légua aux musées, en 1878, cette œuvre saluée à l'époque par Théophile Gautier comme un chef-d'œuvre, un « pur marbre de Paros rosé de vie ». Au maître incontesté du dessin s'opposait alors Delacroix, coloriste et romantique. L'esquisse, récemment acquise, de la *Chasse aux lions*, commandée en 1854 pour le musée de Bordeaux et exposée en 1855, en est le plus clair témoignage. Fougueusement peinte avec des couleurs pures, elle devait rester dans l'atelier de l'artiste, puis figurer après sa mort à de nombreuses expositions et marquer les jeunes peintres, Manet ou Renoir, Signac ou Matisse.

Ce que le musée du Luxembourg admet sans attendre, ce sont les œuvres achevées de ceux qui ont accompli avec succès les études à l'École des Beaux-Arts jusqu'à la consécration du grand Prix de Rome, suivi au retour d'Italie, à plus ou moins brève échéance, de l'entrée à l'Académie des Beaux-Arts et de la nomination comme professeur à l'École. Ainsi Cabanel obtient le Prix de Rome en 1845, Baudry et Bouguereau en 1850, Delaunay en 1856, Regnault en 1866. Ce dernier est élève de Cabanel, lui-même élève, comme Bouguereau, du vieux Picot : ainsi se perpétue une tradition académique, issue du néo-classicisme, mais se vidant peu à peu de son contenu héroïque au profit de la fantaisie.

Si les sujets mythologiques persistent chez certains, tels Bouguereau, jusqu'à la fin du siècle, ils sont rapidement concurrencés par ceux qui illustrent les débuts du christianisme — la *Peste à Rome* de Delaunay en est un des exemples les plus aboutis — ou l'histoire du Moyen Age, l'Orient des rois maures de Regnault — jeune espoir fauché au combat en 1871 — ou l'histoire de France de Jean-Paul Laurens, futur imagier de la Troisième République. A la fin de 1912, ce dernier devait participer, avec Jules Lefebvre, Aimé Morot et Raphaël Collin, à une exposition de la galerie Georges Petit qui s'enorgueillissait du nom de « Pompiers », et à propos de laquelle Apollinaire, intéressé cependant, notait : « L'académisme n'est pas à la mode »... La minutieuse représentation de la vie militaire par Meissonier relève d'un courant un peu différent, nourri de l'étude des Flamands et Hollandais du Louvre. L'artiste, membre de l'Institut dès 1861, devait avoir un fulgurant succès auprès des amateurs à qui il vendait fort cher ses œuvres de petit format. On le trouve cependant premier président de la Société nationale des Beaux-Arts qui fonde en 1890 un nouveau Salon en opposition avec celui des Artistes français, institué en 1881 à la place du Salon officiel, mais resté trop traditionnel.

C'est Puvis de Chavannes, comme lui un Lyonnais venu à Paris, qui devait lui succéder, en 1891, à la présidence de ce nouveau Salon. Célèbre depuis le Second Empire pour ses peintures décoratives en place dans de nombreux édifices publics, au musée d'Amiens et au Panthéon entre autres, Puvis n'était pas représenté au musée du Luxembourg jusqu'à l'achat en 1887 de son *Pauvre pêcheur*. Il est caractéristique que sa lumineuse et vaste composition de *L'Été*, du Salon de 1873, ait d'abord été destinée à un musée de province ; ce n'est que récemment qu'elle a été attribuée aux musées nationaux, pour le musée d'Orsay. Le musée du Luxembourg s'en tenait souvent à la représentation d'un artiste par une seule œuvre : ce fut le cas pour Gustave Moreau avec son célèbre *Orphée* du Salon de 1866. Ce n'est qu'après sa mort en 1898 que quelques-uns de ses amateurs — Charles Hayem en tête — firent don d'autres œuvres importantes, peintures ou aquarelles, tandis qu'il léguait à l'État un musée construit par ses soins pour contenir les milliers d'études et d'œuvres souvent inachevées qu'il avait amassées en cinquante ans de travail.

Pour parfaire sa formation, Moreau avait fait le voyage d'Italie, comme Puvis de Chavannes, son ami, ou Degas, avec qui il fit connaissance outremonts et qui, à ses débuts, fut tenté par la peinture d'histoire, ainsi que l'atteste *Sémiramis construisant Babylone*. Il est symptomatique que cette peinture se trouve parmi les premières œuvres acquises en 1918, au lendemain de sa mort par le musée du Luxembourg.

Si un aîné comme Corot avait fait plusieurs voyages en Italie, avant de sillonner la France en tous sens, d'autres artistes avaient systématiquement abandonné cette tradition pour se tourner vers l'étude du paysage français et de la vie de leur province natale.

En effet, cette garantie de grand art que les tenants de l'académisme et de l'éclectisme cherchent dans de constantes références au passé, ne satisfait pas toute une catégorie d'artistes qui mettent en avant la sincérité et préfèrent observer directement la nature. Ces artistes, souvent refusés au Salon sous Louis-Philippe, trouvent leur heure de gloire sous l'éphémère Seconde République, où ils glanent quelques médailles qui leur permettent d'être, ensuite, exempts du jugement du jury et d'exposer leurs œuvres, sans pour autant obtenir des achats pour le Luxembourg.

Il en est ainsi de Millet ou de Courbet dont quelques œuvres entrent timidement au lendemain de leur mort au musée du Luxembourg : celui-ci accrocha sur ses cimaises en 1875 la sage *Église de Gréville* de Millet et, en 1878, la puissante *Vague* de Courbet, à laquelle viennent seulement s'adjoindre en 1881, provenant de sa vente posthume, ses deux autoportraits. C'est en effet, tout à la fois, la manière de peindre et les sujets choisis qui effarouchèrent l'administration.

Si la peinture de Daumier, surprenante de vigueur et de modernité, passa presque inaperçue à l'époque jusqu'à l'exposition de 1878 à la galerie Durand-Ruel, celle des paysagistes de Barbizon, parfois déjà célèbres avant 1848, notamment Théodore Rousseau, Diaz ou Dupré, s'adresse à une clientèle privée, pour laquelle progressivement se développe un commerce d'art, de mieux en mieux organisé et de dimension internationale. L'idée que le musée doit faire admirer un art sérieux, digne de donner l'exemple aux artistes et d'assurer à la France une place prédominante dans le domaine artistique, fait rejeter pour le musée du Luxembourg les œuvres d'artistes que peuvent retenir au même moment la Liste civile de l'Empereur (on y trouve à côté de Cabanel, Courbet ou Corot) ou la Direction des Beaux-Arts pour la province ou les administrations. Le cas de Daubigny est, de ce point de vue, exemplaire : il est alors représenté au Luxembourg par un paysage solide d'Optevoz, envoyé depuis au musée de Rouen, mais sa *Moisson* du Salon de 1852, avec cet étonnant horizon éclairé de couleurs pures, jaune et rouge, simplement juxtaposées, a été acquise pour les salons du Ministère de la Justice et n'est entrée au Louvre qu'en 1907.

Daubigny n'hésita pas, comme les peintres de Barbizon, à placer son chevalet dans la nature, à fuir la froide lumière du Nord des ateliers, à observer de son bateau, le Botin, avec lequel il sillonnait les rivières d'Ile-de-France, les reflets de la lumière sur l'eau, comme le fera bientôt Monet. On sait par ailleurs qu'il soutenait, dans la mesure du possible lorsqu'il était parmi les membres élus du jury du Salon, après 1864, les jeunes peintres naturalistes amis de Manet.

Quant à Millet, qui s'intéresse aussi au paysage, surtout après 1863, il avait dès 1848, tout en conservant le petit format de la scène de genre, fait accéder la représentation du travail des champs à la dignité du sujet historique. Il crée ainsi toute une série d'œuvres qui allaient, telles *Les Glaneuses* ou *L'Angélus* atteindre, après 1880, une célébrité exemplaire, mais qui horrifiaient, sous le Second Empire, la critique conservatrice et à sa suite les inspecteurs des Beaux-Arts. Mais les amateurs ne manquaient pas, surtout après 1860 : ainsi Frédéric Hartmann lui commanda une série de quatre saisons, restée inachevée et dont le musée possède *Le Printemps*, lumineux de fraîcheur humide, mêlant avec un délicat symbolisme la présence de l'homme à l'éveil de la nature ; Émile Gavet l'encouragea à utiliser la technique du pastel comme dans l'éblouissant *Bouquet de marguerites* où il revient à la touche légère de ses débuts, mais dans le contexte naturaliste. Acquis à la vente Gavet en 1875 par Henri Rouart, un tel pastel n'est sans doute pas sans incidence sur l'évolution de l'art de Degas, comme on le sait, familier des Rouart.

Le décalage entre l'attitude du public et de la communauté des artistes, d'une part, et celle de l'administration imbue de la haute idée qu'elle se faisait de sa mission, est bien visible à travers les mésaventures survenues au premier tableau de Corot — le seul présent de son vivant — entré au musée du Luxembourg, en 1854 : *Une Matinée - La Danse des nymphes*.

Corot, pourtant, avait pris la précaution de peupler de quelques nymphes son *Matin* du Salon de 1850-51, évocation vaporeuse d'un site du Palatin observé dans sa jeunesse. Corot était, de plus, cette année-là membre élu du jury, ce qui n'empêcha pas le personnel du Salon de mettre le tableau en réserve, comme s'il était endommagé. Sur l'intervention d'un de ses amis, il fut ressorti et, en manière de politesse, acquis par la Direction des Beaux-Arts, qui ne se soucia guère de lui trouver une destination. C'est à l'insistance de Philippe de Chennevières qu'il dût enfin son entrée au Luxembourg : Corot avait alors 58 ans.

Si Courbet entretient, avec énergie, les scandales dans les premières années du Second Empire, notamment en répliquant, en 1855, à un refus partiel du jury de l'Exposition universelle par l'ouverture d'un pavillon particulier à l'Alma, sous le vocable de Réalisme, il n'avait cependant d'autre désir que d'être reconnu et, s'il se lançait, comme d'autres artistes au même moment — Jules Breton ou Alexandre Antigna — dans les grands formats avec des figures grandeur nature pour des sujets contemporains, quotidiens, populaires, c'est qu'il espérait en quelque sorte, pour cet art sincère et moderne, le prestige jusque-là réservé à la peinture d'histoire, au sommet de la hiérarchie des genres et digne du musée. Que *L'Enterrement à Ornans, L'Atelier,* le *Combat de cerfs*, ses plus grands formats (comme le *Départ des pompiers courant à un incendie*, maintenant au Petit Palais) n'aient pas trouvé d'amateurs de son vivant, en est la conséquence logique.

Courbet, que l'on accusait de peindre le laid, sait se rendre aimable dans des scènes de boudoir, comme *La Femme au chien* ou plus accessible avec ses sous-bois de Franche-Comté peuplés de biches et de cerfs. On est bien loin des sujets volontairement paupéristes des années 1850, dont un autre exemple est donné par le tableau du Belge Alfred Stevens, *Ce qu'on appelle le vagabondage*.

Se faisant le porte-parole de ceux qui rejettent l'enseignement académique, Castagnary, théoricien du naturalisme, indiquait déjà dans sa *Philosophie du Salon de 1857* : « la nature et l'homme, le portrait et le tableau de genre, voilà tout l'avenir de l'art » et vantait la « libre inspiration de l'individu ».

Cette libre inspiration se révèle dans la recherche d'une nouvelle manière de peindre, où la matière est visible, largement posée et non plus fondue et lisse. Toutes les variations sont possibles, depuis le succès immédiat pour Jules Breton ou Rosa Bonheur comme pour les tenants d'un orientalisme naturaliste, Fromentin et Guillaumet, tandis que d'autres ont une carrière modeste et difficile : Chintreuil était parmi les refusés de 1863, mais son grand tableau clair de *L'Espace* entre au Luxembourg après le Salon de 1869. D'autres ont des carrières solitaires, comme Ravier, Monticelli ou Guigou, des provinciaux, dont les œuvres n'entrent que tardivement au Louvre. La peinture rapide de Carpeaux, sculpteur à succès, reste ignorée jusqu'en 1906.

Quant au portrait, il est sous le Second Empire pratiquement absent des collections du musée du Luxembourg. Même la *Dame au gant* de Carolus-Duran, du Salon de 1869, n'est acquise qu'en 1875, au moment où l'artiste a déjà obtenu le succès. Comme la *Jeune femme en veste rouge* de James Tissot, présentée au Salon de 1864 et acquise en 1907, la *Dame au gant* est un de ces tableaux-enseignes où l'artiste — qui a fait ici poser sa femme — montre ce qu'il est capable de faire si on vient lui passer commande.

Il ne faut pas s'étonner si les vedettes du Salon des refusés de 1863, Manet, Fantin-Latour ou Whistler, un Américain qui se partage entre Londres et Paris, n'entrent au musée du Luxembourg qu'à partir de 1890 : Whistler cède à un prix modique — que compensait la gloire d'entrer au Luxembourg — l'*Arrangement en gris et noir, portrait de la mère de l'artiste* qu'il avait peint à Londres en 1871 et exposé à Paris en 1883.

On retrouve ces peintres dans l'*Hommage à Delacroix* composé par Fantin-Latour au lendemain de sa mort : il a pris soin de les représenter avec Champfleury, défenseur de Courbet aux grands moments du Réalisme quelques années plus tôt et avec Baudelaire dont la vibrante admiration pour Delacroix s'accompagnait d'un regard perspicace sur l'art de son temps, appréciant à l'occasion Jongkind ou signalant les recherches de ciel du modeste Eugène Boudin, rencontré sur la côte normande, lorsqu'il envoie pour la première fois un tableau au Salon en 1859 ; on sait le rôle formateur que Boudin devait avoir sur le jeune Claude Monet.

Ainsi les fortes personnalités que maltraite le système officiel et qu'ignore alors totalement le musée du Luxembourg, se regroupent-elles déjà, liées par l'amitié et les affinités esthétiques.

18

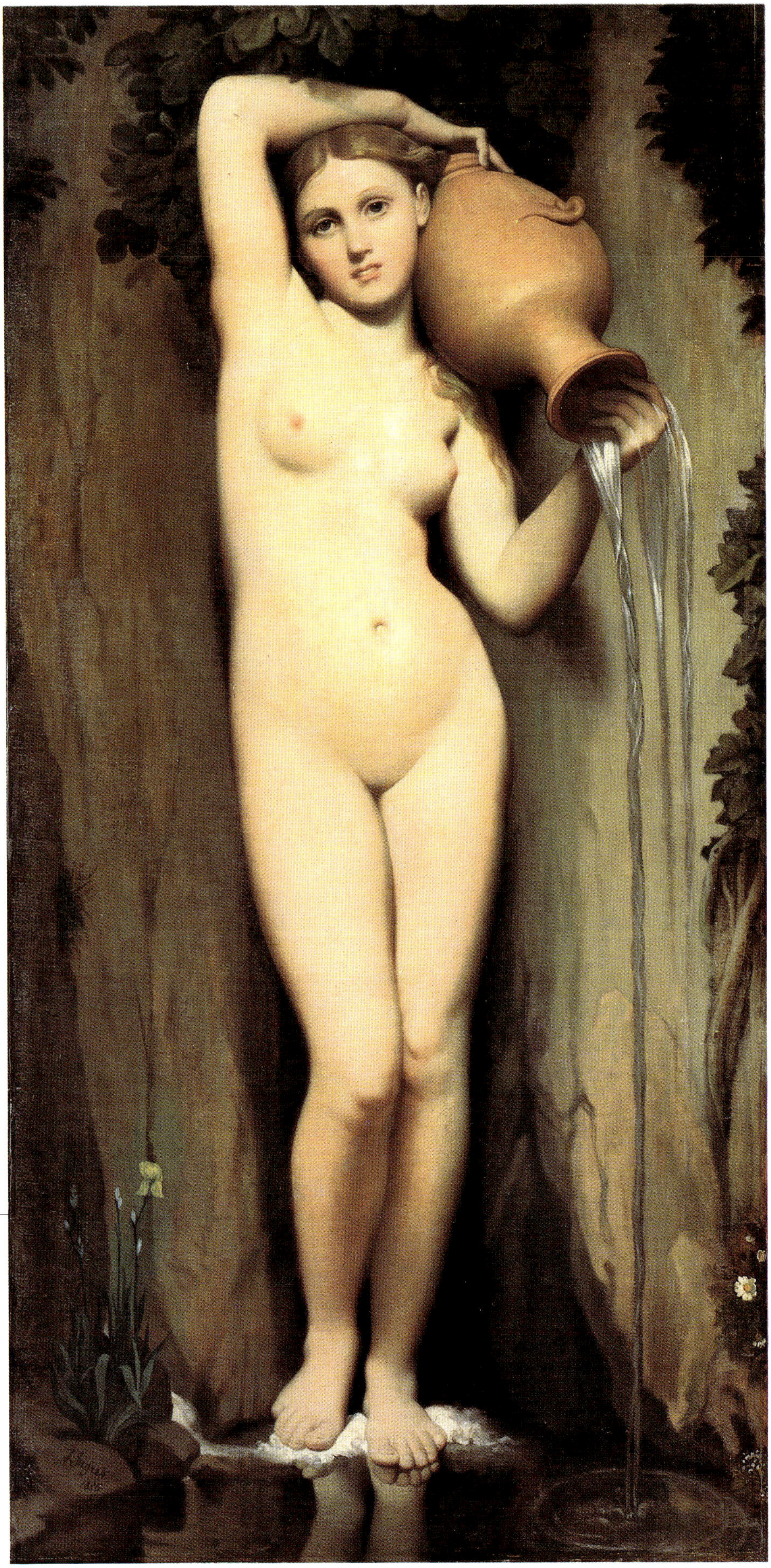

Jean Auguste Dominique Ingres (1780-1867)
La Source
Commencé à Florence vers 1820,
achevé à Paris en 1856 avec l'aide de
Paul Balze et Alexandre Desgoffe
163 × 80
Legs de la comtesse Duchâtel, 1878

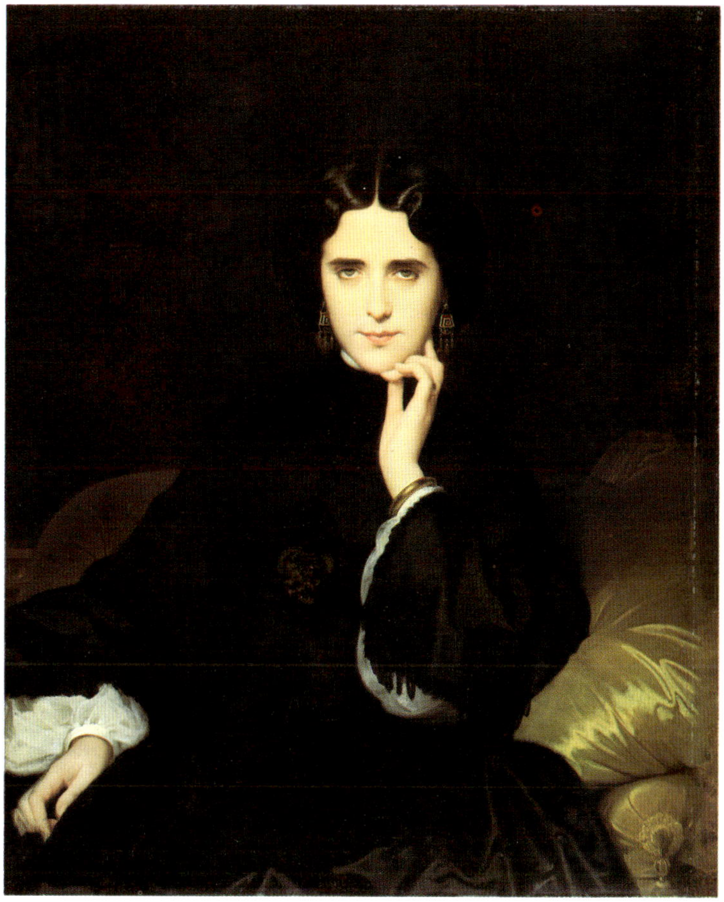

Amaury-Duval (1808-1885)
Madame de Loynes (1837-1908), 1862. Salon de 1863
100 × 83
Legs Jules Lemaître, 1914

Jean-Léon Gérôme avait vingt-deux ans lorsqu'il peignit *Un combat de coqs* qui fut un des chefs-d'œuvre du Salon de 1847. Cependant Champfleury, adepte du réalisme et pourfendeur de ce qu'il appelait l'« école du calque », reproche au jeune artiste d'avoir juxtaposé des personnages de marbre et des coqs « en chair et en os... peints d'après nature ». Gérôme faisait partie du groupe des néo-grecs, admirateurs d'Ingres, qui mettaient alors au service de sujets de fantaisie d'inspiration antique, un métier lisse et un dessin soigneusement étudié.

Jean-Léon Gérôme (1824-1904)
Jeunes Grecs faisant battre des coqs ou *Un combat de coqs*, 1846
Salon de 1847
143 × 204
Acquis en 1873

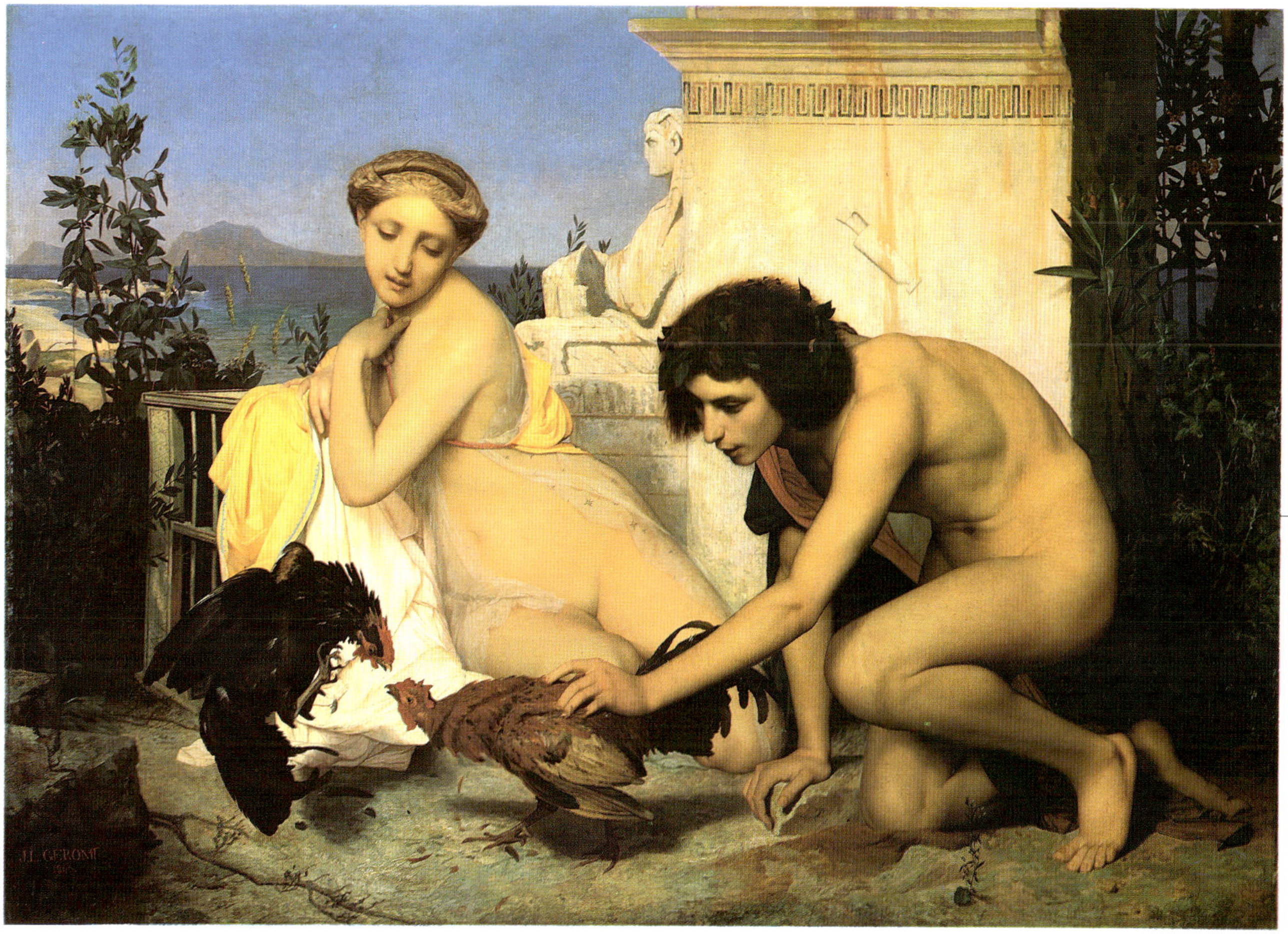

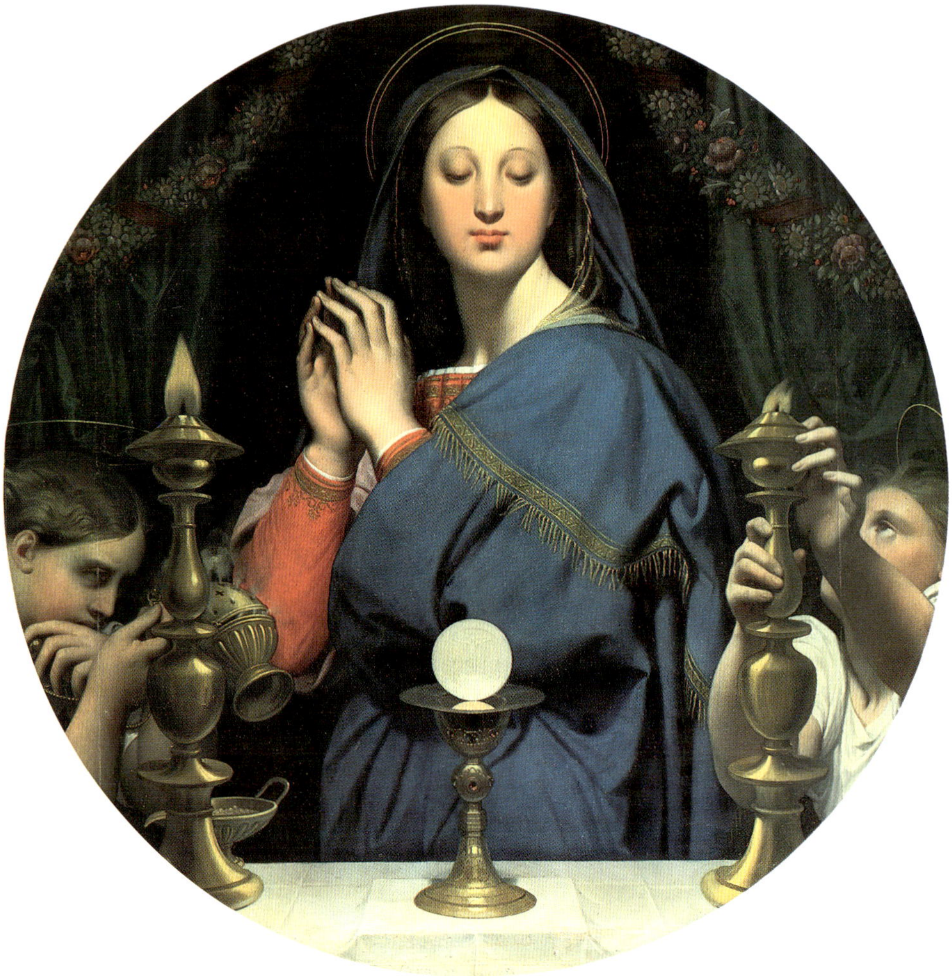

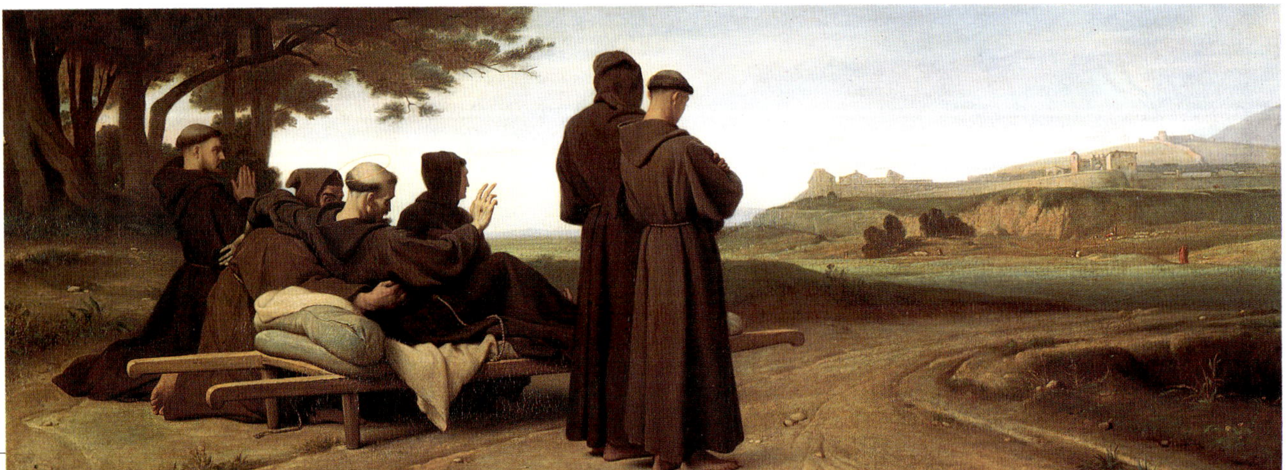

Jean Auguste Dominique Ingres (1780-1867)
La Vierge à l'hostie, 1854. Exposition universelle de 1855
Diamètre : 113
Commandé en 1851

Léon Bénouville (1821-1859)
Saint François d'Assise, transporté mourant à Sainte-Marie-des-Anges, bénit la ville d'Assise (1226). Salon de 1853
93 × 240
Acquis en 1853

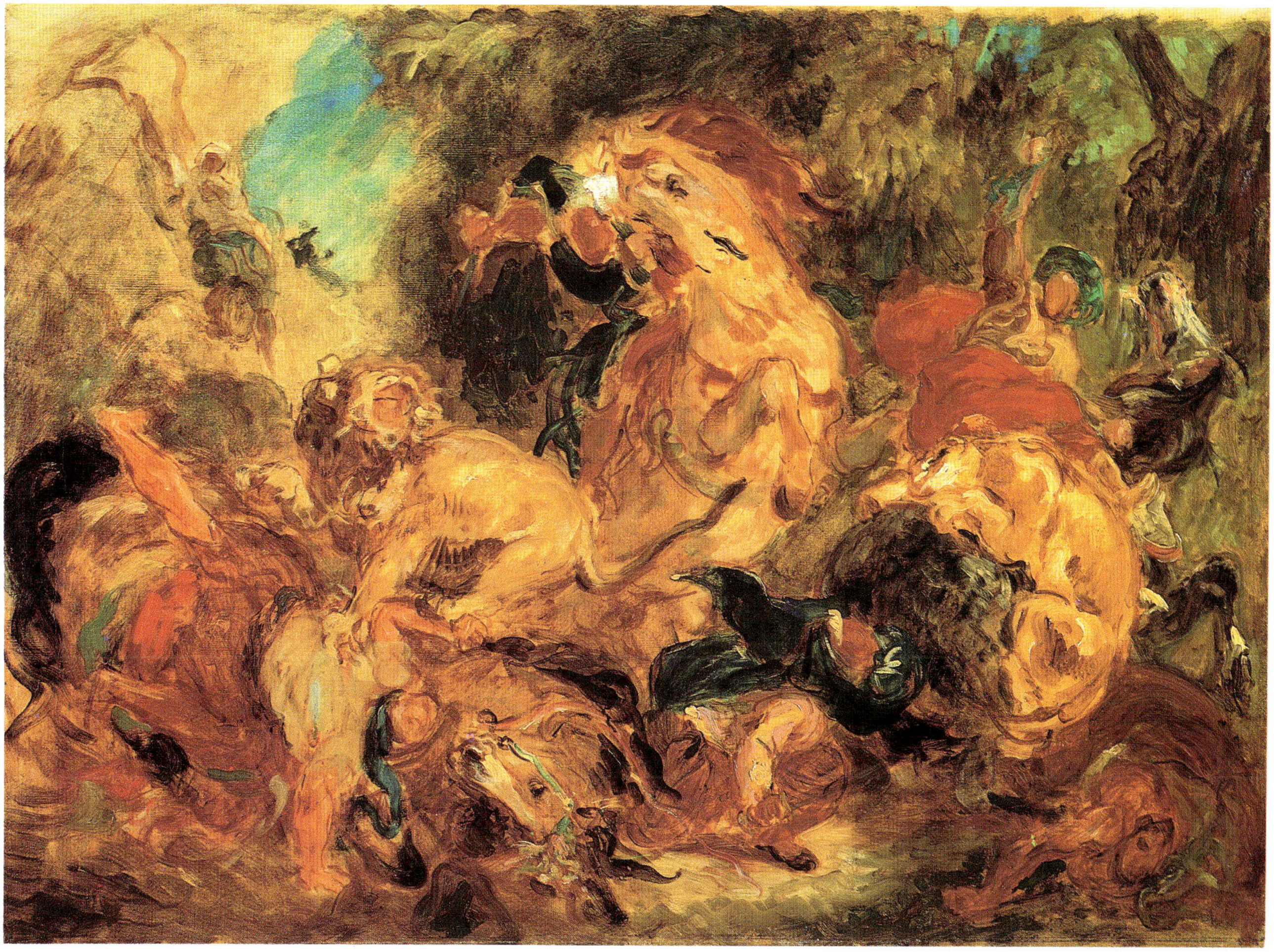

Eugène Delacroix (1798-1863)
Chasse aux lions, 1854
Esquisse pour le tableau commandé pour le musée de Bordeaux et présenté à l'Exposition universelle de 1855
86 × 115
Acquis en 1984

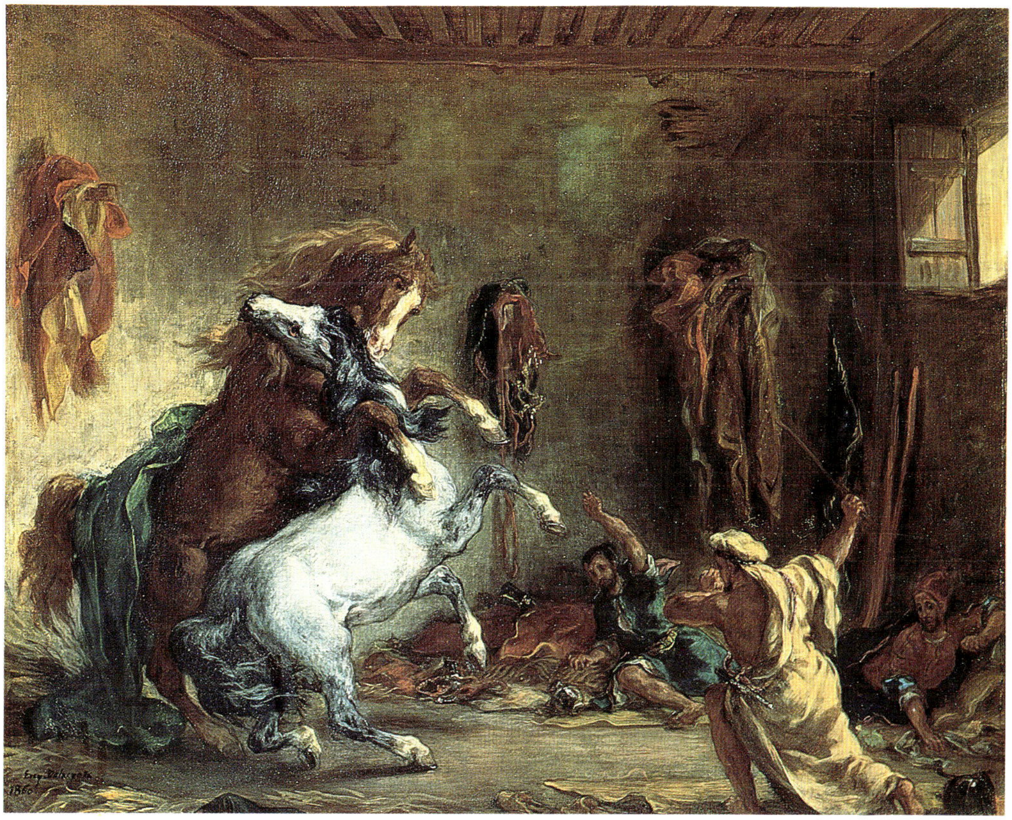

Eugène Delacroix (1798-1863)
Chevaux arabes se battant dans une écurie, 1860
64,5 × 81
Legs du comte Isaac de Camondo, 1911

Dans un décor inspiré des planches du recueil de Mazois sur les *Ruines de Pompéi*, Chassériau met en scène une foule de femmes venues se reposer et se sécher après le bain selon l'habitude romaine. Cependant, dans ce *Tepidarium*, les figures sont alanguies comme dans des scènes orientales. Et l'œuvre est en quelque sorte une réponse de cet élève d'Ingres, séduit par la couleur de Delacroix, à l'orientalisme romantique : l'une de ses caractéristiques est en effet que l'Afrique du Nord donnait alors le spectacle d'une antiquité vivante. Chassériau avait visité l'Algérie en 1846 et sa dernière œuvre devait être une esquisse d'*Intérieur de harem*.

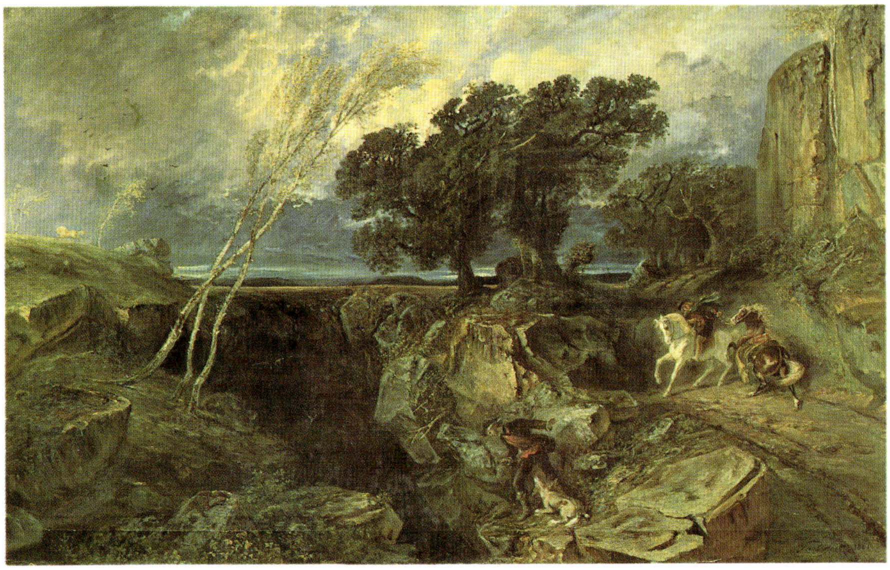

Paul Huet (1803-1869)
Le Gouffre. Salon de 1861
132 × 218
Acquis en 1985

Thomas Couture (1815-1879)
Romains de la décadence, Salon de 1847
472 × 772
Commandé en 1846

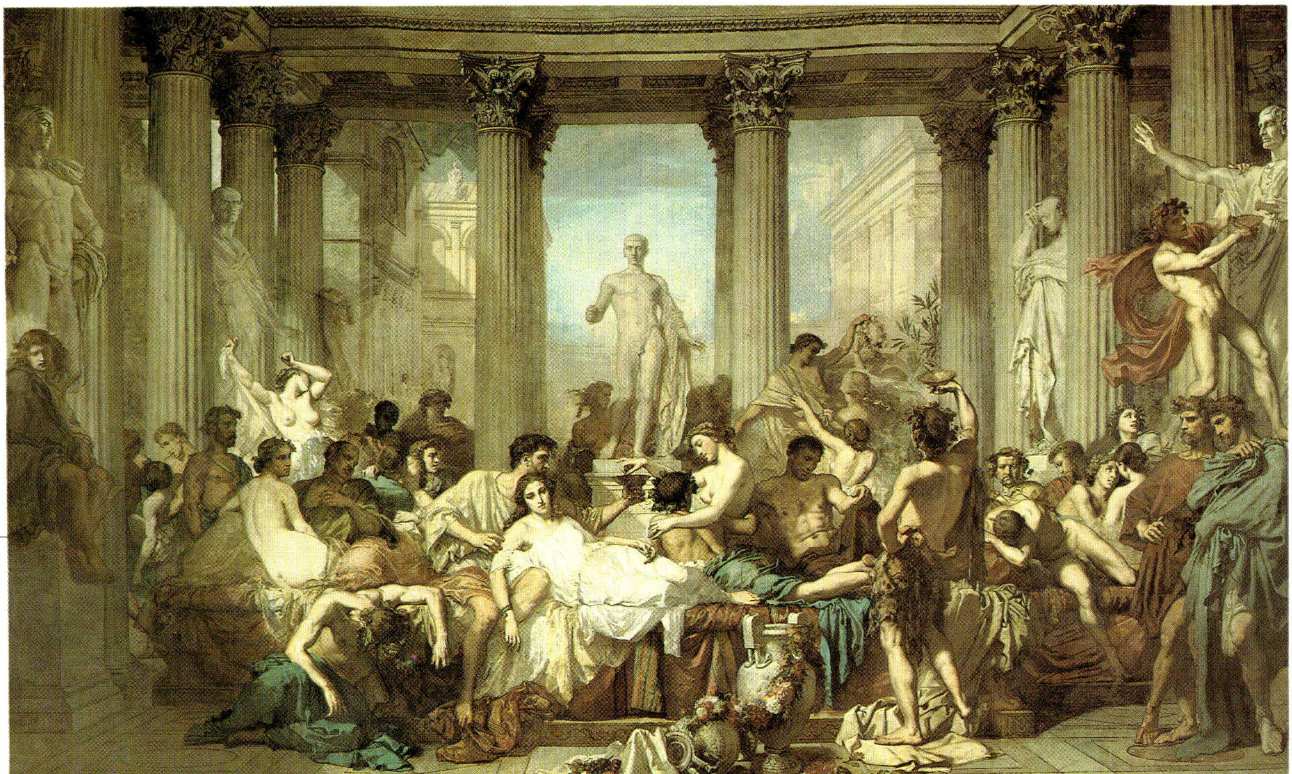

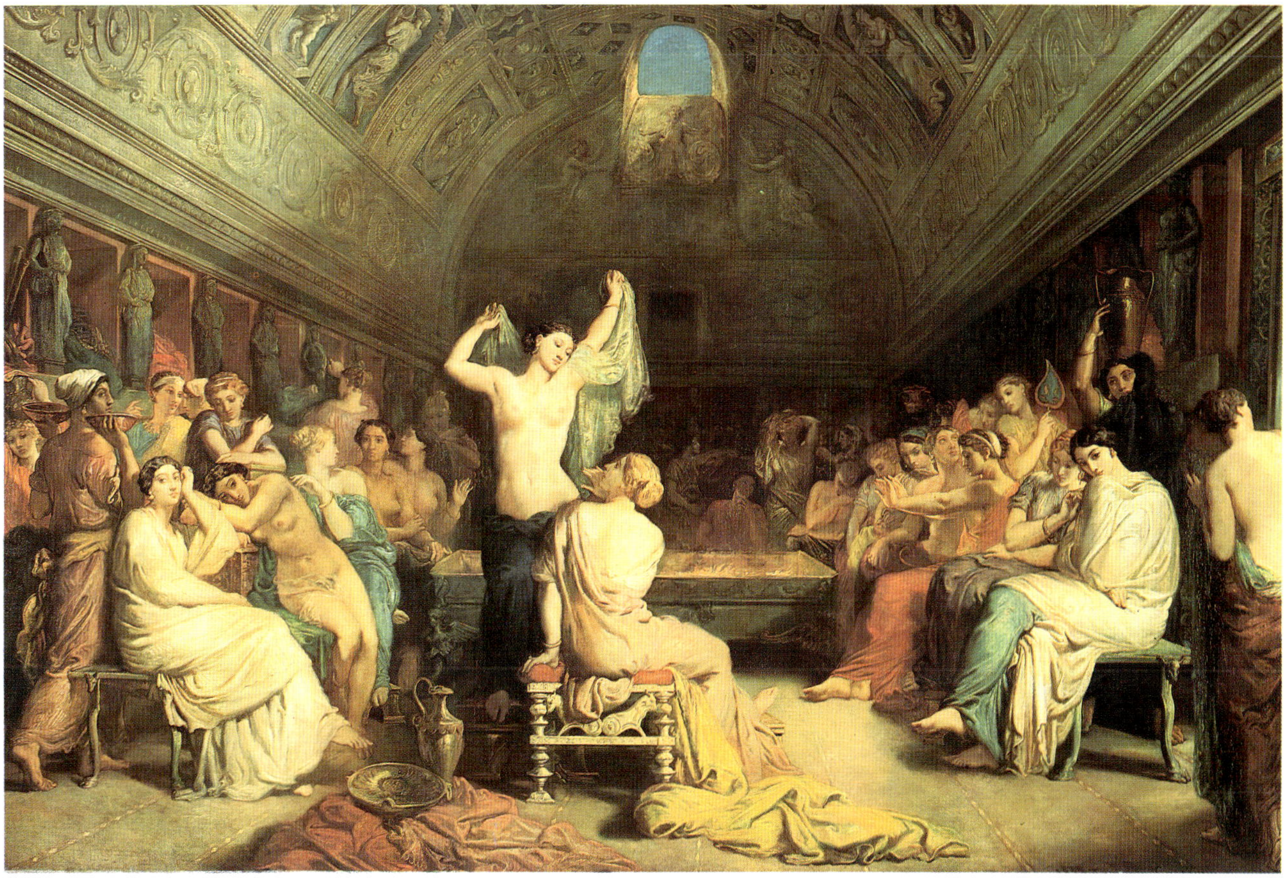

Théodore Chassériau (1819-1856)
Tépidarium; salle où les femmes de Pompéi venaient se reposer et se sécher en sortant du bain. Salon de 1853
171 × 258
Acquis en 1853

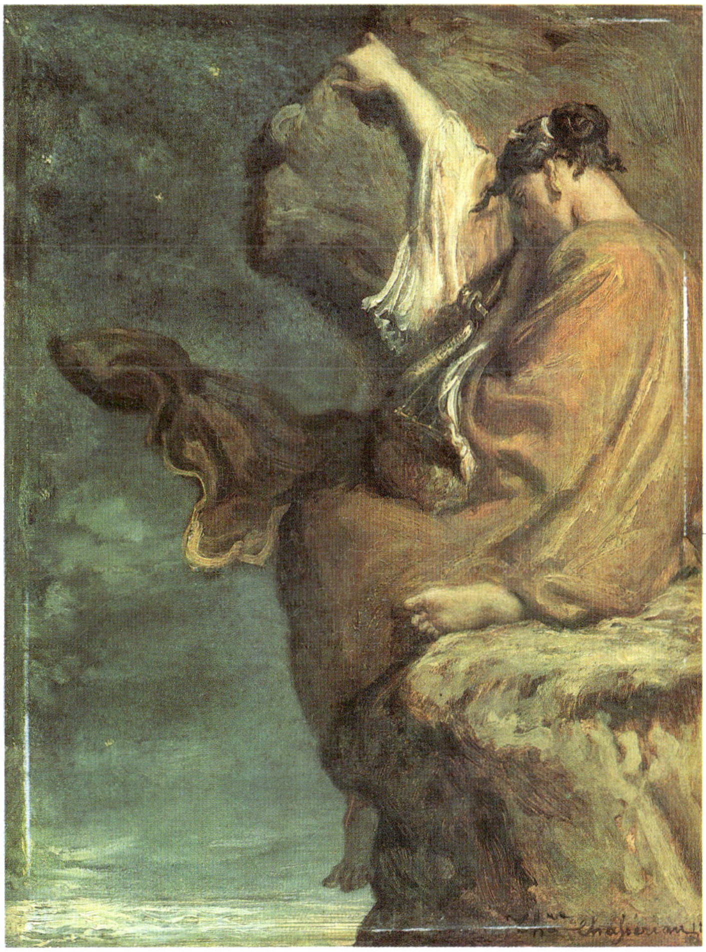

Théodore Chassériau (1819-1856)
Sapho, 1849. Salon de 1850-1851
27,5 × 21,5
Legs du baron Arthur Chassériau, 1934

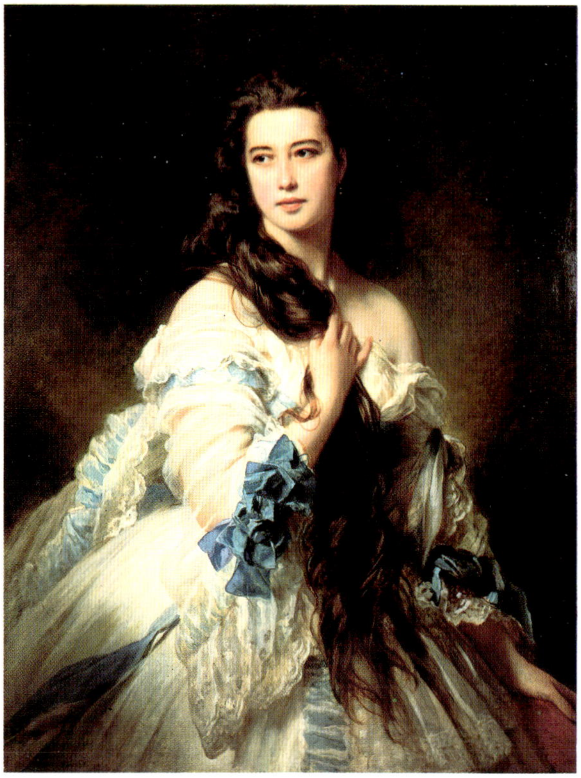

Franz-Xaver Winterhalter (1805 [?]-1873)
Mme Rimsky-Korsakow, 1864
117 × 90
Don de MM. Rimsky-Korsakow, ses fils, 1879

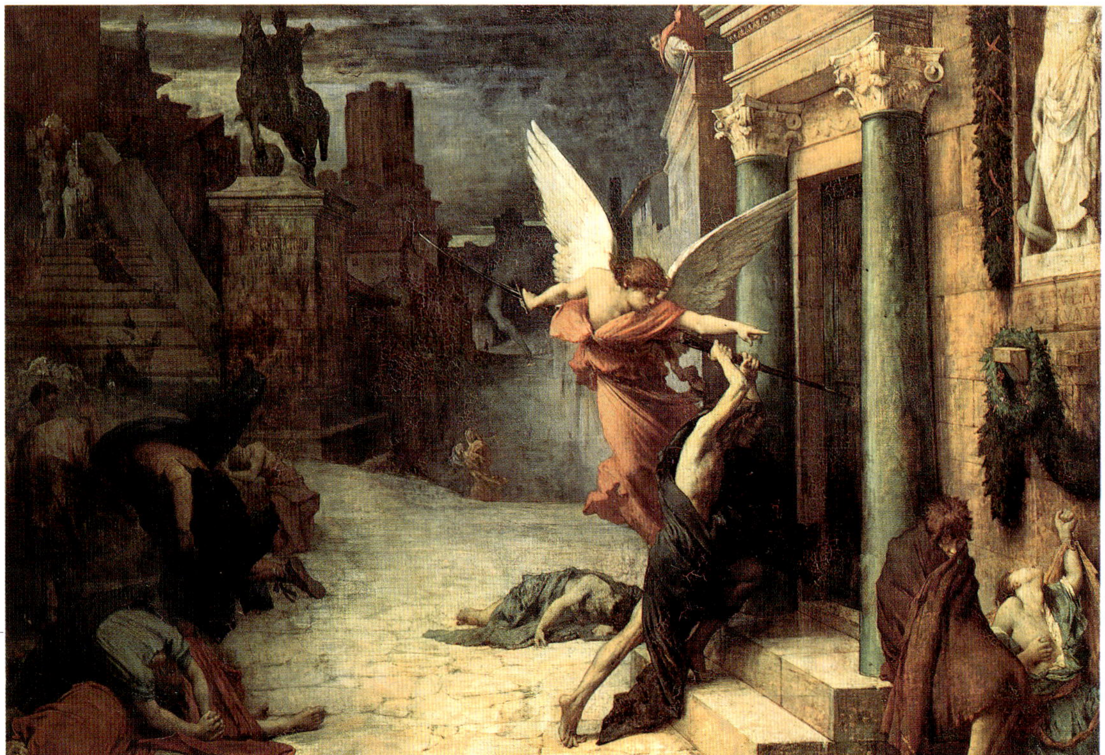

Elie Delaunay (1828-1891)
Peste à Rome (Jacques de Voragine, *La Légende dorée*, légende de saint Sébastien). Salon de 1869
131 × 176,5
Acquis en 1869

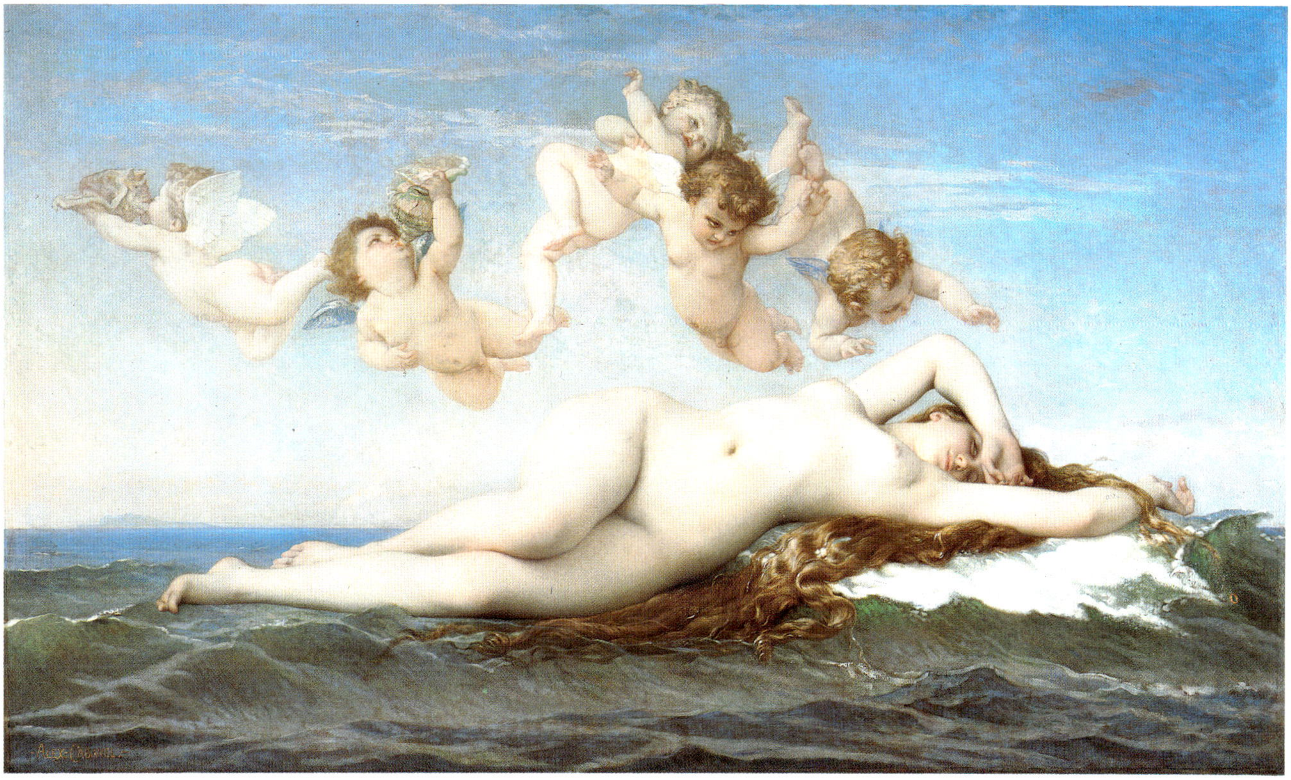

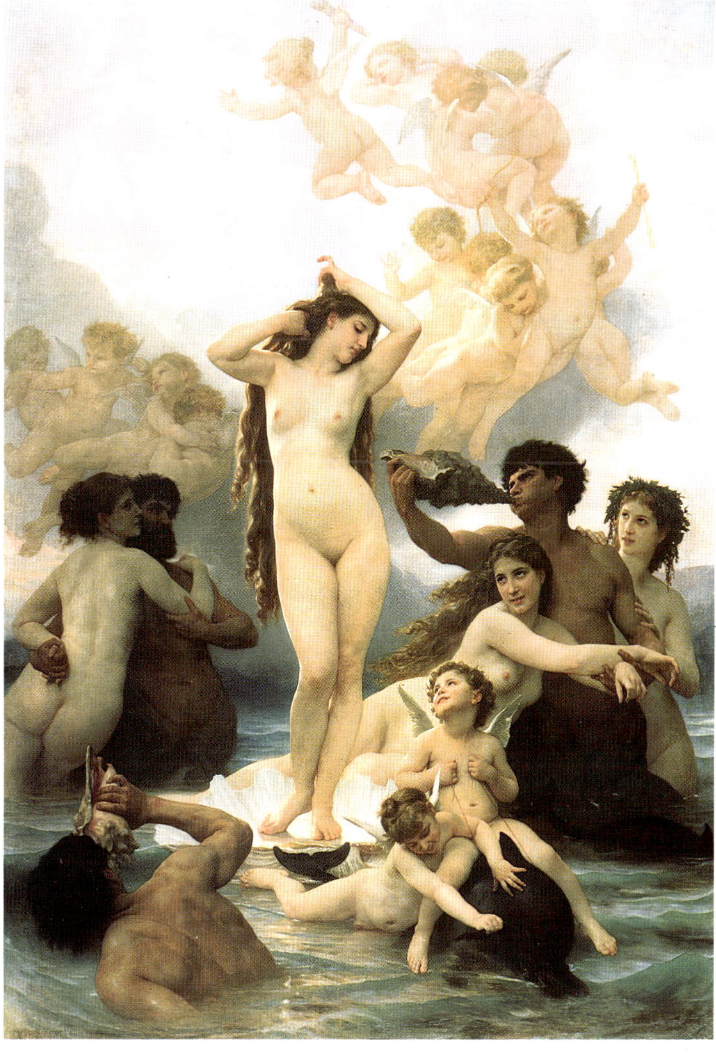

Alexandre Cabanel (1823-1889)
Naissance de Vénus. Salon de 1863
130 × 225
Acquis sur la Liste civile de Napoléon III en 1863 et attribué aux Musées nationaux en 1879

Tous deux Prix de Rome, élèves de Picot, vieux professeur de l'École des Beaux-Arts où il maintient jusqu'au milieu du siècle la tradition néo-classique, Cabanel et Bouguereau font une brillante carrière. Cabanel est élu à l'Institut l'année même où sa *Naissance de Vénus*, un des clous du Salon de 1863, est acquise par Napoléon III. En 1879, Bouguereau, déjà membre de l'Institut depuis trois ans, développe à son tour ce thème si souvent exploité à l'époque en une vaste composition où se font jour les poncifs de l'académisme.

William Bouguereau (1825-1905)
Naissance de Vénus. Salon de 1879
300 × 218
Acquis en 1879

Henri Regnault (1843-1871)
Exécution sans jugement sous les rois maures de Grenade, 1870
302 × 146
Acquis en 1872

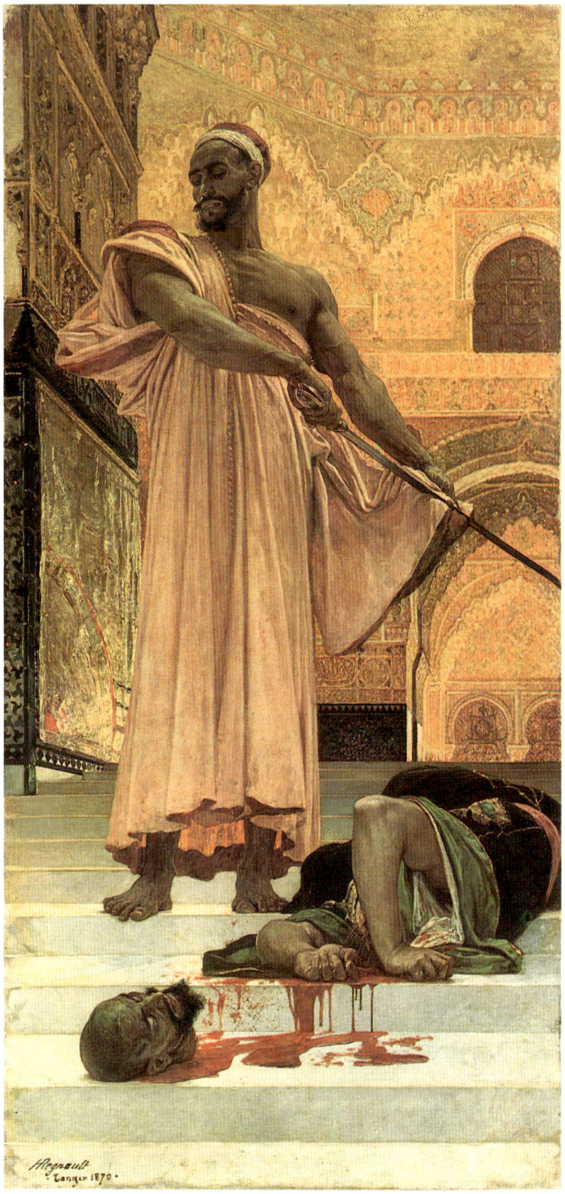

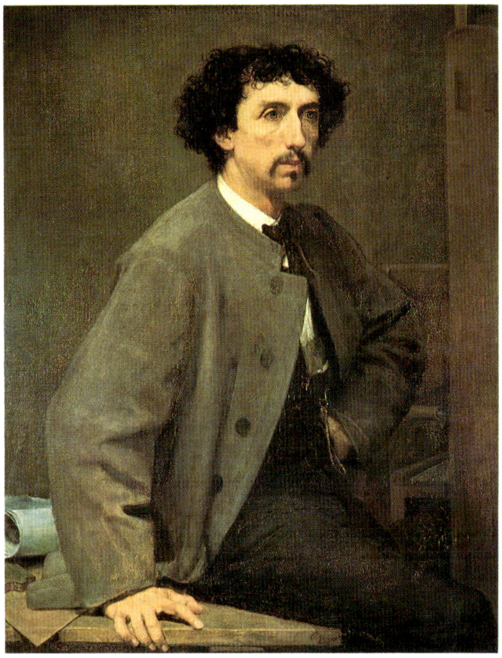

Paul Baudry (1828-1886)
Charles Garnier, architecte, 1868. Salon de 1869
103 × 81
Legs de Mme veuve Charles Garnier au château de Versailles, 1922; entré au musée d'Orsay en 1986

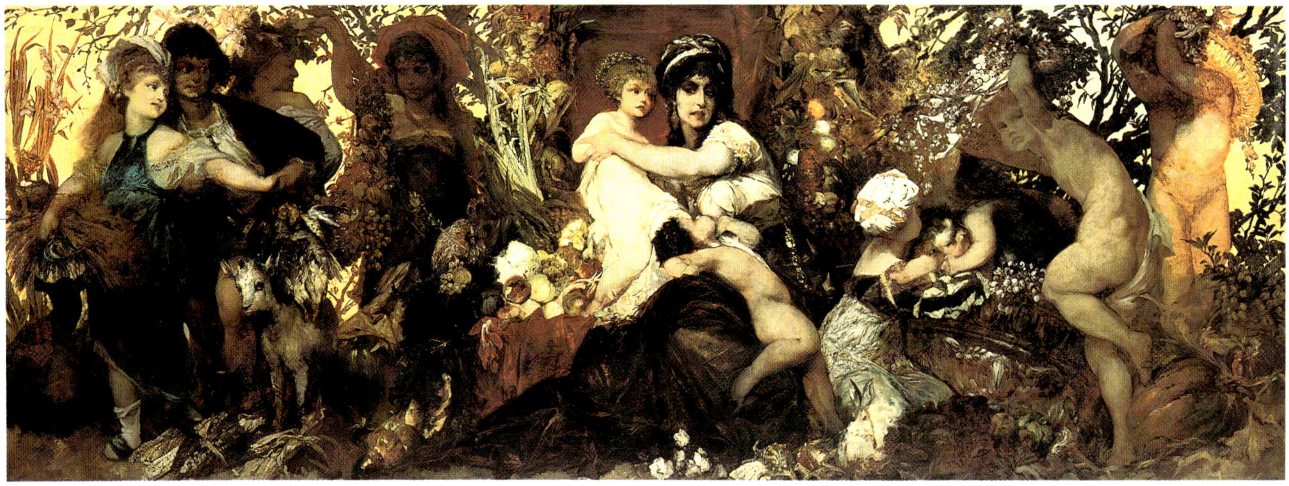

Hans Makart (1840-1884)
Abundantia : les dons de la terre, 1870
Peint pour la salle à manger du palais Hoyos à Vienne et non utilisé
162,5 × 447
Acquis en 1973

Robert II dit le Pieux, fils d'Hugues Capet, avait épousé Berthe de Bourgogne, alors qu'il était le parrain d'un de ses enfants nés d'un premier mariage : ces liens rendaient pour l'Église l'union incestueuse. Le pape Grégoire V excommunia le roi tant que la reine ne serait pas répudiée. Jean-Paul Laurens sait utiliser ici la perspective de la salle du trône pour isoler dramatiquement le couple condamné. L'artiste qui avait côtoyé Manet au Salon des refusés de 1863, resta fidèle aux sujets historiques qu'il choisissait en fonction de ses convictions : profondément athée et humaniste, il condamnait en effet le fanatisme religieux de l'Église.

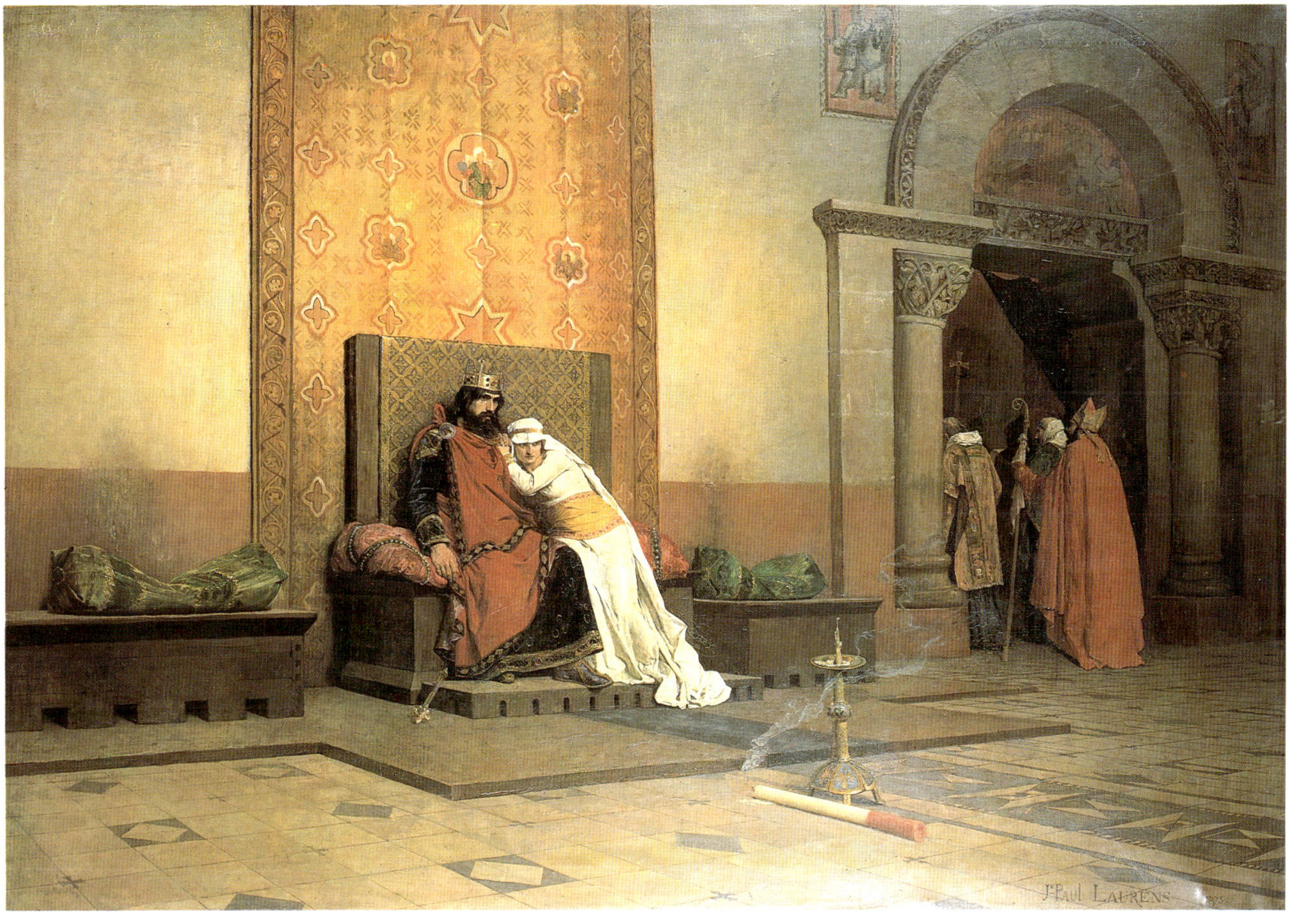

Jean-Paul Laurens (1838-1921)
L'Excommunication de Robert le Pieux
Salon de 1875
130 × 218
Acquis en 1875

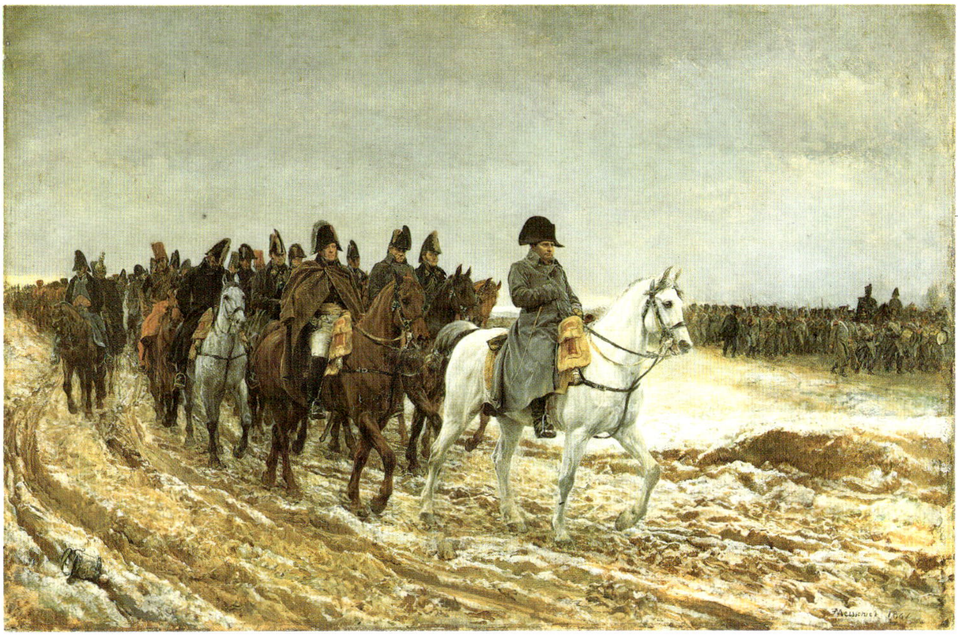

Ernest Meissonier (1815-1891)
Campagne de France, 1814
Salon de 1864
51,5 × 76,5
Legs Alfred Chauchard, 1909

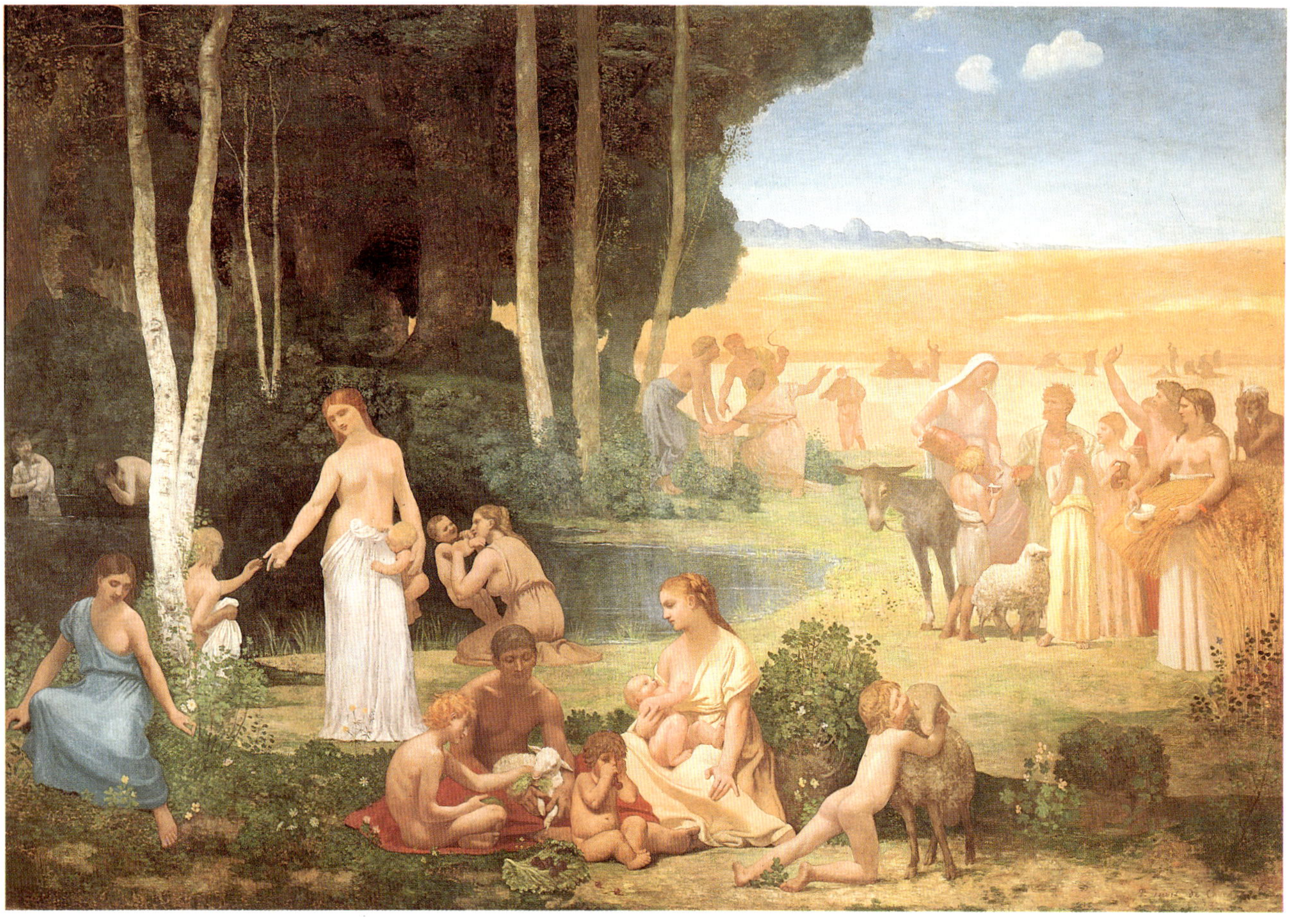

Pierre Puvis de Chavannes (1824-1898)
L'Été. Salon de 1873
350 × 507
Acquis par l'État en 1873 pour le musée de Chartres
Entré au musée d'Orsay en 1985

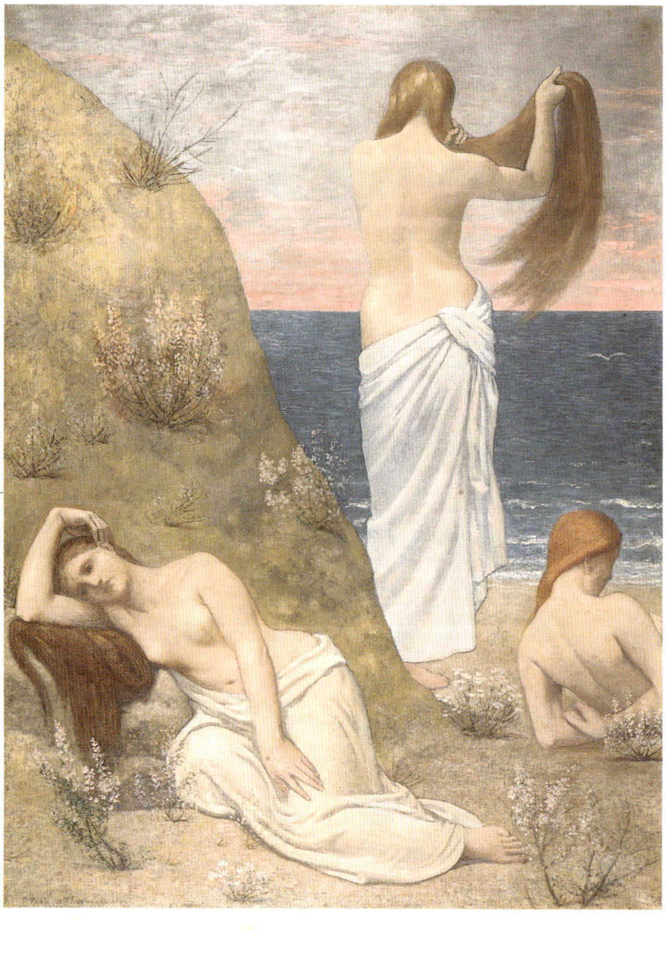

Pierre Puvis de Chavannes (1824-1898)
Jeunes Filles au bord de la mer. Panneau décoratif
Salon de 1879
205 × 154
Don Robert Gérard, 1970

Puvis de Chavannes s'était fait une spécialité de la peinture monumentale et sa technique en aplats, sans ombre ni relief, dans des teintes claires assorties à la pierre des murailles, se retrouve jusque dans les tableaux de format moyen. *Le Pauvre pêcheur* du Salon de 1881, souvent réexposé jusqu'en 1887, année où il fut acquis pour le musée du Luxembourg devait exercer immédiatement une grande fascination sur les jeunes artistes, tels Seurat ou Maillol et confirmer Puvis comme un des précurseurs du symbolisme, par la création d'images saisissantes et nouvelles comme cette vision de la pauvreté que tous les éléments de la composition — jusqu'à l'inclinaison du mât vers la gauche — concourent à donner.

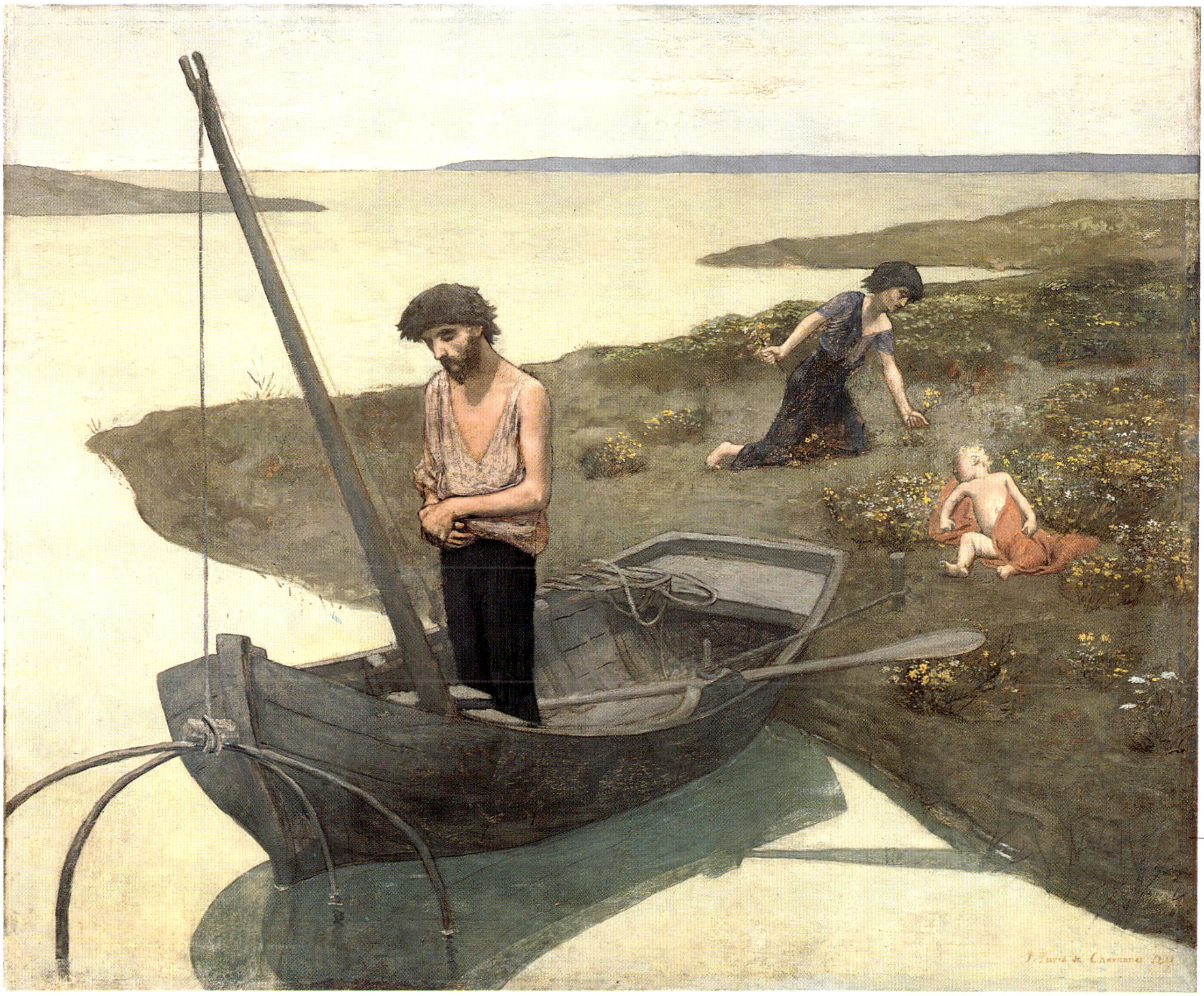

Pierre Puvis de Chavannes (1824-1898)
Le Pauvre pêcheur. Salon de 1881
155,5 × 192,5
Acquis en 1887

Gustave Moreau (1826-1898)
Orphée. Salon de 1866
154 × 99,5
Acquis en 1866

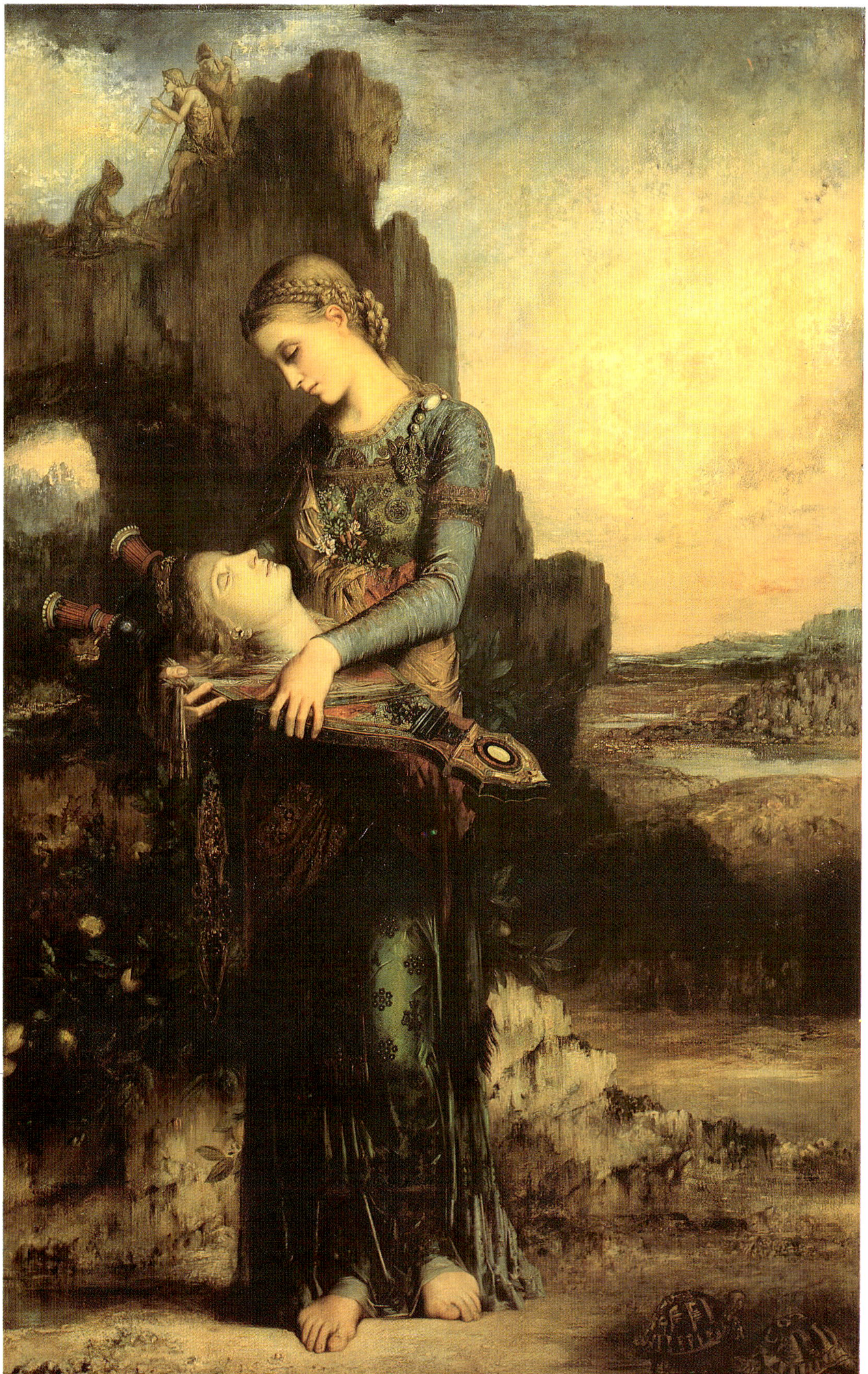

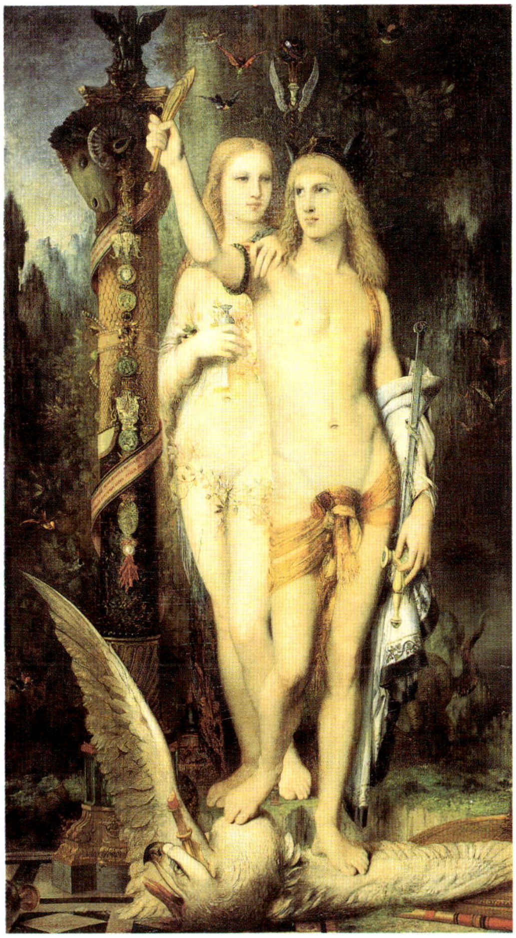

Gustave Moreau retient ici le moment chanté par Ovide au Livre VII des *Métamorphoses* où Jason, vainqueur du monstre qu'il foule à ses pieds, a reçu en trophée la Toison d'or et emmène Médée, la jeune princesse qui l'a aidé à triompher. Cependant, elle le domine déjà et le jeu des regards, l'attitude des personnages, tous les détails jusqu'à cette guirlande d'hellébore maléfique dont est parée la magicienne, tendent à exprimer l'idée que résume ainsi un des exégètes de Moreau, Édouard Schuré : « par son idéal, le héros conscient aspire aux cimes ; par sa passion, la femme conduit au gouffre. »

Gustave Moreau (1826-1898)
Jason et Médée. Salon de 1865
204 × 115,5
Don Théodore Reinach, 1908

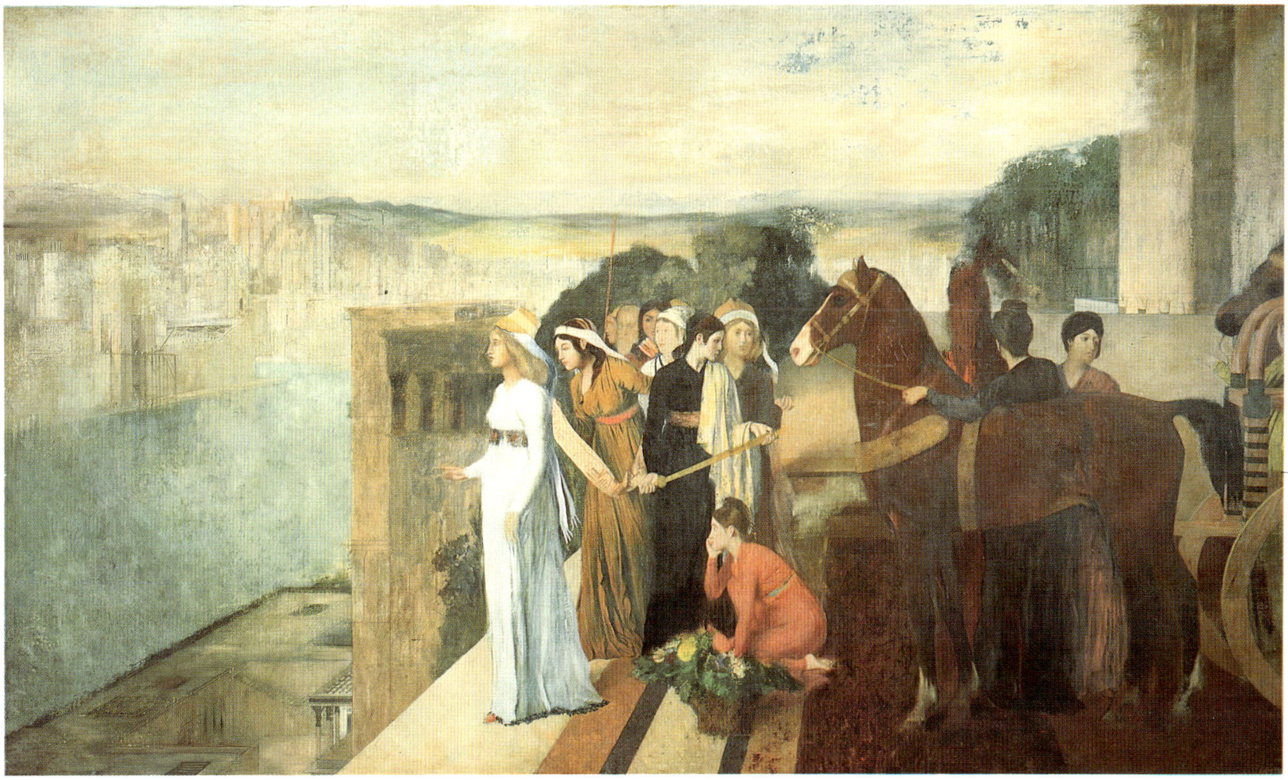

Edgar Degas (1834-1917)
Sémiramis construisant Babylone, 1861
151 × 258
Acquis en 1918

Honoré Daumier (1808-1879)
La Blanchisseuse, vers 1863
49 × 33,5
Acquis avec le concours
de D. David-Weill, 1927

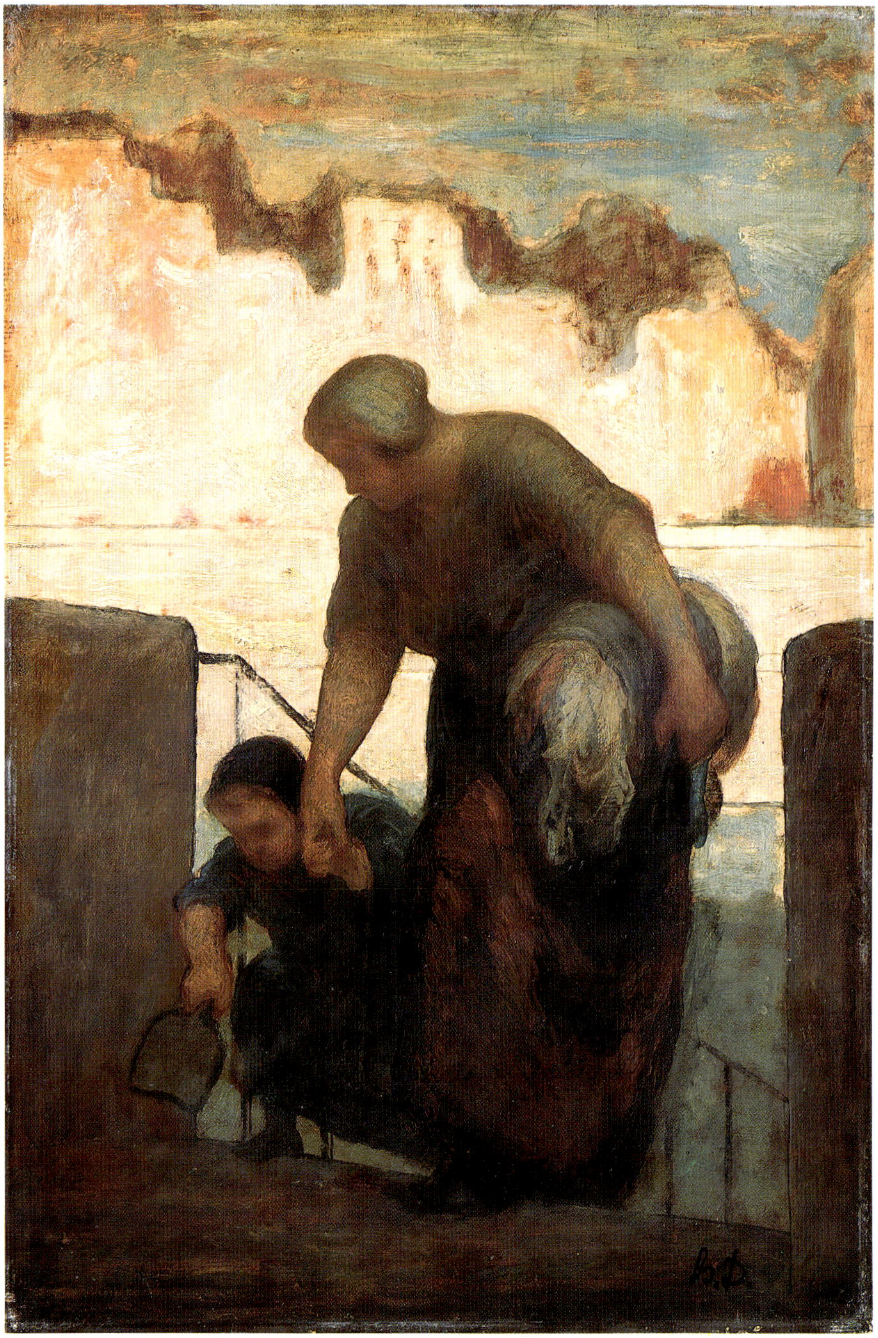

Honoré Daumier (1808-1879)
Crispin et Scapin, vers 1864
60,5 × 82
Don de la Société des Amis du Louvre
avec le concours
des enfants de Henri Rouart, 1912

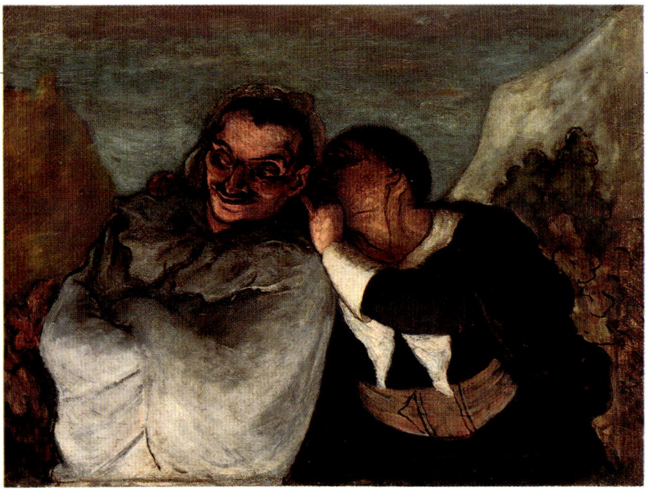

Théodore Rousseau (1812-1867)
Clairière dans la haute futaie, dit *La Charette*
Salon de 1863
28 × 53
Legs Alfred Chauchard, 1909

Narcisse Diaz de la Peña (1807-1876)
Les Hauteurs du Jean de Paris
(forêt de Fontainebleau), 1867
86 × 106
Legs Alfred Chauchard, 1909

Jules Dupré (1811-1889)
La Vanne, vers 1855-1860
51 × 69
Legs Alfred Chauchard, 1909

Bien avant Pont-Aven ou Saint-Tropez, Barbizon, hameau rustique à la lisière de la forêt de Fontainebleau, s'était acquis une renommée exceptionnelle, grâce à la présence d'artistes qui, depuis 1820, y venaient de plus en plus nombreux, pendant la belle saison, ou s'y installaient, tels Diaz, Théodore Rousseau ou, à partir de 1849, Millet et Charles Jacque. Jules Dupré n'y vint que rarement, fréquentant surtout d'autres forêts d'Ile-de-France. Des peintres de toutes tendances s'y côtoyaient, mais ce sont ceux qui firent leur règle d'une observation directe de la nature et de la lumière qui constituèrent cette École de Barbizon, dont les œuvres servirent de point de départ aux recherches de jeunes artistes comme Monet et ses amis.

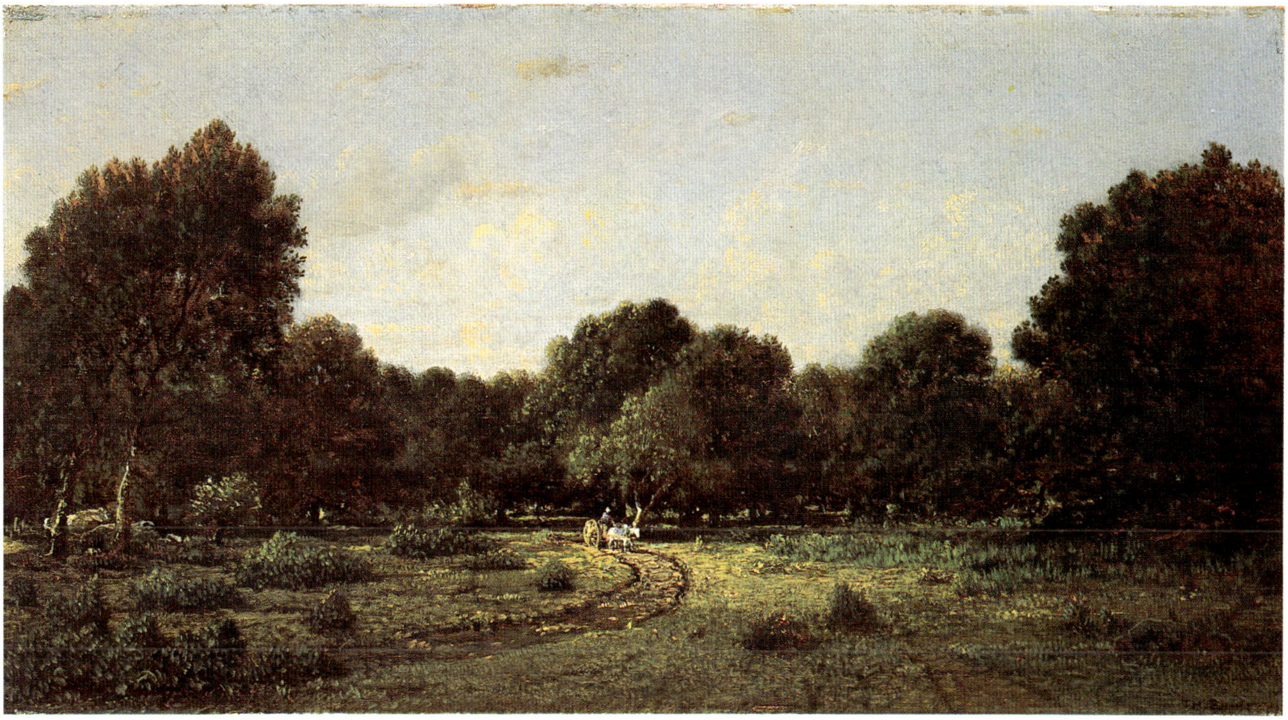

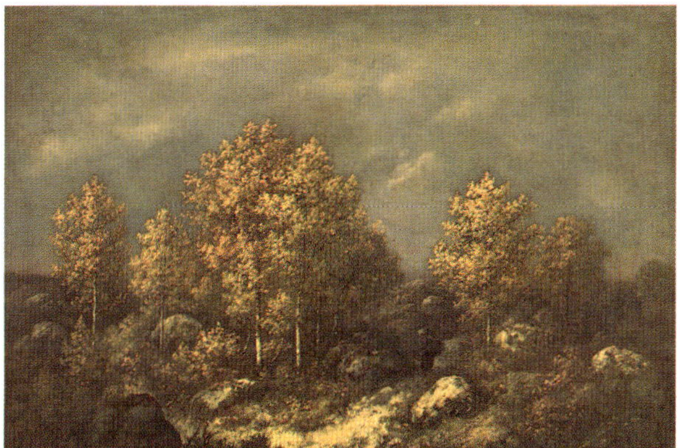

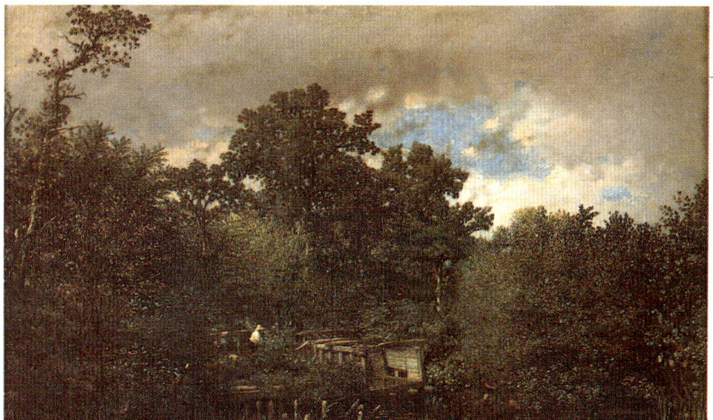

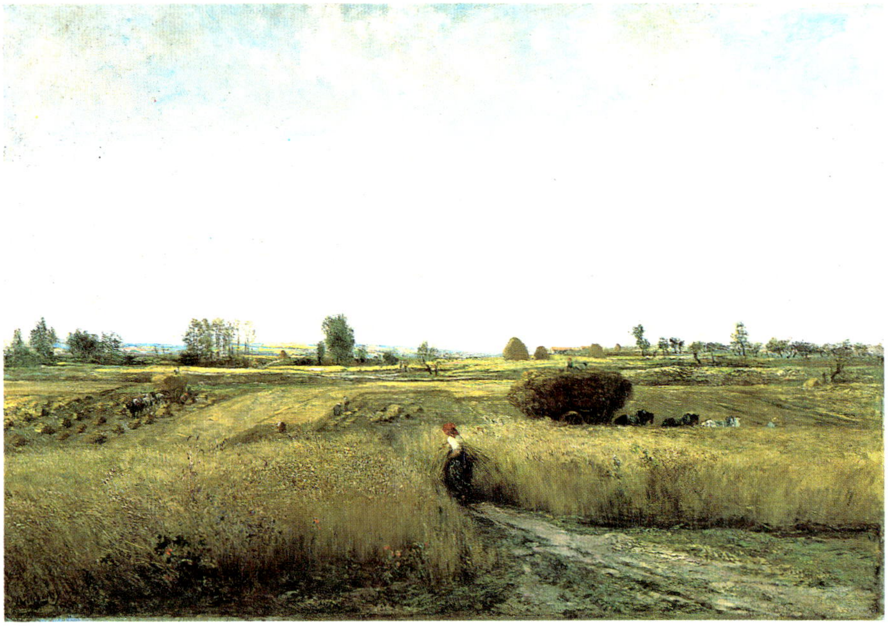

Charles Daubigny (1817-1878)
La Moisson, 1851. Salon de 1852
135 × 196
Acquis en 1853

Jean-François Millet (1814-1875)
Des glaneuses. Salon de 1857
83,5 × 111
Donation de Mme Pommery, 1890

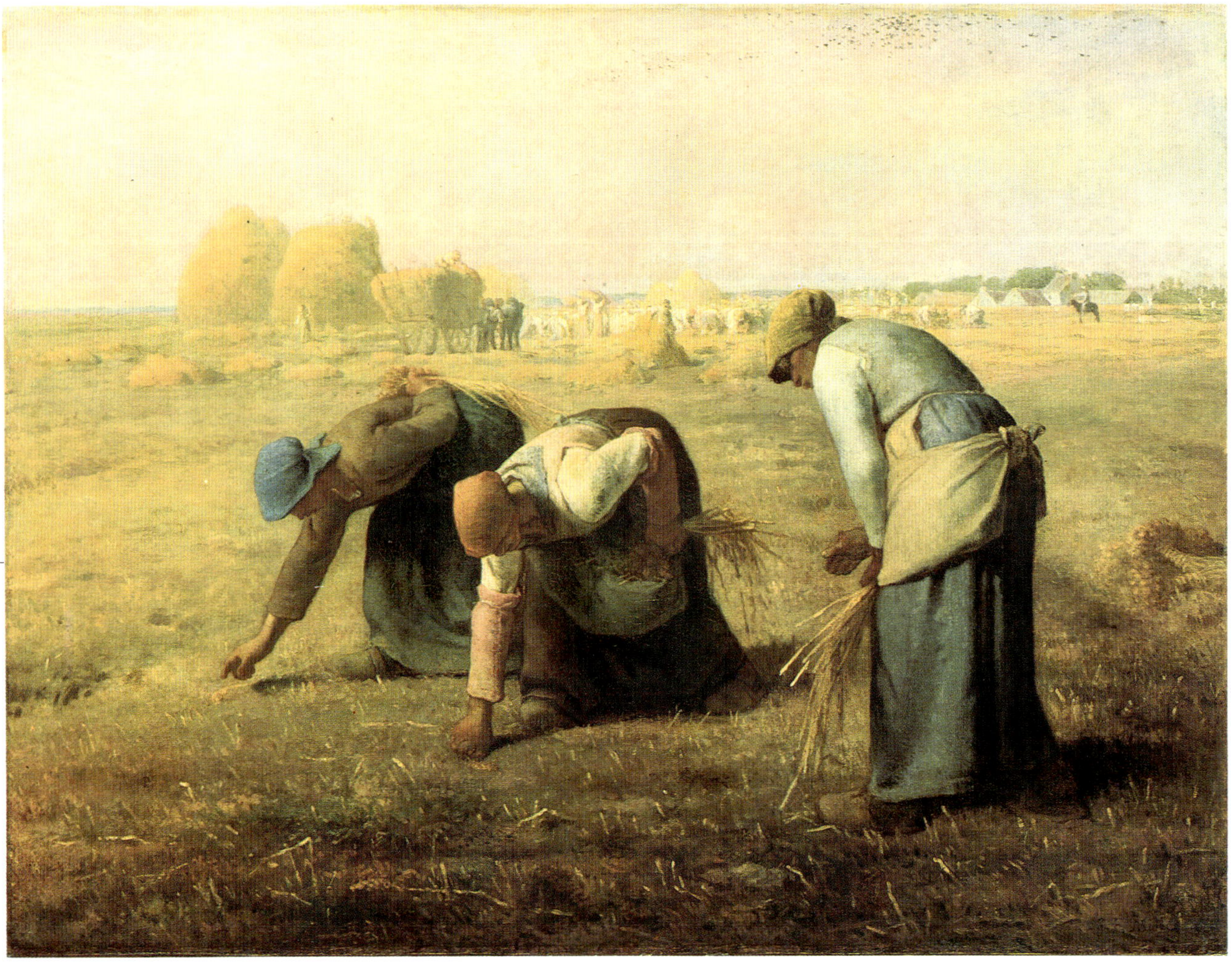

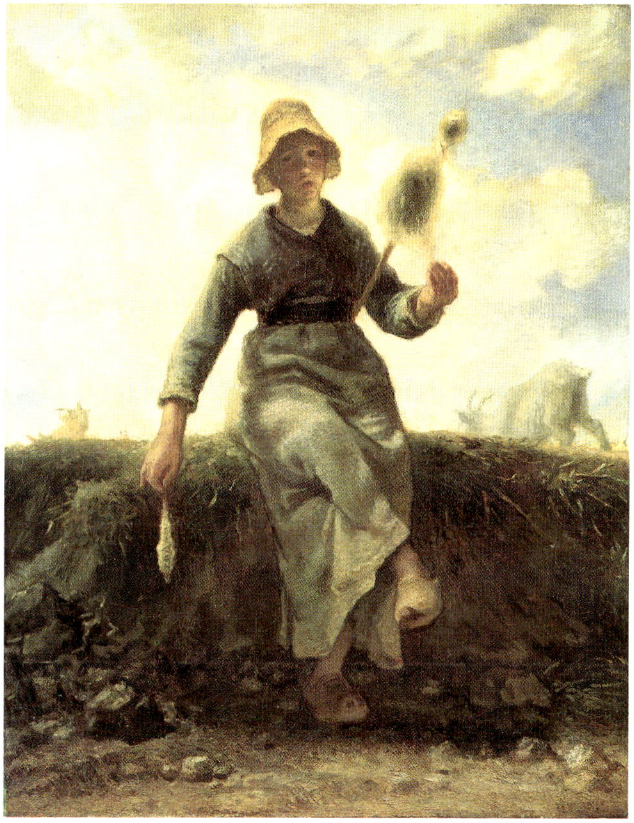

L'*Angélus* a acquis une célébrité qui ne se dément pas, lorsque vers 1880, Millet est devenu le symbole du peintre-paysan. Après la vente Secrétan, en 1889, où il atteint une enchère record, le tableau est l'objet d'innombrables reproductions ; son succès est confirmé lors des expositions organisées aux États-Unis par l'acquéreur, l'American Art Association, avant qu'elle ne le cède en 1890 à Alfred Chauchard grâce à qui l'œuvre devait entrer au Louvre.

Jean-François Millet (1814-1875)
La Fileuse, chevrière auvergnate, 1868-1869
92,5 × 73,5
Legs Alfred Chauchard, 1909

Jean-François Millet (1814-1875)
L'Angélus, 1857-1859
55,5 × 66
Legs Alfred Chauchard, 1909

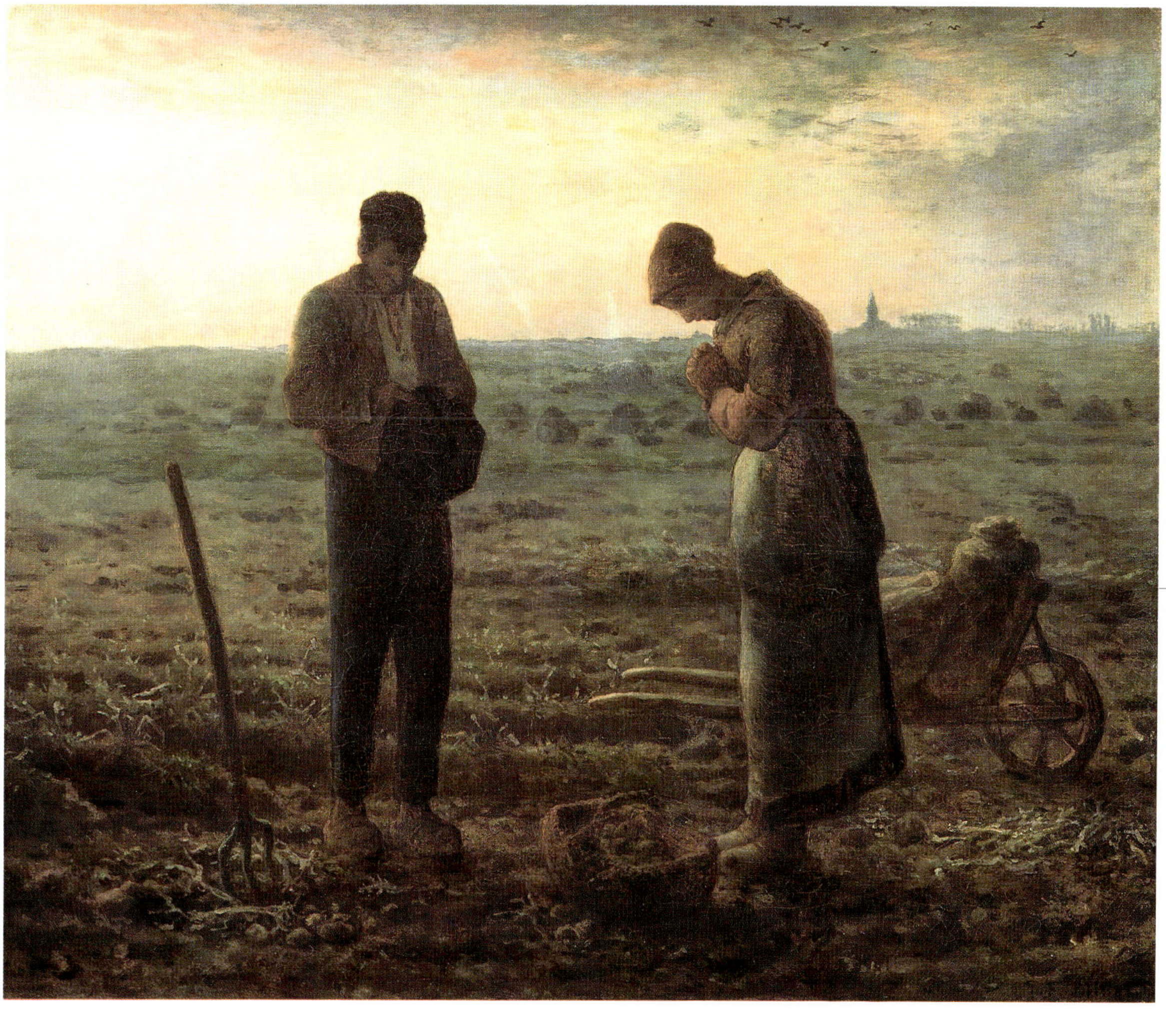

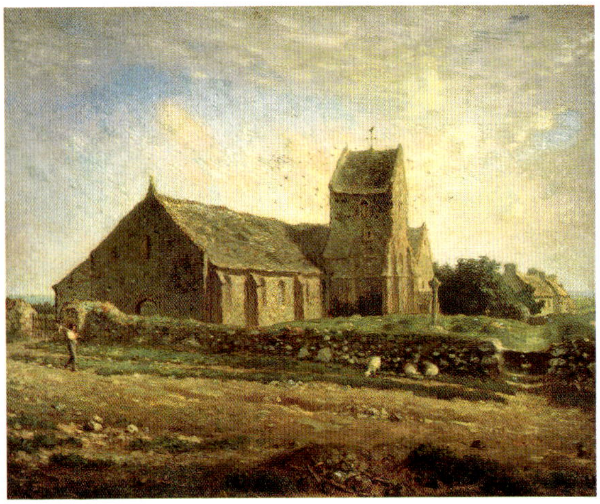

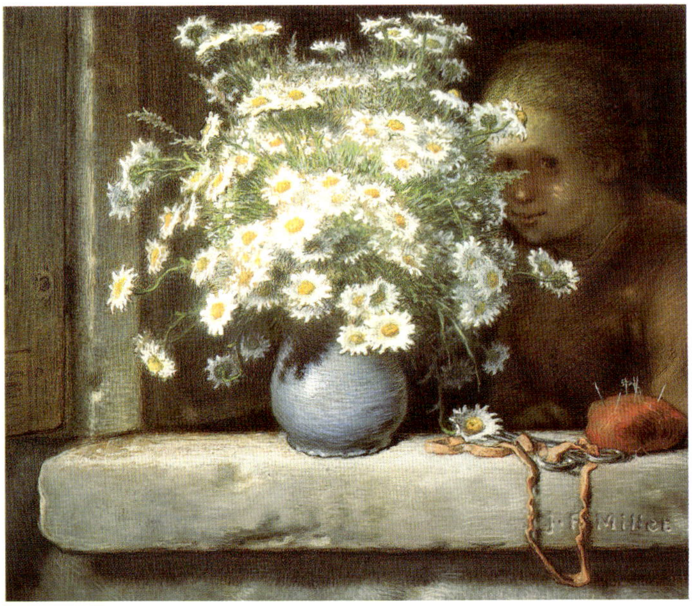

Jean-François Millet (1814-1875)
Le Printemps, 1868-1873
86 × 111
Don de Mme Frédéric Hartmann, 1887

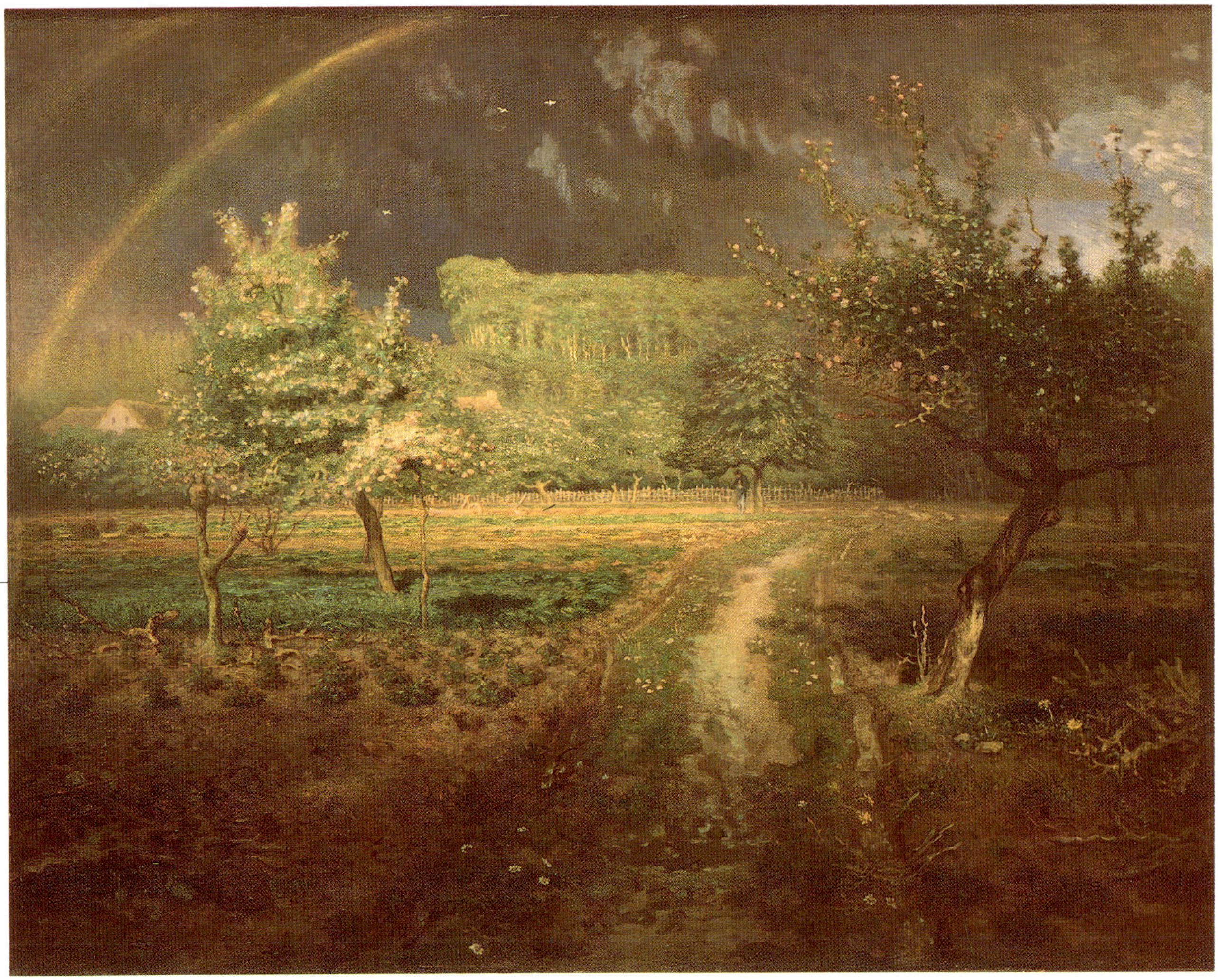

Jean-François Millet (1814-1875)
L'Église de Gréville, 1871-1874
60 × 73,5
Acquis à la vente posthume de l'artiste
1875

Jean-François Millet (1814-1875)
Le Bouquet de marguerites, 1871-1874
Pastel sur papier beige, 68 × 83
Acquis sur les arrérages du legs
Dol-Lair, 1949

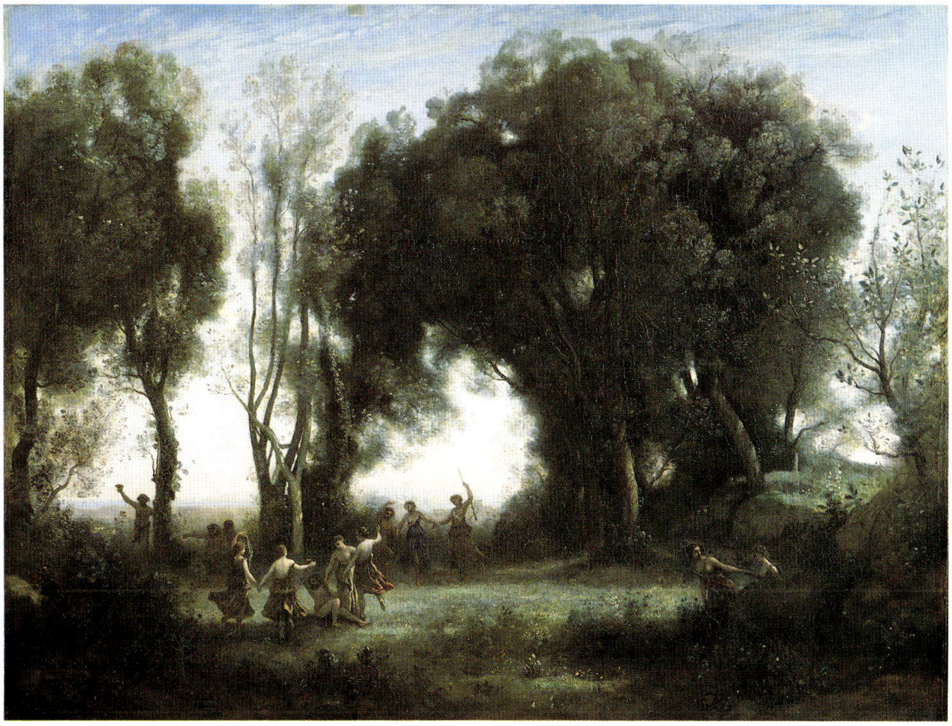

Jean-Baptiste Camille Corot (1796-1875)
Une Matinée. La danse des nymphes
Salon de 1850-1851
98 × 131
Acquis en 1851

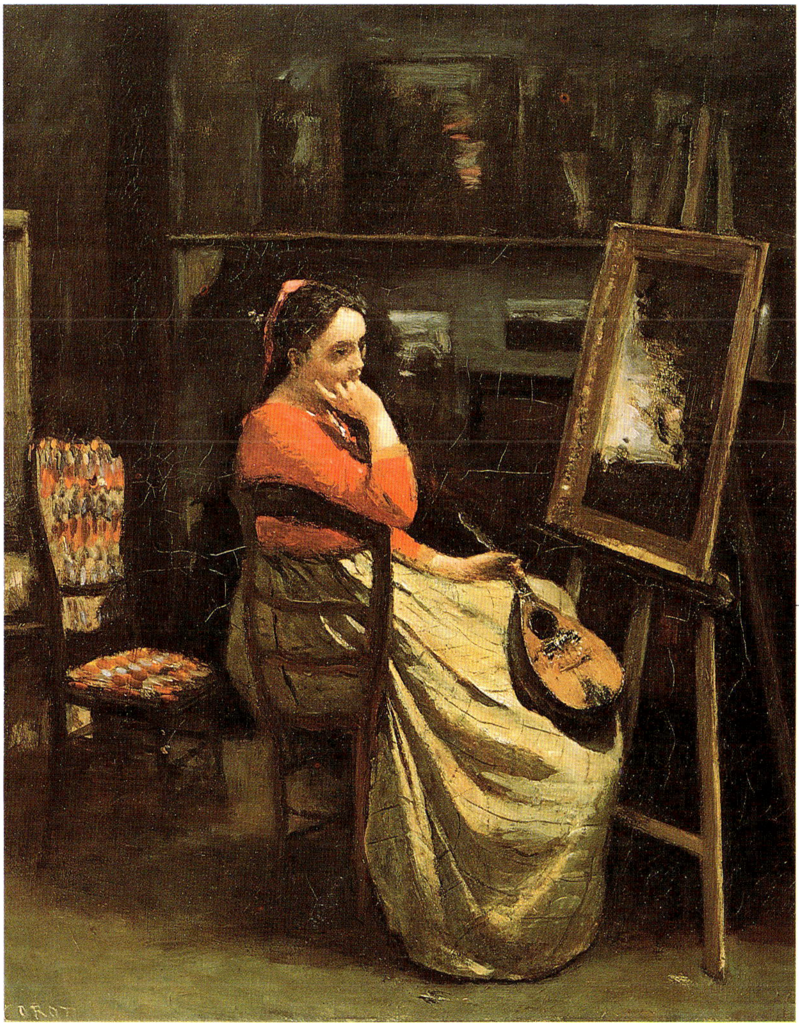

Jean-Baptiste Camille Corot (1796-1875)
L'Atelier de Corot, vers 1865-1870
56 × 46
Acquis en 1933

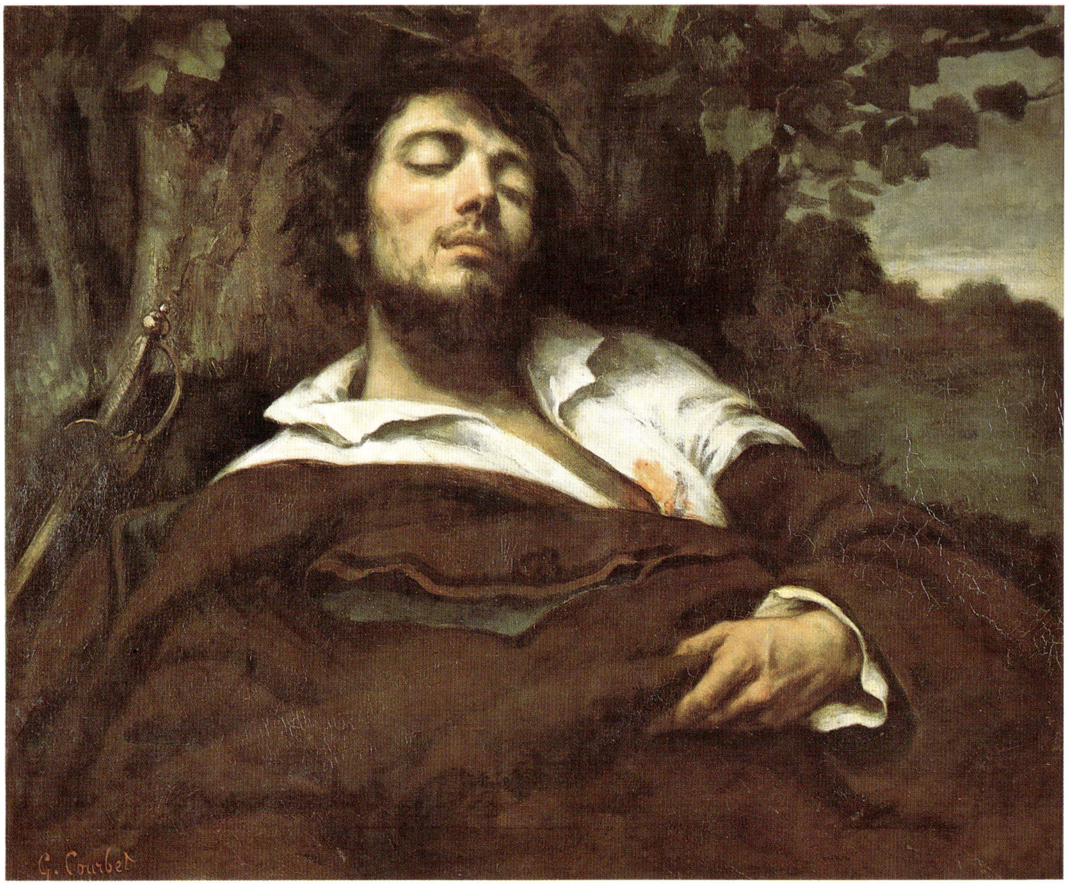

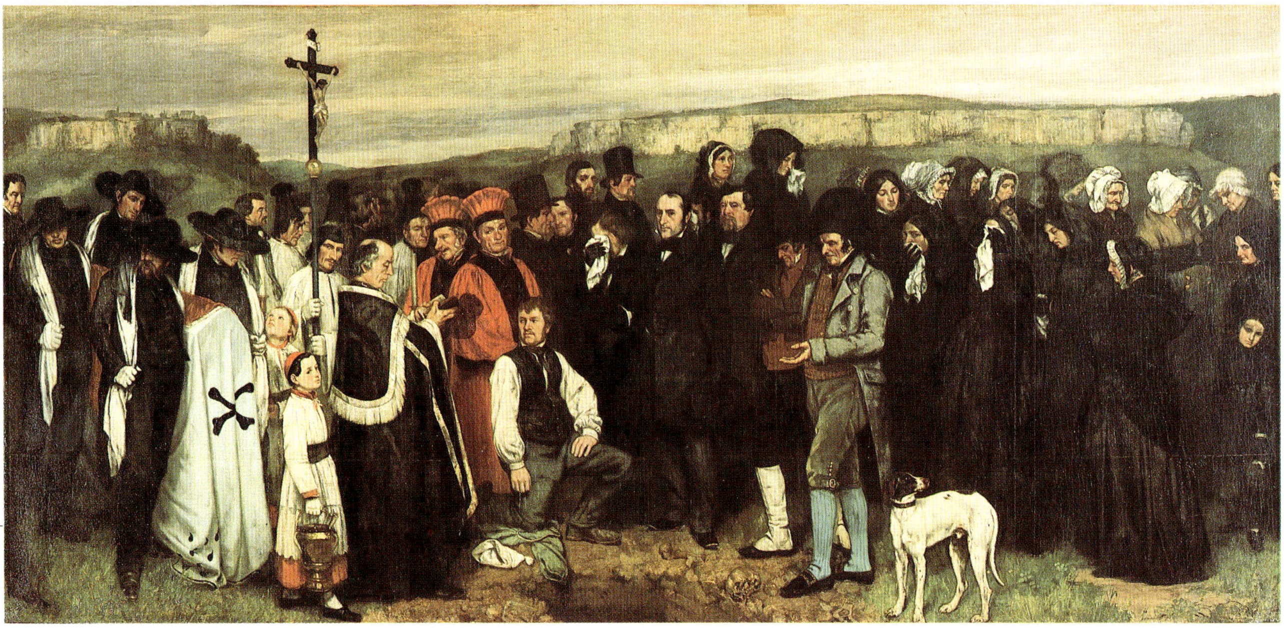

Gustave Courbet (1819-1877)
L'Homme blessé, 1844
81,5 × 97,5
Acquis à la vente de l'atelier de l'artiste, 1881

Gustave Courbet (1819-1877)
Un enterrement à Ornans, 1849-1850. Salon de 1850-1851
315 × 668
Don de Mlle Juliette Courbet, 1881

Courbet, encouragé par le succès obtenu au Salon de 1849 entreprend en décembre d'exécuter sur la toile l'immense composition, *Un Enterrement à Ornans*, pour laquelle il a fait poser, dès la fin de l'été, une cinquantaine d'habitants de sa ville natale. C'est sa première œuvre véritablement monumentale : il s'agit, au format de la peinture d'histoire et avec des figures grandeur nature, de représenter un épisode banal, familier, l'enterrement campagnard d'un inconnu. Si Courbet semble s'inspirer aussi bien de l'art espagnol que des grands portraits collectifs des Hollandais du XVIIe siècle, il confirme sa volonté de réalisme, même pour un sujet aussi sacré que la mort.

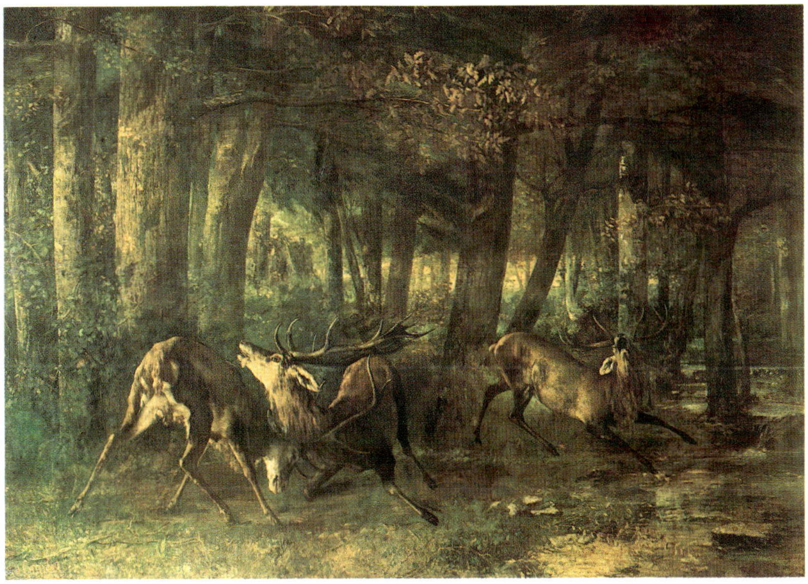

Gustave Courbet (1819-1877)
Le Rut du printemps. Combat de cerfs. Salon de 1861
355 × 507
Acquis à la vente de l'atelier de l'artiste, 1881

Gustave Courbet (1819-1877)
L'Atelier du peintre. Allégorie réelle, 1855
361 × 598
Acquis avec l'aide d'une souscription publique et de la Société des Amis du Louvre, 1920

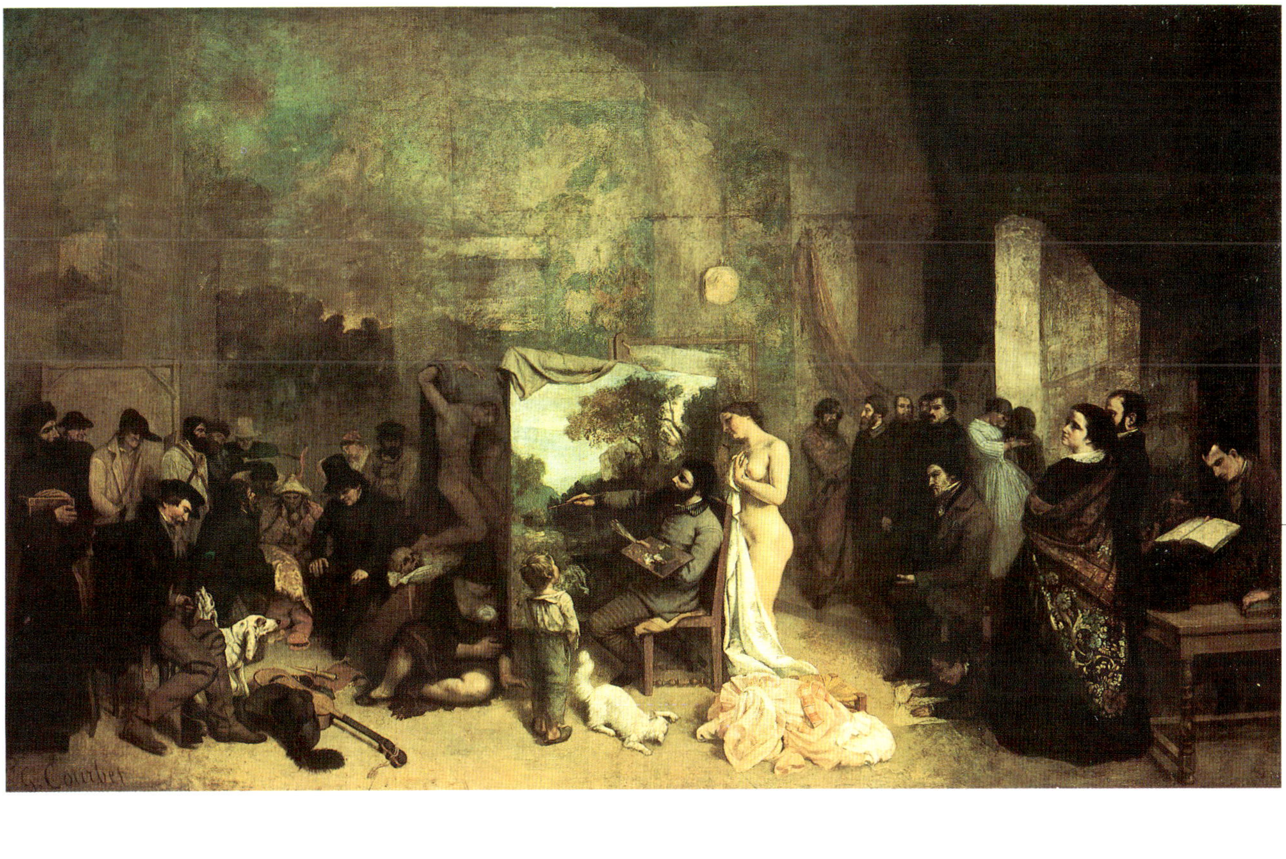

Gustave Courbet (1819-1877)
Madame Proudhon, 1865
73 × 59
Donation de Mme E. Fauré-Frémiet
et de Mlle Henneguy, petites-filles
du modèle, sous réserve d'usufruit, 1958
Entré au Louvre en 1970

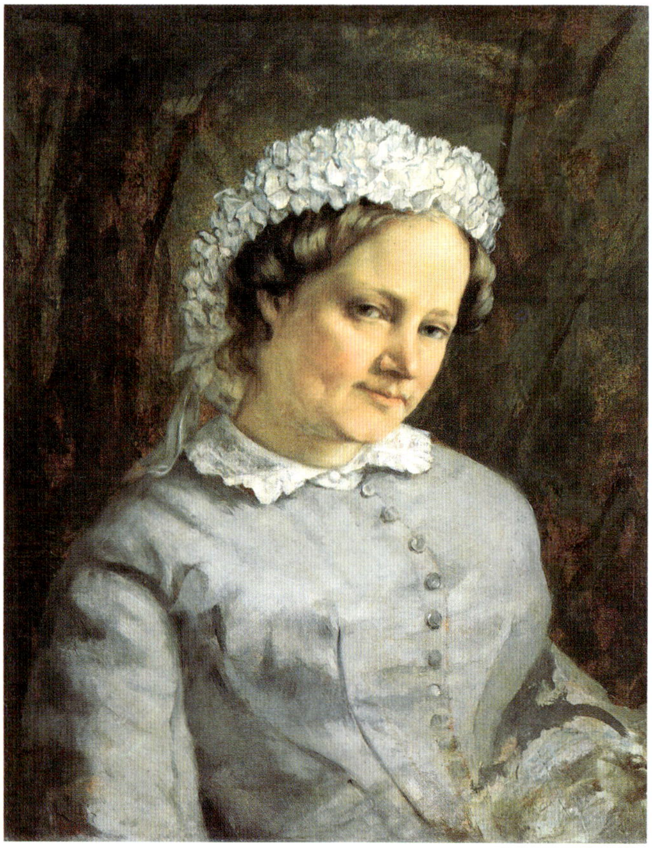

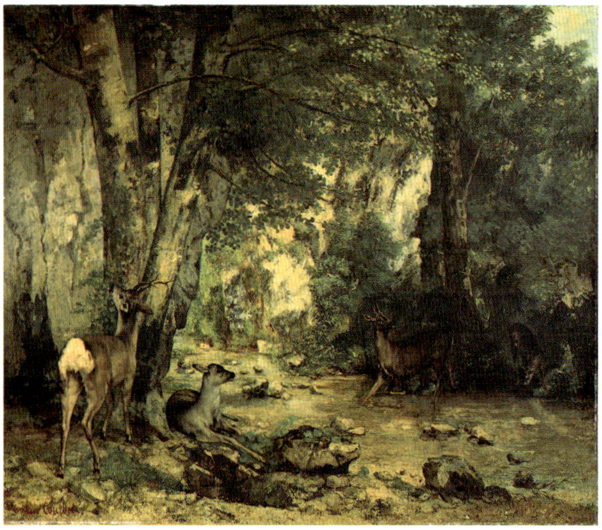

Gustave Courbet (1819-1877)
Remise de chevreuils au ruisseau de Plaisir-Fontaine (Doubs)
Salon de 1866
174 × 209
Don d'une réunion d'amateurs, 1890

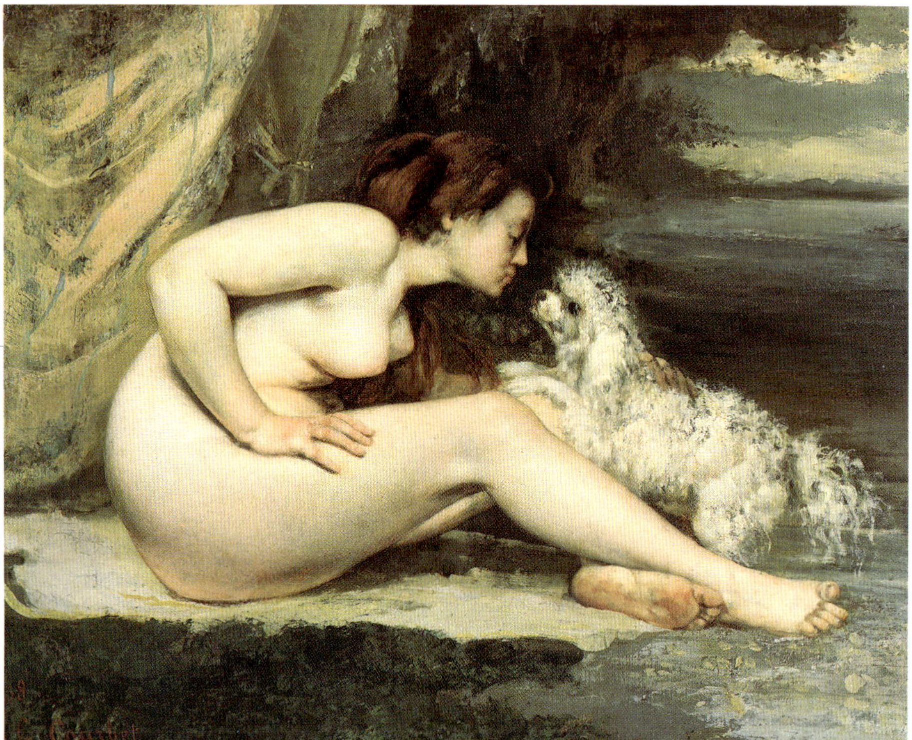

Gustave Courbet (1819-1877)
Femme nue au chien, 1861-1862
daté postérieurement 1868
65 × 81
Acquis par dation 1979

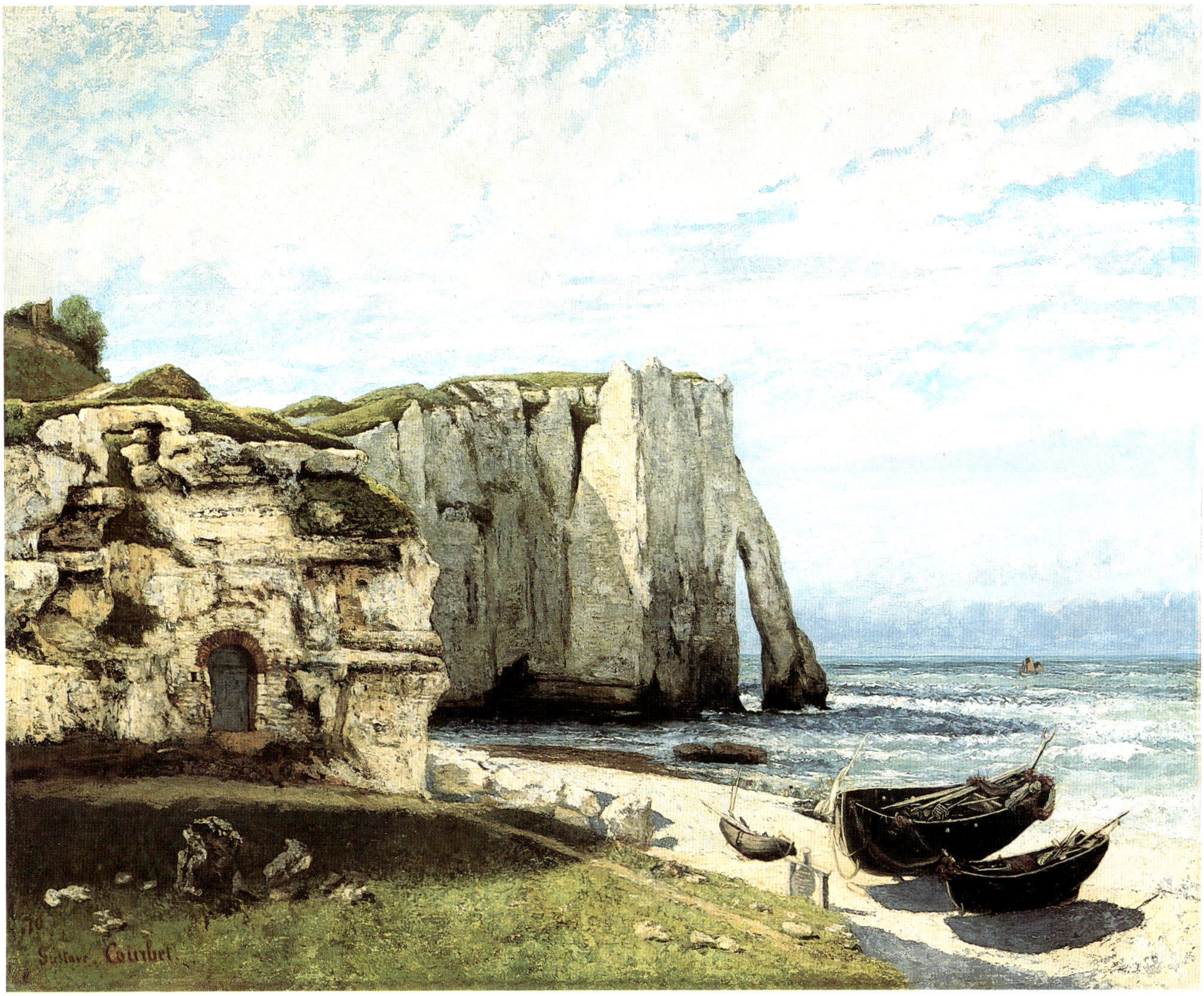

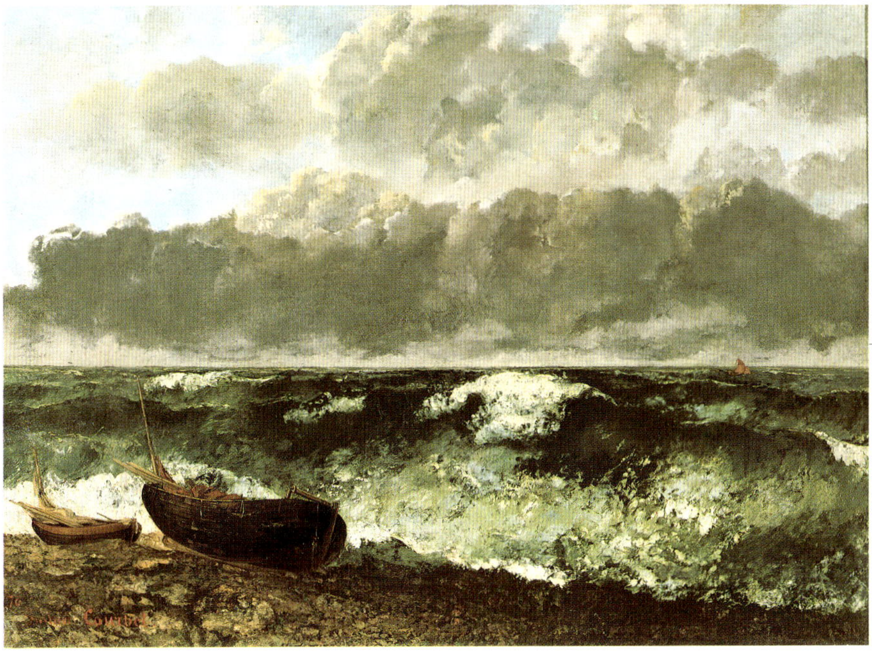

Gustave Courbet (1819-1877)
La Falaise d'Étretat après l'orage. Salon de 1870
133 × 162
Attribué par l'Office des Biens privés, 1950

Gustave Courbet (1819-1877)
La Mer orageuse ou *La vague.* Salon de 1870
117 × 150,5
Acquis en 1878

Deux ans après que Millet a fait scandale avec ses *Glaneuses*, considérées comme les « trois parques du paupérisme », Jules Breton présente au Salon de 1859 *Le Rappel des glaneuses*, récompensé d'une médaille de première classe et salué comme de « belles cariatides rustiques ». Certes l'artiste, qui se considérait comme un des pionniers des sujets réalistes paysans, peignait les scènes de la vie de son village natal de Courrières dans l'Artois, comme Courbet à Ornans ou Millet à Barbizon. Mais son esprit est différent, plus narratif. Au fil des ans, Jules Breton allait devenir l'artiste officiel de la vie des champs.

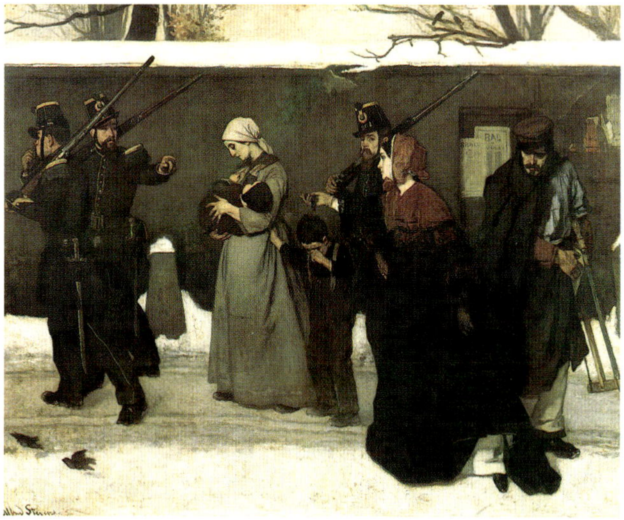

Alfred Stevens (1823-1906)
Ce qu'on appelle le vagabondage
Exposition universelle de 1855
132 × 162
Legs Léon Lhermitte, 1926

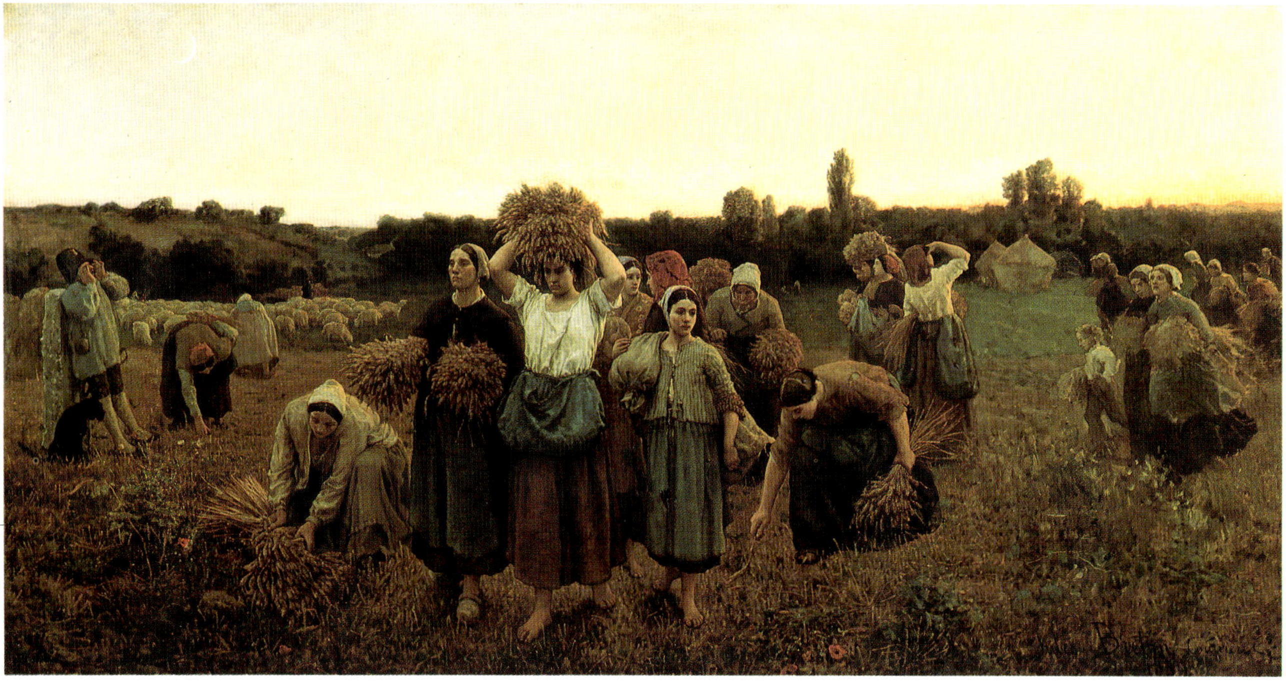

Jules Breton (1827-1906)
Le Rappel des glaneuses (Artois). Salon de 1859
90 × 176
Acquis sur la Liste civile de Napoléon III en 1859
et donné aux Musées Impériaux en 1862

Rosa Bonheur (1822-1899)
Labourage nivernais; le sombrage
Salon de 1849
134 × 260
Commandé par l'État en 1848

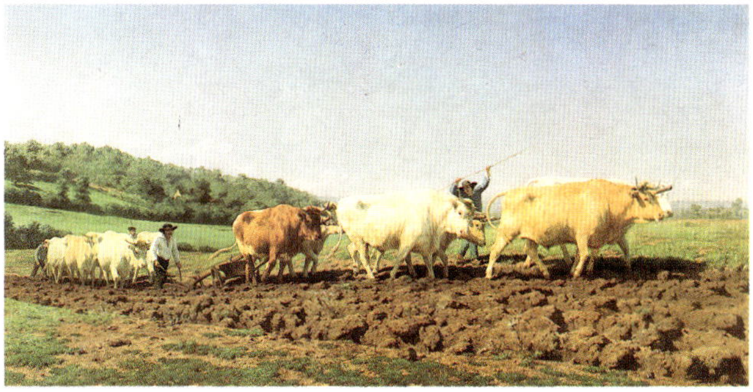

Antoine Chintreuil (1814-1873)
L'Espace. Salon de 1869
102 × 202
Acquis en 1869

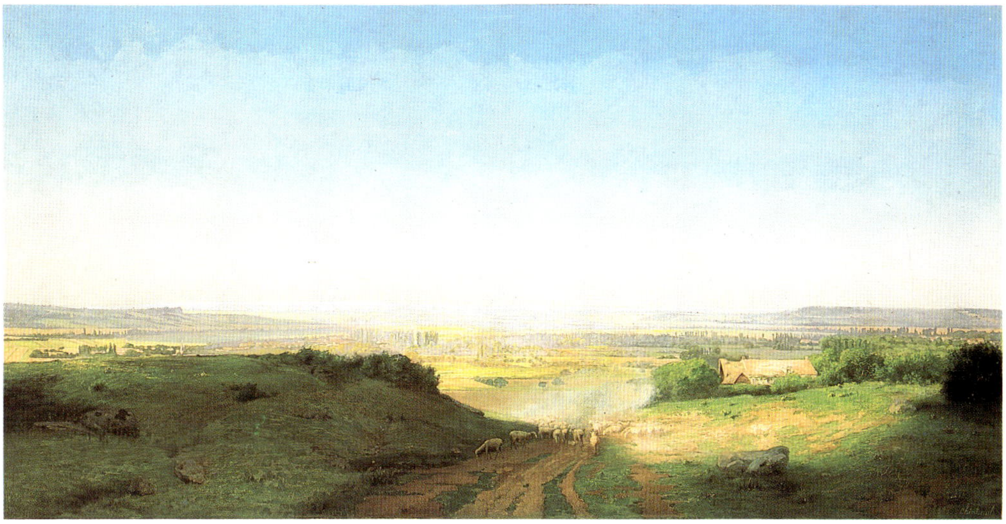

Constant Troyon (1810-1865)
Les vendanges à Suresnes
97 × 139
Acquis par l'État en 1862 pour le musée de Limoges; entré au musée d'Orsay en 1986

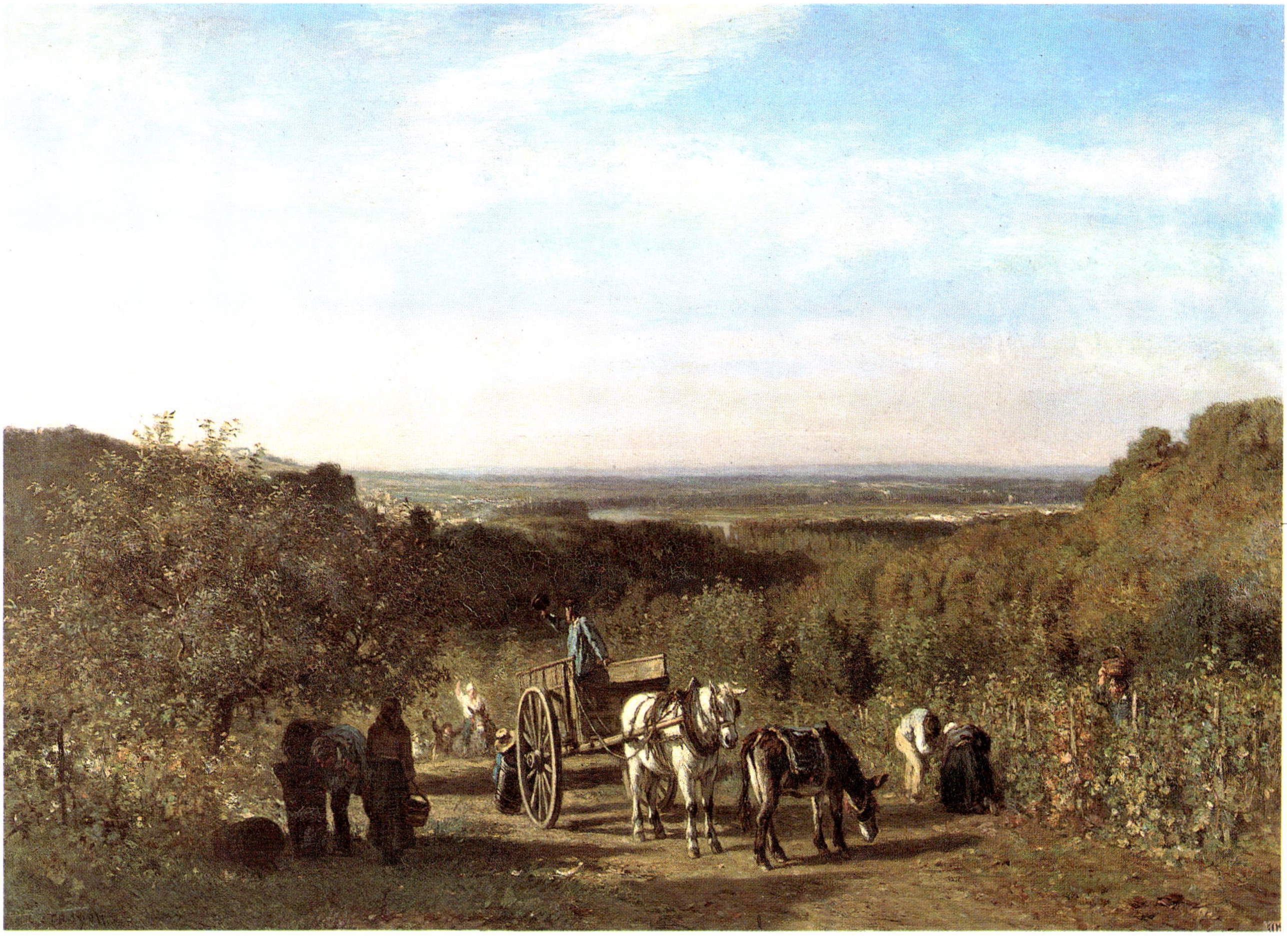

Eugène Fromentin (1820-1876)
Chasse au faucon en Algérie : la curée. Salon de 1863
162 × 118
Acquis en 1863

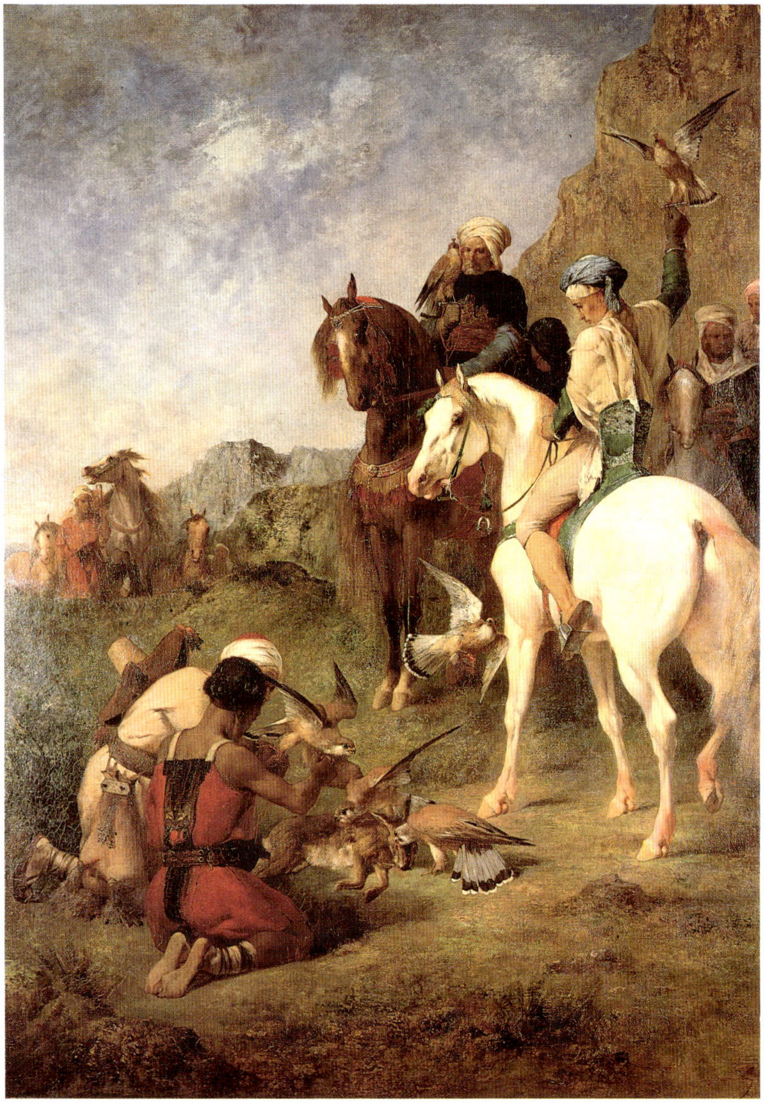

Gustave Guillaumet (1840-1887)
Le Sahara, ou *Le désert*, 1867. Salon de 1868
110 × 200
Don de la famille de l'artiste, 1888

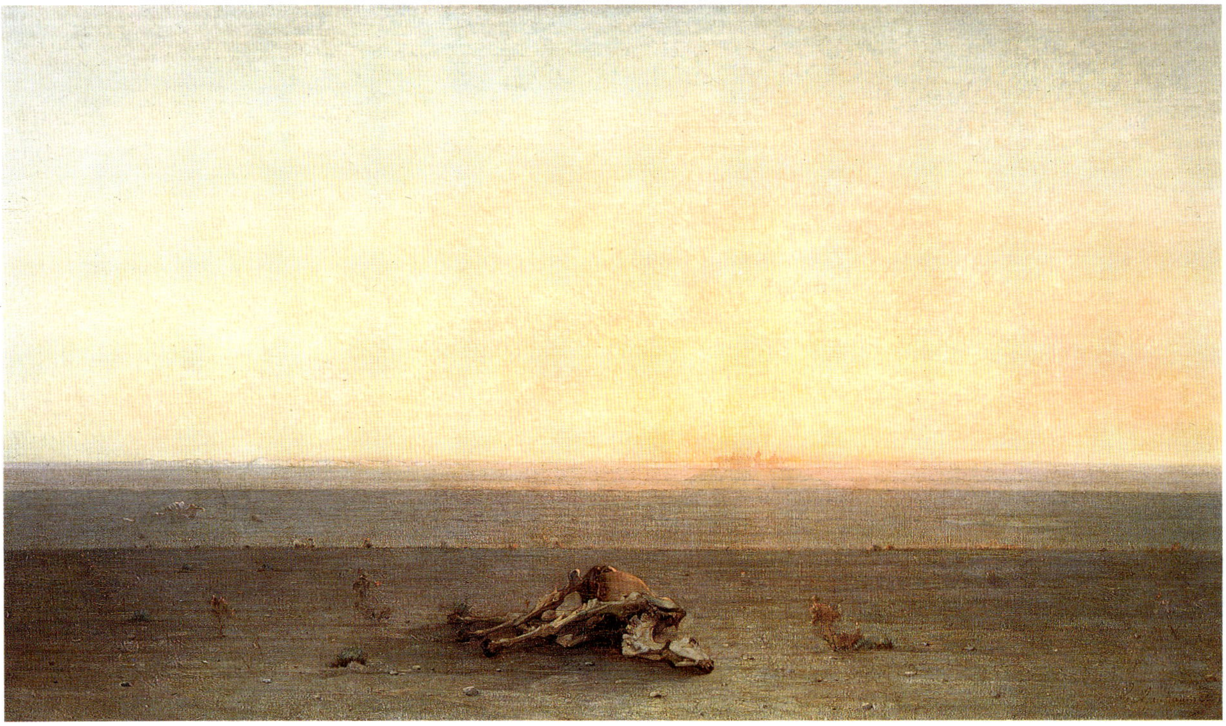

Jean-Baptiste Carpeaux (1827-1875)
L'Attentat de Berezowski (6 juin 1867), 1867
130 × 195
Acquis à la vente de l'atelier de l'artiste, 1906

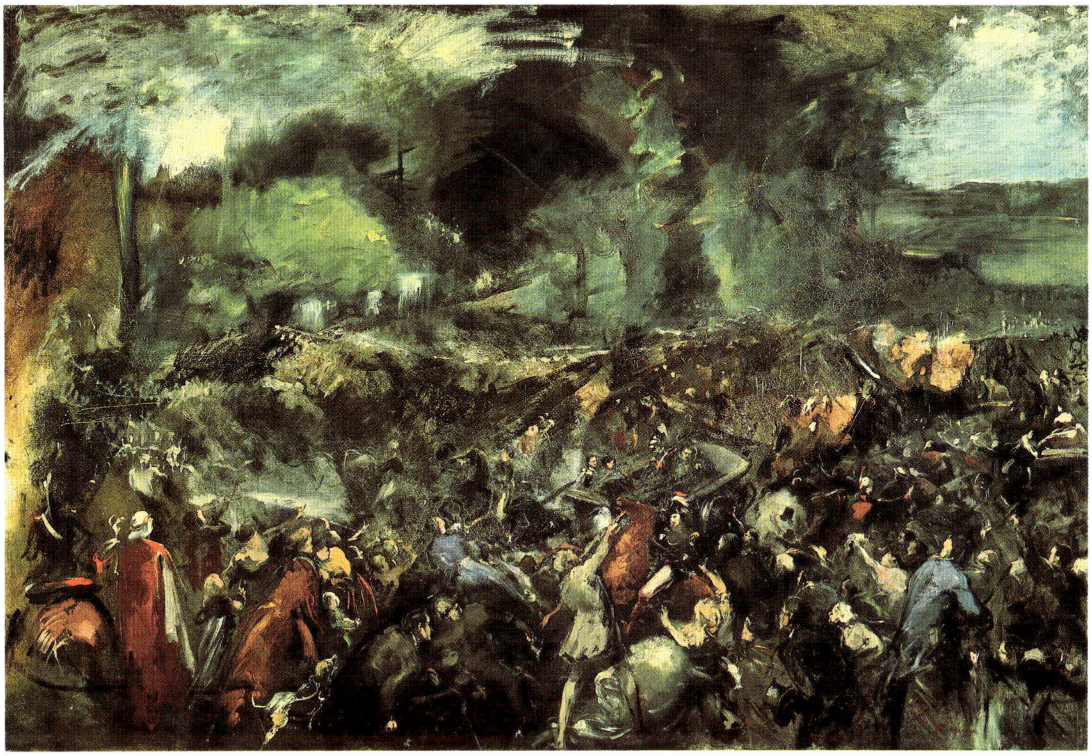

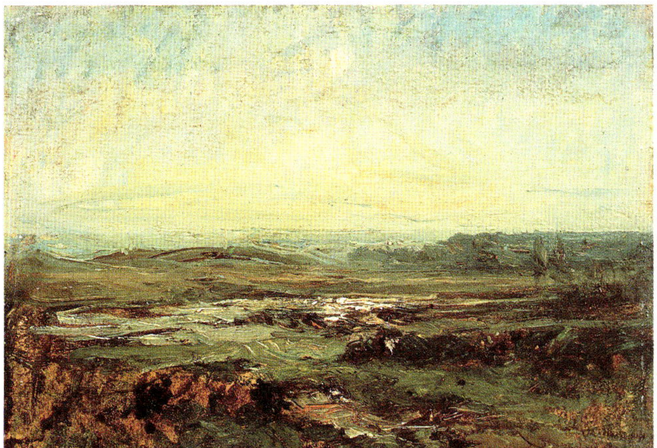

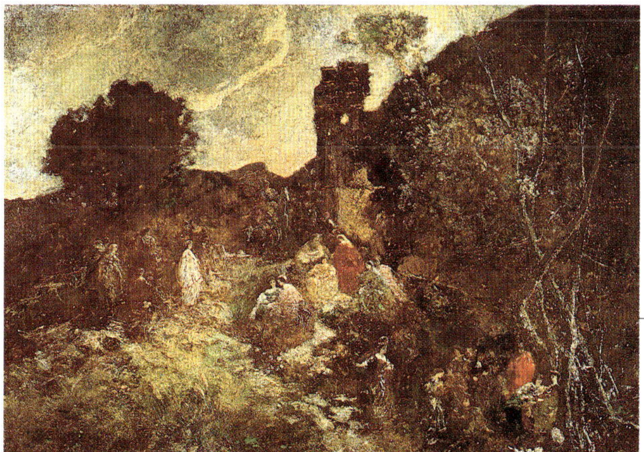

Auguste Ravier (1814-1895)
L'Étang de la Levaz, à Morestel (Isère)
24,8 × 33,5
Don Félix Thiollier, 1909

Adolphe-Joseph Monticelli (1824-1886)
Don Quichotte et Sancho Pança, 1865
96,5 × 130
Acquis sur les arrérages d'une donation anonyme canadienne, 1953

Henri Fantin-Latour (1836-1904)
Un coin de table. Salon de 1872
160 × 225
Donation de M. et Mme L.E. Petitdidier dit E. Blémont,
sous réserve d'usufruit, 1915 ; abandon de l'usufruit, 1919

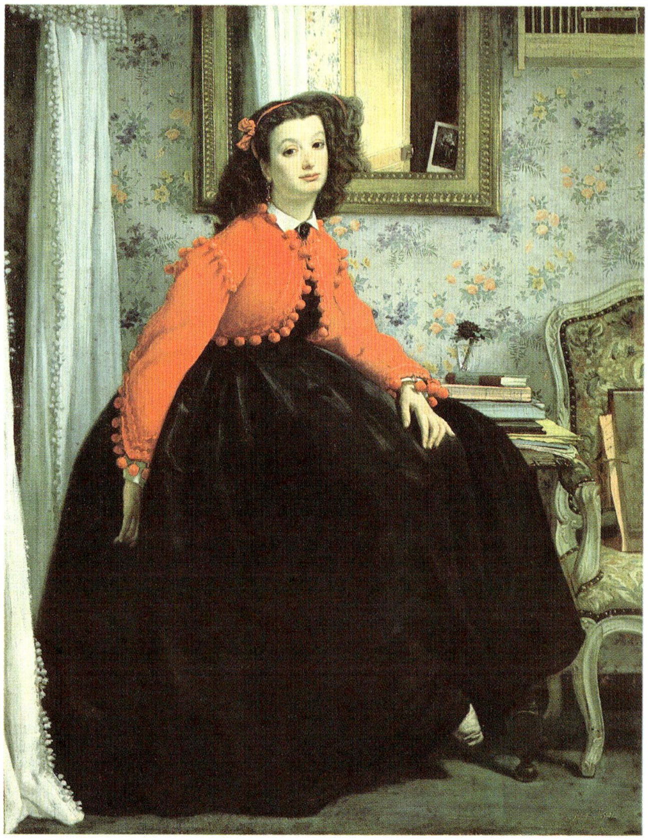

Paradoxalement, c'est le sage Fantin-Latour qui, avec ses portraits collectifs austères — on pense à la tradition des maîtres du Nord — nous a laissé l'image des groupes artistiques et littéraires les plus révolutionnaires de son époque. Sa première grande composition, *Hommage à Delacroix*, présentée au Salon de 1864, groupait notamment, autour d'un autoportrait de Delacroix, Fantin lui-même avec ses amis, Whistler et Manet en compagnie de Baudelaire, assis à l'extrême droite. Dans le *Coin de table* de 1872, on reconnaît surtout, à gauche, Verlaine et Rimbaud.

James Tissot (1836-1902)
Portrait de Mlle L.L. dit *Jeune Femme en veste rouge*
Salon de 1864
124 × 99
Acquis en 1907

Henri Fantin-Latour (1836-1904)
Hommage à Delacroix. Salon de 1864
160 × 250
Donation Étienne Moreau-Nélaton, 1906

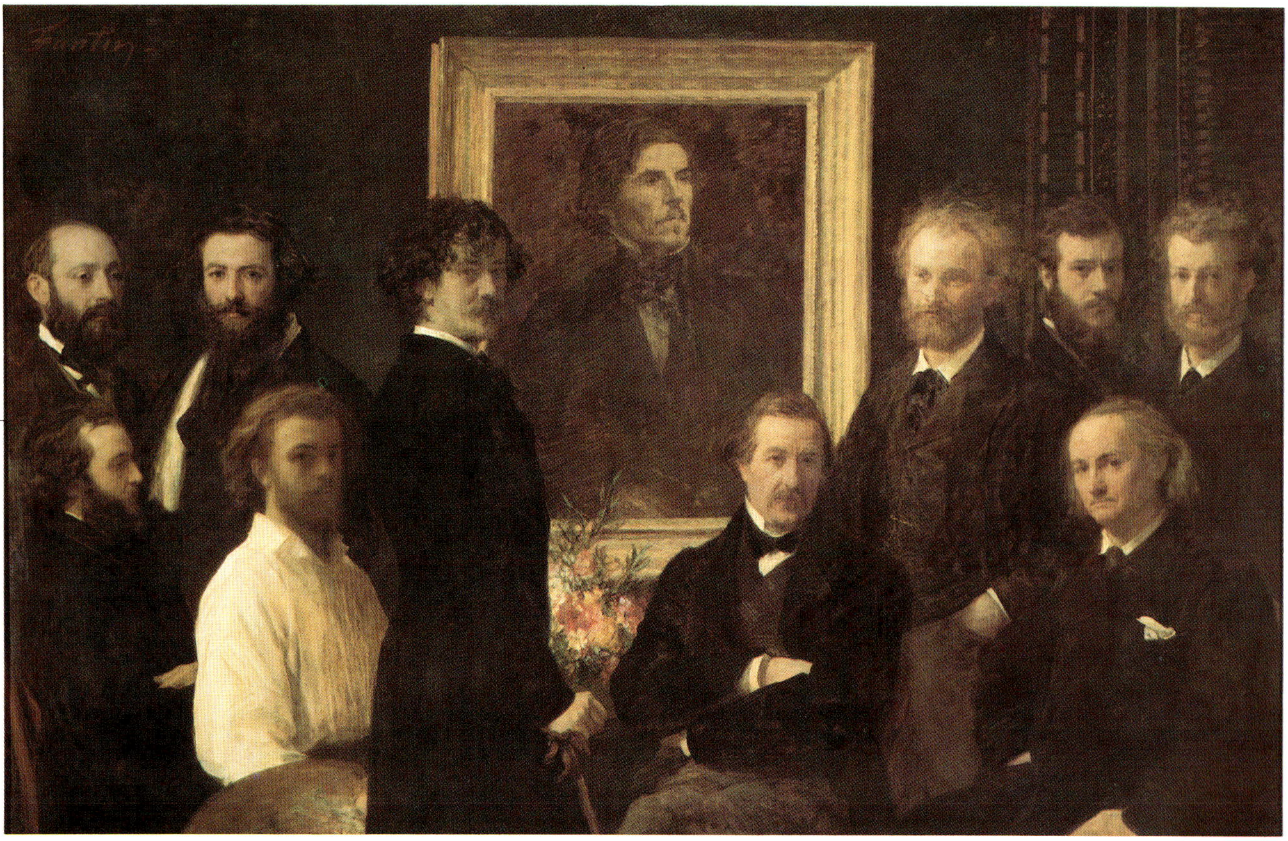

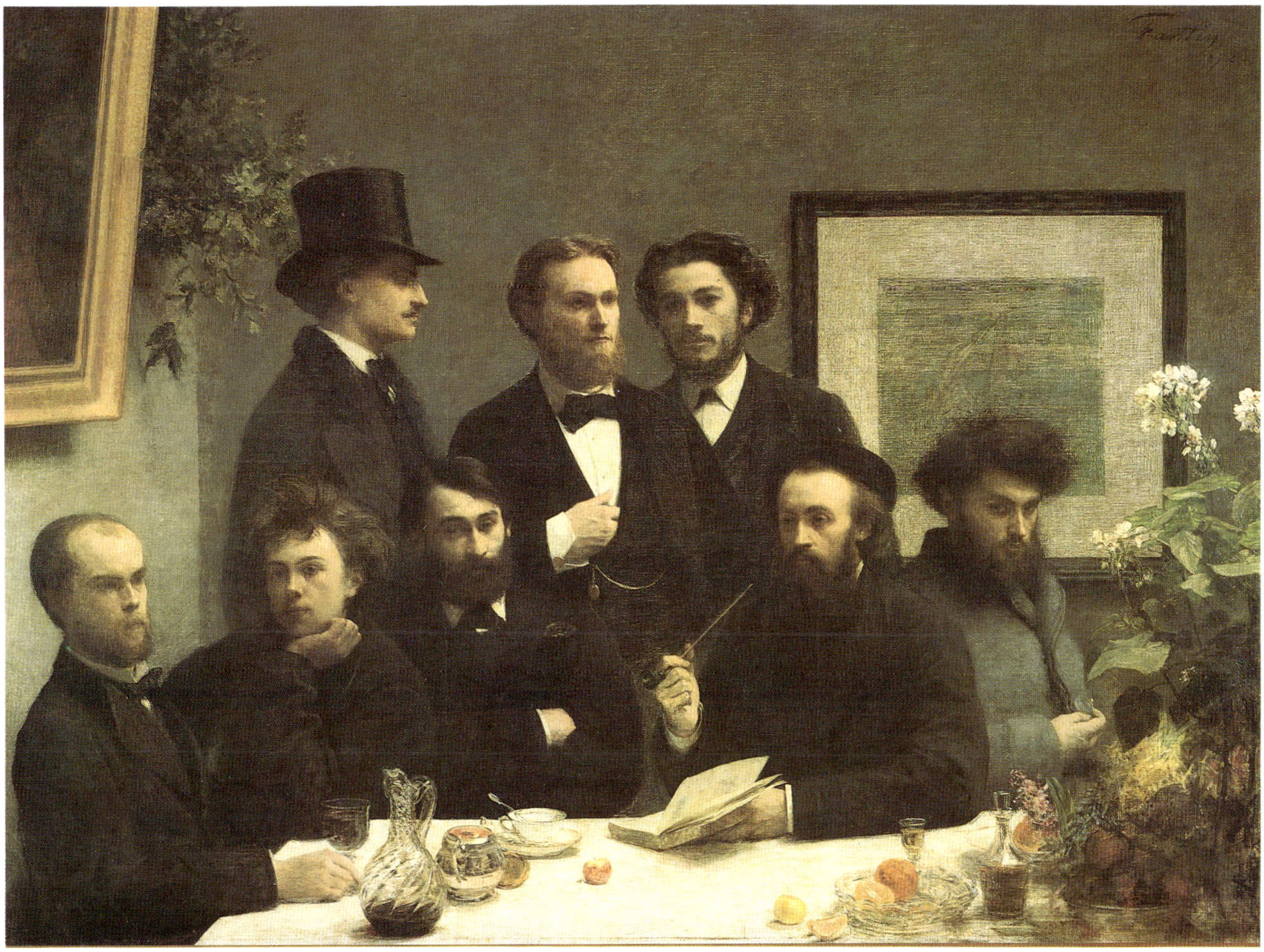

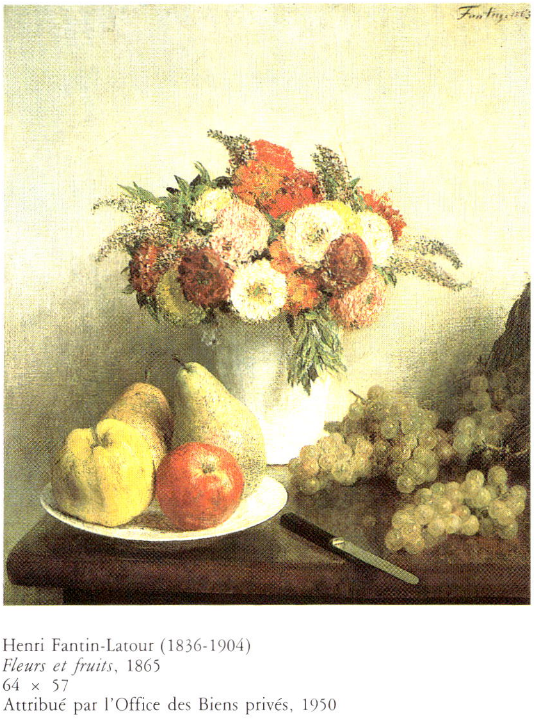

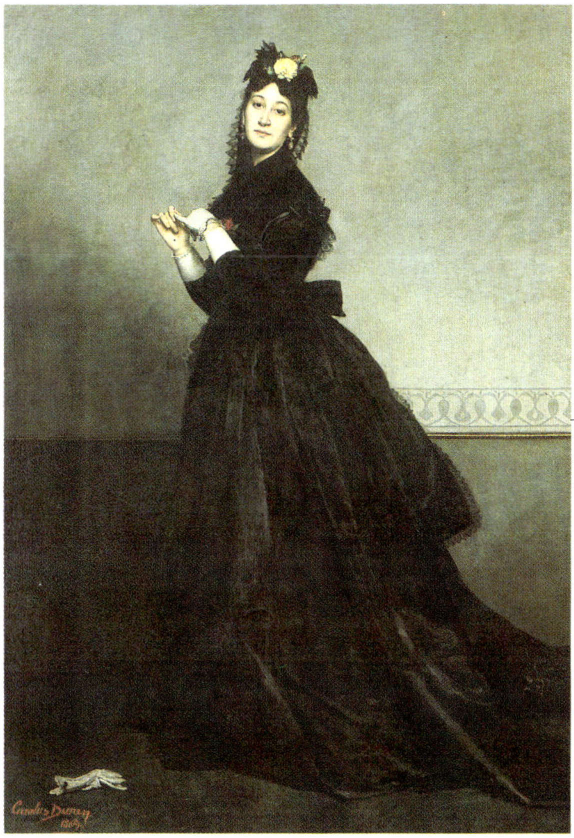

Henri Fantin-Latour (1836-1904)
Fleurs et fruits, 1865
64 × 57
Attribué par l'Office des Biens privés, 1950

Carolus-Duran (1838-1917)
La Dame au gant. Salon de 1869
228 × 164
Acquis en 1875

La composition de Manet (la première qu'il ait exposée à un Salon, celui de 1861) doit certes beaucoup à Courbet mais est déjà révélatrice du métier large et franc du jeune artiste, de sa manière originale de traiter l'espace en simplifiant les plans. Celle de Degas, pratiquement contemporaine, montre des préoccupations similaires ; ce portrait qui représente la tante de l'artiste et sa famille, alors fixée à Florence, rappelle les liens familiaux de Degas avec l'Italie où il voyagea longuement dans sa jeunesse. C'est aussi à Courbet, dont il était l'ami, que se rattache initialement Whistler mais son développement ultérieur devra beaucoup à l'art du Japon qui enthousiasma aussi nombre de ses contemporains.

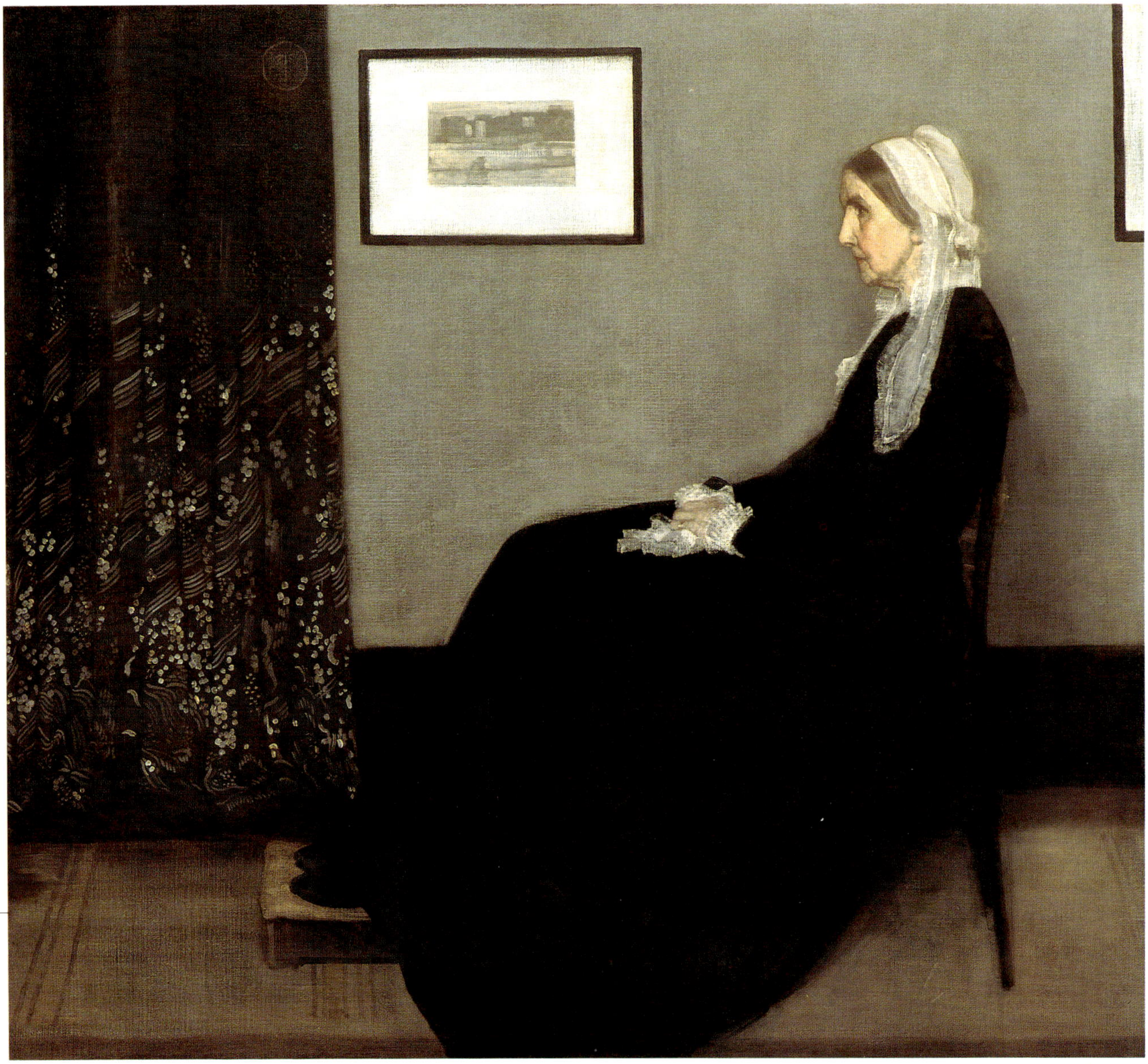

James Mc Neill Whistler (1834-1903)
Arrangement en gris et noir dit *La mère de l'artiste*, 1871.
Salon des Artistes français, 1883
144 × 162
Acquis en 1891

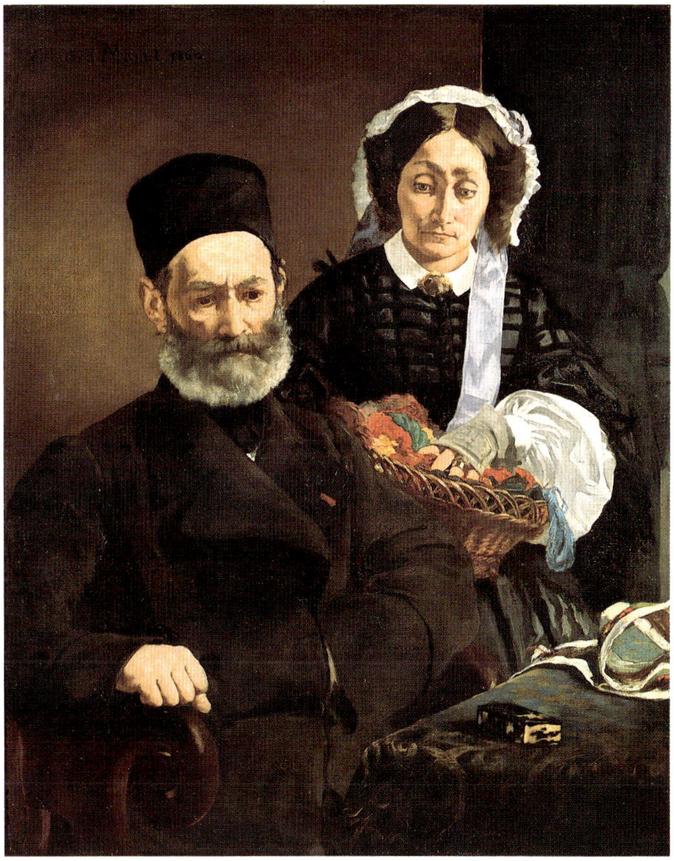

Édouard Manet (1882-1883)
Monsieur et Madame Auguste Manet (les parents de l'artiste), 1860
Salon de 1861
110 × 90
Acquis grâce à la famille Rouart-Manet,
à Mme Veil-Picard et à un donateur
étranger, 1977

Edgar Degas (1834-1917)
Portrait de Famille. La Famille Bellelli, commencé en 1858
Salon de 1867
200 × 250
Acquis en 1918 avec le concours du comte et de la comtesse
de Fels et grâce à René de Gas

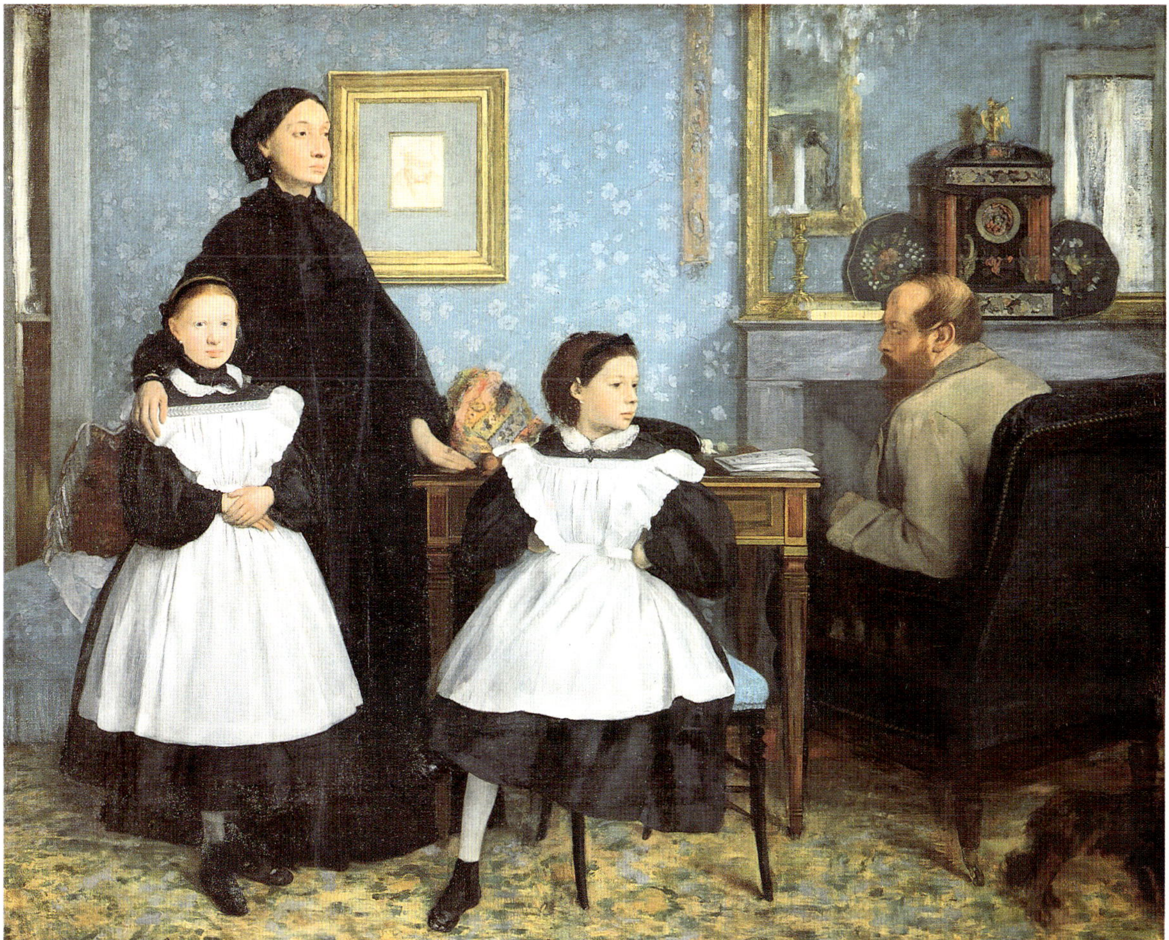

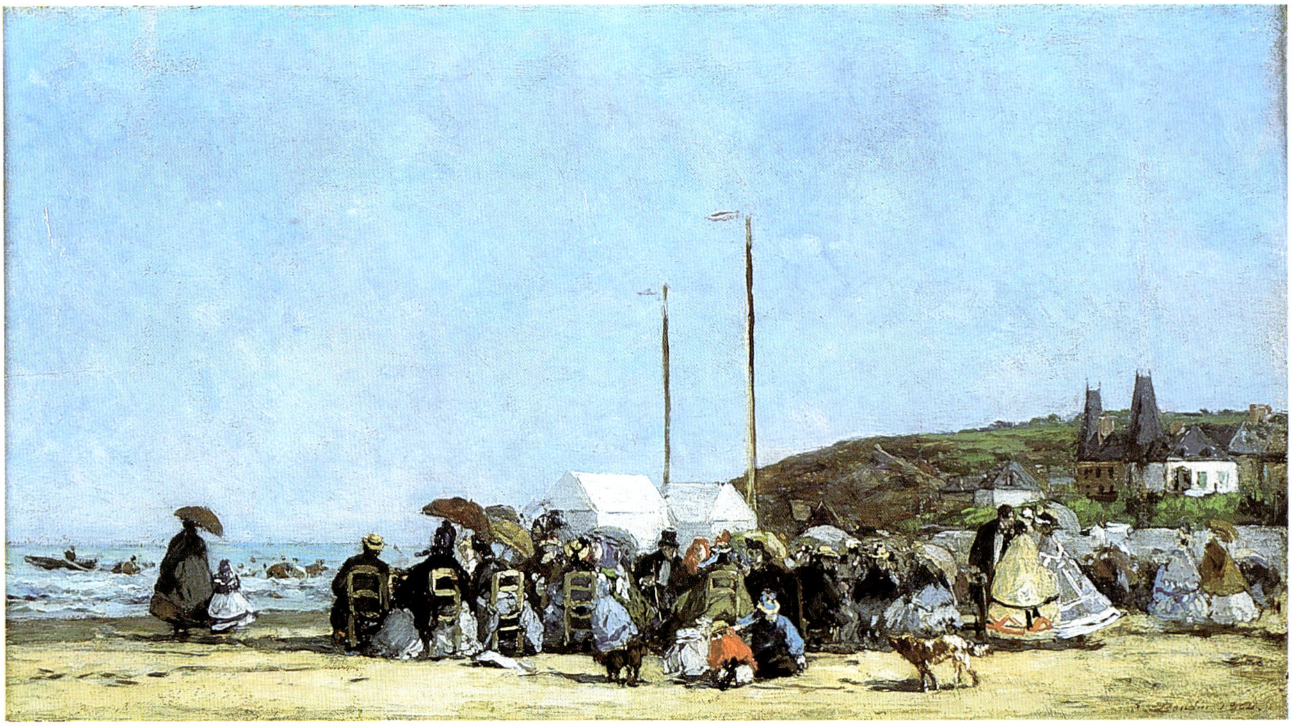

Eugène Boudin (1824-1898)
La Plage de Trouville, 1864
26 × 48
Don du Dr Eduardo Mollard, 1961

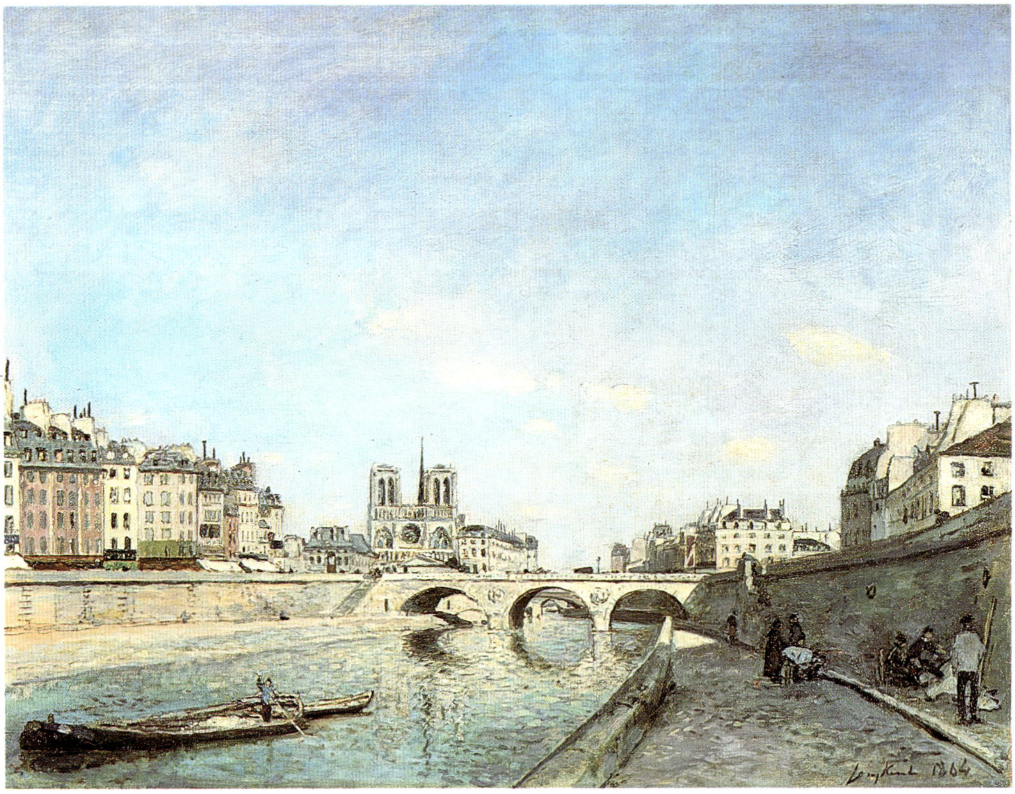

Johan-Barthold Jongkind (1819-1891)
La Seine et Notre-Dame de Paris, 1864
42 × 56
Legs Enriqueta Alsop au nom du Dr Eduardo Mollard, 1972

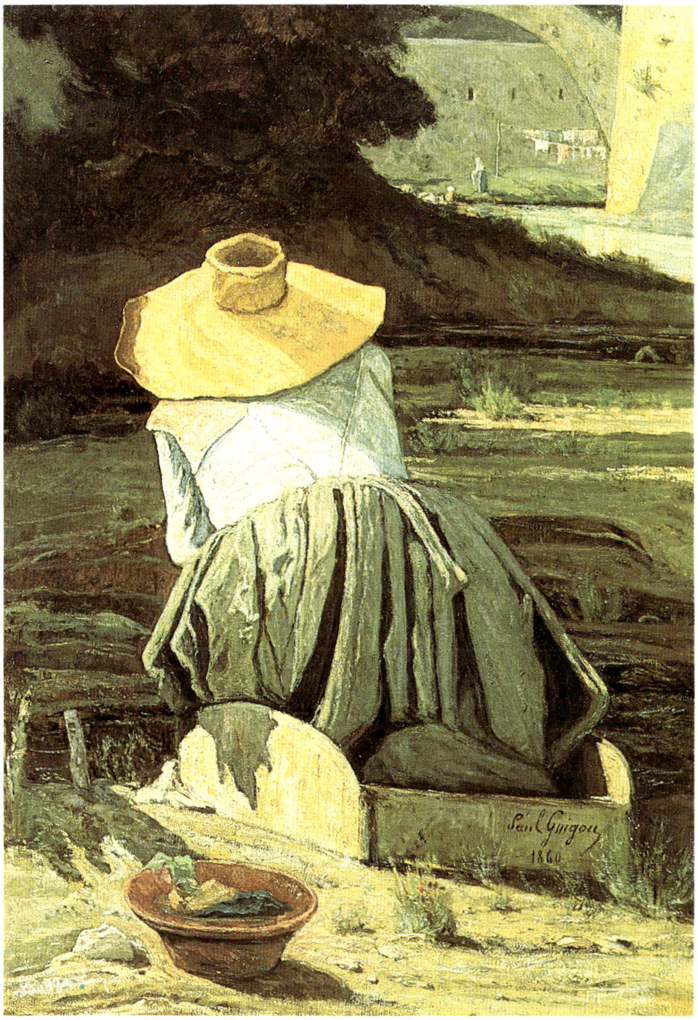

Paul Guigou (1834-1871)
Lavandière, 1860
81 × 59
Don Paul Rosenberg, 1912

Johan-Barthold Jongkind (1819-1891)
Ruines du château de Rosemont, 1861
Salon des refusés, 1863
34 × 56
Donation Etienne Moreau-Nélaton, 1906

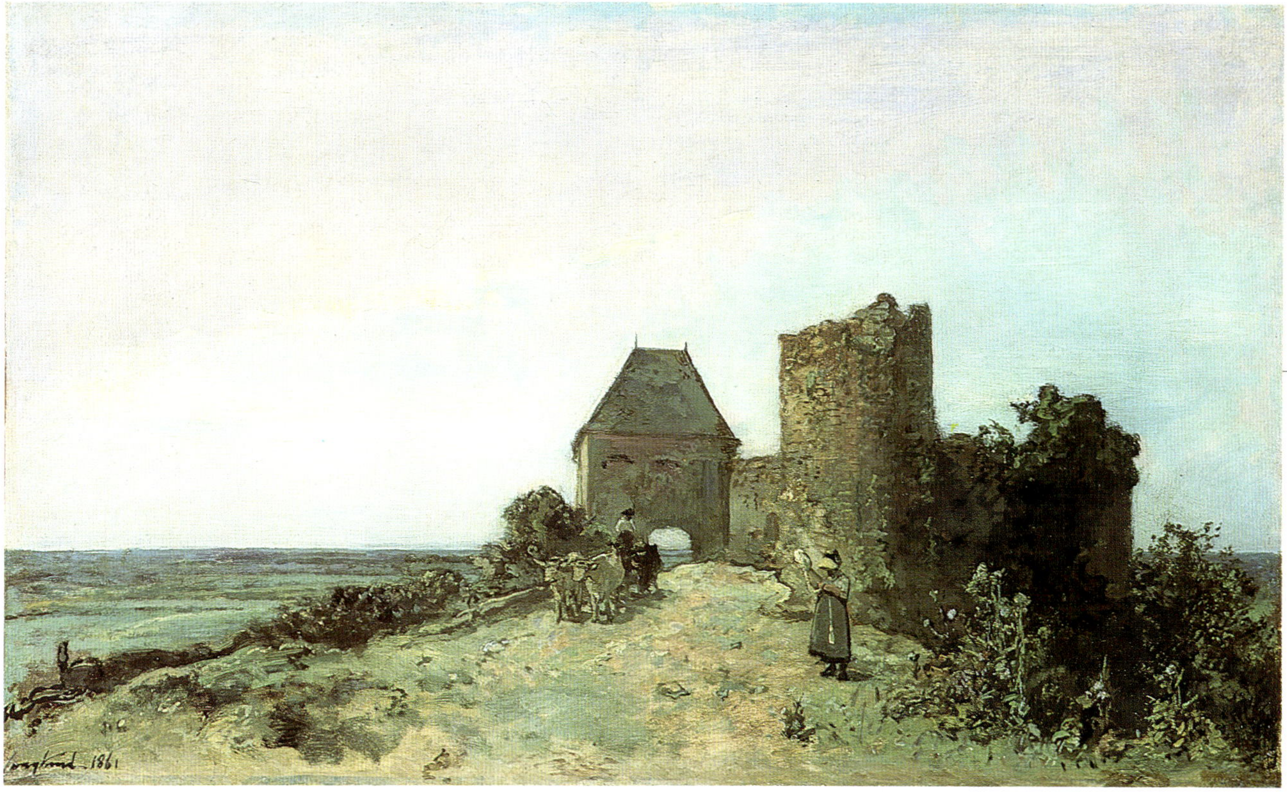

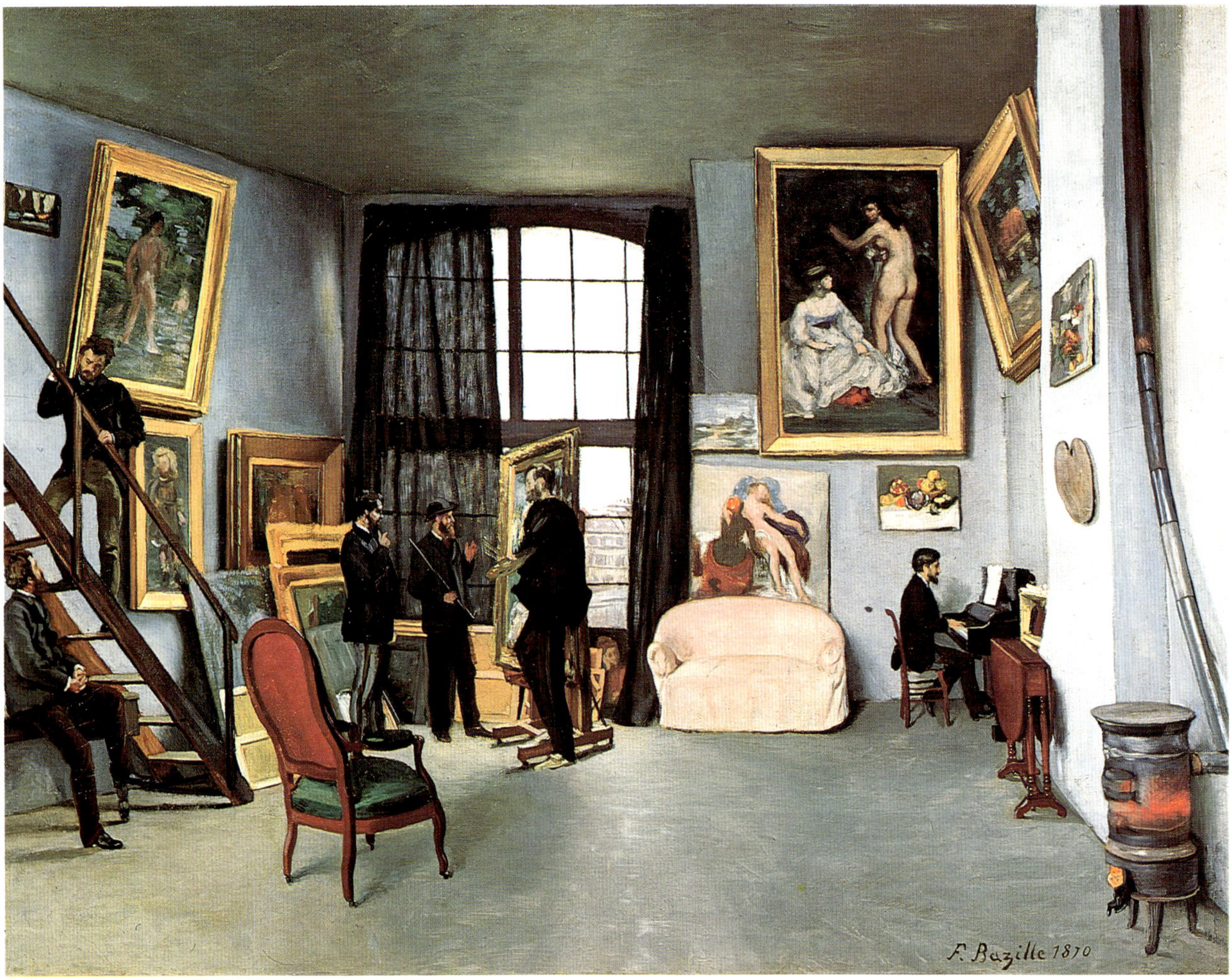

Frédéric Bazille (1841-1870)
L'Atelier de Bazille rue de La Condamine, 1870
98 × 128
Legs Marc Bazille, frère de l'artiste, 1924

Impressionnisme

Dans l'*Atelier des Batignolles*, grande toile peinte en 1870, Fantin-Latour réunit autour de Manet la jeune avant-garde de la peinture : Renoir, Bazille et Monet, tous trois anciens du très académique atelier Gleyre au début des années soixante. Au sein du groupe se distinguent les critiques qui les soutiennent : Edmond Maître, Zacharie Astruc et surtout Zola. Il fallait alors une conviction confinant à l'audace pour préférer aux vedettes confirmées du Salon, les œuvres déconcertantes de ces émules du peintre du *Déjeuner sur l'herbe*. D'une belle facture classique — qui permit sans doute son acquisition dès 1892 par le musée du Luxembourg —, cette toile affirme, en contrepoint à l'*Hommage à Delacroix* de quelques années antérieur, un état de l'avant-garde en peinture à la veille du grand bouleversement de la guerre et de la Commune : le chef incontesté en était Manet qui, s'il montrait aux dires de Zola « la plus grande modestie et la plus grande douceur » n'en était pas moins doué d'un tempérament énergique et ambitieux. Outre l'audace de sa peinture, ceci explique aussi l'ascendant qu'il exerçait sur quelques peintres à peine plus jeunes que lui : Monet, Renoir ou Bazille.

Nous retrouvons ces mêmes personnages dans la toile beaucoup plus détendue où Bazille représente son atelier de la rue de la Condamine. Monté à Paris en 1862, ce jeune Montpelliérain d'un milieu aisé s'était tout de suite senti à l'aise avec Monet et Renoir. Au demeurant, c'est l'avis de Manet qu'il recueille avec attention dans cette libre évocation de son atelier où l'on reconnaît ses dernières toiles ; parmi celles-ci le *Nu* en cours d'exécution, intitulé *La Toilette*, sera refusé au Salon de 1870. Une autre de ses peintures sera pourtant acceptée à ce même salon ; situation ambiguë, parfaitement représentative de la position peu confortable des futurs impressionnistes à cette date : en butte aux refus réitérés du jury du Salon, ils ne voulaient toutefois pas renoncer à s'y faire admettre, et y parvenaient parfois avec bonheur.

Tel n'avait pas été le cas de Manet avec son *Déjeuner sur l'herbe* dont le refus historique au Salon de 1863 aux côtés d'innombrables œuvres d'artistes aussi divers que Whistler, Cazin ou Pissarro, fut à l'origine d'un tollé général et d'une fronde ouverte des peintres. Prenant leur parti, l'empereur Napoléon III autorisa les « refusés », regroupés derrière la bannière de Manet, à exposer dans des salles annexes, d'où le nom de Salon des refusés. *Le Déjeuner sur l'herbe* y tenait la vedette et déchaînait les sarcasmes du public et de la critique tandis que dans les salles voisines, celles du vrai Salon, on ne mesurait pas les éloges à l'égard des *Vénus* de Cabanel, Baudry et Amaury-Duval. L'Empereur devait d'ailleurs acheter celle de Cabanel qui s'en fut compléter les cimaises du musée du Luxembourg tandis que *Le Déjeuner* de Manet, après être resté vingt ans dans son atelier, passa entre les mains du chanteur Faure, puis du grand marchand Durand-Ruel, avant d'être acheté par Moreau-Nélaton à la fin du siècle. C'est donc à ce merveilleux collectionneur que l'on doit l'entrée de ce chef-d'œuvre au Louvre en 1907. La même année, *Olympia*, offerte à l'État dès 1890, devait déclencher une nouvelle levée de boucliers lorsqu'on décida de l'accrocher au Louvre, salle des États, à côté de la *Grande Odalisque* d'Ingres.

Si *Le Déjeuner sur l'herbe* comme *Olympia* puisent évidemment aux sources de l'art ancien — *Le Concert champêtre* de Titien, une gravure de l'École de Raphaël pour *Le Déjeuner; La Vénus d'Urbino* de Titien encore, ou *La Maja desnuda* de Goya pour *Olympia* — la désinvolture apparente de l'artiste face aux modèles antérieurs et son interprétation résolument moderne devaient choquer profondément le public. Rares furent les critiques comme Zola ou Astruc capables d'apprécier le génie novateur de Manet dans son renouvellement des sujets traditionnels et sa manière audacieuse de peindre « par taches » : « Manet ! un des plus grands caractères artistiques du temps » écrivait Astruc en 1863. Quant à Zola, après avoir vaillamment défendu *Le Déjeuner sur l'herbe* puis *Olympia*, il fit paraître en 1867 un retentissant article intitulé « Une nouvelle manière de peindre. Édouard Manet ». L'année suivante, le peintre lui faisait l'hommage de faire son portrait à l'arrière-plan duquel on distingue *Olympia* aux côtés d'une estampe japonaise significative de l'engouement croissant des artistes de cette époque pour les productions artistiques de l'empire nippon.

Dû pour une large part aux donations et legs conjugués de Caillebotte, Moreau-Nélaton et Camondo, l'ensemble Manet montre bien les aléas de la carrière du peintre. Imperturbablement, celui-ci continua de soumettre ses œuvres à l'épreuve du Salon ; il y essuiera des refus historiques comme avec *Le Déjeuner sur l'herbe*, plus tard avec *Le Fifre* mais il y sera aussi accepté comme ce fut le cas en 1869 avec *Le Balcon* où pose son amie Berthe Morisot. Son évolution est par ailleurs nettement perceptible depuis le style franchement réaliste des *Parents de l'artiste* récemment acquis (1977), jusqu'aux œuvres marquées par l'influence de la technique impressionniste qu'il avait lui-même contribué à forger (*Sur la plage, La Blonde aux seins nus*).

Réponse à Manet, *Le Déjeuner sur l'herbe* de Monet est bientôt suivi, toujours dans le registre des grands formats, des *Femmes au jardin* où l'on reconnaît Camille Doncieux, que l'artiste devait épouser en 1870. « Commencée sur nature et en plein air » selon le témoignage d'un ami peintre, ce qui n'allait pas sans difficulté vu les dimensions de l'œuvre, *Femmes au jardin* qui fut refusé au Salon de 1867 reflète, certes, l'exemple de Manet, mais exprime surtout l'essentiel des recherches de Monet : préserver dans l'œuvre achevée la vivacité de l'esquisse, opérer la fusion des figures avec l'espace environnant par un énergique parti d'opposition d'ombres et de lumières, le tout peint à larges touches juxtaposées.

La peinture sur le motif et le plein air étaient d'ailleurs au cœur de la démarche impressionniste dès les premiers essais de Monet aux côtés de Boudin, puis de Courbet sur la côte normande. Pivot de leur doctrine, le plein air érigé en principe de composition est intimement lié à l'élaboration d'une technique picturale visant à rendre l'instantané de l'impression perçue à travers les variations du motif dans la lumière. Dans ce contexte, la pratique devient génératrice d'un style et d'une véritable philosophie de l'acte de peindre que Monet poussera jusqu'à ses ultimes conséquences avec ses fameuses séries représentées au musée d'Orsay par *Les Meules*, les cinq *Cathédrales de Rouen* et les *Nymphéas bleus*. A cet égard la collection impressionniste permet une démonstration particulièrement éblouissante des implications du plein air puisqu'elle se compose, pour une large part, de paysages exécutés sur les grands sites impressionnistes : la côte normande (*L'Hôtel des Roches Noires*), Argenteuil (*Régates*), Pontoise (*Les Toits rouges*), Auvers-sur-Oise, Vétheuil, Eragny ou Giverny... L'acquisition de *La Pie* en 1985 est venue ajouter un chef-d'œuvre à une série déjà imposante : probablement peinte en janvier ou février 1869 lors d'un séjour dans la région d'Etretat, cette éclatante variation sur la gamme des blancs montre l'extraordinaire attention de Monet aux effets de lumière et sa prodigieuse maîtrise technique.

Après la guerre de 1870 qui eut pour effet de disperser les artistes, le groupe retrouve sa cohésion principalement autour de Monet qui s'installe à Argenteuil sur les bords de Seine à la fin de 1871. Là, Monet, Renoir, Sisley et bientôt Manet peignent les mêmes motifs, immortalisant dans des toiles d'une grande fraîcheur d'inspiration les régates et le bassin d'Argenteuil avec ses deux ponts. C'est dans la campagne environnante que Monet peignit ses fameux *Coquelicots*, toile qui figura sûrement à la première exposition du groupe impressionniste en 1874 et à laquelle répond *Le Chemin montant dans les hautes herbes* de Renoir.

Après avoir donné de Pontoise et de sa région des paysages fortement structurés comme le *Coteau de l'Hermitage, Pontoise*, récemment entré dans les collections à la faveur d'une dation, Pissarro adopte une manière plus fluide avec la fameuse *Gelée blanche* et *Les Toits rouges*, qui figurèrent aux expositions impressionnistes de 1874 et 1877. Cet artiste dont le musée possède un imposant *Autoportrait* y est très abondamment représenté par une bonne quarantaine de toiles de toutes les époques de sa longue carrière, notamment grâce au legs Personnaz de 1937 : quatorze toiles peintes à Louveciennes, Pontoise, puis Eragny où l'artiste s'installe en 1884, montrent l'évolution de sa technique depuis ses débuts jusqu'à la tentation pointilliste de 1886-88 et au-delà. *La Vue du port de Rouen* montre par ailleurs quel excellent paysagiste urbain sut être Pissarro, attentif aux transformations de l'environnement sous la pression du développement industriel.

Si Pissarro joua un rôle capital en étant la cheville ouvrière de l'organisation des huit expositions du groupe impressionniste de 1874 à 1886, la figure de Sisley est plus discrète. Boudé par le succès sa vie durant, il demeura en butte à d'incessants soucis matériels qui l'amenèrent à résider presque exclusivement à la campagne, loin de Paris. Une abondante série de toiles (plus de trente-cinq) dominée par les chefs-d'œuvre que sont les deux versions de *L'Inondation à Port-Marly* du legs Camondo, montre tous les sites auxquels cet artiste fut attaché : Bougival, Louveciennes, Marly-le-Roi, Saint-Mammès ou Moret-sur-Loing.

Quoique moins attiré que ses confrères par le plein air et le paysage, Degas fréquentait assidûment les champs de courses et devait aussi transposer en sculpture cet intérêt passionné pour les chevaux. C'est à la donation Caillebotte (*L'Étoile*, assortie de plusieurs pastels) et surtout au somptueux legs Camondo (onze peintures et de nombreux pastels) qu'est due l'exceptionnelle présence de cet artiste sur les cimaises du musée. Le monde de l'Opéra, pôle d'attraction majeur du peintre, est aussi abondamment représenté par la série des musiciens à l'orchestre, des classes de danse et répétitions de ballet, et les nombreux pastels de danseuses au travail. Outre, une impressionnante galerie de portraits (*Mme Jeantaud*...) et le chef-d'œuvre de *l'Absinthe*, qui figura à la troisième exposition impressionniste, une série conséquente de pastels de femmes à leur toilette (*Le Tub*) montre l'inépuisable invention technique et plastique de Degas dans l'observation de la « bête humaine qui s'occupe d'elle-même ».

C'est pour ce peintre qui l'avait remarquée dès le Salon de 1874 que l'américaine Mary Cassatt nourrissait une fervente admiration. Elle attendra cependant 1879 pour se joindre aux expositions du groupe impressionniste, renouvelant successivement ce geste en 1880, 1881 et 1886 où elle présenta notamment sa charmante *Femme cousant*. Parmi les femmes qui surent inscrire leur nom dans l'aventure impressionniste, c'est Berthe Morisot qui est la mieux représentée, en particulier grâce au *Berceau* et à la délicate *Chasse aux papillons*, tandis qu'une seule toile évoque la figure d'Éva Gonzalès, l'élève de Manet.

Dès 1896, les collections nationales étaient remarquablement pourvues en œuvres de Renoir grâce au legs Caillebotte qui comportait notamment *Le Moulin de la Galette, La Balançoire* et *La Liseuse*, qui figurent aujourd'hui parmi les joyaux du musée. Avec plus d'une cinquantaine de toiles, la collection rend compte de la fécondité d'un artiste dont la longévité est seulement comparable à celle de Monet. De très nombreux portraits (ceux de Bazille et de Monet, de Mmes Alphonse Daudet et Georges Charpentier, de Wagner et de Gabrielle, la servante du peintre) prouvent l'intérêt persistant de Renoir pour la figure humaine. Trois paysages peints lors de son voyage en Algérie en 1881 montrent la nouvelle inflexion du style de l'artiste succédant au *Chemin dans les hautes herbes* et au *Pont de Chemin de fer à Chatou* franchement impressionnistes. Les deux *Danses*, entrées respectivement par dation et achat ces dernières années, *Les Jeunes Filles au piano*, plusieurs nus et portraits ainsi que les *Baigneuses*, toile due à la générosité des fils de l'artiste peu après sa mort, montrent superbement les derniers développements du style de Renoir qui, devenu infirme à la fin de sa vie, n'avait pourtant rien perdu de son exubérante sensualité.

Le déroulement de la carrière de Monet, qui, comme celle de Renoir, se poursuit fort avant dans le XXe siècle, suit en quelque sorte celui des différents motifs qu'il peint au gré de ses résidences et voyages successifs. Avec près de soixante-dix tableaux, toutes les époques en sont admirablement représentées à Orsay. Si les dix toiles de la donation Moreau-Nélaton illustrent surtout les débuts du peintre et la période d'Argenteuil, le legs Camondo (quatorze œuvres) comporte des toiles de Vétheuil, une de Londres, deux de Giverny représentant le célèbre pont japonais (*Harmonie verte, Harmonie rose*) ainsi que quatre versions de la *Cathédrale de Rouen* dont un exemplaire avait déjà été acquis en 1907. Une dation récente a renforcé la représentation de la période de Giverny par une toile haute en couleurs représentant le *Jardin de Monet* tandis que l'achat, en 1981, des *Nymphéas bleus* permet de suivre l'évolution du peintre jusqu'en ses ultimes développements qui furent riches d'enseignement pour les peintres du XXe siècle.

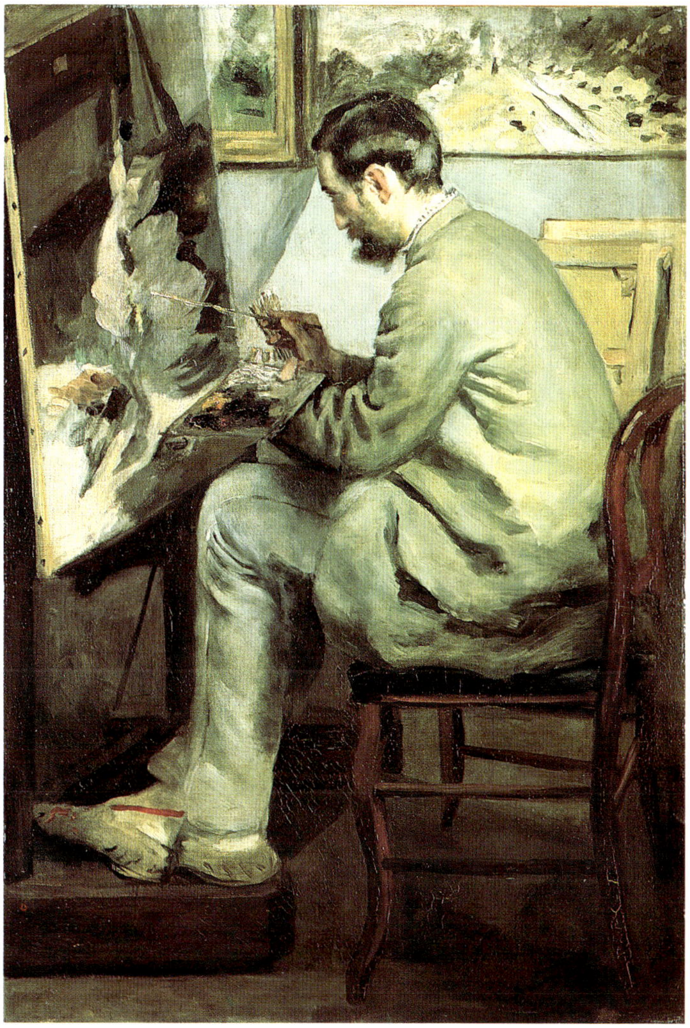

Pierre-Auguste Renoir (1841-1919)
Frédéric Bazille à son chevalet, 1867
Deuxième exposition impressionniste 1876
105 × 73
Legs Marc Bazille, frère du modèle, 1924

Henri Fantin-Latour (1836-1904)
Un atelier aux Batignolles. Salon de 1870
204 × 273
Acquis en 1892

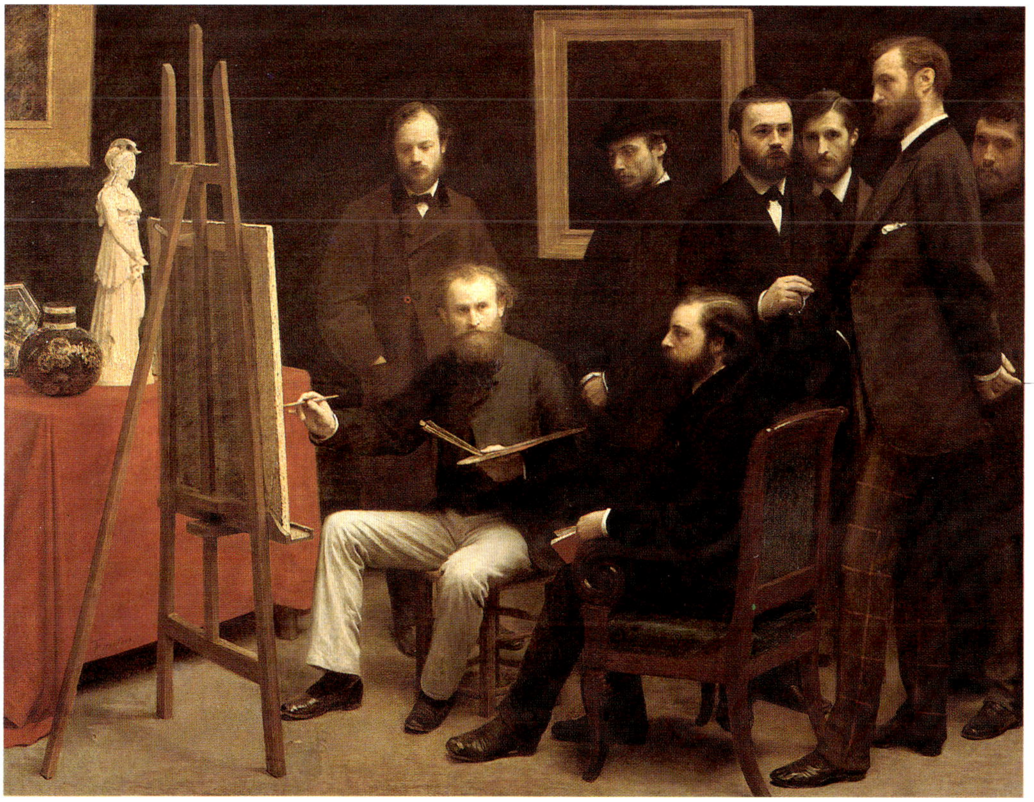

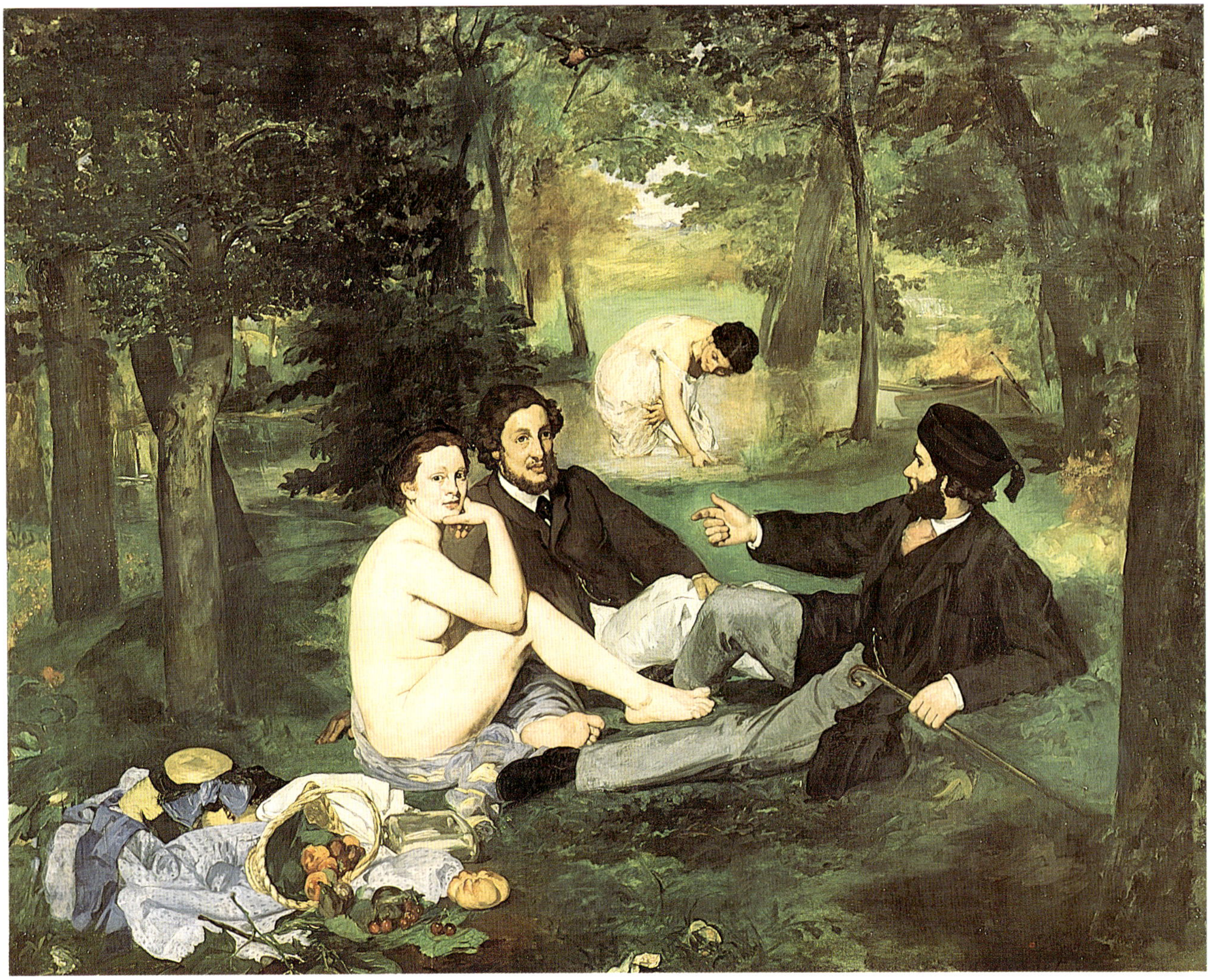

Édouard Manet (1832-1883)
Le Déjeuner sur l'herbe
Salon des refusés, 1863
208 × .264
Donation Etienne Moreau-Nélaton, 1906

Edouard Manet (1832-1883)
Olympia, 1863. Salon de 1865
130 × 190
Offert à l'État par souscription publique
à l'initiative de Claude Monet, 1890

Émile Zola défendit l'*Olympia* au nom de la peinture pure et écrivit en 1867, feignant de s'adresser au peintre : « Dites-leur donc tout haut, cher maître (...) qu'un tableau pour vous est un simple prétexte à analyse. Il vous fallait une femme nue, et vous avez choisi Olympia, la première venue ; il vous fallait des taches claires et lumineuses et vous avez mis un bouquet ; il vous fallait des taches noires, et vous avez placé dans un coin une négresse et un chat. Qu'est-ce que tout cela veut dire ? Vous ne le savez guère, ni moi non plus. Mais, je sais, moi, que vous avez admirablement réussi à faire une œuvre de peintre, de grand peintre, je veux dire à traduire énergiquement et dans un langage particulier les vérités de la lumière et de l'ombre, les réalités des objets et des créatures. »

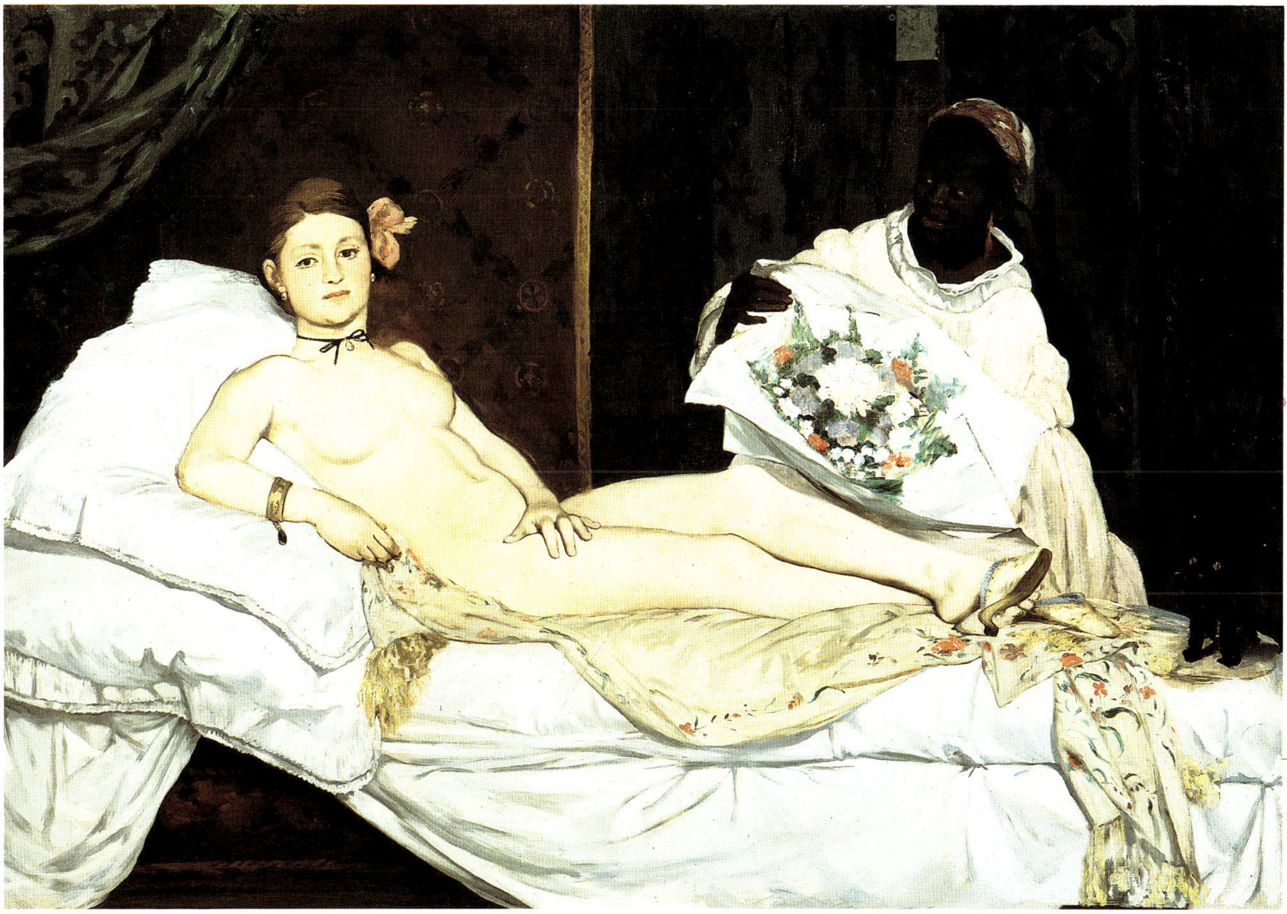

Bazille et Monet ont constamment travaillé ensemble au cours des années soixante, et, tout en exprimant des tempéraments différents, leur peinture présente des affinités évidentes. L'année où il peignit sa *Réunion de famille*, Bazille fit l'acquisition des *Femmes au jardin* de son ami Monet qui, refusé au Salon officiel, ne trouvait aucun acheteur. Après la mort prématurée de Bazille, son père ayant appris que Manet possédait un portrait de Bazille par Renoir, offrit de le lui échanger contre *Femmes au jardin*. Toutefois, à la suite d'une brouille, Manet rendit à Monet son grand tableau. Celui-ci eut la satisfaction de le vendre pour un prix élevé aux musées nationaux, en 1921.

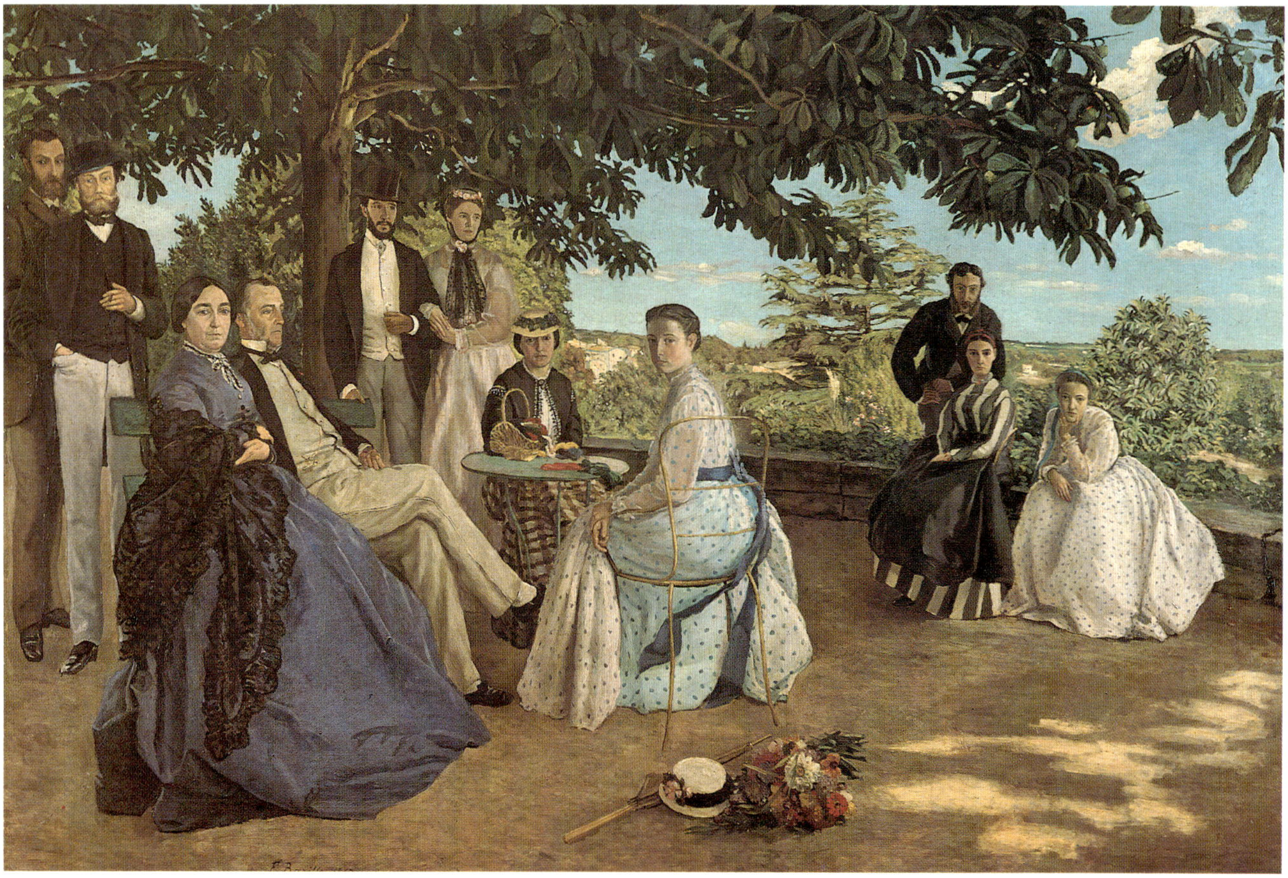

Frédéric Bazille (1841-1870)
Réunion de famille, 1867. Salon de 1868
152 × 230
Acquis avec la participation de Marc Bazille
frère de l'artiste, 1905

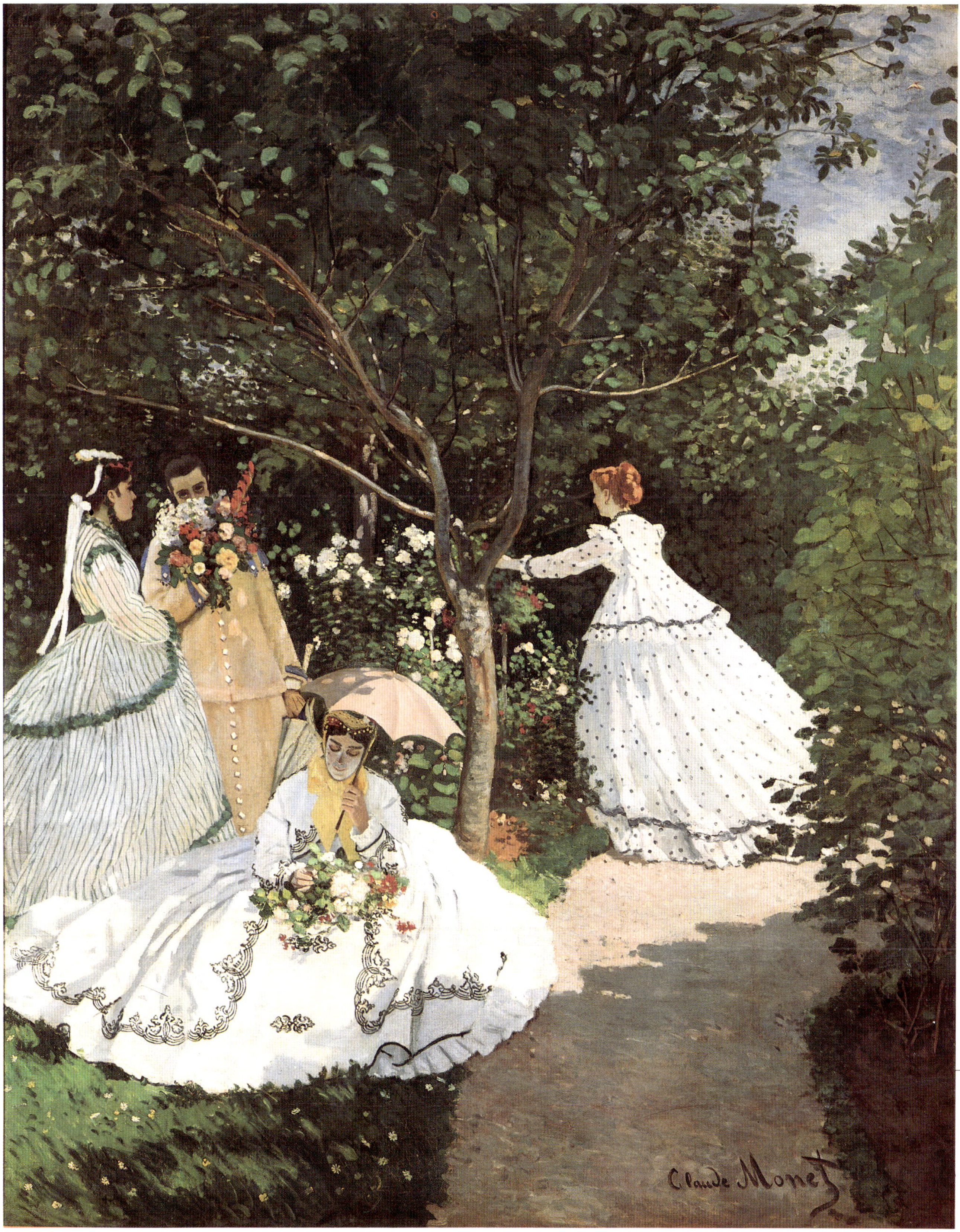

Claude Monet (1840-1926)
Femmes au jardin, 1866-1867
255 × 205
Acquis en 1921

Claude Monet (1840-1926)
Hôtel des Roches-Noires. Trouville, 1870
81 × 58
Donation Jacques Laroche sous réserve d'usufruit, 1947 ; entré en 1976

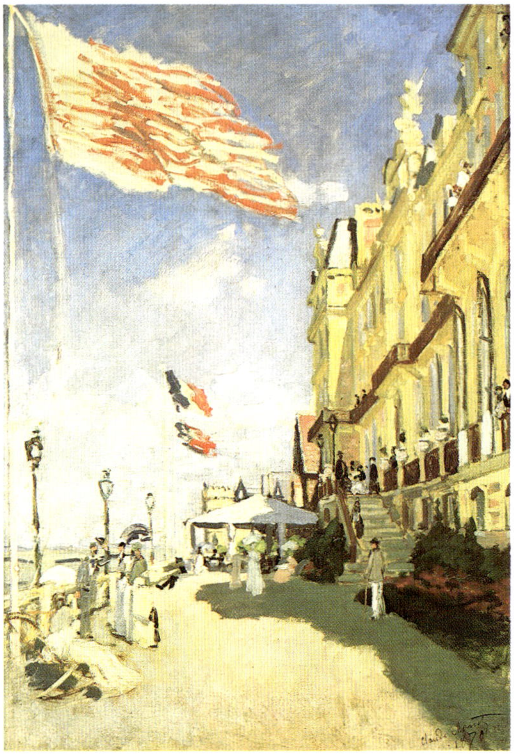

Claude Monet (1840-1926)
La Pie, vers 1868-1869
89 × 130
Acquis en 1984

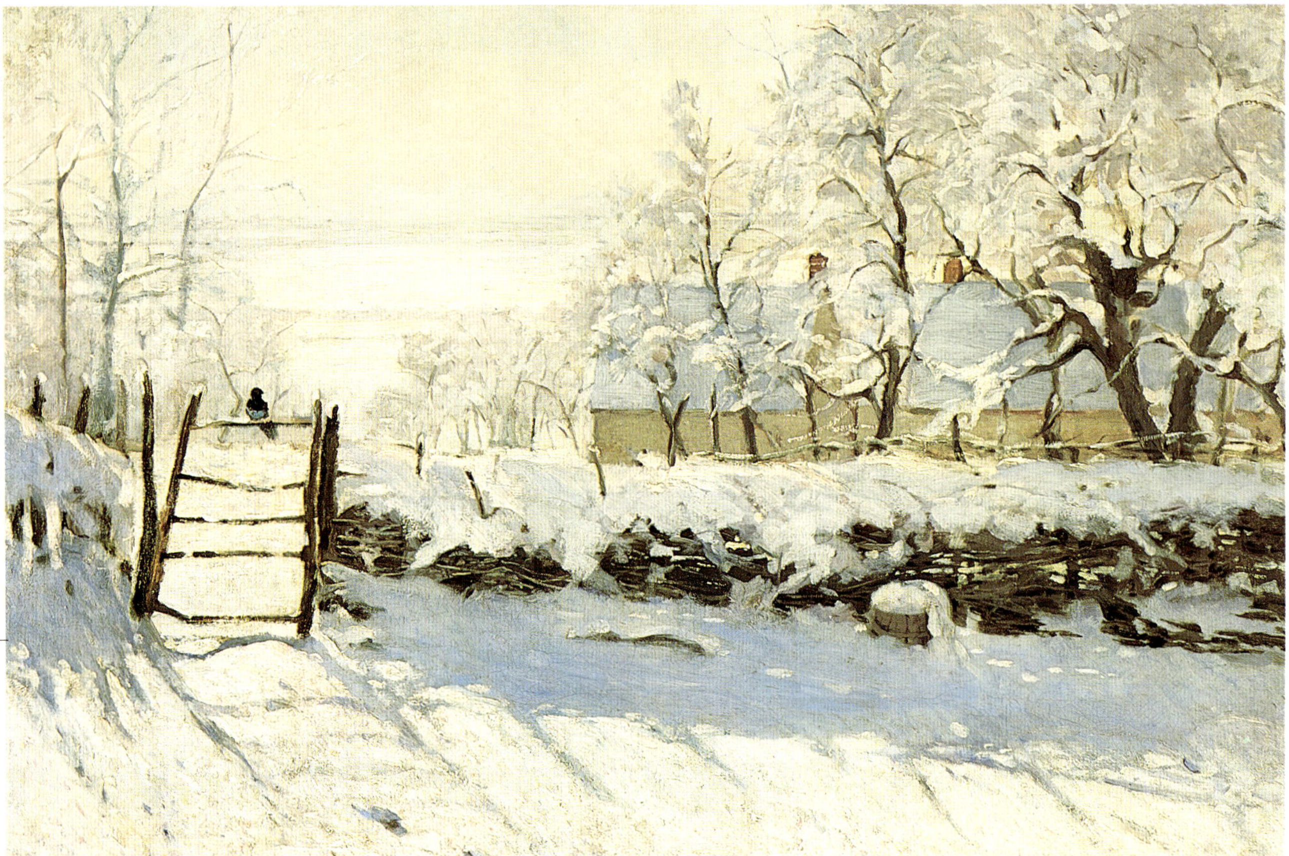

Édouard Manet (1832-1883)
Le Balcon, 1868-1869. Salon de 1869
170 × 124
Legs Gustave Caillebotte, 1894

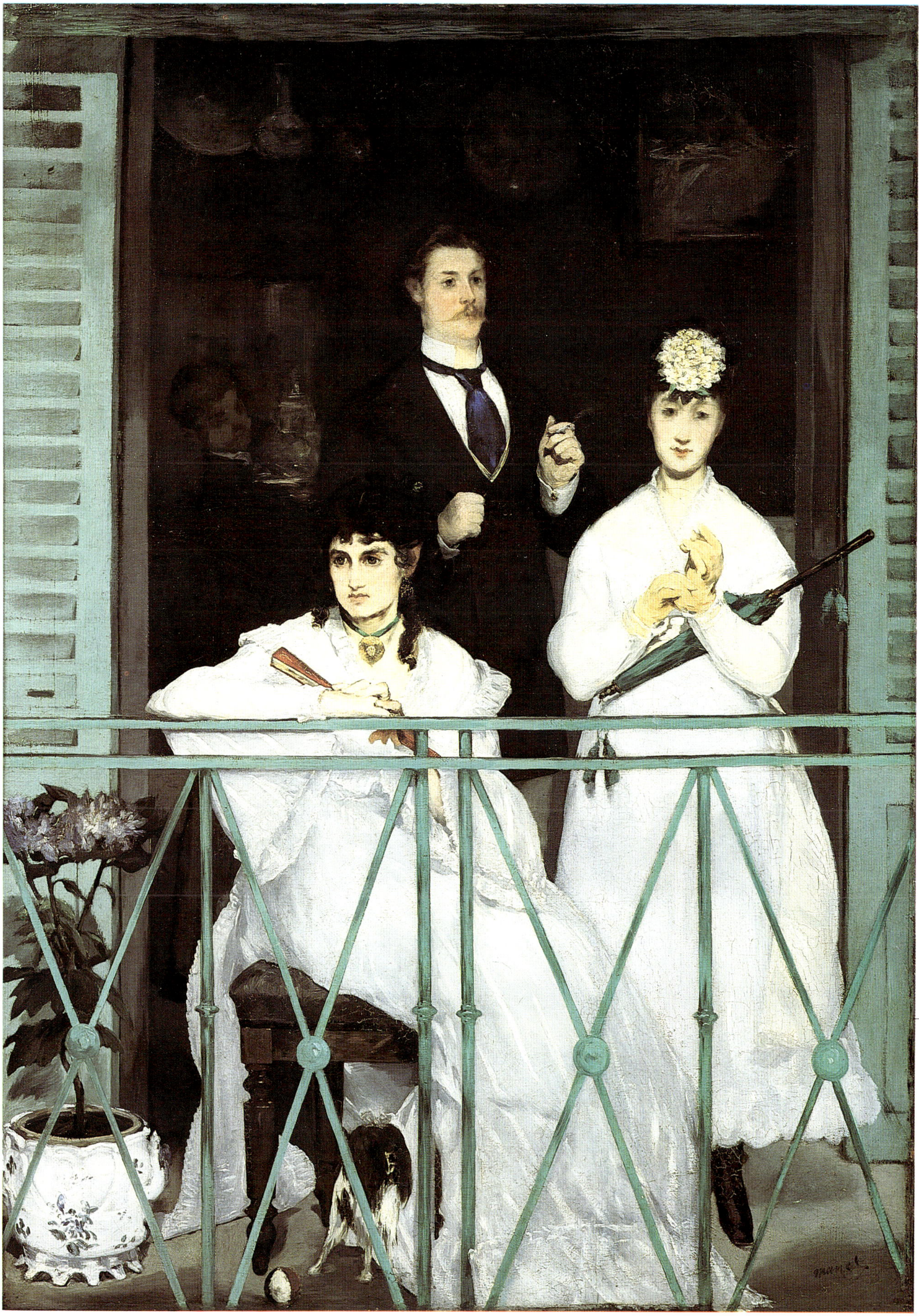

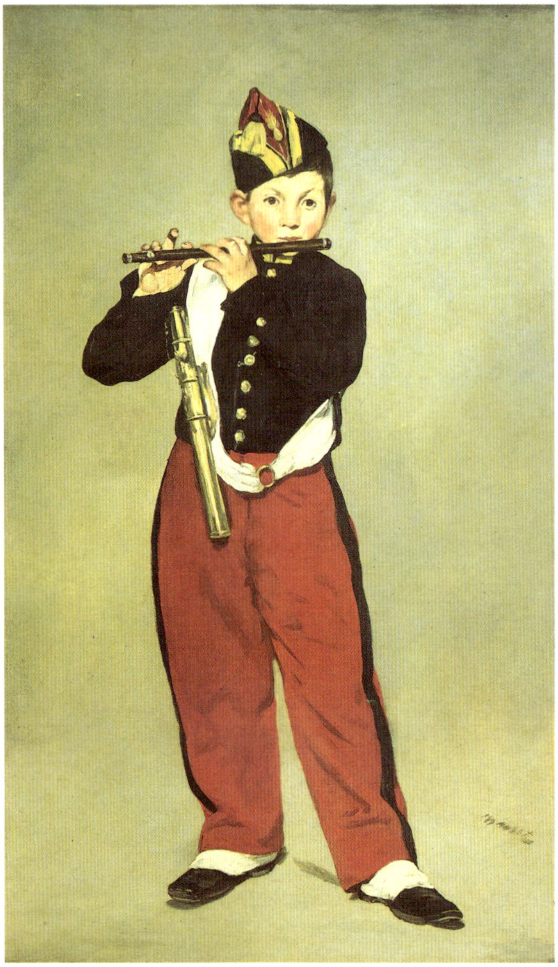

Édouard Manet (1832-1883)
Le Fifre, 1866
161 × 97
Legs Isaac de Camondo, 1911

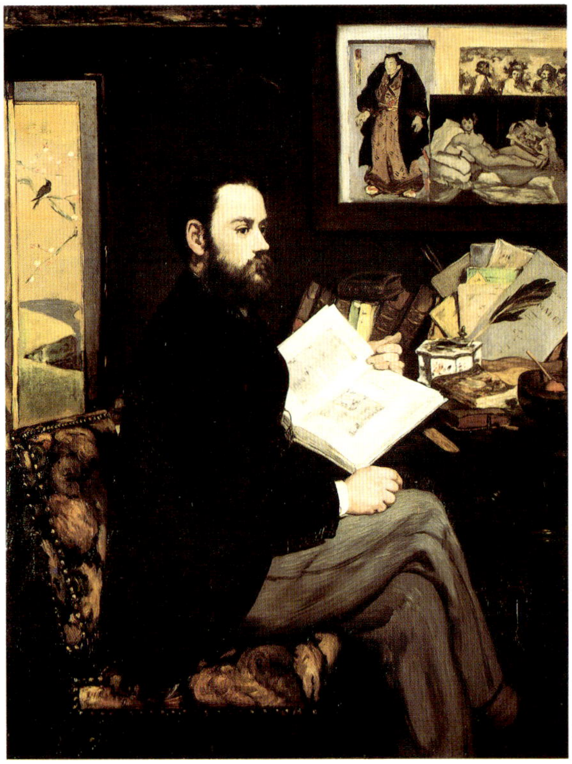

Édouard Manet (1832-1883)
Émile Zola 1867-1868
Salon de 1868
146 × 114
Donation de Mme Zola
sous réserve d'usufruit, 1918
Entré en 1925

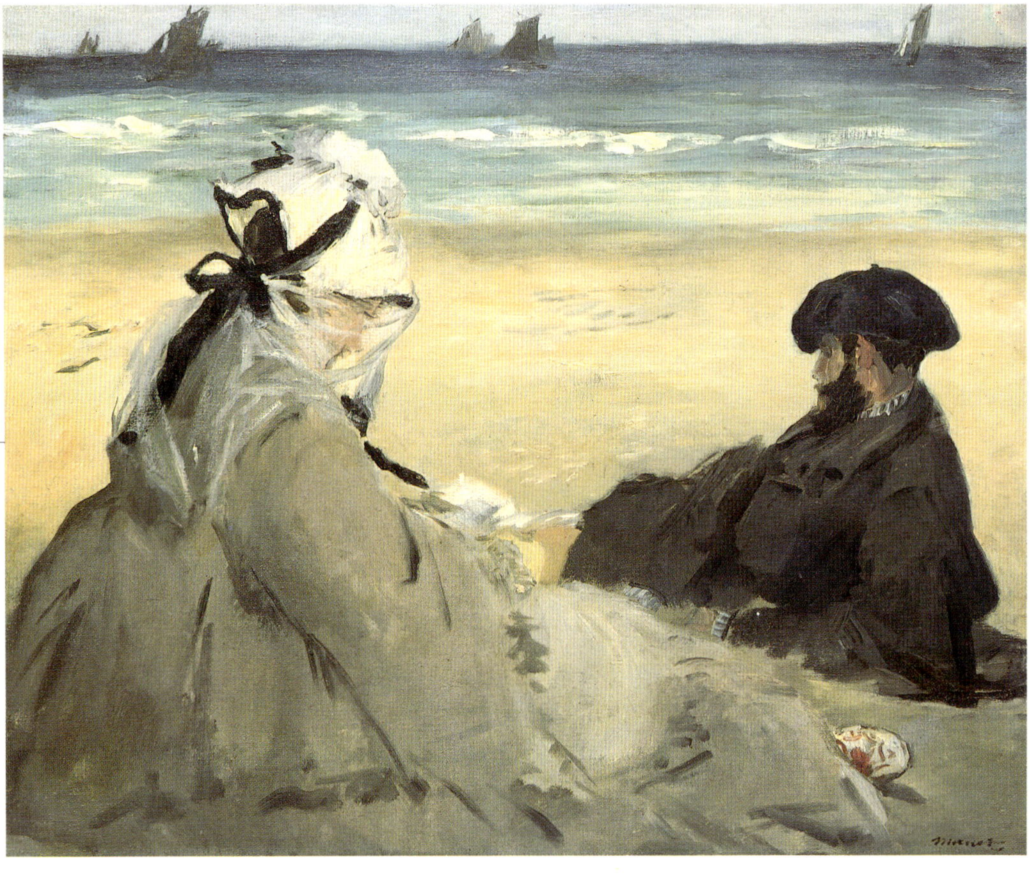

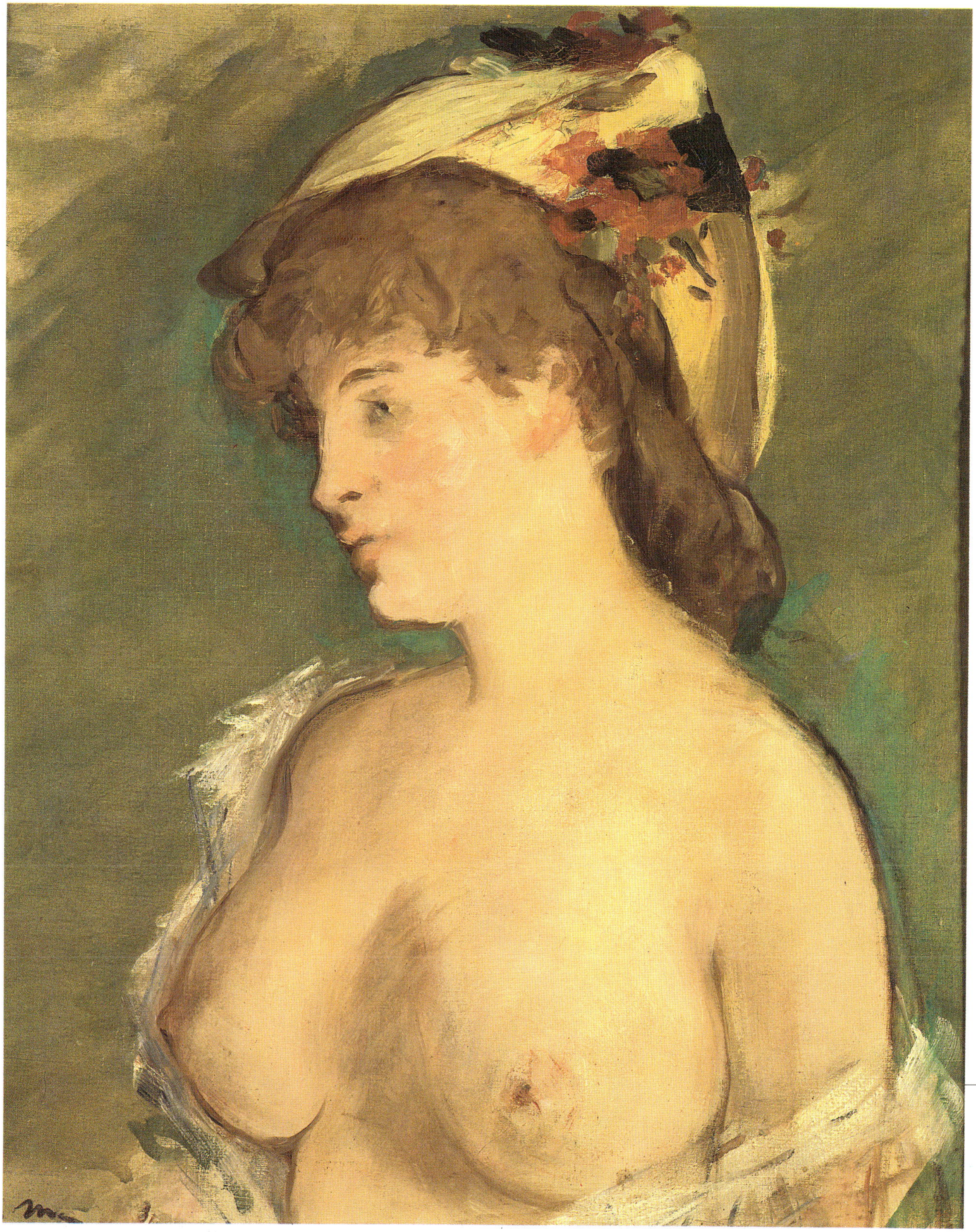

Édouard Manet (1832-1883)
Sur la plage, 1873
59 × 73
Donation Jean-Édouard Dubrujeaud
sous réserve d'usufruit, 1953
Entré en 1970

Édouard Manet (1832-1883)
La Blonde aux seins nus, vers 1878
62 × 52
Legs Etienne Moreau-Nélaton, 1927

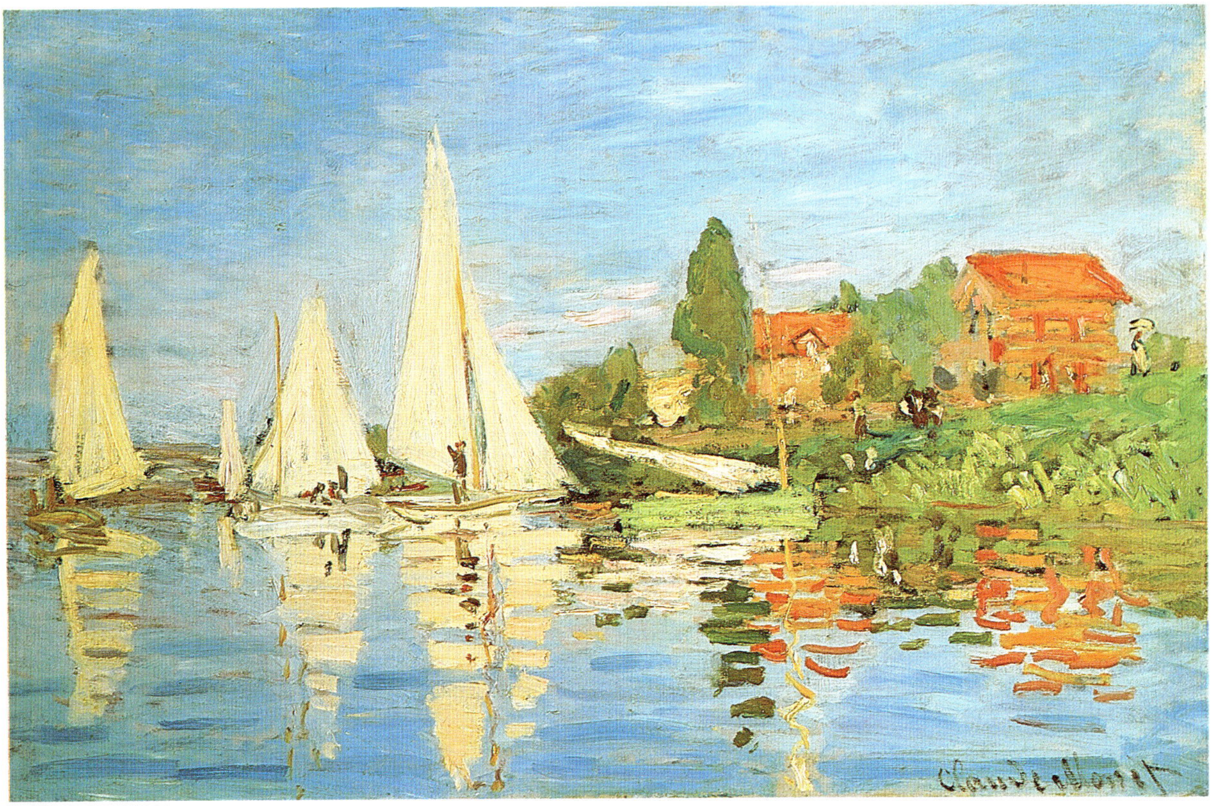

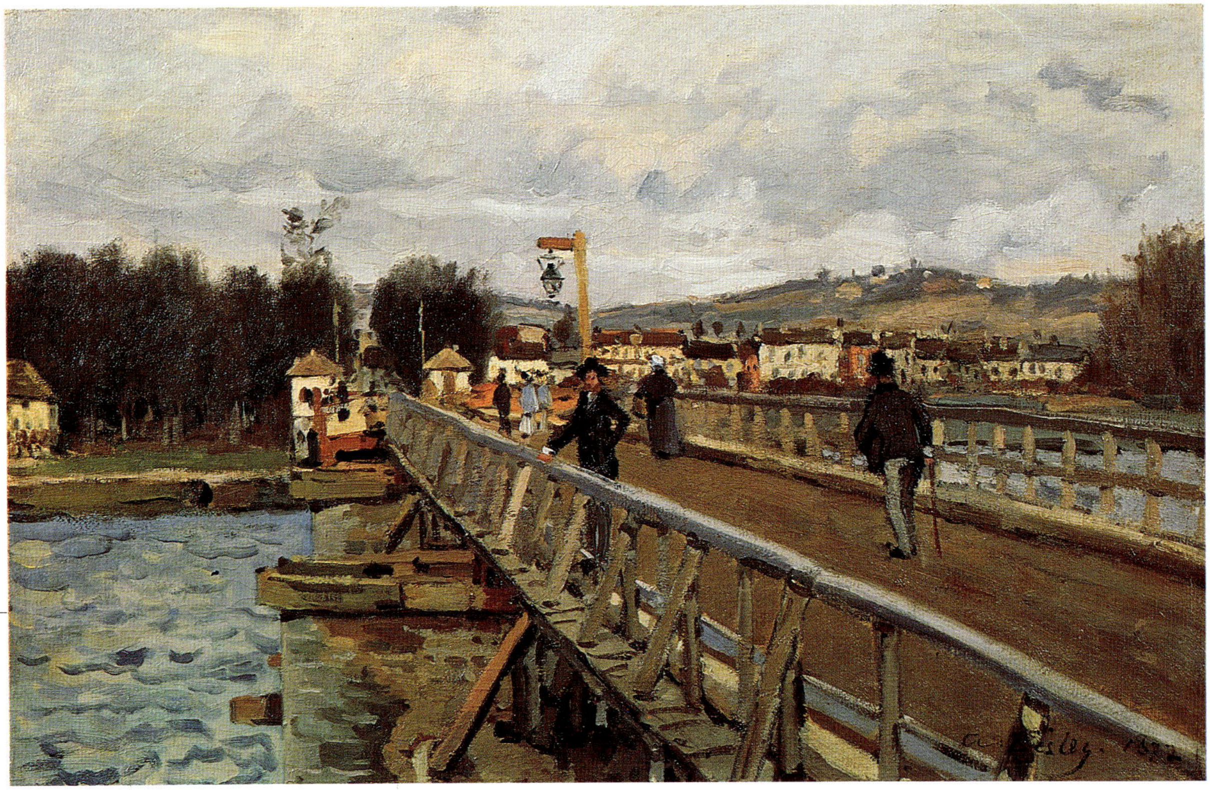

Alfred Sisley (1839-1899)
Passerelle d'Argenteuil, 1872
39 × 60
Donation Etienne Moreau-Nélaton, 1906

Claude Monet (1840-1926)
Régates à Argenteuil, vers 1872
48 × 75
Legs Gustave Caillebotte, 1894

Pierre-Auguste Renoir (1841-1919)
Chemin montant dans les hautes herbes, vers 1875
60 × 74
Don Charles Comiot par l'intermédiaire
de la Société des Amis du Louvre, 1926

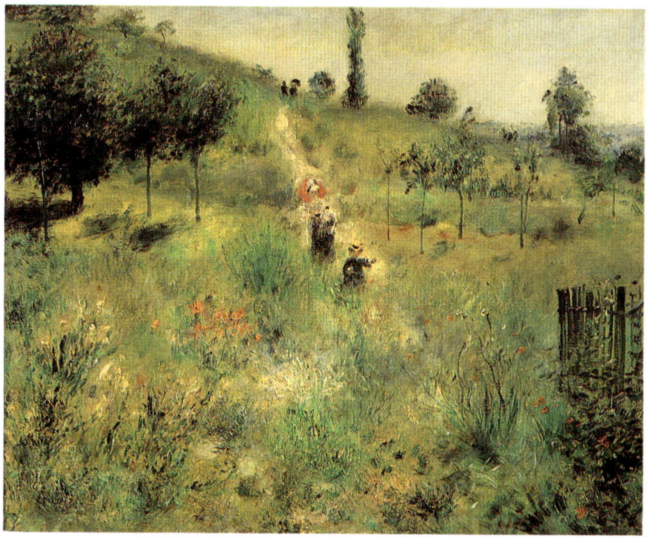

Fuyant les loyers parisiens trop chers et toujours avide de motifs renouvelés, Monet s'est installé à Argenteuil à la fin de 1871. Là, il peint les bords de la Seine alors verdoyants ou les régates de voiliers, autre sujet de prédilection et prétexte à l'analyse des reflets colorés sur l'eau. Il invite ses amis à le rejoindre : Renoir, Sisley, Pissarro et même Manet sont tous venus peindre à Argenteuil devenu comme le symbole de l'épanouissement de l'impressionnisme. Cette époque, entre 1872 et 1874, marque en tout cas le moment de plus grande unité du mouvement.

Claude Monet (1840-1926)
Coquelicots, 1873
Première exposition impressionniste, 1874
50 × 65
Donation Etienne Moreau-Nélaton, 1906

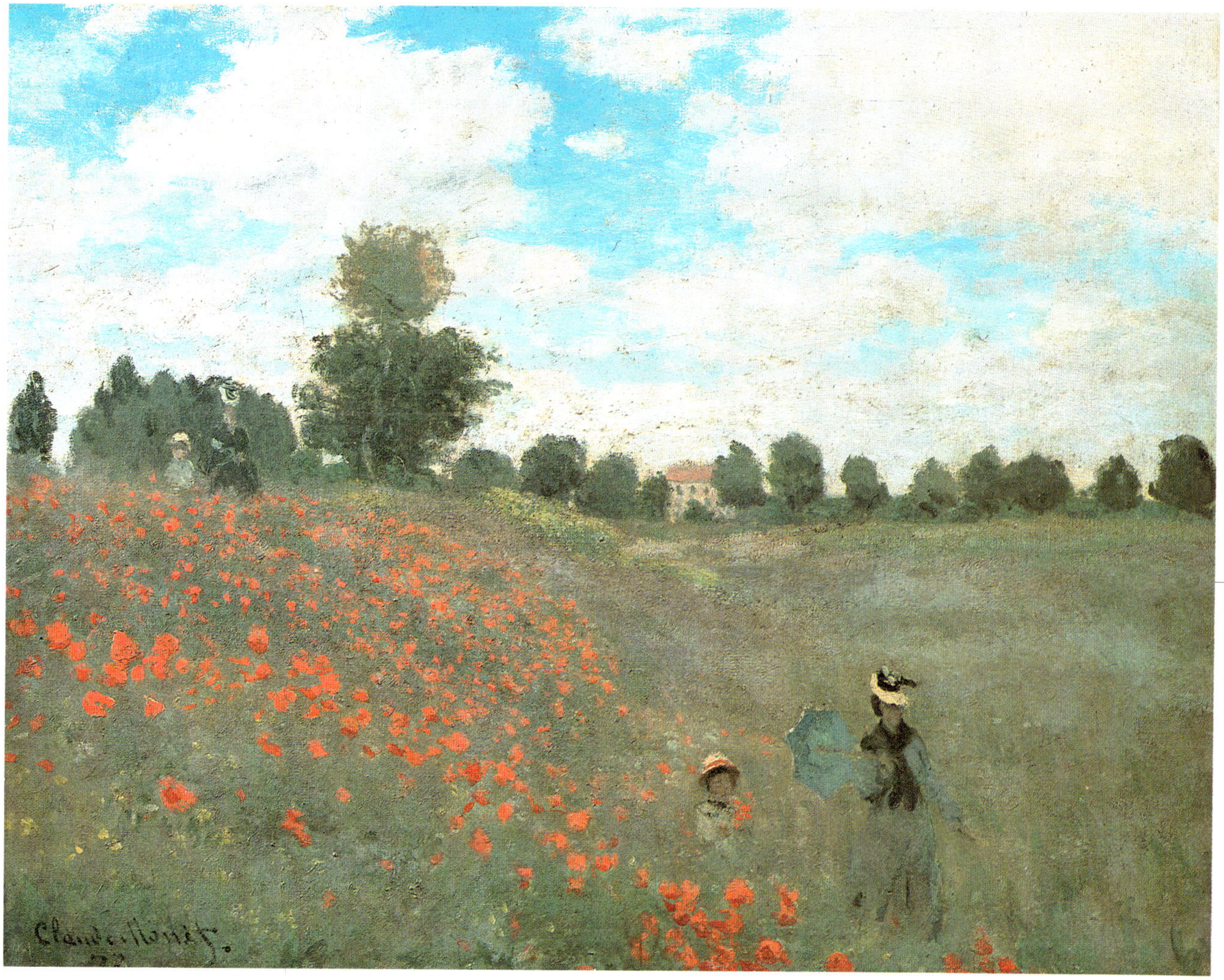

Pissarro et Cézanne se sont connus dès 1861. Lorsqu'en 1872, Cézanne s'installe à Auvers-sur-Oise, il se rapproche de Pontoise et de son ami. Bien que Pissarro semble alors exercer une influence prépondérante sur Cézanne, en l'incitant notamment à éclaircir sa palette, on peut cependant parler d'influence réciproque. Pissarro qui contribua avec énergie à la première exposition de 1874 (*Gelée blanche* y suscita sarcasmes et incompréhension) y fit inviter Cézanne qui y montre, parmi d'autres toiles, *La Maison du pendu*, un motif pris à Auvers-sur-Oise.

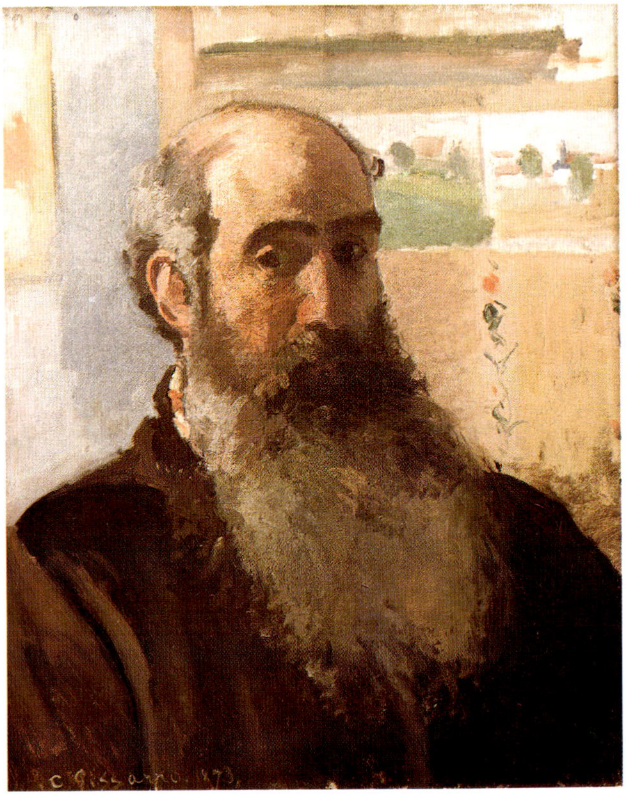

Camille Pissarro (1830-1903)
Portrait de l'artiste, 1873
56 × 46,6
Donation Paul-Émile Pissarro, fils de l'artiste,
sous réserve d'usufruit, 1930;
entré en 1947

Camille Pissarro (1830-1903)
Gelée blanche, 1873
Première exposition impressionniste, 1874
65 × 93
Legs Enriqueta Alsop au nom
du Dr Eduardo Mollard, 1972

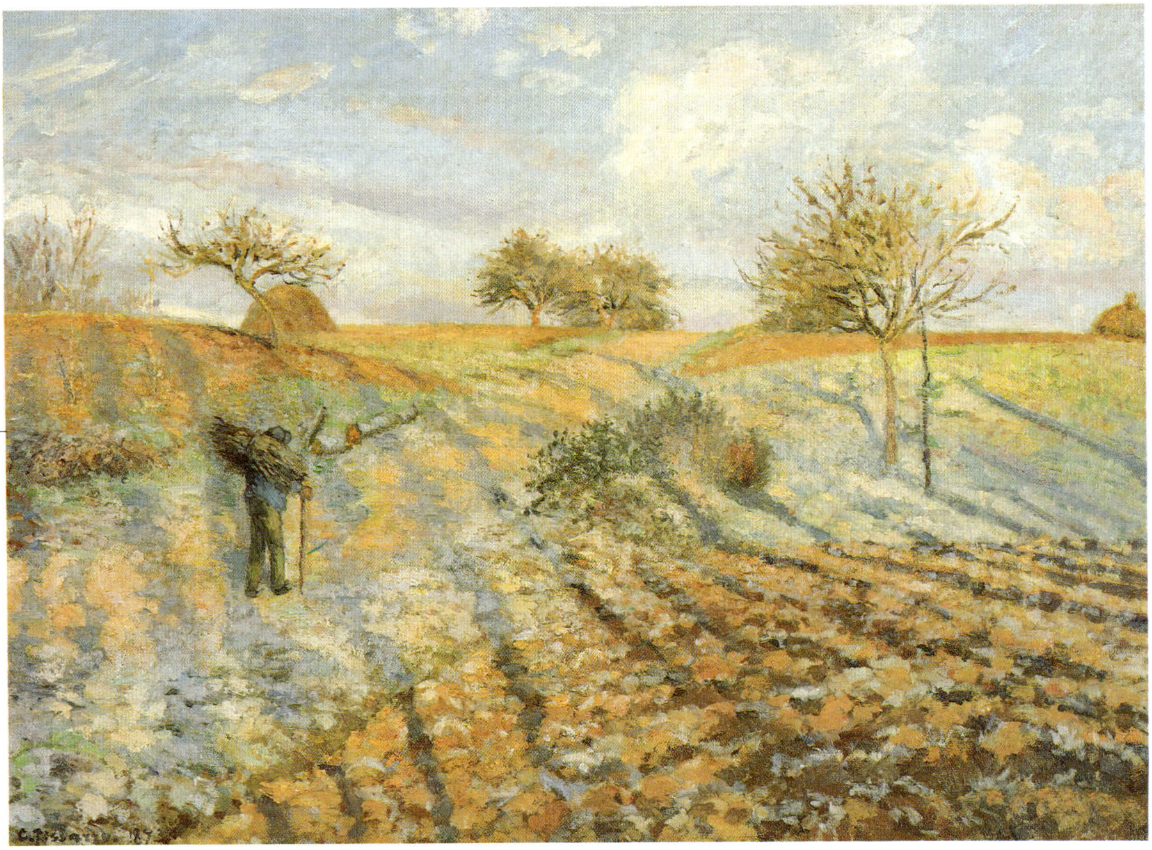

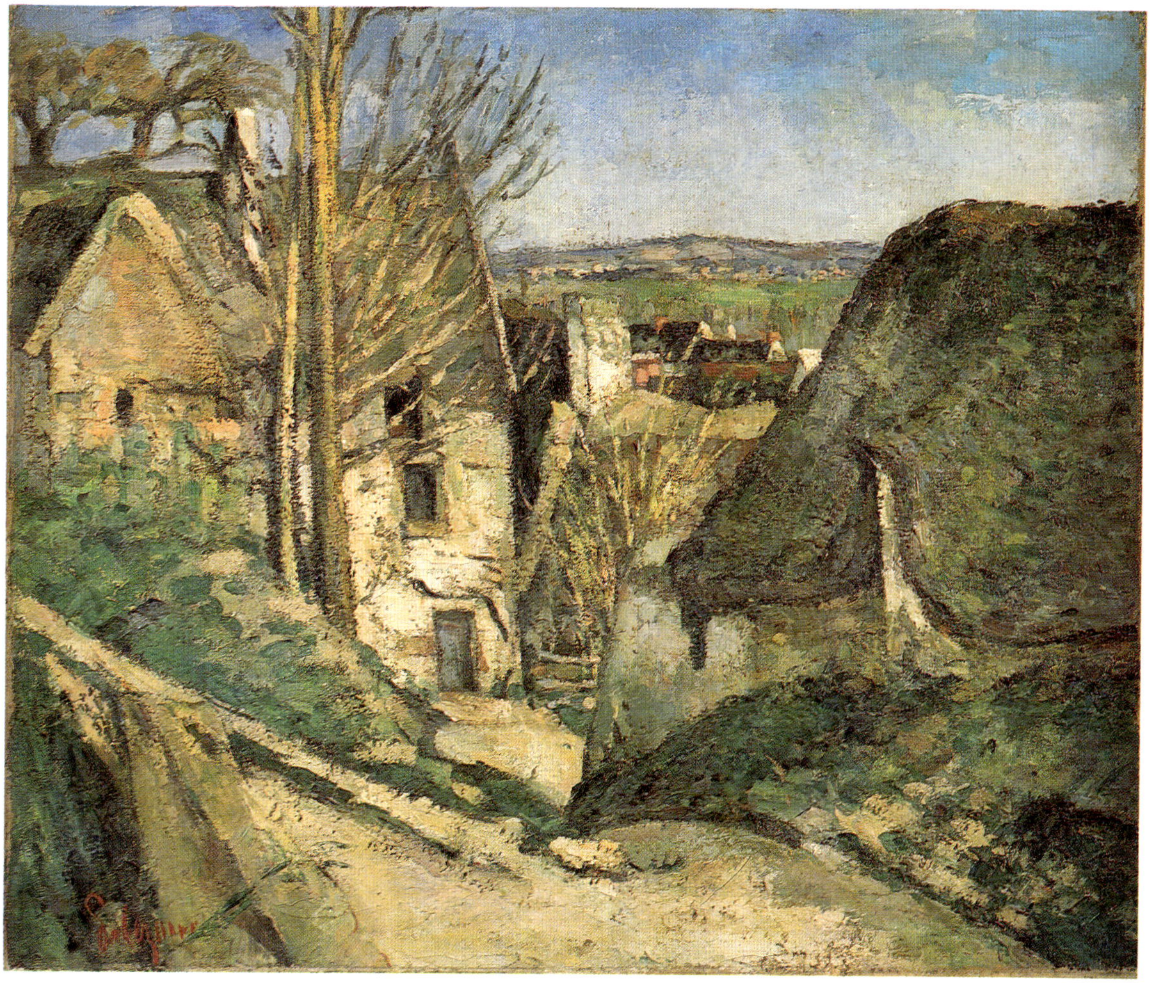

Paul Cézanne (1839-1906)
La Maison du pendu, Auvers-sur-Oise, Première exposition impressionniste, 1874
55 × 66
Legs Isaac de Camondo, 1911

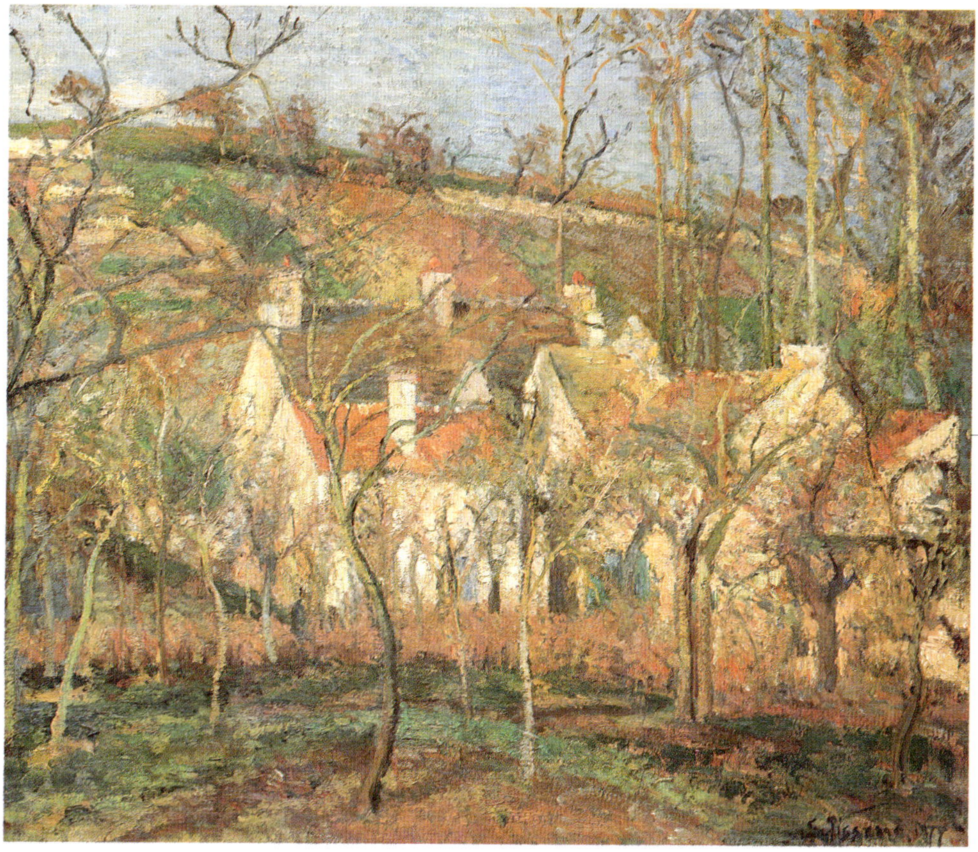

Camille Pissarro (1830-1903)
Les Toits rouges, 1877
54 × 65
Legs Gustave Caillebotte, 1894

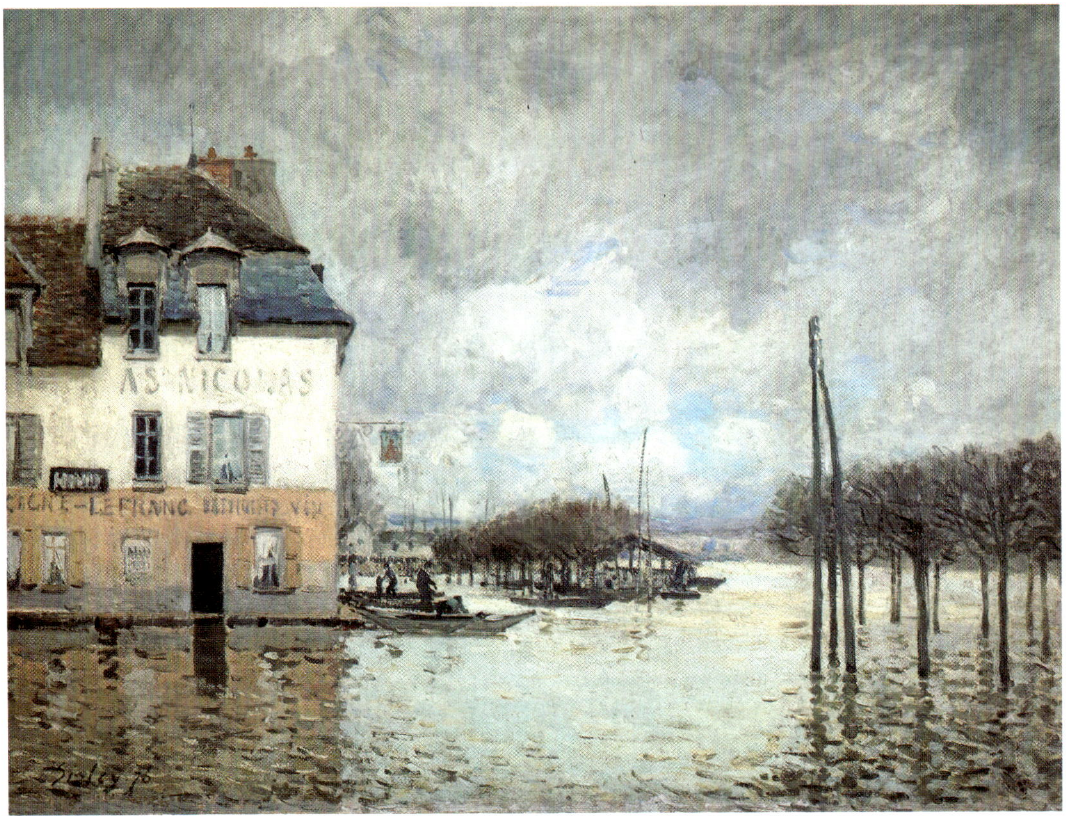

Alfred Sisley (1839-1899)
L'Inondation à Port-Marly, 1876.
Deuxième ou troisième
exposition impressionniste, 1876 ou 1877
60 × 81
Legs Isaac de Camondo, 1911

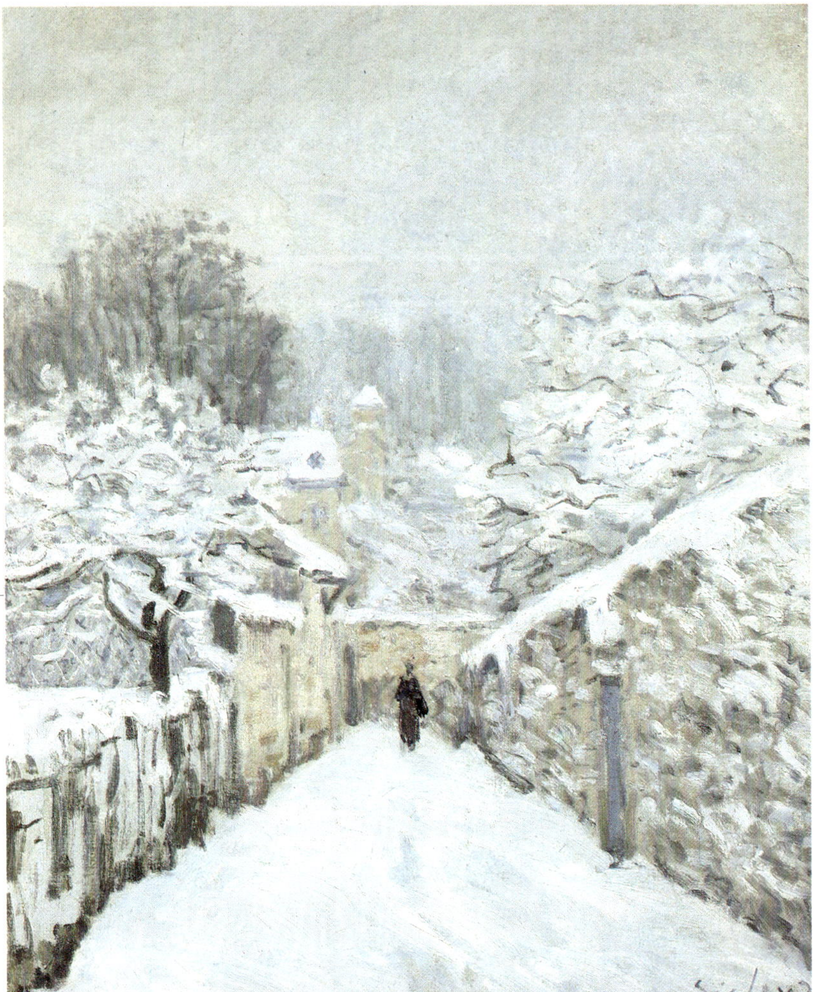

Alfred Sisley (1839-1899)
La Neige à Louveciennes, 1878
61 × 50
Legs Isaac de Camondo, 1911

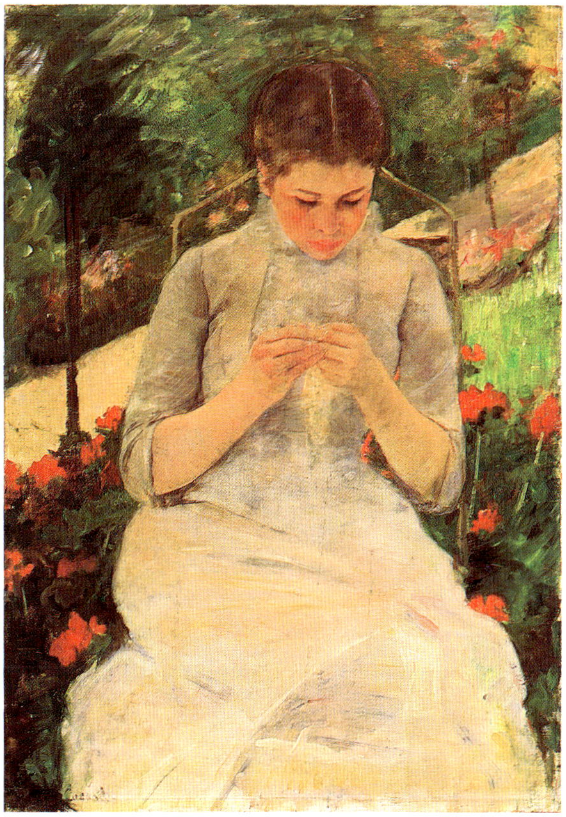

Le style de Berthe Morisot dérive essentiellement de celui de Manet avec des subtilités de matière qui conviennent parfaitement aux sujets qu'elle traite. Avec un courage certain, cette jeune femme de la meilleure bourgeoisie n'hésita pas à participer à toutes les manifestations des impressionnistes (en 1874, elle exposa *Le Berceau* qui représente sa sœur Edma) sauf en 1879, date à laquelle une autre femme expose pour la première fois, Mary Cassatt. Cette jeune Américaine, issue de la bonne société de Pittsburgh et venue résider en France, eut Degas pour mentor. Femmes et enfants sont ses sujets favoris.

Mary Cassatt (1844-1926)
Femme cousant, vers 1880-1882
Huitième exposition impressionniste, 1886
92 × 63
Legs Antonin Personnaz, 1937

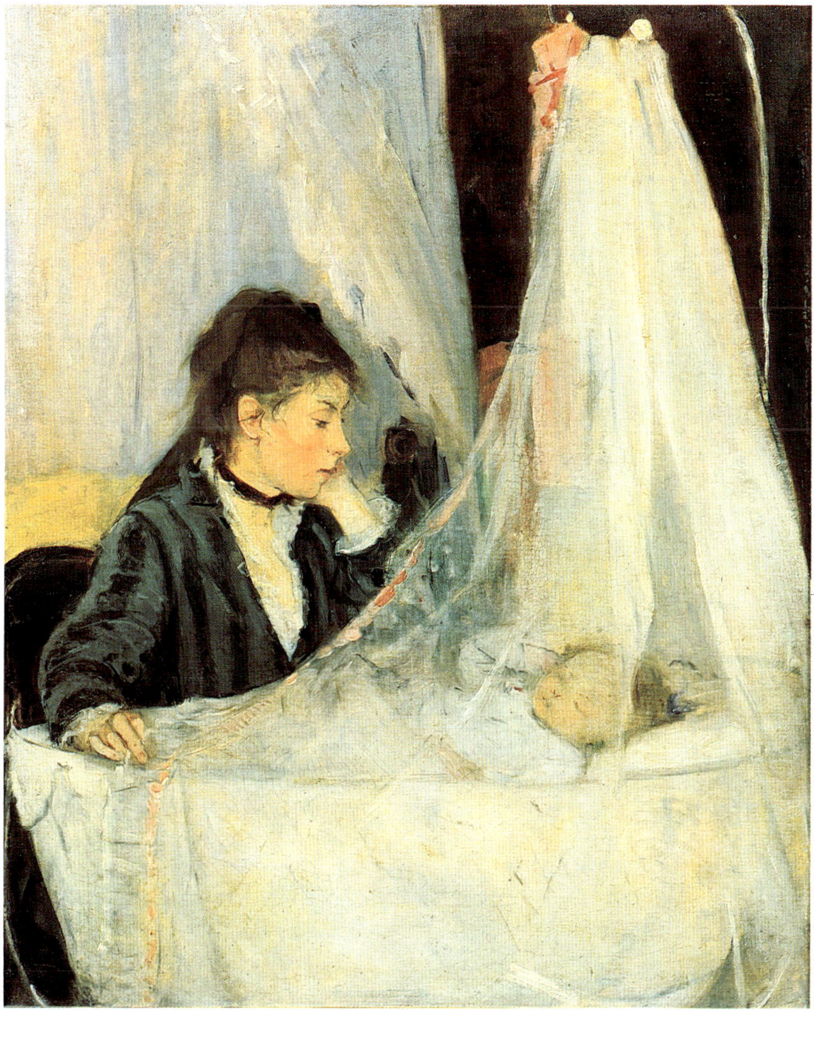

Berthe Morisot (1841-1895)
Le Berceau, 1872
Première exposition impressionniste, 1874
56 × 46
Acquis en 1930

L'*Étude; torse, effet de soleil*, qui, à un critique hostile, évoquait « un amas de chairs en décomposition », montre par l'irisation des carnations ombrées de bleu à quel point Renoir peut pousser l'étude de la couleur. Pourtant, ce sont sans doute le *Bal du Moulin de la Galette* et *La Balançoire*, de 1876, décrivant le Montmartre populaire où il résidait qui illustrent le mieux l'impressionnisme de Renoir. Composition ambitieuse à figures, complexité des effets lumineux, extrême liberté de touche et intensité des effets colorés — avec des bleus presque noirs, des verts vifs, des orangés — sont les traits principaux de ces deux chefs-d'œuvre, si mal reçus des contemporains.

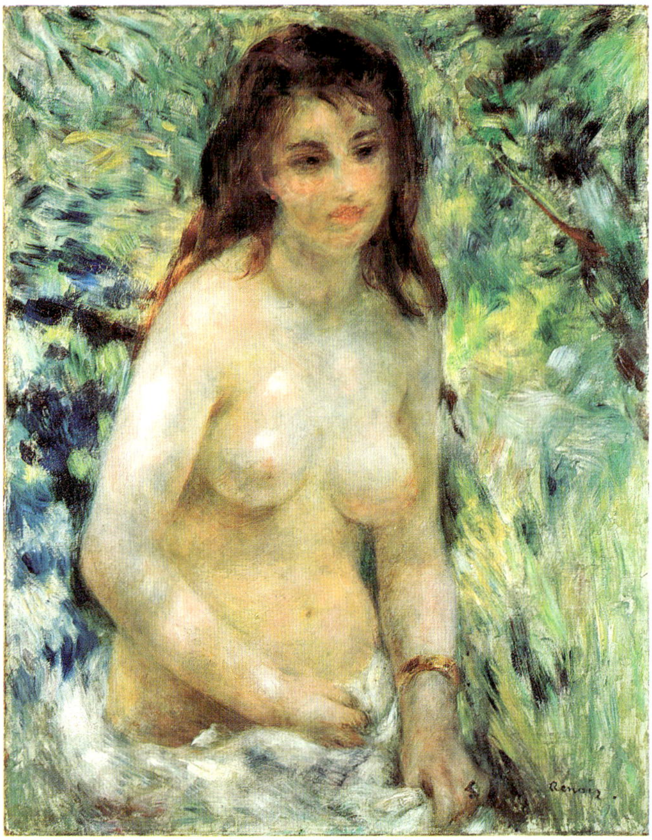

Pierre-Auguste Renoir (1841-1919)
Étude; torse, effet de soleil, 1875
Deuxième exposition impressionniste, 1876
81 × 64
Legs Gustave Caillebotte, 1894

Pierre-Auguste Renoir (1841-1919)
Bal du Moulin de la Galette, 1876
Troisième exposition impressionniste, 1877
131 × 175
Legs Gustave Caillebotte, 1894

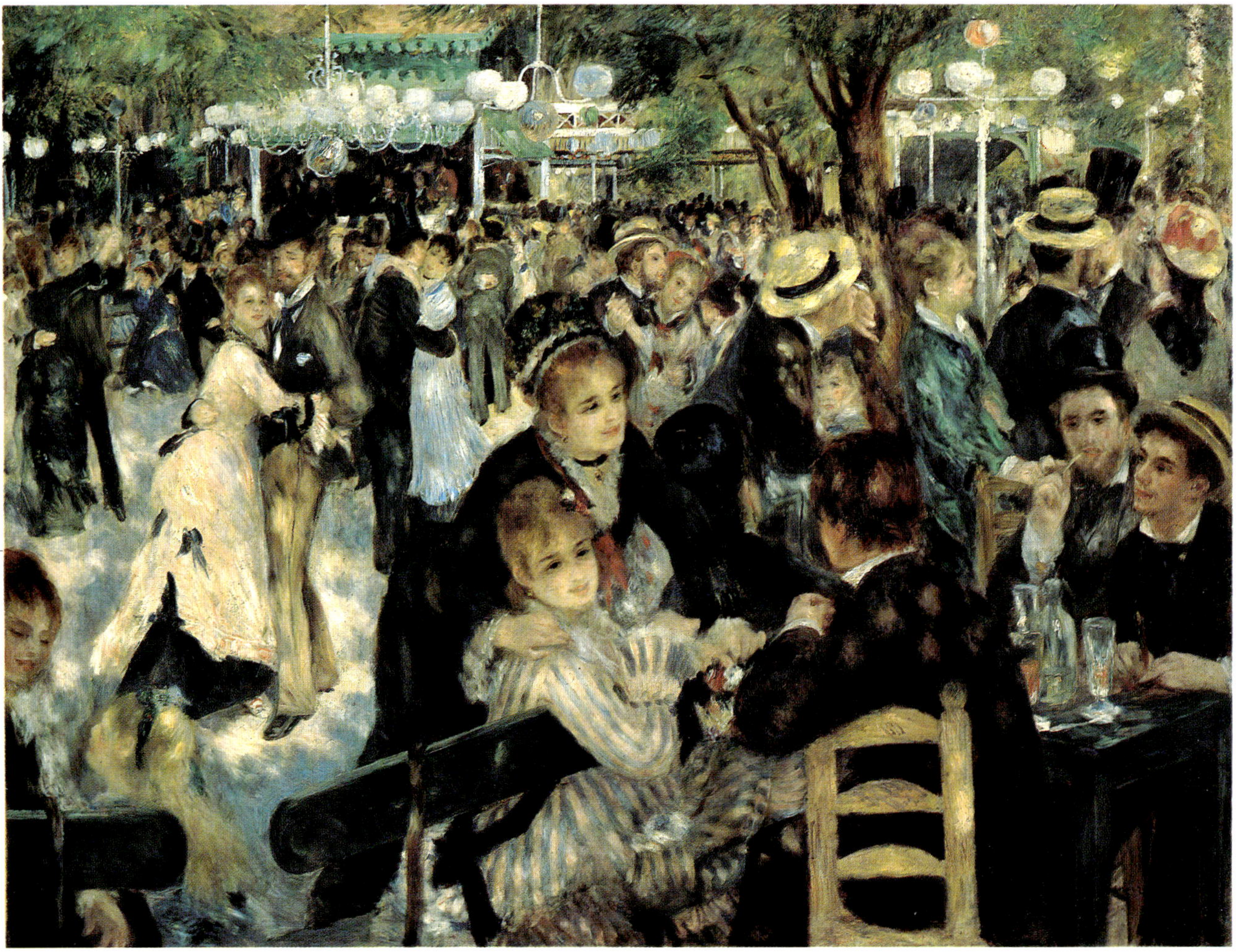

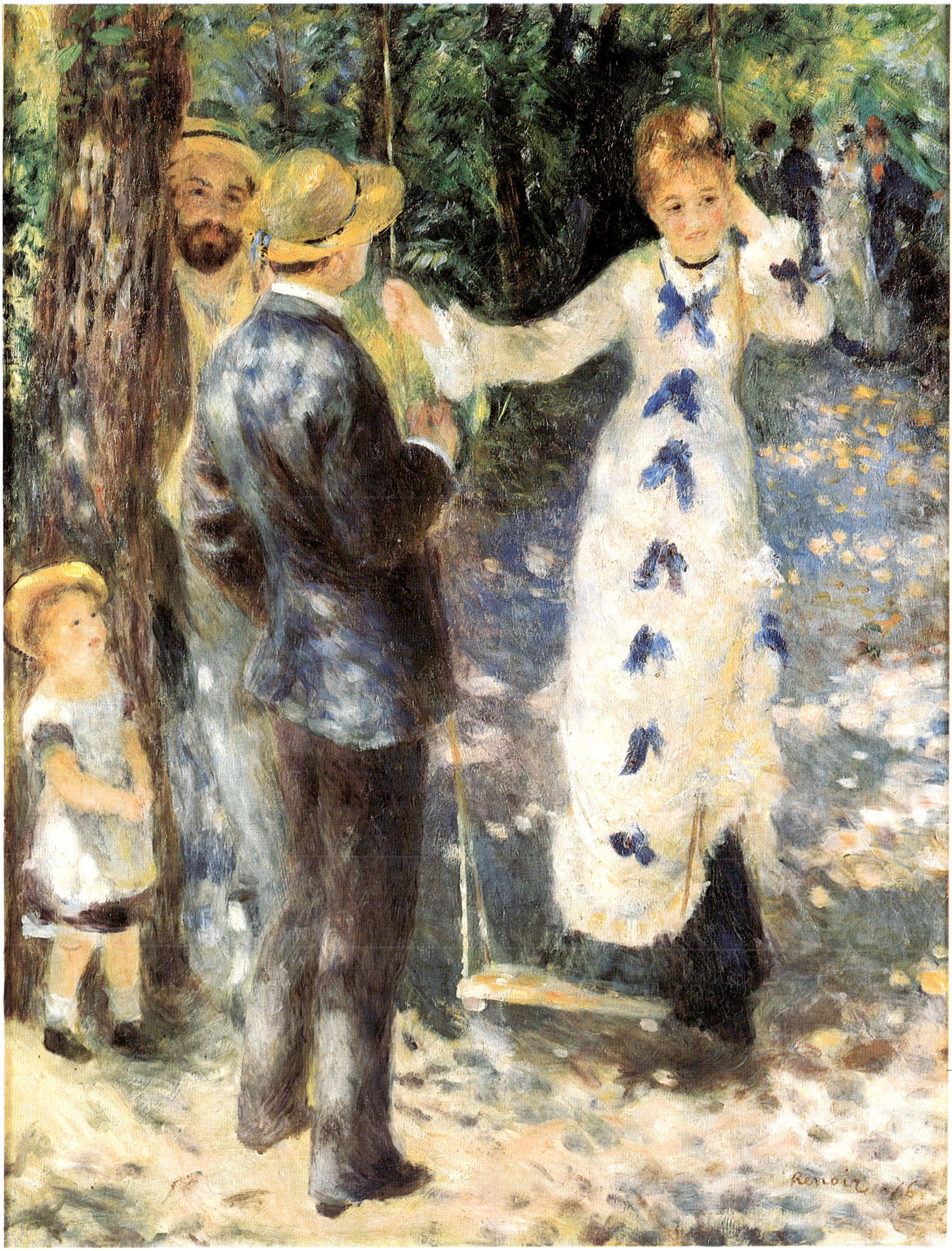

Pierre-Auguste Renoir (1841-1919)
La Balançoire, 1876
Troisième exposition impressionniste, 1877
92 × 73
Legs Gustave Caillebotte, 1894

Pour Monet, comme pour ses camarades, le Paris contemporain — en pleine mutation à la suite des travaux d'Haussmann — offrait un sujet neuf et varié. Les édifices l'intéressent bien moins que la vie animée de la foule qui parcourt les boulevards, les frondaisons des jardins publics, l'envolée des drapeaux aux couleurs intenses un jour de fête : la touche menue, nerveuse, ponctue une composition allusive presque jusqu'à l'abstraction. Un autre sujet moderne par excellence, la gare Saint-Lazare, révèle le goût de Monet pour la répétition d'un même motif envisagé sous des lumières diverses puisqu'on connaît deux versions similaires de cette composition.

Claude Monet (1840-1926)
La Gare Saint-Lazare
Troisième exposition impressionniste, 1877
75 × 104
Legs Gustave Caillebotte, 1894

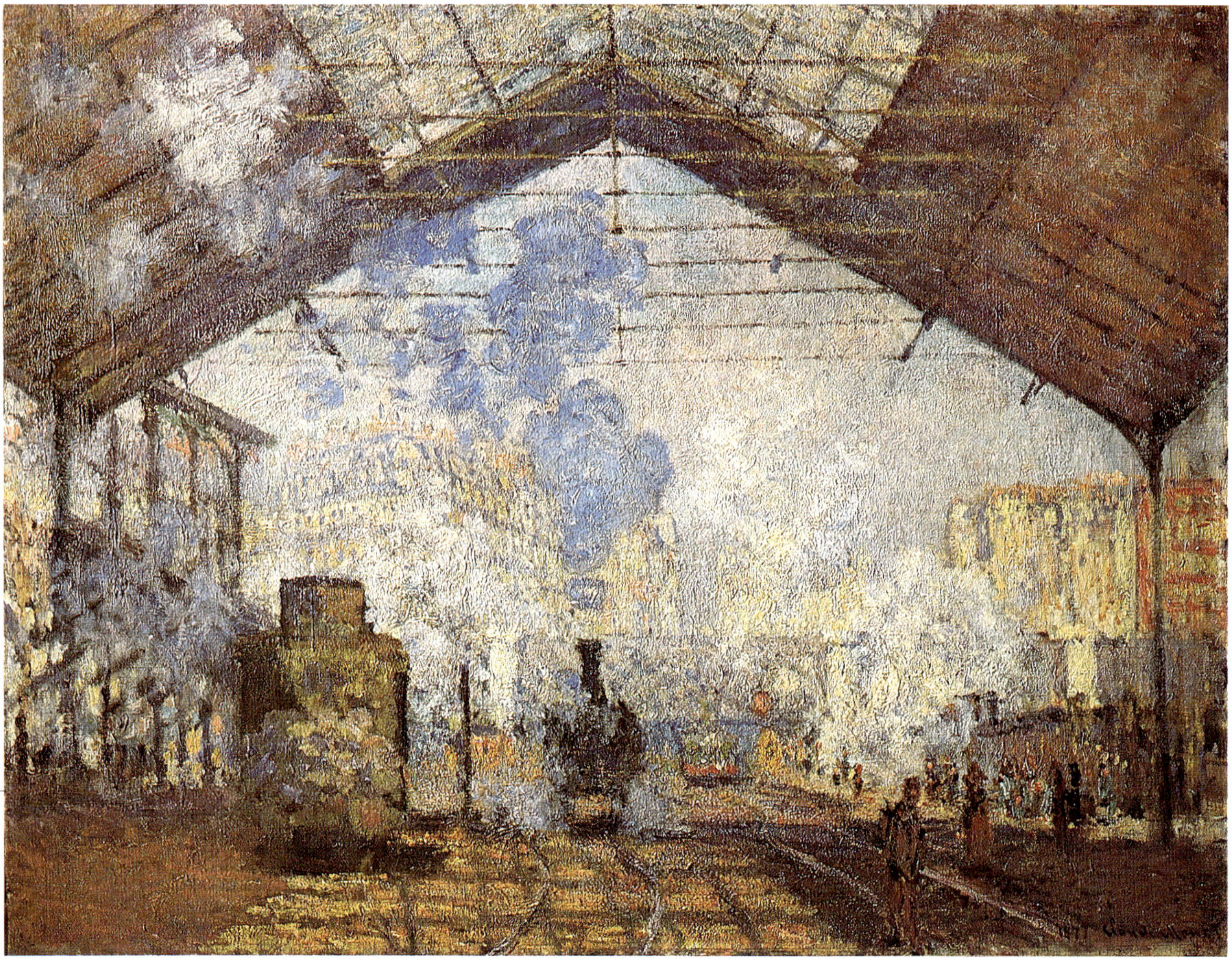

Claude Monet (1840-1926)
La Rue Montorgueil. Fête du 30 juin 1878, 1878
Quatrième exposition impressionniste, 1879
80 × 50
Acquis par dation en 1982

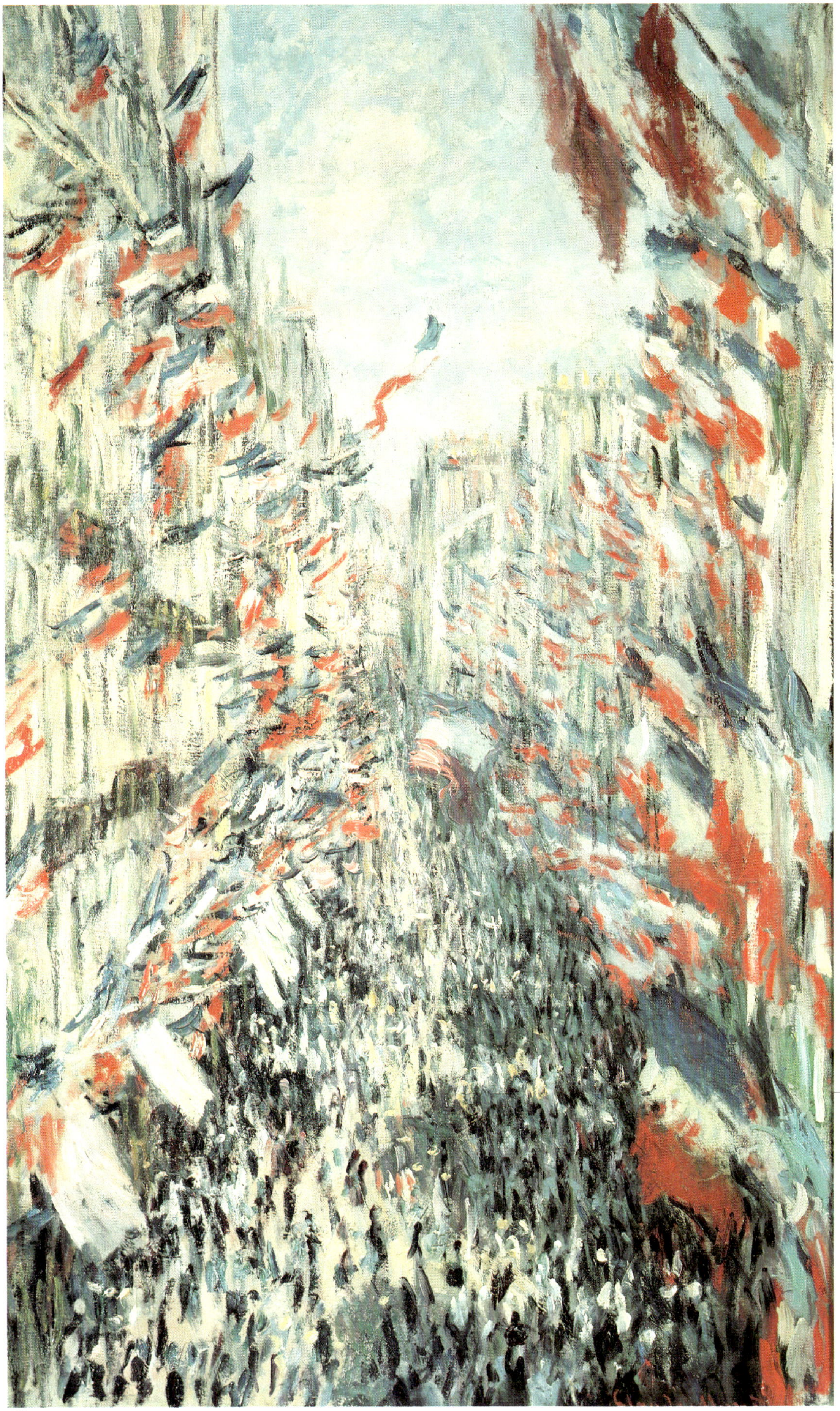

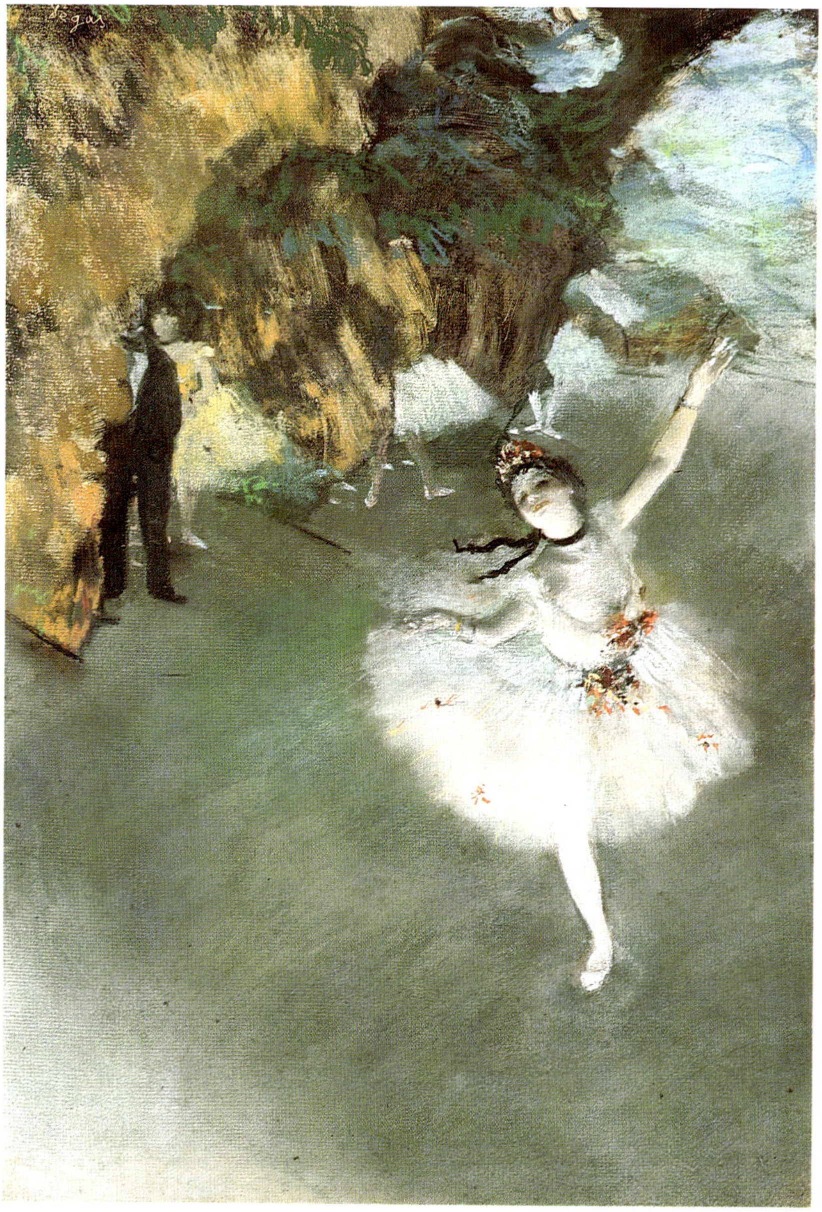

Edgar Degas (1834-1917)
L'Étoile, vers 1878
Pastel, 60 × 44
Legs Gustave Caillebotte, 1894

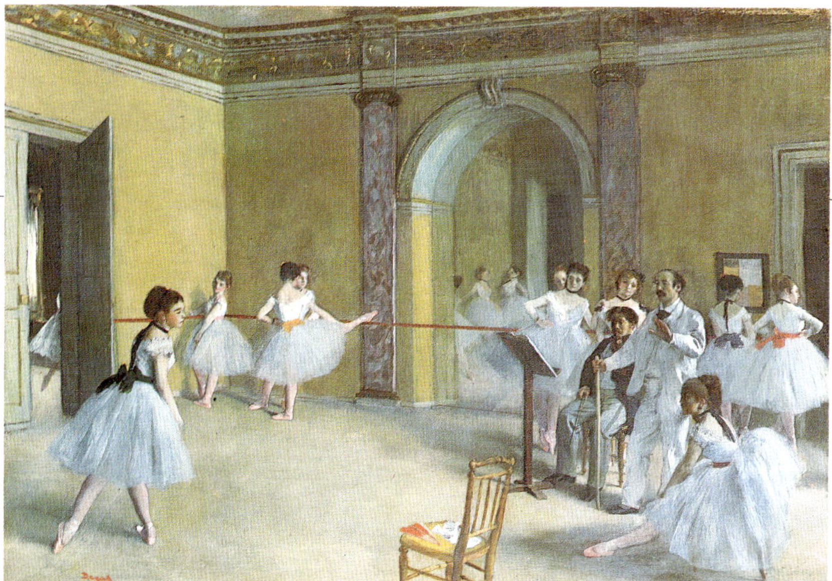

Edgar Degas (1834-1917)
Le Foyer de la danse
à l'Opéra de la rue Le Peletier, 1872
32 × 46
Legs Isaac de Camondo, 1911

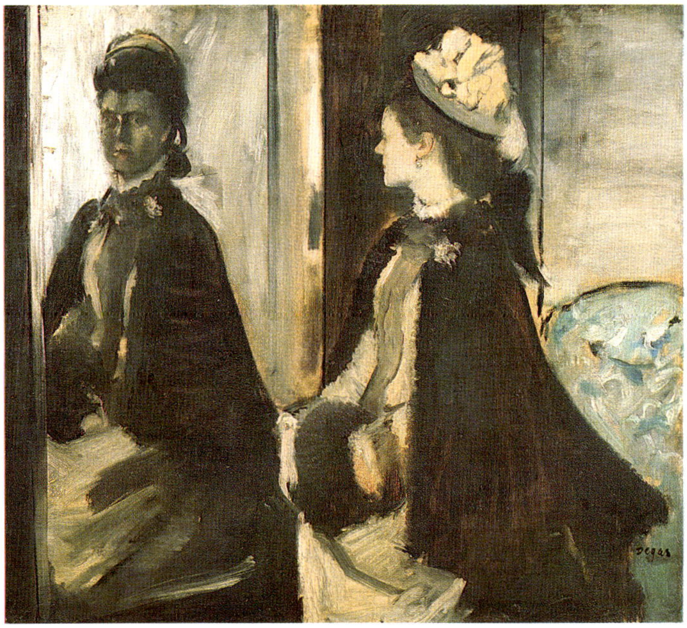

Aucun art — a dit Degas — n'est aussi peu spontané que le mien. Ce que je fais est le résultat de la réflexion et de l'étude des grands maîtres. » Ceci peut surprendre car l'art de Degas semble justement exprimer une réalité immédiate, un instant éphémère. L'attention pour ses semblables, le goût du détail juste transparaissent dans la plupart de ses sujets. Le souci du dessin, la nervosité du trait définissent des formes claires dans un espace subtilement construit ou, plus souvent, suggéré : voir le jeu de reflets du portrait de Mme Jeantaud ou le plan des tables dans *L'Absinthe*.

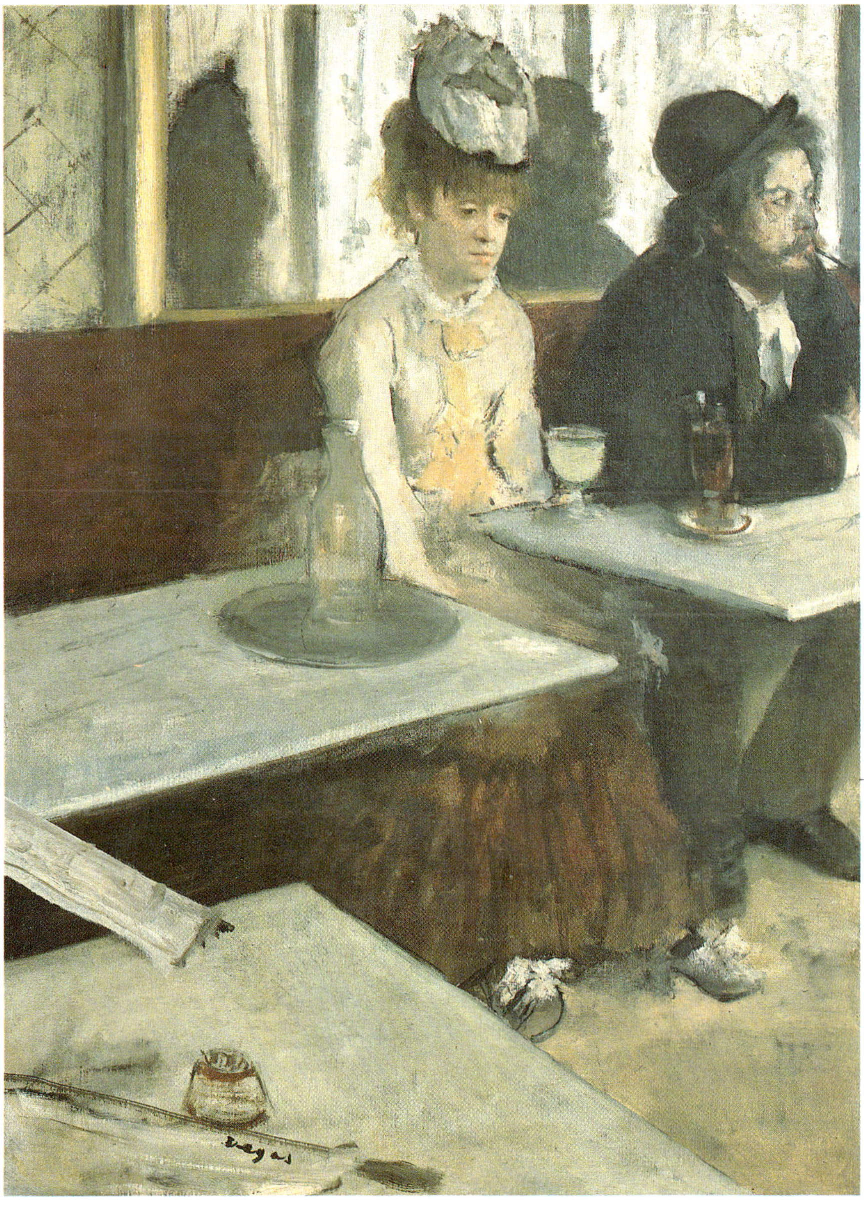

Edgar Degas (1834-1917)
Madame Jeantaud au miroir, vers 1875
70 × 84
Legs Jean-Édouard Dubrujeaud
sous réserve d'usufruit en faveur de son fils
Jean Angladon-Dubrujeaud, 1970
Abandon de l'usufruit, 1970

Edgar Degas (1834-1917)
Au café dit *L'Absinthe*, 1876
92 × 68
Legs Isaac de Camondo, 1911

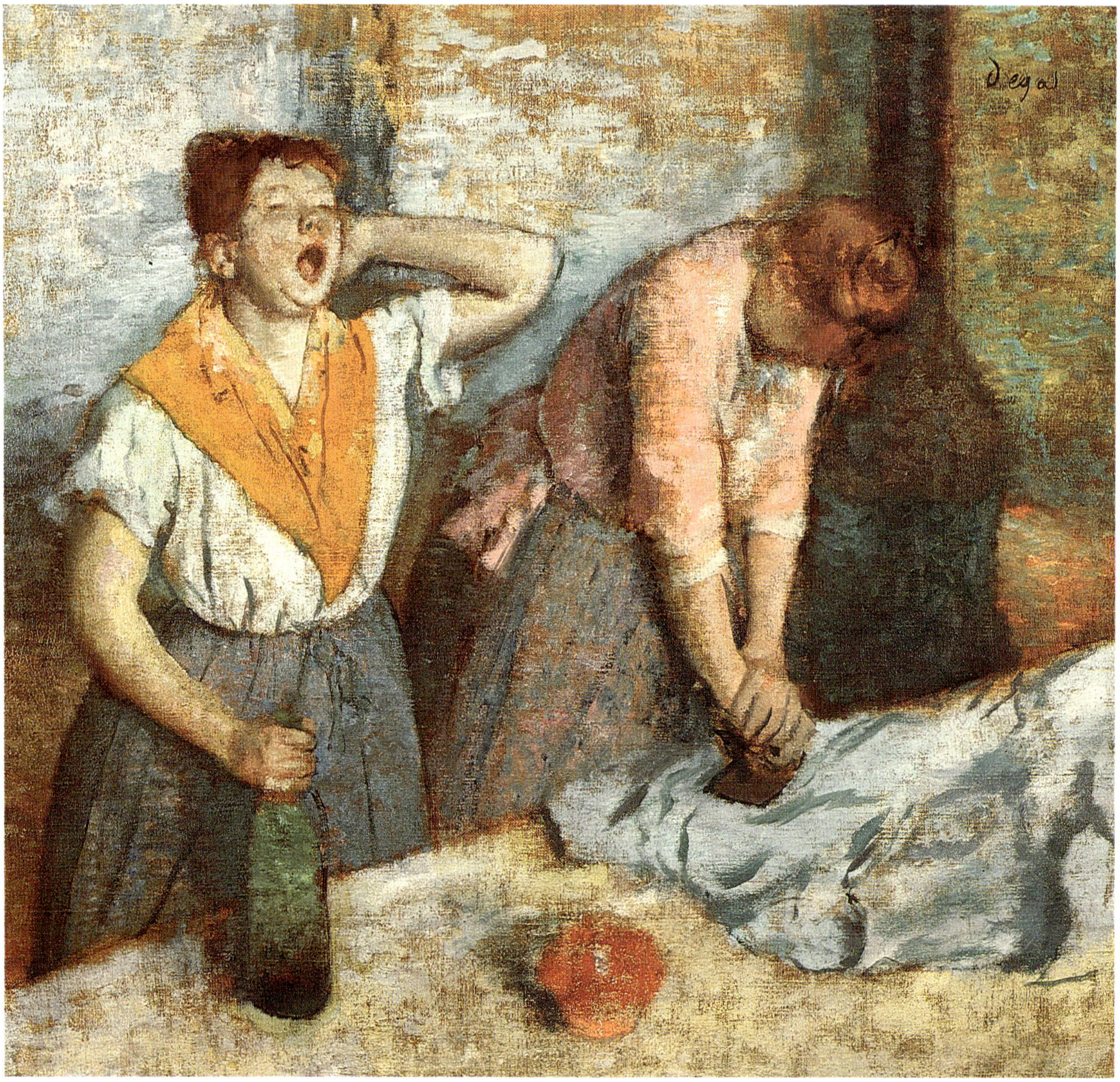

Edgar Degas (1834-1917)
Les Repasseuses, vers 1884
76 × 81
Legs Isaac de Camondo, 1911

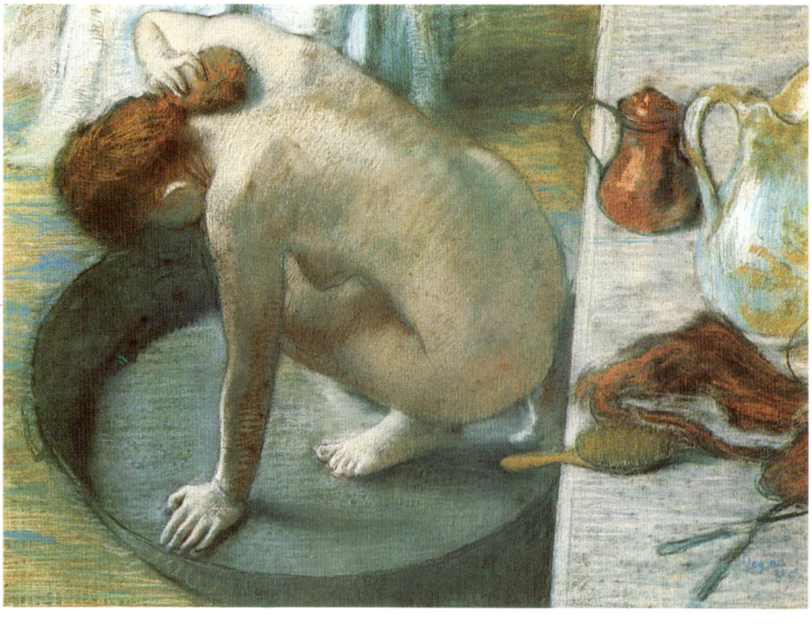

Edgar Degas (1834-1917)
Le Tub, 1886
Pastel, 60 × 83
Legs Isaac de Camondo, 1911

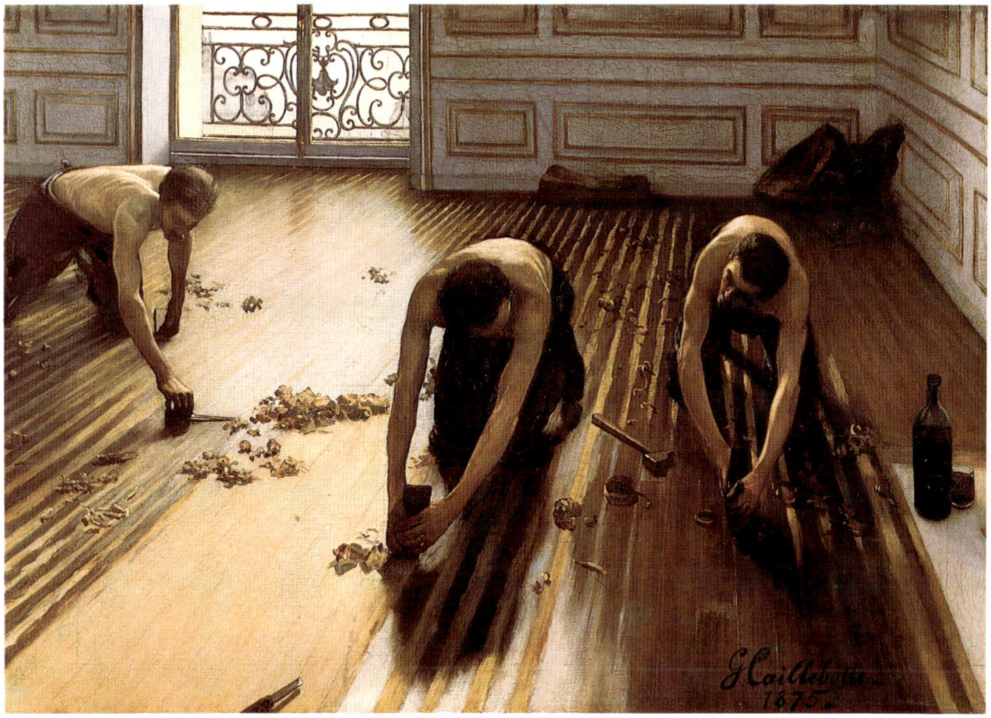

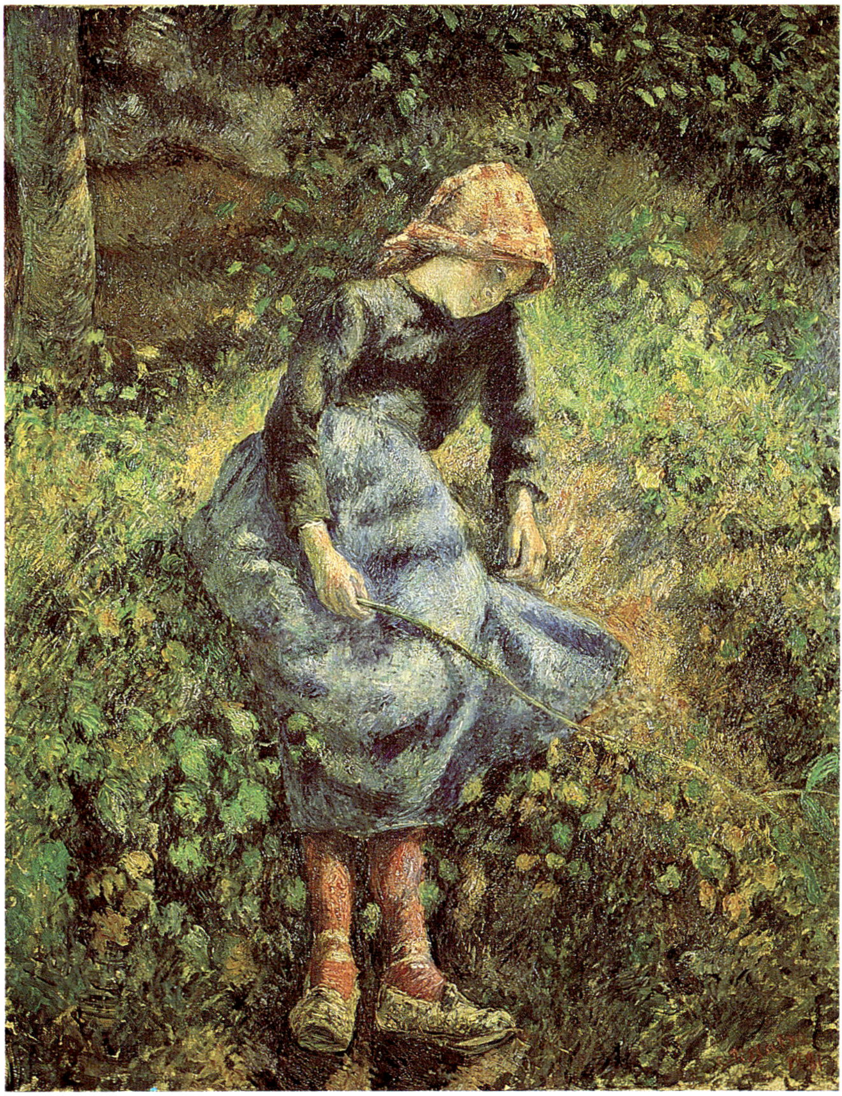

Gustave Caillebotte (1848-1894)
Les Raboteurs de parquet, 1875
Deuxième exposition impressionniste, 1876
192 × 146
Don des héritiers de Gustave Caillebotte, 1894

Camille Pissarro (1830-1903)
Jeune Fille à la baguette, 1881
Septième exposition impressionniste, 1882
81 × 64
Legs Isaac de Camondo, 1911

Pierre-Auguste Renoir (1841-1919)
Danse à la ville, 1883
180 × 90
Acquis par dation en 1978

Pierre-Auguste Renoir (1841-1919)
Danse à la campagne, 1883
180 × 90
Acquis en 1970

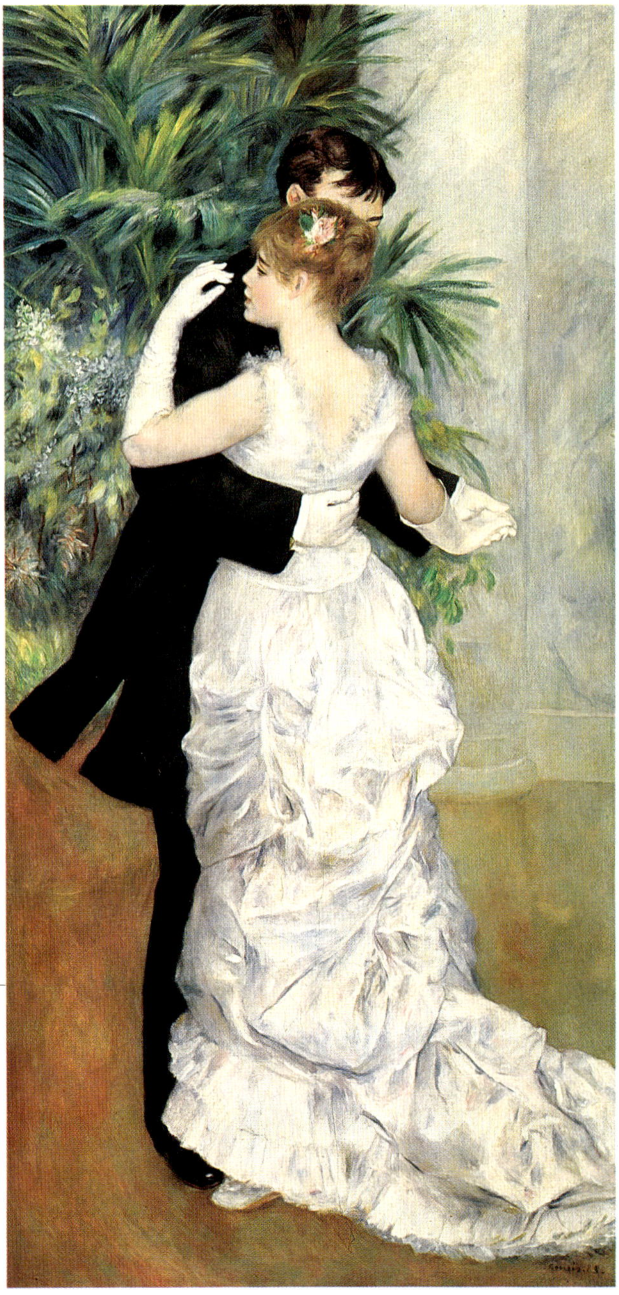

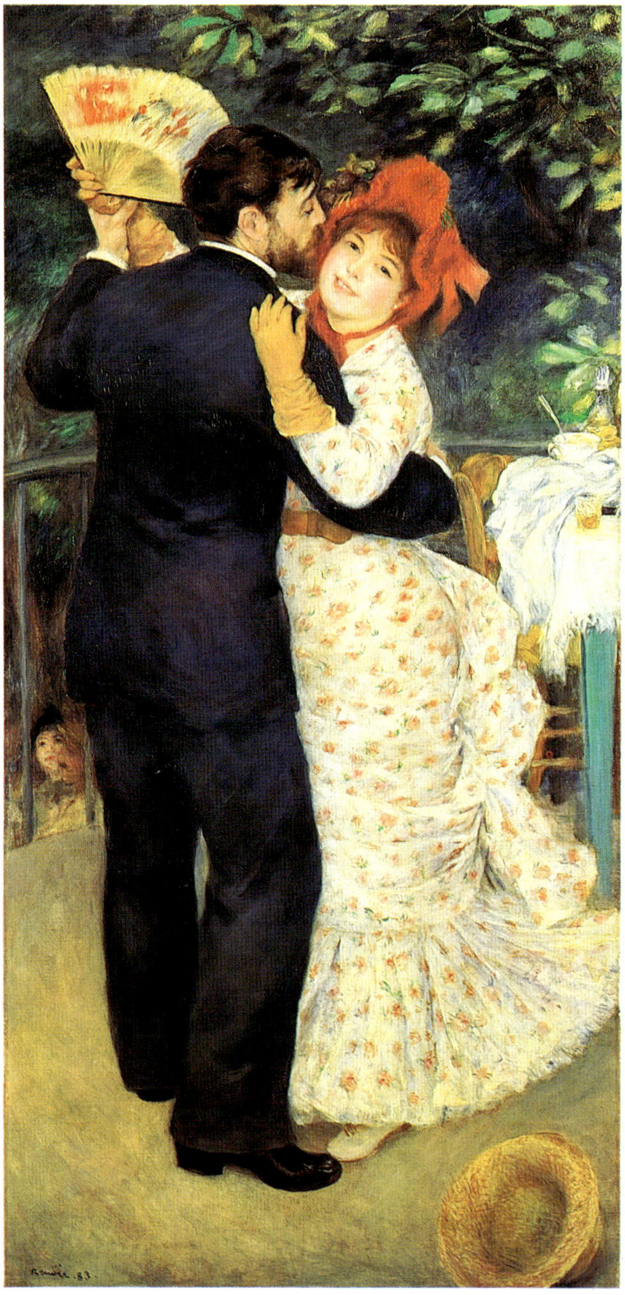

Moins de dix années séparent l'exécution du *Bal du Moulin de la Galette* de celle des *Danses*. La similitude des sujets souligne la rapidité de l'évolution de Renoir autant que l'ampleur de sa rupture, consommée dès 1880, avec les contours flous, l'espace complexe, le chatoiement coloré de sa période impressionniste. Pour l'anecdote, c'est Suzanne Valadon (la mère d'Utrillo) qui a posé pour la *Danse à la ville* tandis que l'autre danseuse est Aline Charigot, future Mme Renoir. Presque quarante ans plus tard, les *Baigneuses*, dernier chef-d'œuvre de l'artiste, mettent en évidence l'ultime réflexion du peintre sur les formes, l'espace et la couleur.

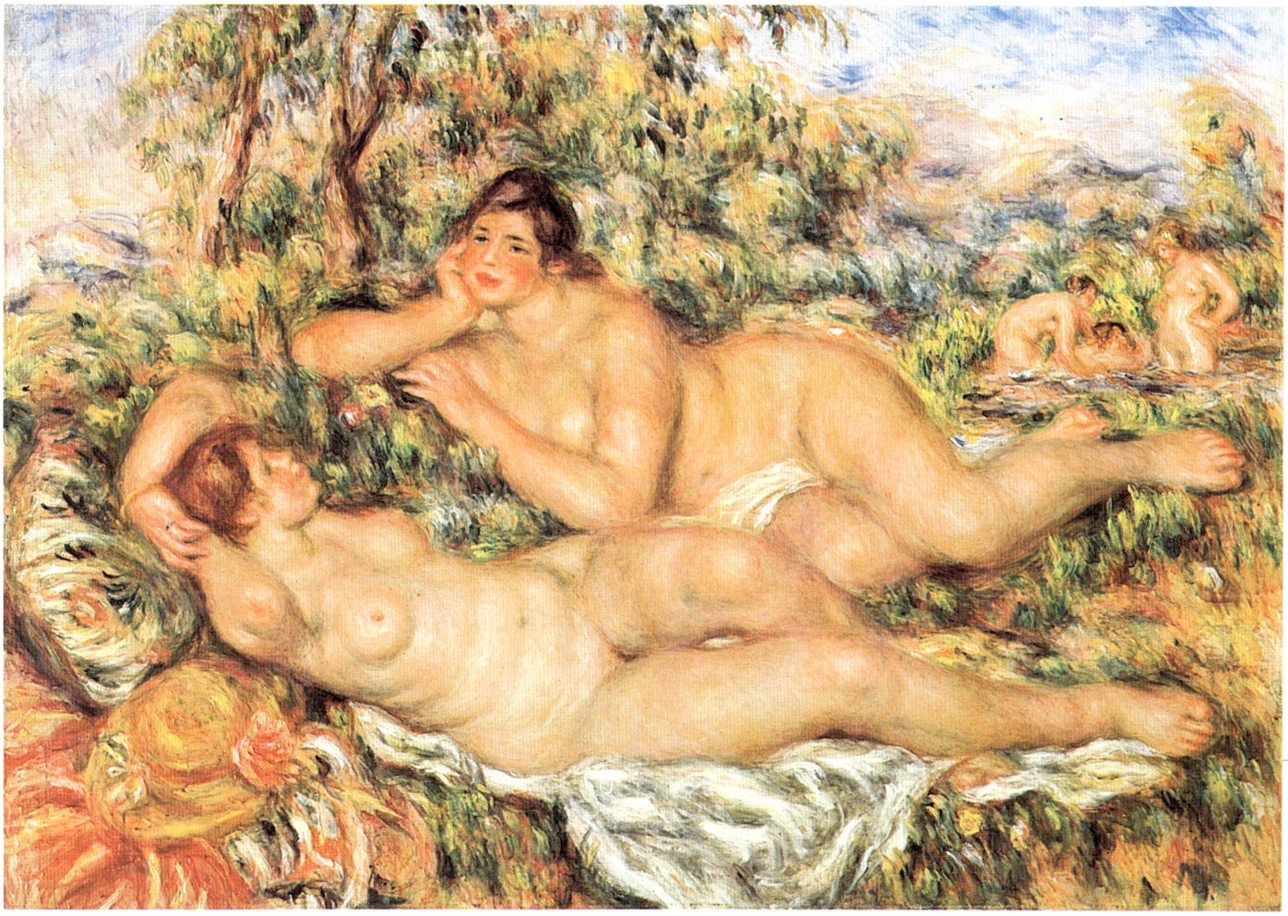

Pierre-Auguste Renoir (1841-1919)
Baigneuses, 1919
110 × 160
Don des fils de l'artiste, 1923

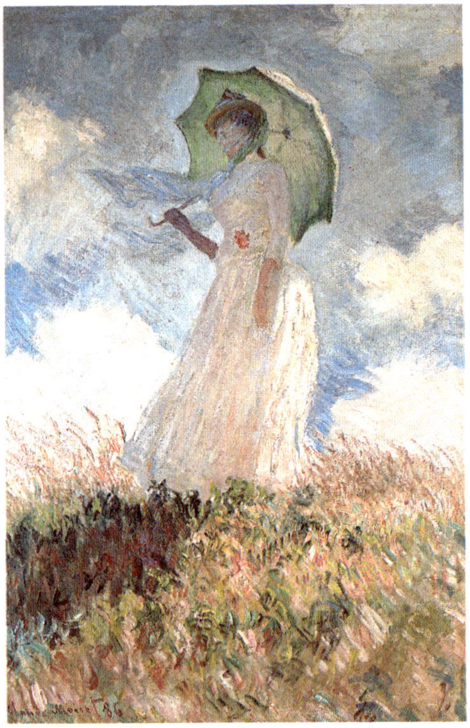

Au critique Duret, un des plus fidèles amis des impressionnistes, Monet expliquait un jour qu'il travaillait à des « figures en plein air [...] faites comme des paysages » ; les deux *Femmes à l'ombrelle* que Monet exposa en 1891 sous le titre *Essai de figure en plein air* montrent à quel point, chez Monet, le motif, figure humaine, façade de la cathédrale de Rouen ou le plan d'eau du jardin de l'artiste à Giverny, n'est que prétexte à exprimer une réalité de lumière et de couleur telle que la perçoit le peintre.

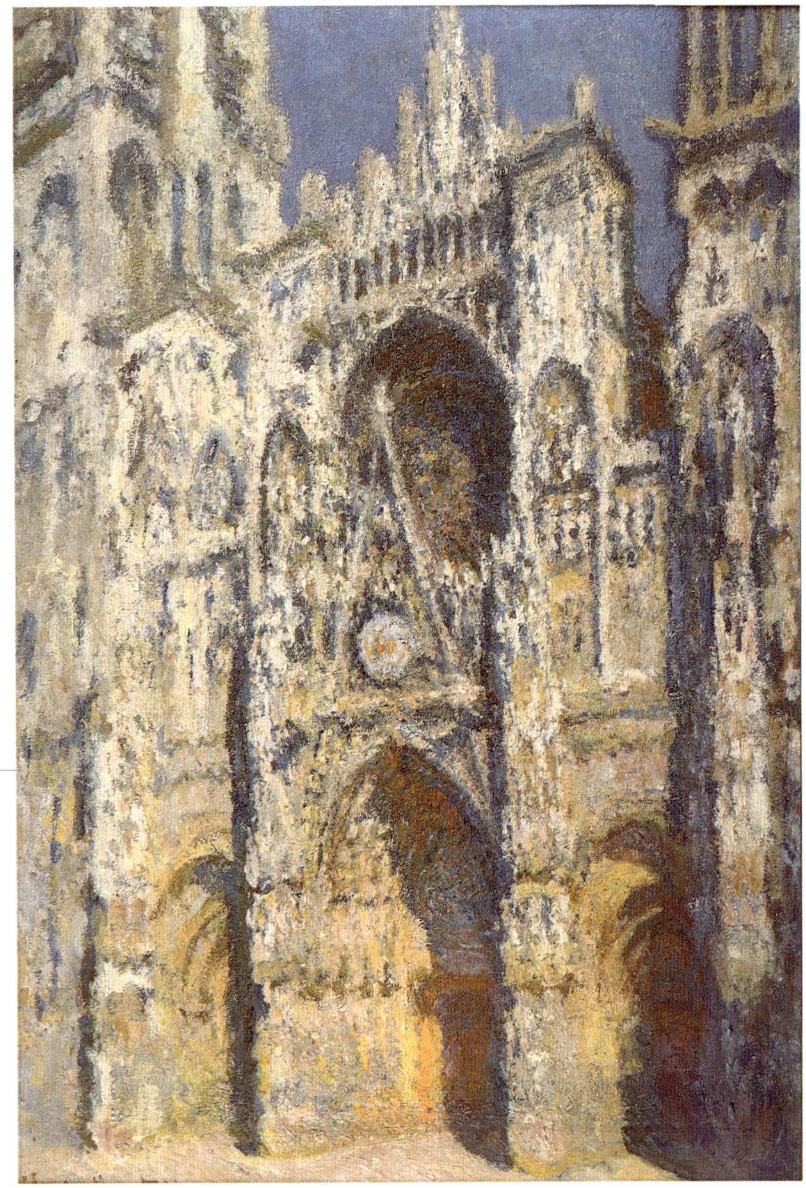

Claude Monet (1840-1926)
Femme à l'ombrelle, 1886
131 × 88
Don Michel Monet, fils de l'artiste, 1927

Claude Monet (1840-1926)
La Cathédrale de Rouen, 1892-1894
107 × 73
Legs Isaac de Camondo, 1911

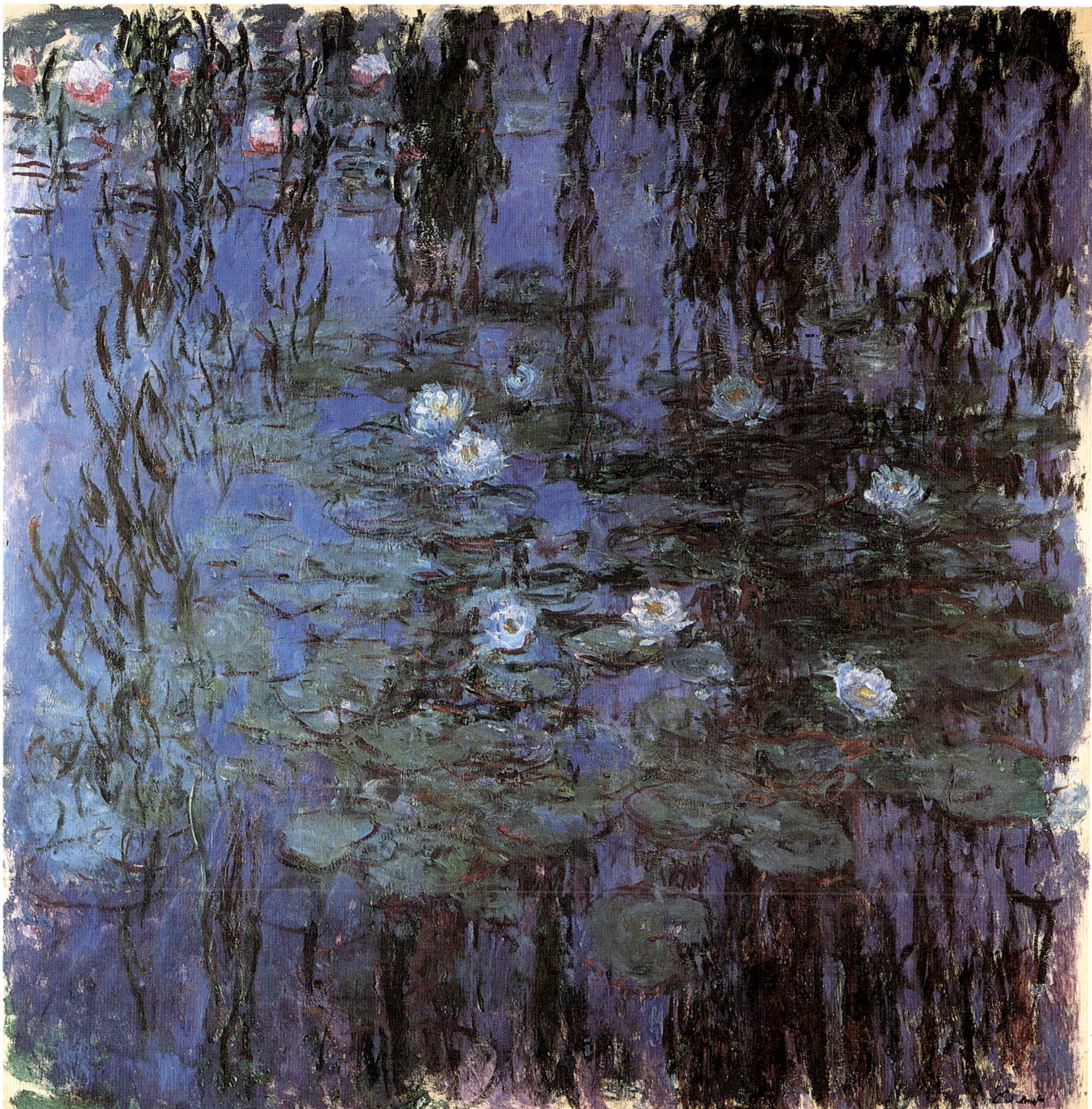

Claude Monet (1840-1926)
Nymphéas bleus, après 1917
200 × 200
Acquis en 1981

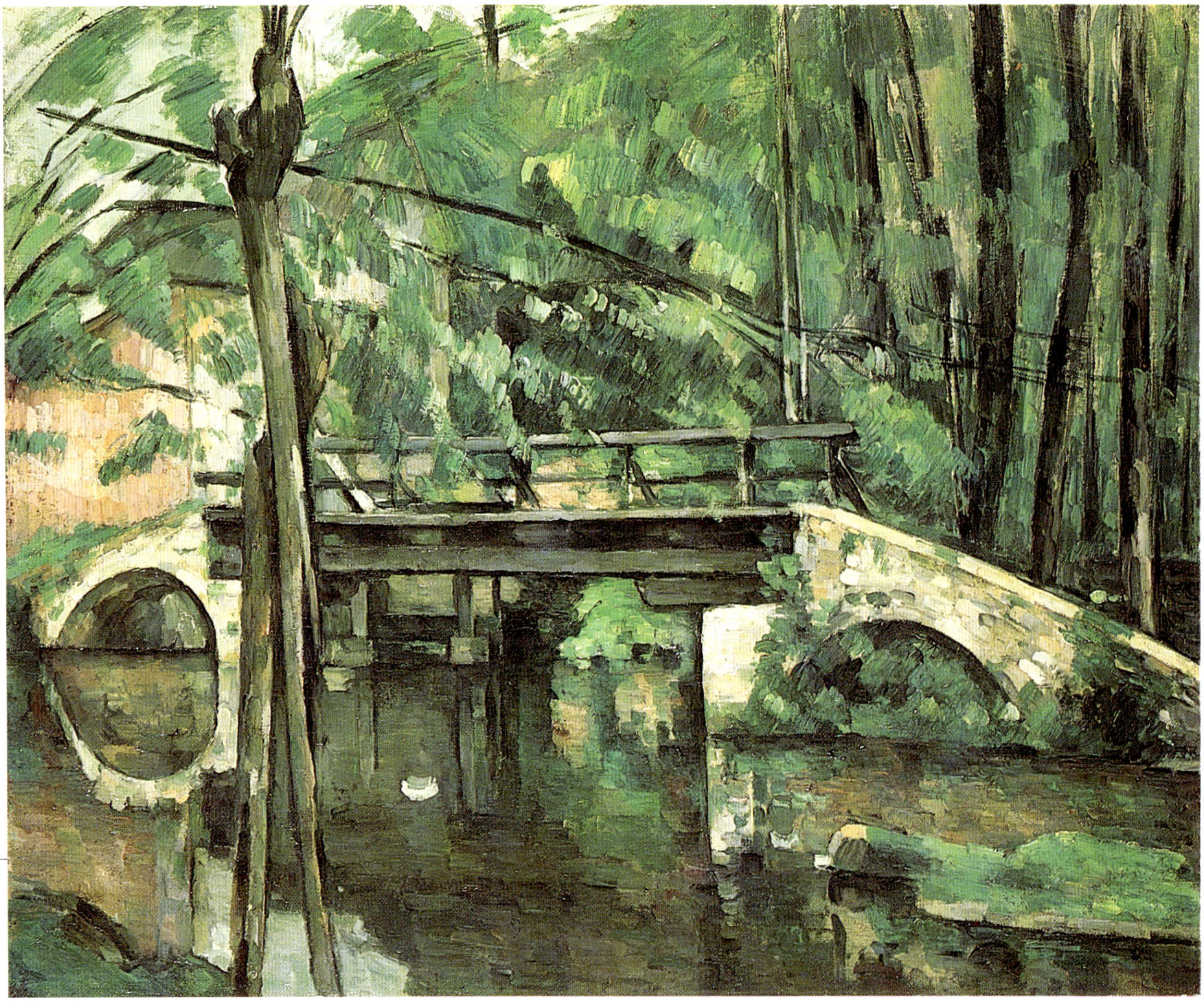

Paul Cézanne (1839, 1906)
Le Pont de Maincy, près de Melun, 1879-1880
58 × 72
Acquis sur les arrérages d'une donation
anonyme canadienne, 1955

Post-Impressionnisme

Monet, Renoir ou Pissarro sont loin d'avoir épuisé les ressources de l'impressionnisme que déjà se dessine dès les années 1880 une série de réactions à ce mouvement émanant de différents artistes. Certains, comme Cézanne, ont pu être associés aux débuts de l'aventure impressionniste, d'autres sont de la génération immédiatement postérieure tels Gauguin, Van Gogh ou Seurat, soit encore nettement plus jeunes comme Toulouse-Lautrec ou les nabis. Très vite, il a paru commode de désigner par le terme de post-impressionnisme un faisceau de tendances picturales très diverses ayant en commun de se définir par rapport à l'impressionnisme et le plus souvent en réaction contre lui. La construction cézannienne et le synthétisme de Gauguin répondent à la dissolution des formes, aboutissement logique de la démarche de Monet; à la spontanéité de la touche de ce dernier s'oppose le rationnalisme divisionniste de Seurat et des néo-impressionnistes. A l'instantané de l'impression, prisonnière du réel, répond la plongée dans le monde intérieur de Redon et l'expression de ses visions fantasmagoriques tandis que Van Gogh donne libre cours aux pouvoirs suggestifs de la couleur.

Une bonne trentaine d'œuvres s'échelonnant sur toute la durée de sa carrière représentent Cézanne à Orsay. Cet ensemble unique provient pour l'essentiel de legs et donations très importants tant par le nombre que la qualité des toiles (Caillebotte, Camondo, Pellerin, Gachet, Kaganovitch...). A cela s'ajoutent les œuvres entrées plus récemment par dation en 1978 (*Rochers près de Château noir* de l'ancienne collection Matisse) et, en 1982, un ensemble de douze toiles de l'ancienne collection Pellerin dont cinq ont été attribuées à Orsay (la *Pastorale*). Il faut attendre 1949 pour qu'une petite version des *Baigneurs* de 1890-1900 fasse l'objet d'un achat suivi, trois ans plus tard, de l'acquisition d'une des toutes premières œuvres de l'artiste, *La Madeleine* (v. 1868-1869), fragment de la décoration du Jas-de-Bouffan, la propriété du père de Cézanne à Aix.

C'est à Caillebotte que l'on doit l'entrée des premiers Cézanne dans les collections nationales : la *Cour de ferme à Auvers* et la splendide *Estaque*, où la mère du peintre possédait une propriété ; ce paysage construit touche après touche, éternisé dans une lumière annulant tout mouvement, n'a rien de commun avec les marines des confrères impressionnistes de l'artiste. Peint à la même époque, le *Pont de Maincy* qui emprunte un de leurs thèmes de prédilection montre combien Cézanne avait pris ses distances par rapport à un style ne correspondant pas à ses préoccupations profondes : primauté de l'organisation spatiale, construction des formes par la touche, volonté obstinée de transcender les contingences temporelles du motif. Tel n'était pas encore le propos des sept toiles entrées à la faveur des deux dons Paul Gachet de 1951 et 1954, toutes peintes vers 1873, période fortement marquée par l'influence de Pissarro : *La Maison du docteur Gachet* ou *Le Carrefour de la rue Rémy à Auvers.* Outre *Le Portrait d'Achille Emperaire* de l'ancienne collection A. Pellerin, le musée d'Orsay possède encore deux toiles historiques qui représentaient l'artiste à la première exposition impressionniste de 1874 : *Une moderne Olympia* de la donation Gachet et *La Maison du pendu* du somptueux legs Camondo de 1911. De ce dernier legs font également partie le célèbre *Vase bleu*, l'une des cinq versions des *Joueurs de cartes* et l'imposante *Nature morte, pommes et oranges* de 1890. Cette dernière toile forme avec les trois natures mortes du legs Auguste Pellerin et *La Femme à la cafetière* un ensemble unique permettant de suivre l'évolution du peintre de 1877 à sa maturité des années 1890.

C'est également par rapport à l'impressionnisme que se définit d'abord l'art de Van Gogh lors de son séjour parisien de février 1886 à février 1888 ; le mouvement qu'il découvre alors devait jouer le rôle de révélateur de son art, représenté dans les collections d'Orsay par une vingtaine de toiles. La *Tête de paysanne hollandaise* peinte en 1884 y témoigne seule de la période antérieure, aux peintures sombres, en pleine pâte, dominée par les célèbres *Mangeurs de pommes de terre* dont elle constitue une étude préparatoire. C'est aussi le seul achat des musées, réalisé en 1954, d'un tableau de Van Gogh. En effet, hormis la participation de l'État à l'acquisition de l'*Église d'Auvers*, c'est à divers dons et legs que nous devons la totalité des Van Gogh dont se détache l'ensemble des deux donations Gachet.

Cinq toiles illustrent la période parisienne pendant laquelle Van Gogh, venu rejoindre son frère Théo, découvre un milieu artistique en pleine effervescence. L'effet immédiat de ce séjour est l'éclaircissement sans retour d'une palette que dominaient ocres sombres et bistres ainsi qu'en témoignent *La Guinguette* et *Le Restaurant de la Sirène* d'esprit franchement impressionniste. Mais très vite Van Gogh, dont le tempérament fougueux n'attendait qu'une technique adéquate pour se révéler, découvre les pouvoirs expressifs de la couleur pure posée en touches divisées et juxtaposées comme dans le bouquet de *Fritillaires*, l'*Autoportrait* de 1887 et la célèbre *Italienne*. La composition de cette toile qui anticipe bien des audaces fauves et expressionnistes trahit, par ailleurs, l'influence déterminante des estampes japonaises récemment découvertes par l'artiste.

Du séjour à Arles, quatre toiles dont *L'Arlésienne* et la *Salle de danse* illustrent la nouvelle orientation synthétiste et cloisonniste du style de Van Gogh sous l'influence de Gauguin. L'*Autoportrait* de 1889, la *Chambre à Arles* et *La Méridienne* sont chargés d'une intensité émotionnelle particulière puisque ces trois toiles furent peintes à l'hôpital Saint-Jean à Saint-Rémy où l'artiste s'était fait interner. Enfin, sept toiles de la donation Gachet dont la fameuse *Église d'Auvers* et le *Portrait du docteur Gachet* rendent compte de l'ultime orientation pré-fauve et expressionniste de Van Gogh dans sa dernière période d'Auvers-sur-Oise.

L'école néo-impressionniste, si longtemps mal représentée dans les collections nationales, a joui trop tardivement d'un regain de faveur laissant certaines lacunes irrémédiables. A commencer par son chef de file, Georges Seurat dont la plupart des chefs-d'œuvre se vendirent à l'étranger dès les années vingt. Face à cette consternante hémorragie, Signac intervint auprès du collectionneur américain John Quinn qui légua en 1924 *Le Cirque*, ultime toile de l'artiste, laissée inachevée à sa mort en 1891. On doit se contenter à Paris de trois études ou « croquetons », par ailleurs fort intéressants, pour les œuvres magistrales que sont *La Baignade à Asnière* et *Un dimanche après-midi à l'île de la Grande Jatte*. Fort heureusement, l'acquisition en 1947 de trois études très poussées pour la grande toile des *Poseuses* et celle de *Port en Bessin* en 1952 permirent une plus juste appréciation de l'art du maître dans sa maturité.

On peut certes regretter que certaines toiles très importantes de Signac n'aient pas été achetées en temps voulu. Son œuvre est cependant abondamment représentée depuis le paysage encore impressionniste de *La Route de Gennevilliers* de 1883 jusqu'à l'imposant *Port de La Rochelle* de 1921 aux larges touches carrées en passant par le strict divisionnisme de la *Seine à Herblay* de 1889, des *Provençales au puits* et de l'éclatante *Bouée rouge* de 1895.

On doit à la donation Ginette Signac en 1976 un enrichissement notable des collections néo-impressionnistes avec, entre autres, deux toiles de Signac et deux d'Henri-Edmond Cross dont *L'Air du soir* de 1894. Ce dernier était d'ailleurs mieux représenté que ses condisciples grâce aux importants achats réalisés entre 1947 et 1969 : *Les Iles d'or*, le *Portrait de Mme Cross* et *La Chevelure*, trois toiles représentatives de la subtile technique pointillée de cet artiste dans les années 1891-1892.

Les Batteurs de pieux et *Une rue de Paris sous la Commune* illustrent l'inspiration réaliste de Maximilien Luce à qui l'on doit également les portraits de son ami Cross et du critique Félix Fénéon. Angrand, Dubois-Pillet, Lucien Pissarro et Petitjean sont également présents à Orsay tandis que quelques toiles de Théo Van Rysselberghe et une de Georges Lemmen représentent les prolongements belges du néo-impressionnisme.

Avec dix-huit toiles ou peintures à l'essence sur carton, le musée d'Orsay offre un panorama assez riche de l'œuvre de Toulouse-Lautrec auquel par ailleurs est intégralement consacré l'extraordinaire musée d'Albi. Il faut le rappeler car l'œuvre des maîtres de l'impressionnisme et du post-impressionnisme est trop peu représentée dans les musées provinciaux. Mis à part les deux imposants panneaux réalisés pour décorer la baraque de la Goulue à la foire du Trône en 1895, la collection d'Orsay se situe dans le registre des œuvres de dimensions moyennes à dominante de portraits : du portrait pur, tel *Justine Dieuhl*, à la rapide évocation des femmes de maison en passant par les scènes de toilette dans la lignée de Degas, les divers aspects de l'inspiration de l'artiste sont bien représentés et notamment l'évocation du monde du spectacle avec les portraits de la Goulue, Valentin le désossé, Cha-u-Kao, Jane Avril et Henry Samary. Dernière œuvre entrée récemment au musée par dation, *Seule* donne la mesure de la virtuosité technique de l'artiste au service d'un réalisme sans fard, dans une vision poignante qui rejoint l'esprit de l'extraordinaire suite lithographique de 1895 intitulée *Elles*.

A l'exception de trois d'entre elles, toutes ces œuvres proviennent de legs ou donations s'étageant de 1902 à 1953 parmi lesquelles se distingue l'ensemble du legs Personnaz avec quatre œuvres dont *Jane Avril* et *Le Lit*.

La figure capitale que constitue Odilon Redon pour toute la génération post-impressionniste a longtemps été insuffisamment représentée, du moins en ce qui concerne l'œuvre peint, avec seulement six toiles, deux bouquets et quatre figures : le portrait posthume de Gauguin, celui de Mme Redon, *Les Yeux clos*, seule toile achetée du vivant de l'artiste en 1904, et l'*Ève* récemment entrée par dation. Les pastels dont plusieurs chefs-d'œuvre comme *Parsifal*, *Le Sacré-Cœur*, *Le Char d'Apollon*, ou *le Bouddha* compensaient cette relative pauvreté.

Le legs de Mme Suzanne Redon a donc constitué en 1984 un événement d'importance ; sans parler ici des centaines de dessins donnés au Louvre, une soixantaine de tableaux sont entrés à Orsay parmi lesquels un *Autoportrait* de jeunesse, un charmant *Portrait d'Ari enfant*, diverses scènes religieuses, mythologiques ou de sujets littéraires (*Le Sommeil de Caliban*), ainsi qu'un ensemble unique de paysages. Parmi les pastels, *Jeanne d'Arc*, *La Couronne* et surtout la célèbre *Coquille* montrent quelle maîtrise incomparable Redon avait acquise dans la pratique de ce subtil médium.

Une place à part est réservée à ce marginal que fut l'employé à l'octroi de Paris, Henri Rousseau dit le Douanier ; il est présent à Orsay par trois toiles d'importance : *La Guerre*, un *Portrait de femme* et *La Charmeuse de serpents* qui, dans le registre de l'extraordinaire, donnent bien la mesure de l'originalité du peintre qui intriguait Pissarro et Gauguin, amusait Jarry et passionna Apollinaire et Picasso.

Une commune exigence d'exotisme et un certain non-conformisme rapprochent le Douanier Rousseau de Gauguin qui, après des débuts d'impressionniste du dimanche marqués par l'influence de Pissarro, fuit les servitudes de la capitale en Bretagne. C'est à Pont-Aven, entre l'été 1886 et l'automne 1888, que s'élabore un style nouveau né de la confrontation d'un tout jeune peintre, volontiers théoricien, Émile Bernard et d'un Gauguin en mal d'exil et de sauvagerie. Tous deux mettent en œuvre une peinture synthétique, rompant avec la perspective traditionnelle dans des toiles aux couleurs souvent vives, posées en aplats fermement cernés, d'où le nom de cloisonnisme donné à cette technique. Ils puisent leur inspiration dans l'imagerie populaire et les traditions locales, multipliant notamment les scènes paysannes. Autour d'eux, le groupe qui s'installera au Pouldu en 1889 grossit de l'arrivée de nouveaux adeptes : Laval, Sérusier, Schuffenecker, Séguin, Roy, le Hollandais Meyer de Haan...

La constitution de la collection de toiles de l'École de Pont-Aven est particulièrement caractéristique de l'évolution du goût et de l'incompréhension dans laquelle sombra cette peinture jusque dans les années cinquante. C'est en effet seulement en 1923, vingt ans après sa mort, que Gauguin entre au musée avec *Les Alyscamps* et *Femmes de Tahiti*. Quatre ans plus tard, *La Belle Angèle*, toile particulièrement représentative de la période bretonne, ayant notamment appartenu à Degas, fait l'objet d'un don du marchand Ambroise Vollard qui avait passé contrat avec l'artiste de son vivant. Mais c'est seulement dans les années cinquante que se fait jour un renouveau d'intérêt pour le style breton de Gauguin et pour l'École de Pont-Aven en général, comme si l'on découvrait alors l'importance des mouvements post-impressionnistes dans l'élaboration de la peinture du XXe siècle. Les néo-impressionnistes et les nabis jouiront parallèlement d'un même regain de faveur. L'achat récent de *Madeleine au bois d'Amour* et de *La Moisson au bord de la mer* rend désormais à Émile Bernard la place qu'il mérite dans la conception du style nouveau tandis que Sérusier est maintenant exceptionnellement bien représenté grâce à la donation et au legs de Mlle Boutaric, héritière de l'artiste, récemment disparue : sept toiles dont l'*Ève bretonne* et *Les Laveuses* montrent l'aspect symboliste et synthétiste de cet artiste dont par ailleurs le musée d'Orsay vient d'acheter, aidé par un donateur anonyme, le fameux *Talisman*. On ne pouvait rêver meilleure transition entre l'École de Pont-Aven et le mouvement nabi que ce petit panneau dont l'importance historique nous a été rapportée par Maurice Denis lui-même dans ses *Théories*.

S'il manque encore un témoignage du séjour de Gauguin à la Martinique en 1887, on peut juger ses deux périodes tahitiennes par un ensemble de toiles de grande qualité où se déploie le style synthétique, décoratif et haut en couleurs qu'il développa sous les tropiques : *Le Repas*, *Arearea*, *Vairumati*...

Le Talisman de Sérusier éclairera désormais le visiteur sur la genèse du groupe des nabis à l'automne 1888. Camarades d'atelier à l'Académie Julian ou à l'École des Beaux-Arts, Bonnard, Vuillard, Maurice Denis, Roussel et Ranson n'allaient pas tarder à être rejoints par le Suisse Vallotton et le sculpteur Maillol. Prophète d'un art nouveau — c'est le sens du mot « nabi » en hébreu — ils reprennent la leçon de Gauguin en développant le parti décoratif et japonisant, voulant dépasser la simple peinture de chevalet pour retrouver le grand art décoratif. Des acquisitions récentes, particulièrement nombreuses en matière de Bonnard (achats, dons, dations ou legs), sont venues renforcer considérablement un fonds nabi déjà important et placent désormais la collection d'Orsay au premier rang dans la représentation de ce mouvement. De Bonnard, *Le Peignoir*, *Le Corsage à carreaux* (acquis en 1939 et 1947), montraient déjà l'inspiration nippone du « nabi japonard ». L'important legs Vuillard comprenant notamment *Au lit*, toile particulièrement caractéristique de l'esthétique nabie, est venu enrichir en 1941 un fonds où l'on comptait déjà trois panneaux des *Jardins publics* et le charmant tableau intitulé *Le Sommeil* de 1891.

Maurice Denis, le théoricien du groupe, est bien représenté par des œuvres symboliques (*Les Muses*) ou intimistes (*La Famille Mellerio*), tandis qu'une belle série de Vallotton donne la mesure de l'originalité et de l'humour de cet artiste. Tout le groupe se trouve par ailleurs réuni dans *l'Hommage à Cézanne* de Maurice Denis, peint à l'époque où ses divers adeptes n'allaient pas tarder à faire désormais cavalier seul.

Achille Emperaire (1829-1898) était peintre à Aix et demeura un des rares amis de Cézanne. Infirme, il n'apparaît guère flatté sur ce portrait exécuté dans la manière sombre des premières œuvres du maître. Aussi ne s'étonnera-t-on pas qu'il n'ait su plaire au jury du Salon de 1870 où Cézanne eut trois toiles refusées. *La Pastorale* appartient également à la manière dite « couillarde » de l'artiste où s'exprime un tempérament puissant en proie à de violents conflits traduits sur le plan formel par une pâte épaisse et des contrastes accusés. Pourtant, en choisissant le thème classique de la *Pastorale*, clin d'œil au *Déjeuner sur l'herbe* de Manet, Cézanne traduit son admiration pour les grands baroques italiens et amorce la série des *Baigneuses* qui l'obsédera sa vie durant.

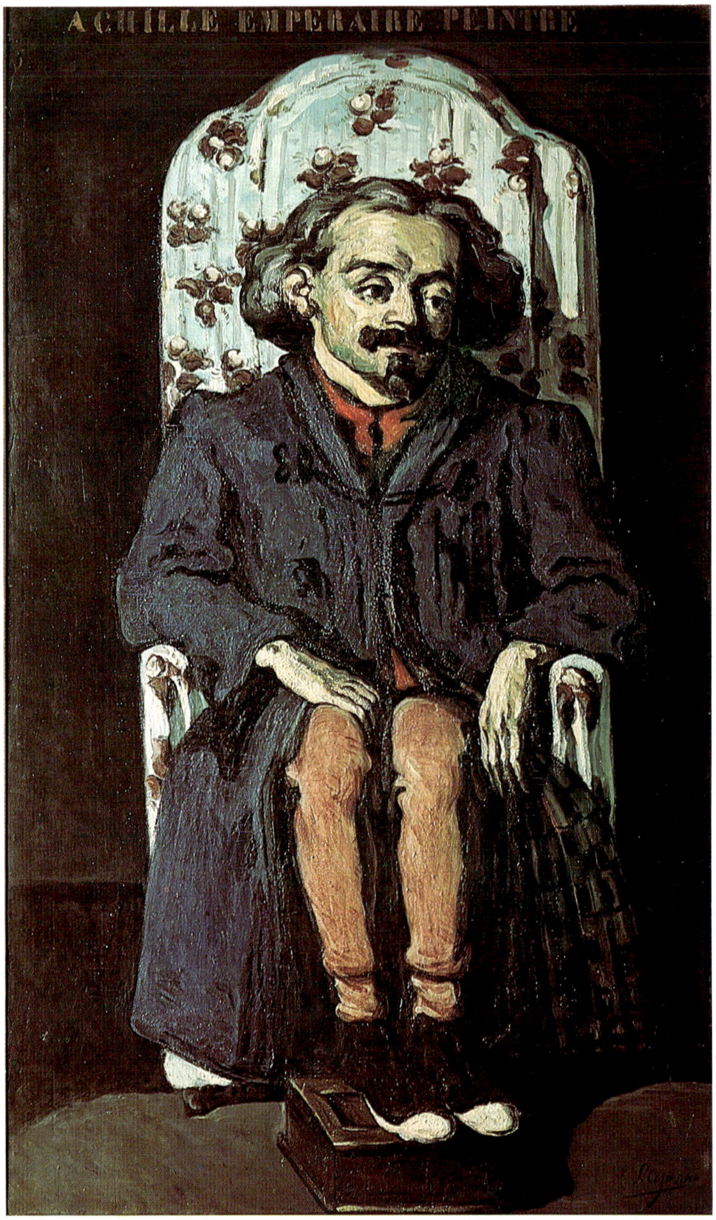

Paul Cézanne (1839-1906)
Achille Emperaire, peintre aixois, vers 1868
200 × 120
Refusé au Salon de 1870
Don anonyme, 1964

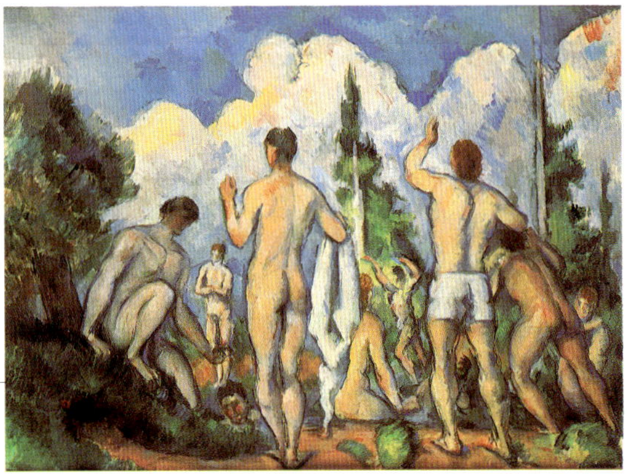

Paul Cézanne (1839-1906)
Baigneurs, vers 1890-1892
60 × 82
Don de la baronne Eva Gebhard-Gourgaud, 1965

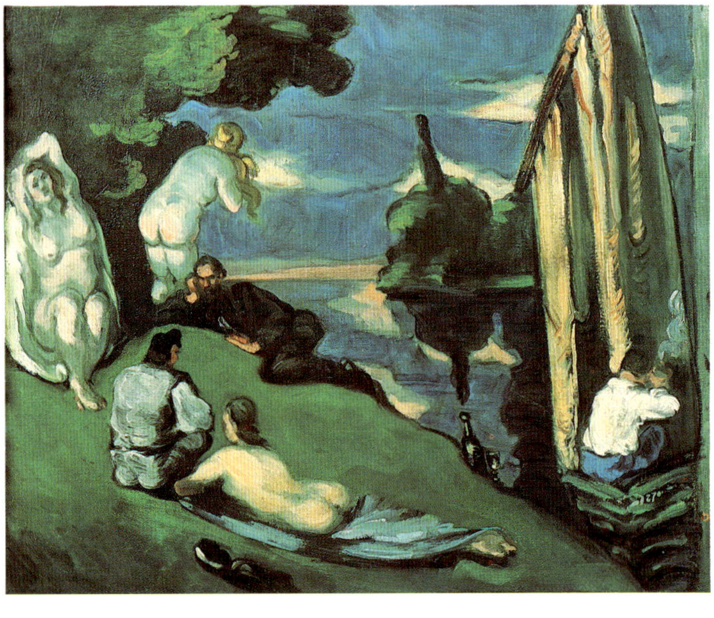

Paul Cézanne (1839-1906)
Pastorale ou *Idylle*, 1870
65 × 81
Acquis par dation, 1982

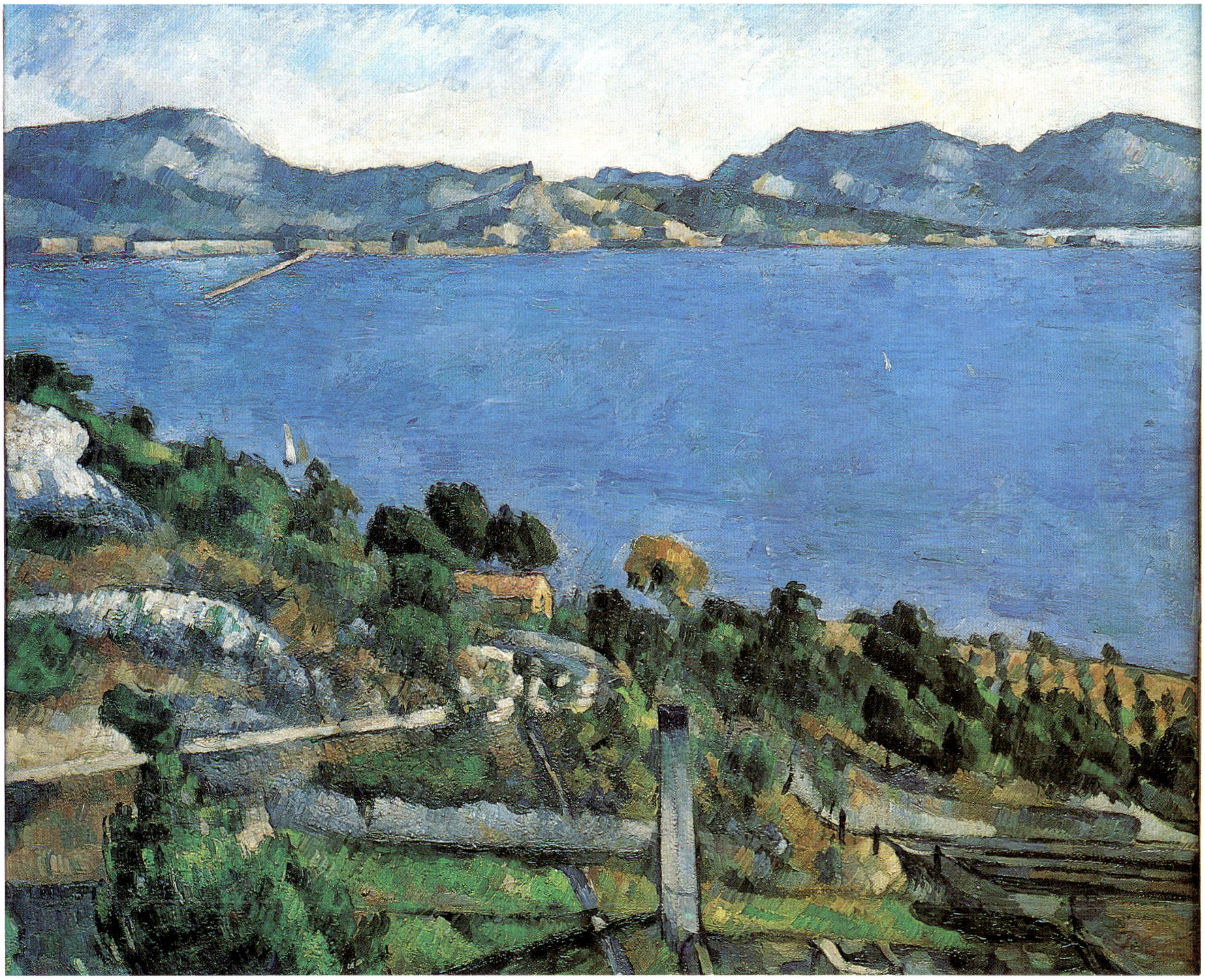

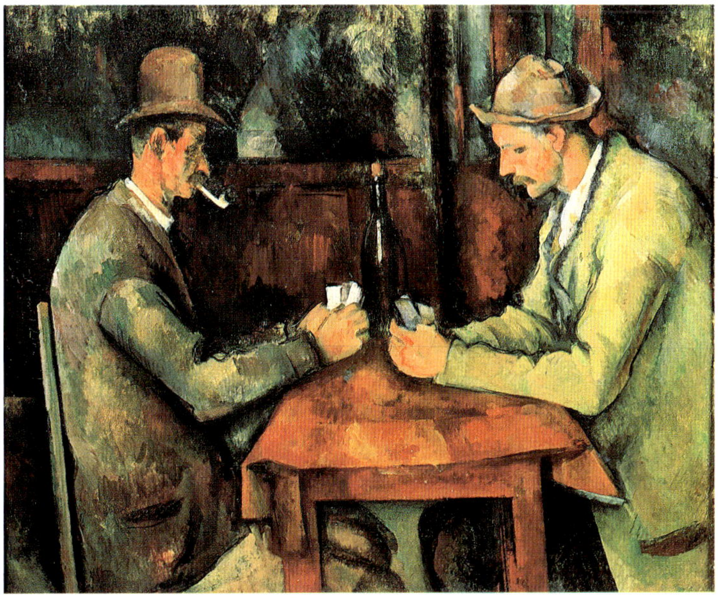

Paul Cézanne (1839-1906)
L'Estaque, vue du golfe de Marseille, vers 1878-1879
59 × 73
Legs Gustave Caillebotte, 1894

Paul Cézanne (1839-1906)
Les Joueurs de cartes, vers 1890-1895
47 × 57
Legs Isaac de Camondo, 1911

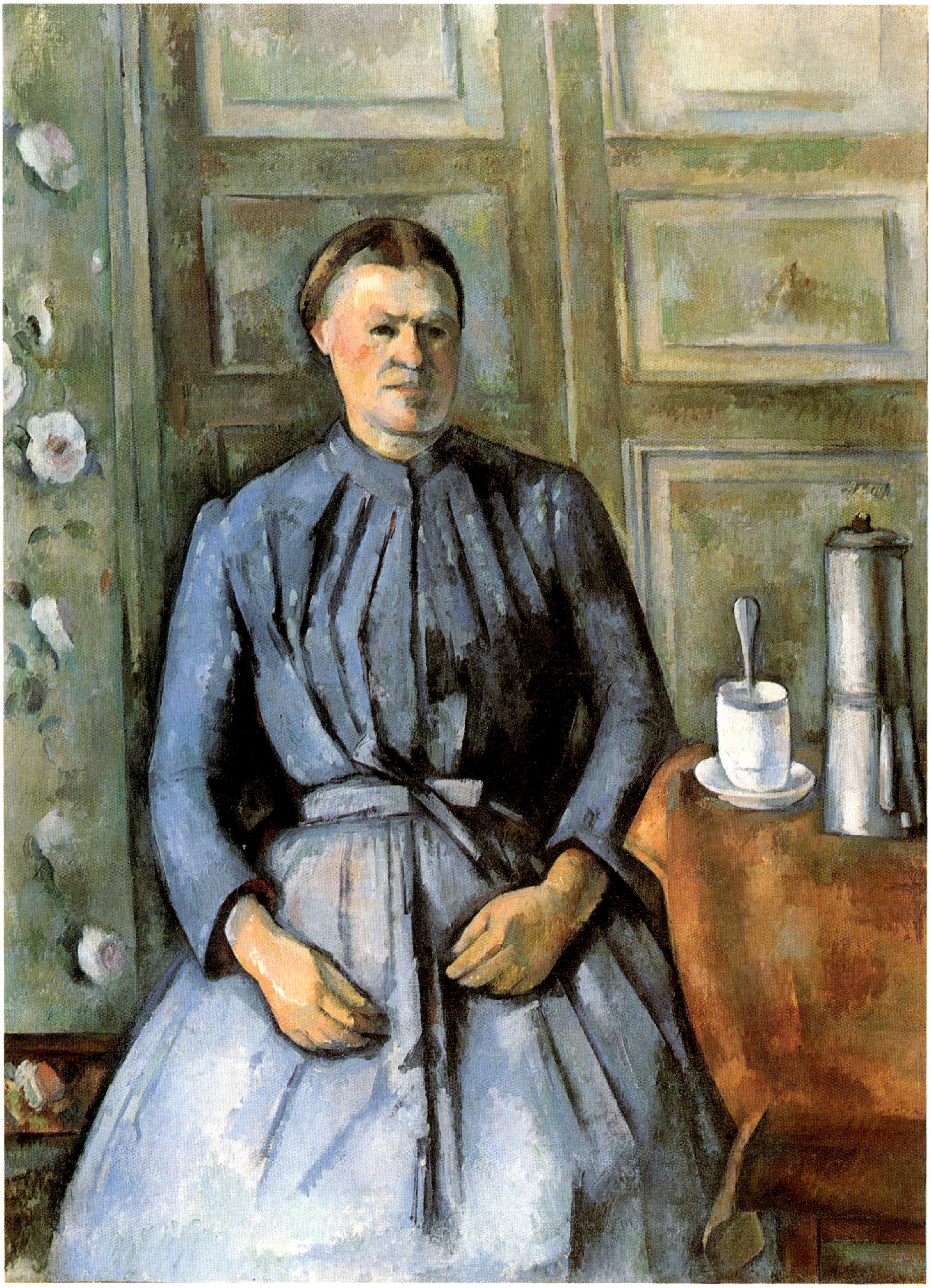

Paul Cézanne (1839-1906)
La Femme à la cafetière, vers 1890-1895
130 × 96
Don de M. et Mme Jean-Victor Pellerin, 1956

Paul Cézanne (1839-1906)
Nature morte; pommes et oranges, vers 1895-1900
74 × 93
Legs Isaac de Camondo, 1911

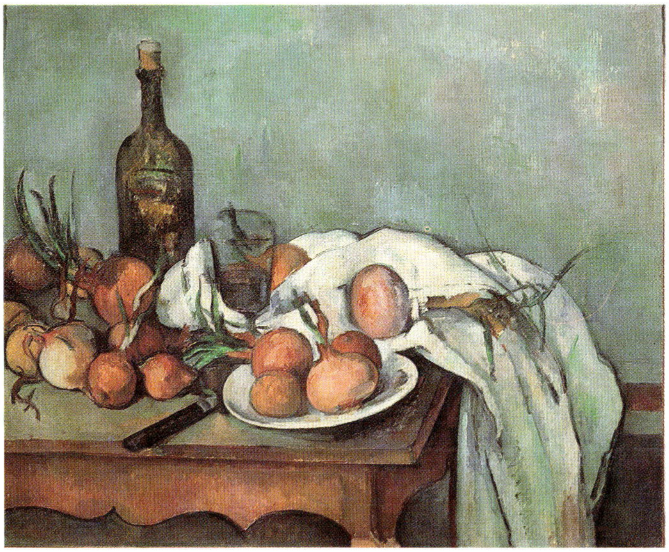

Avec une pomme, je veux étonner Paris », disait le jeune Cézanne aux dires du célèbre critique Gustave Geffroy qui fut le premier propriétaire de la *Nature morte, pommes et oranges*. Restituer le modèle ou l'objet dans l'espace en multipliant les points de vue, interroger les structures profondes du motif, le construire par la géométrie et la couleur, étudier les incidences de la lumière sur lui pour rendre la plénitude de la sensation, tel est le propos de Cézanne dans ses portraits et ses natures mortes. « Quand la couleur est à sa richesse, la forme est à sa plénitude », se plaisait-il à dire. En affirmant ainsi l'autonomie de la chose peinte, Cézanne ouvrait toute grande la voie au cubisme et à l'abstraction.

Paul Cézanne (1839-1906)
Nature morte aux oignons, vers 1895
66 × 82
Legs Auguste Pellerin, 1929

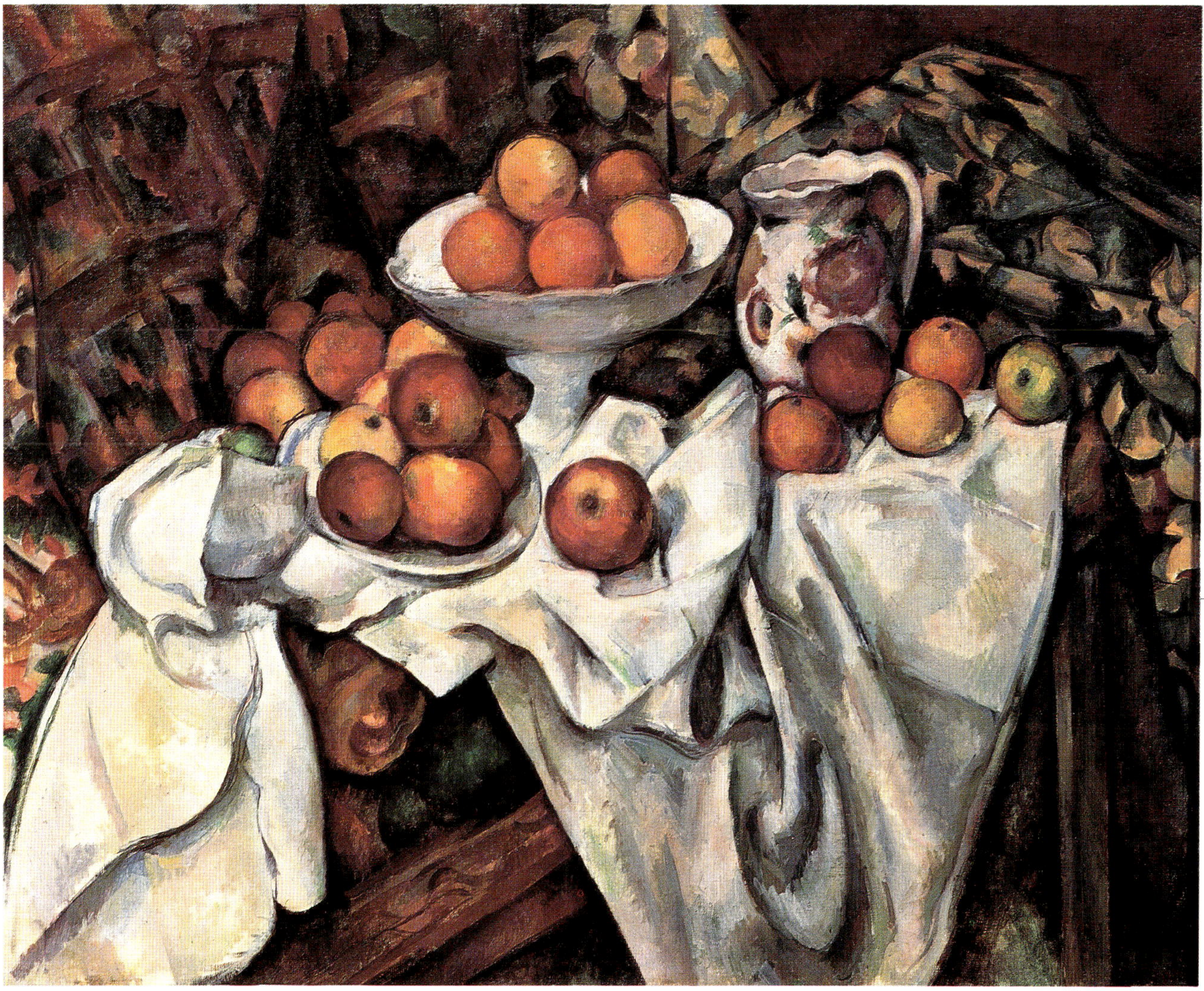

La couleur doit ici faire la chose et en donnant par la simplification un style plus grand aux choses, être suggestive ici du repos ou du sommeil en général. Enfin, la vue du tableau doit reposer la tête ou plutôt l'imagination », écrivait Van Gogh à son frère Théo alors qu'il peignait la première version de sa *Chambre à Arles* en 1888. Un an plus tard, encore interné à l'hôpital de Saint-Rémy, il entreprit d'en faire deux répliques. Vision rétrospective de cette chambre qui concentrait tous ses rêves, ce tableau où la perspective basculante dénonce un vide criant montre, ainsi que l'*Autoportrait* de la même année, quel pathétique exorcisme était pour Van Gogh malade l'exercice de la peinture.

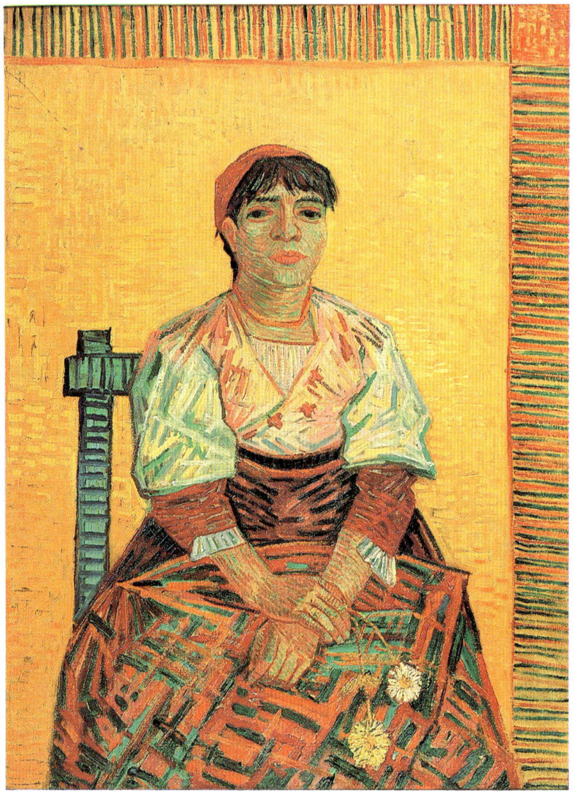

Vincent Van Gogh (1853-1890)
L'Italienne, 1887
81 × 60
Donation de la baronne Eva Gebhard Gourgaud, 1965

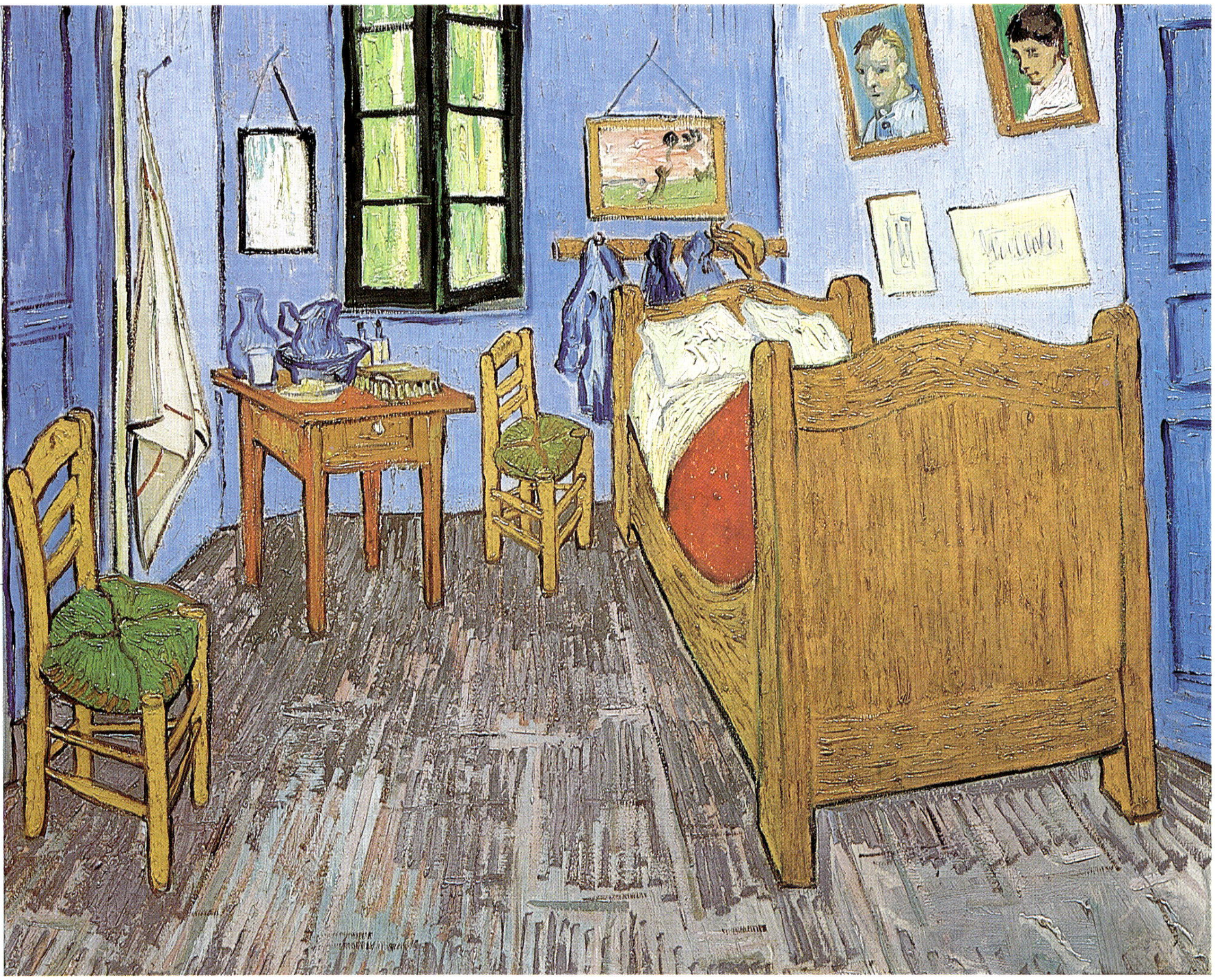

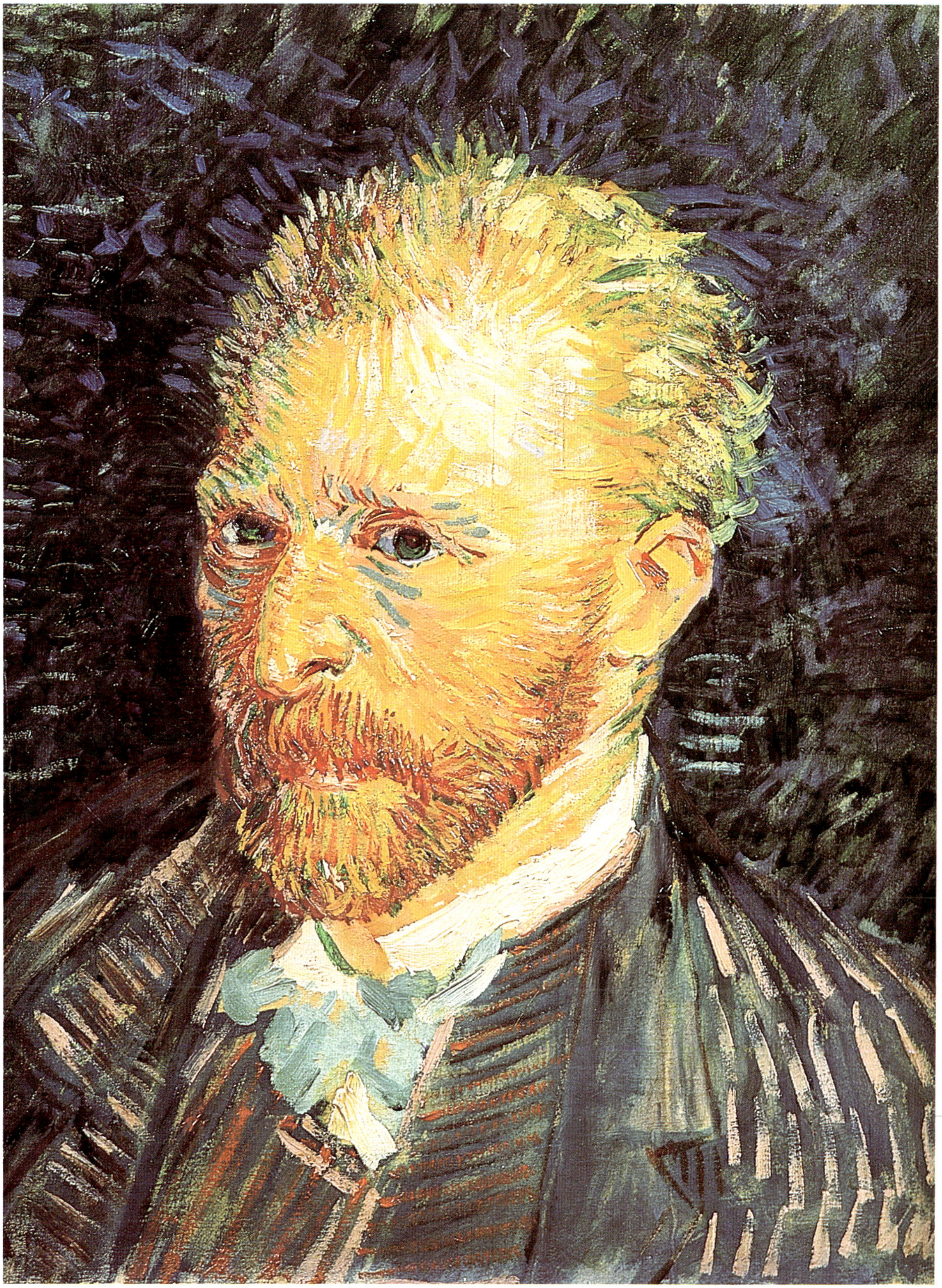

Vincent Van Gogh (1853-1890)
La Chambre de Van Gogh à Arles, 1889
57 × 74
Ancienne coll. Matsukata ; entré en 1959
en application du traité de paix avec le Japon

Vincent Van Gogh (1853-1890)
Portrait de l'artiste, 1887
44 × 35
Don de Monsieur Jacques Laroche
sous réserve d'usufruit, 1947 ; entré en 1976

L'extraordinaire docteur Gachet, auteur d'une thèse sur la mélancolie et spécialiste des maladies nerveuses, accueillait chez lui les artistes à Auvers-sur-Oise. Pissarro, Guillaumin, Cézanne furent au nombre de ses familiers. En juin 1890, il recueillit Van Gogh et l'assista jusqu'à son suicide, en juillet de la même année. C'est auprès de lui que le peintre réalisa ses œuvres les plus expressionnistes comme la pathétique *Église d'Auvers* jaillie comme un cri dans la nuit.

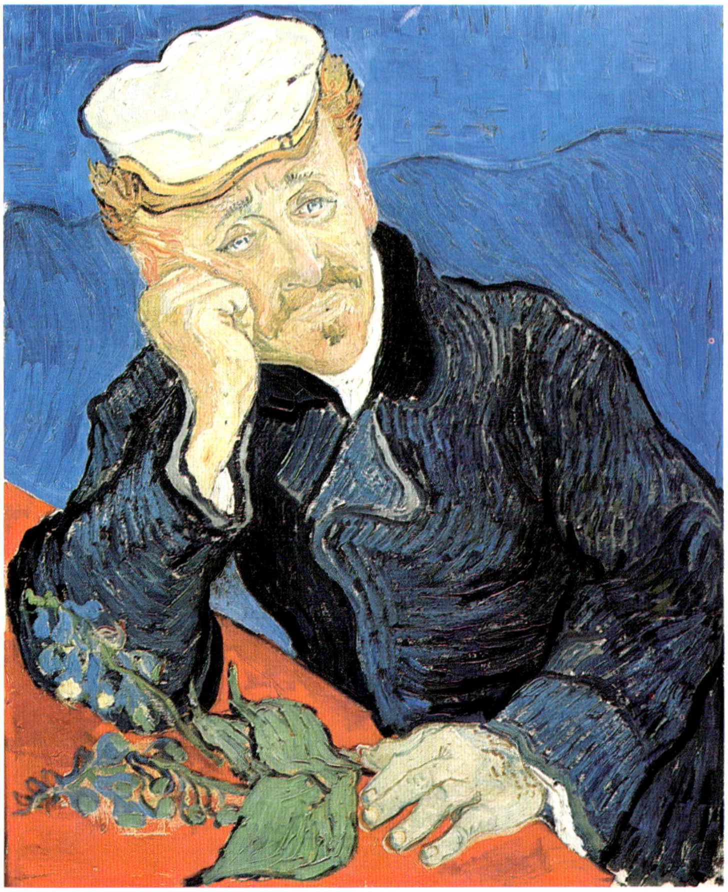

Vincent Van Gogh (1853-1890)
Le Docteur Paul Gachet, 1890
68 × 57
Don Paul et Marguerite Gachet,
enfants du modèle, 1949

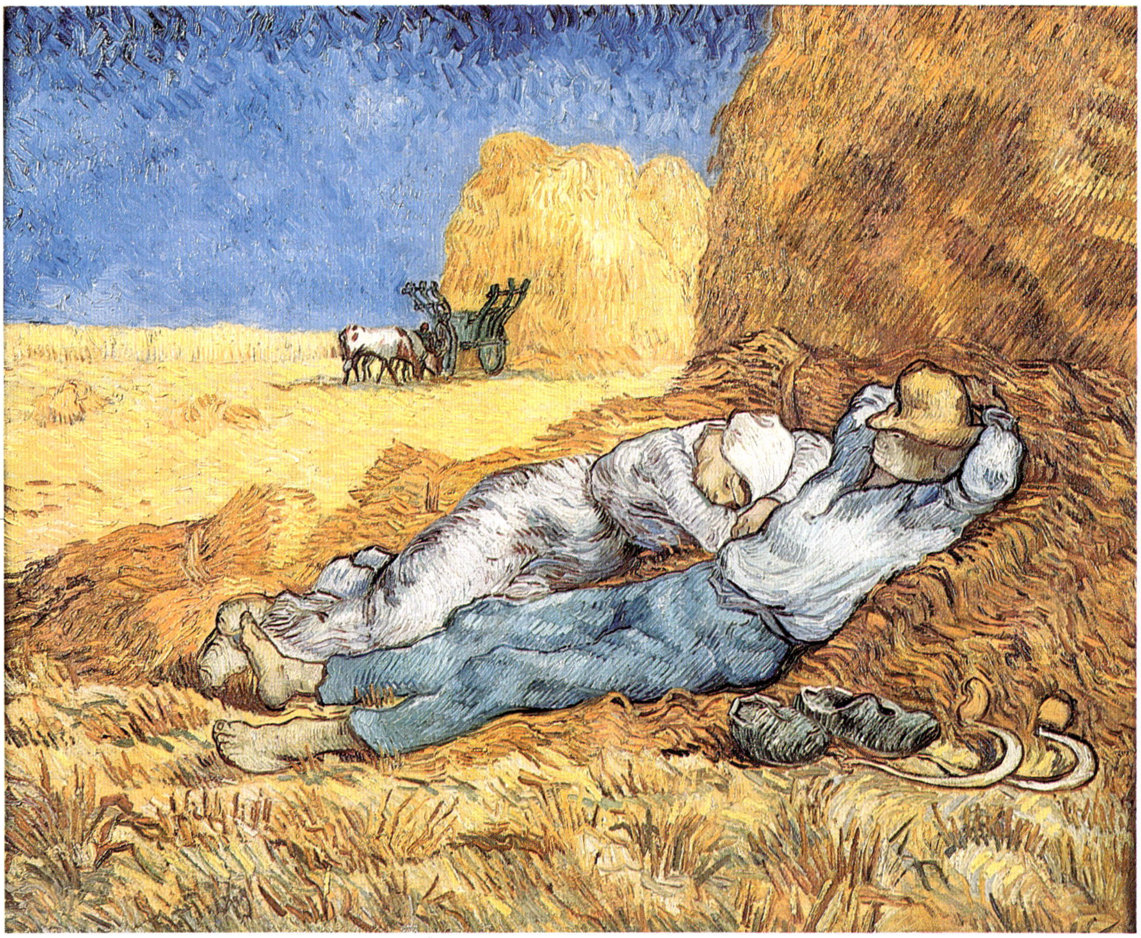

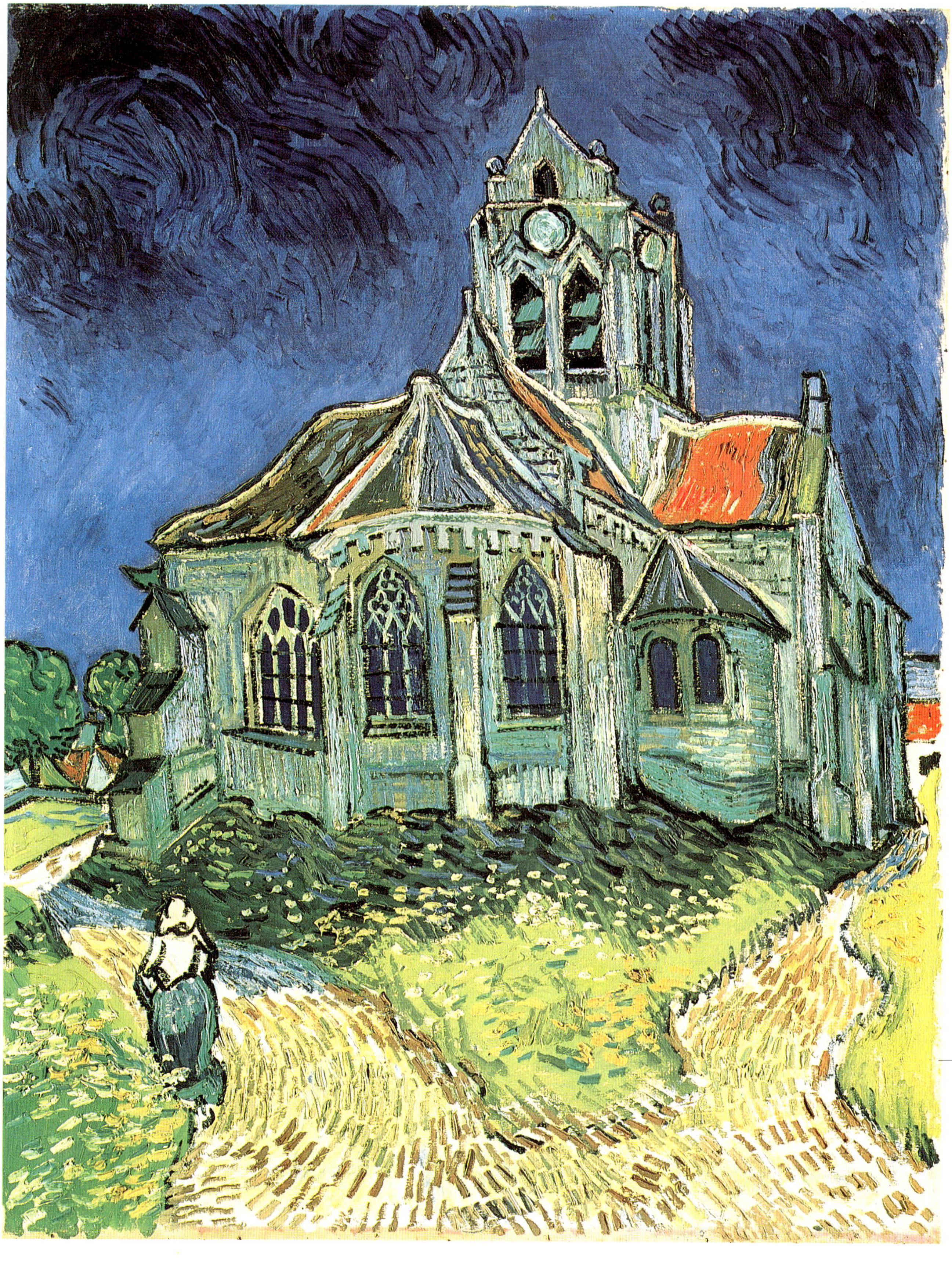

Vincent Van Gogh (1853-1890)
La Méridienne ou *La Sieste*, 1889-1890
73 × 91
Peint d'après un bois gravé reproduisant un dessin de J.-F. Millet
Donation de Mme Fernand Halphen sous réserve d'usufruit, 1952 ; entré en 1963

Vincent Van Gogh (1853-1890)
L'Église d'Auvers-sur-Oise, 1890
94 × 74
Acquis avec le concours de Paul Gachet
et d'une donation anonyme canadienne, 1951

Études très poussées pour la grande toile des *Poseuses* qui absorba l'artiste de 1886 à 1888 ces trois petits tableaux réunissent la quintessence de l'art de Seurat. Une perfection technique digne d'un miniaturiste au service d'une implacable exigence scientifique n'exclut pas l'extrême poésie de ces figures représentatives du tempérament profondément classique du peintre. On décèle ici l'influence des théories du savant Ch. Henry sur la dynamique des lignes que subit Seurat les dernières années.

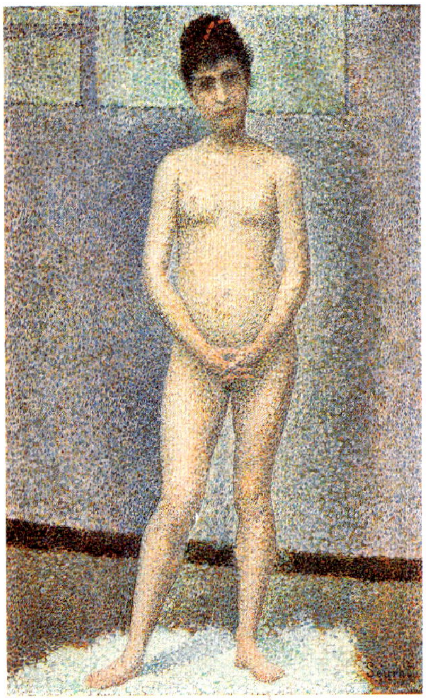

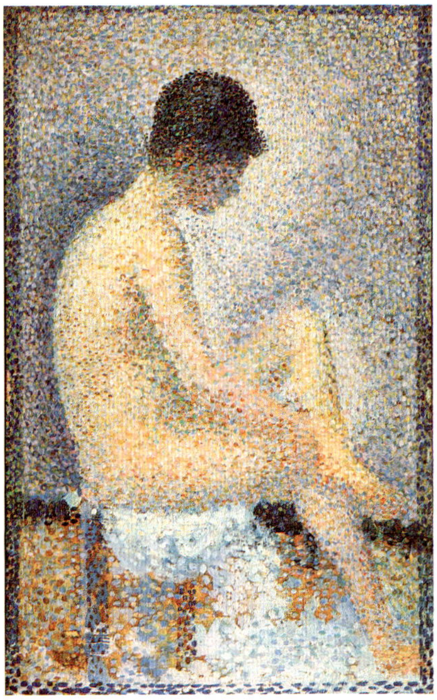

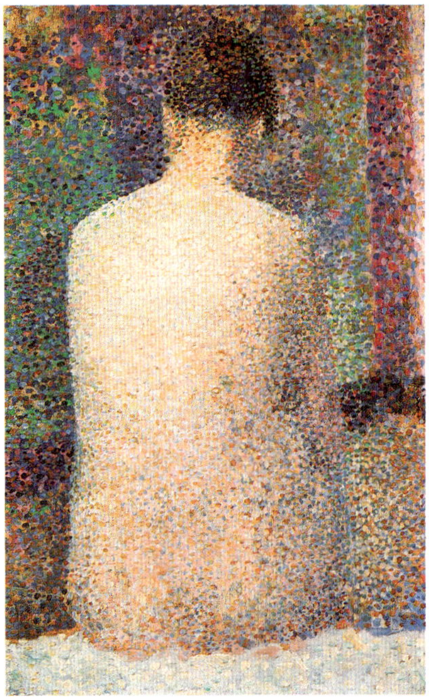

Georges Seurat (1859-1891)
Trois études pour *Les Poseuses*, 1886-1887
Bois ; chaque panneau : 25 × 16
Acquis en 1947

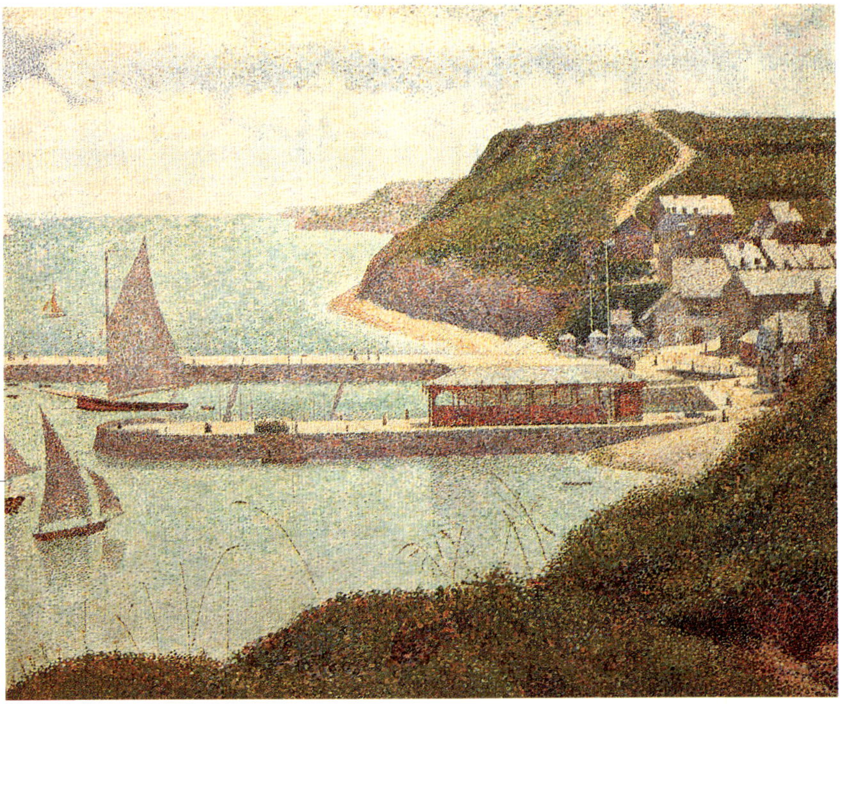

Georges Seurat (1859-1891)
Port-en-Bessin, avant-port, marée haute, 1888
67 × 82
Acquis sur les arrérages
d'une donation anonyme canadienne, 1952

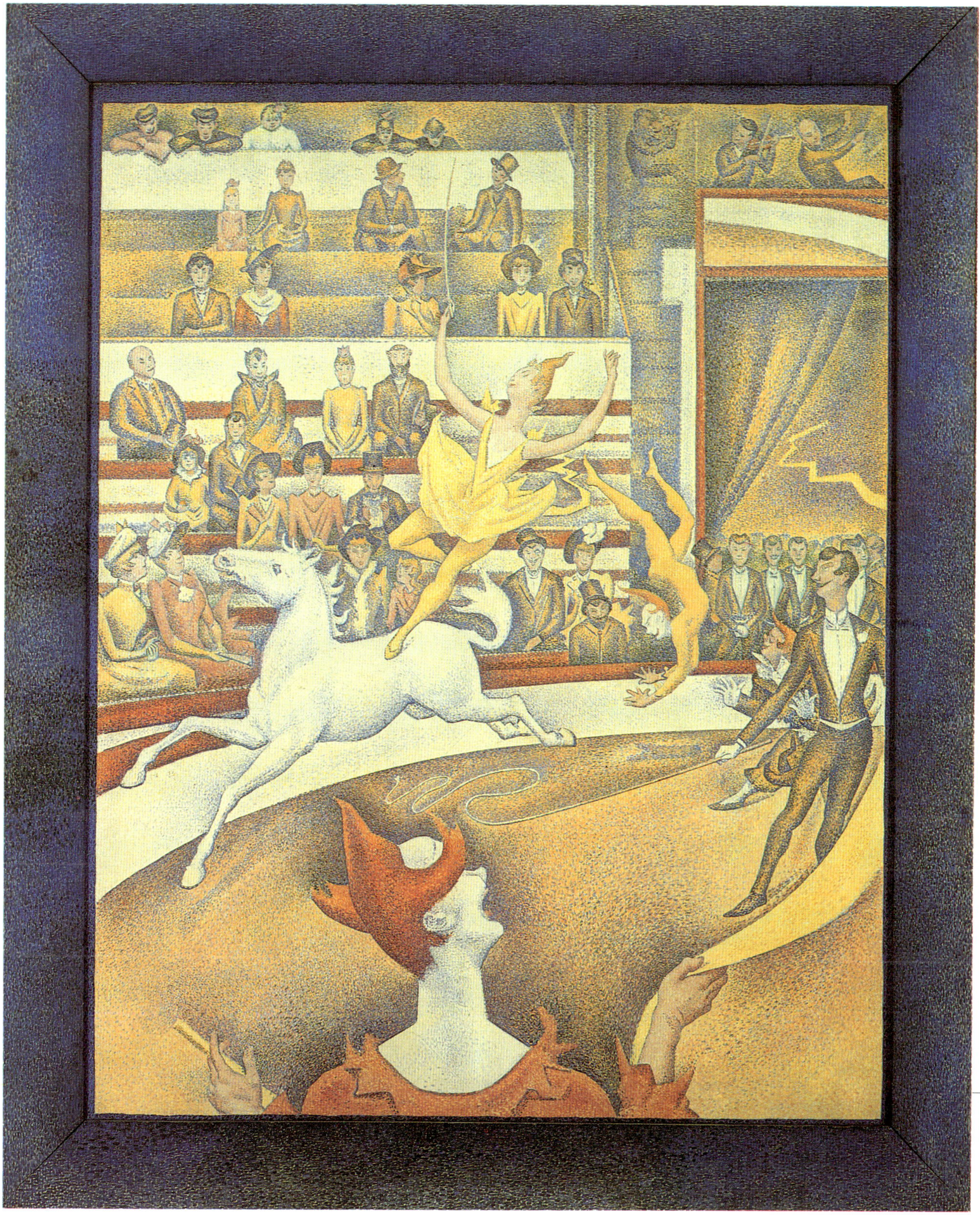

Georges Seurat (1859-1891)
Le Cirque, inachevé
Salon des Indépendants, 1891
185 × 152
Legs John Quinn, 1925

Henri-Edmond Cross (1856-1910)
Les Iles d'or, îles d'Hyères, vers 1891-1892
59 × 54
Acquis en 1947

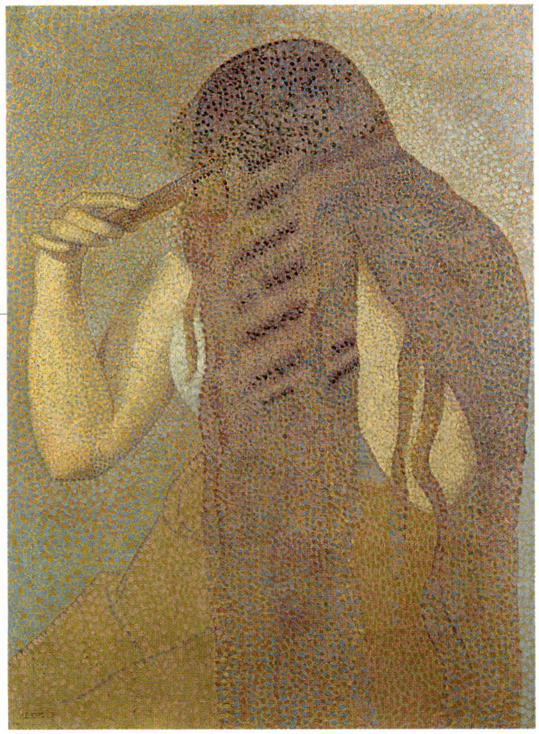

Henri-Edmond Cross (1856-1910)
La Chevelure, vers 1892
61 × 46
Acquis en 1969

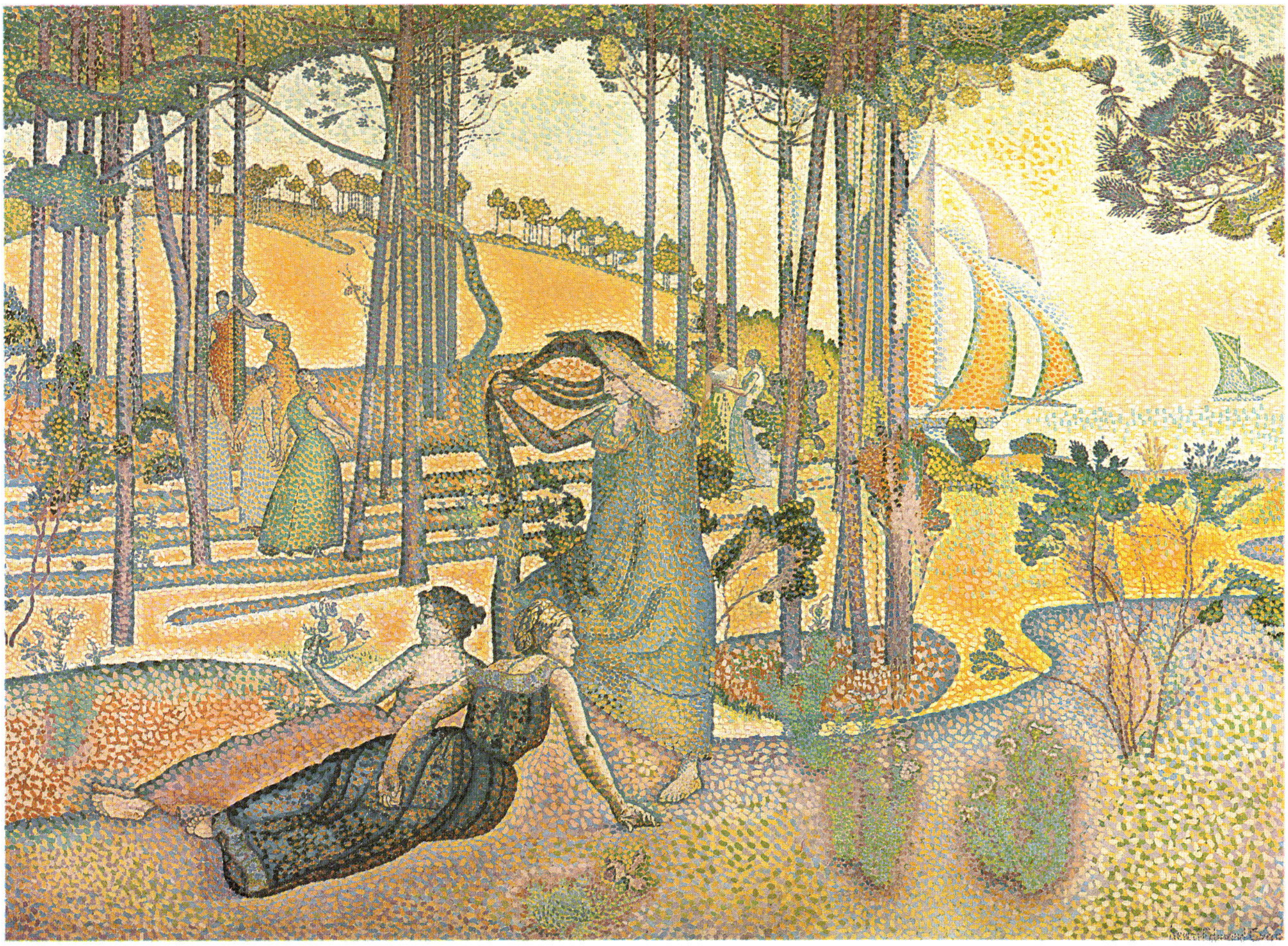

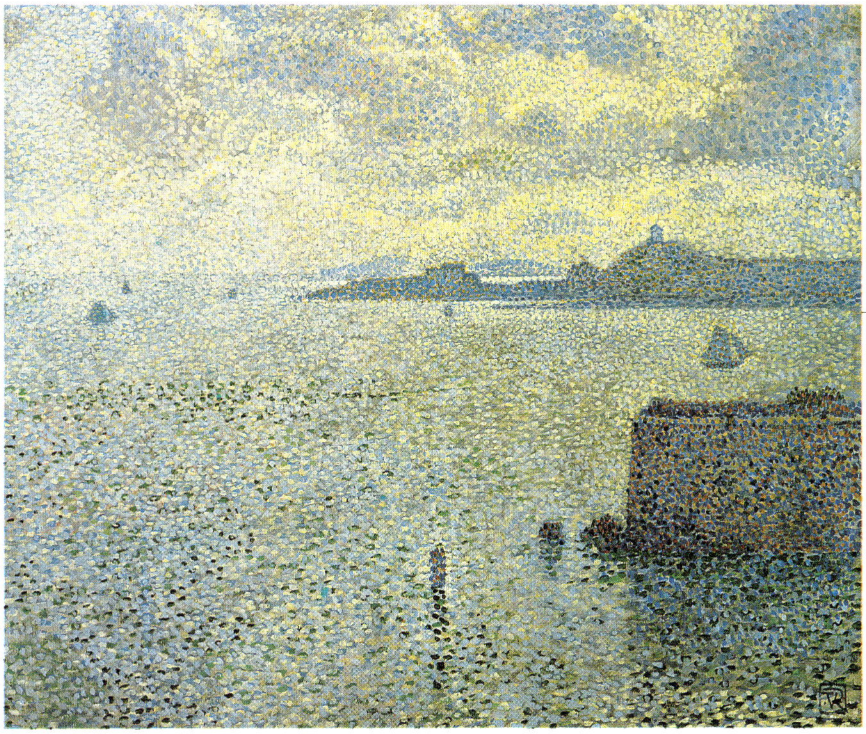

Henri-Edmond Cross (1856-1910)
L'Air du soir, 1893-1894
Salon des Indépendants, 1894.
116 × 165
Donation Ginette Signac
sous réserve d'usufruit, 1976
abandon d'usufruit, 1979

Théo Van Rysselberghe (1862-1926)
Voiliers et estuaire, 1892-1893
50 × 61
Acquis en 1982

En s'installant à Saint-Tropez en 1892, Signac découvre le Midi où la lumière transfigure formes et couleurs. Après les recherches théoriques poussées à l'extrême des *Femmes au puits* où il exploite systématiquement les lois du contraste simultané des couleurs et du mélange optique que préconisait Seurat, il trouve dans l'élargissement progressif de sa touche une spontanéité nouvelle dont *La Bouée rouge* est un éclatant exemple. Tout autre est l'interprétation que donne Luce du divisionnisme dont *Une rue de Paris sous la Commune* traduit une vision rétrospective de l'événement haute en couleurs mais d'un esprit foncièrement réaliste.

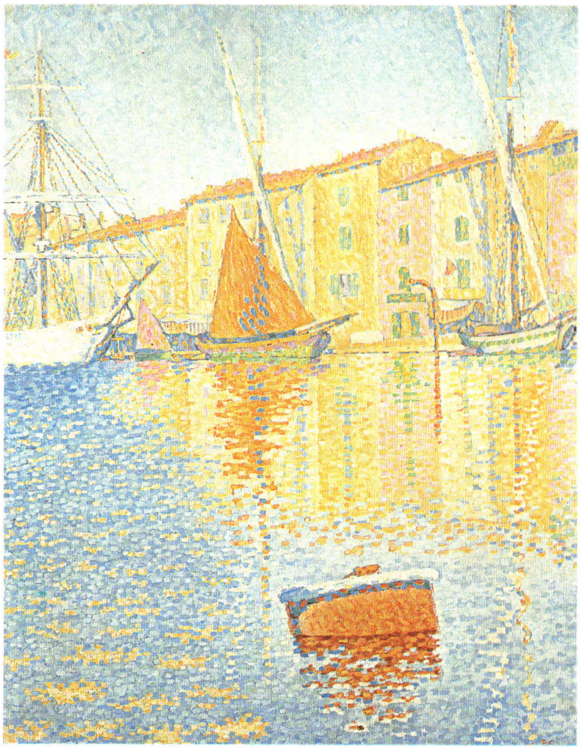

Paul Signac (1863-1935)
La Bouée rouge, 1895
81 × 65
Don du Dr. Pierre Hébert sous réserve d'usufruit, 1957
entré en 1973

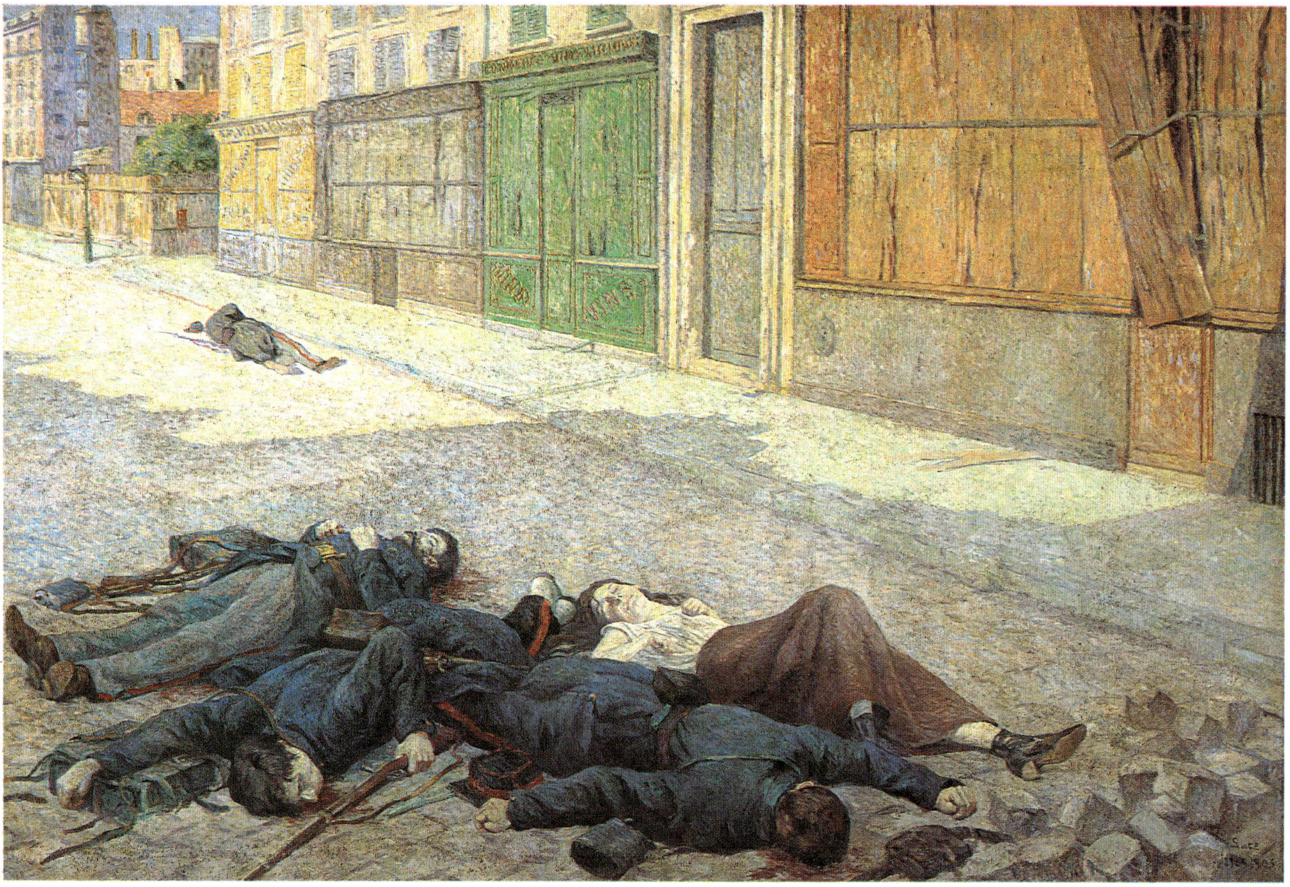

Maximilien Luce (1858-1941)
Une rue de Paris sous la Commune, 1903-1905
Salon des Indépendants, 1905
151 × 225
Don de Frédéric Luce, fils de l'artiste, 1948

Paul Signac (1863-1935)
Jeunes Provençales au puits
(décoration pour un panneau dans la pénombre), 1892
Salon des Indépendants, 1893
195 × 131
Acquis en 1979

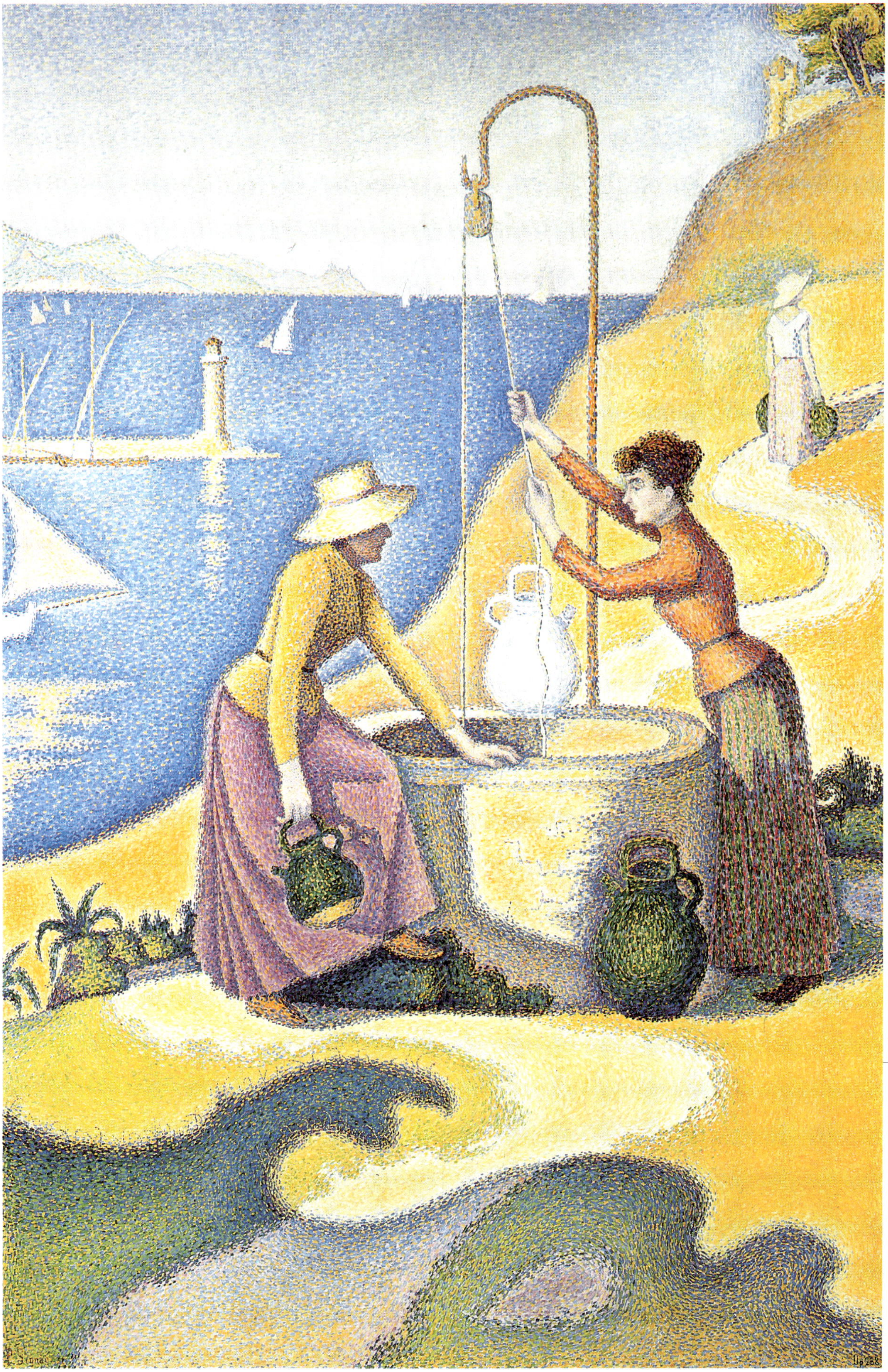

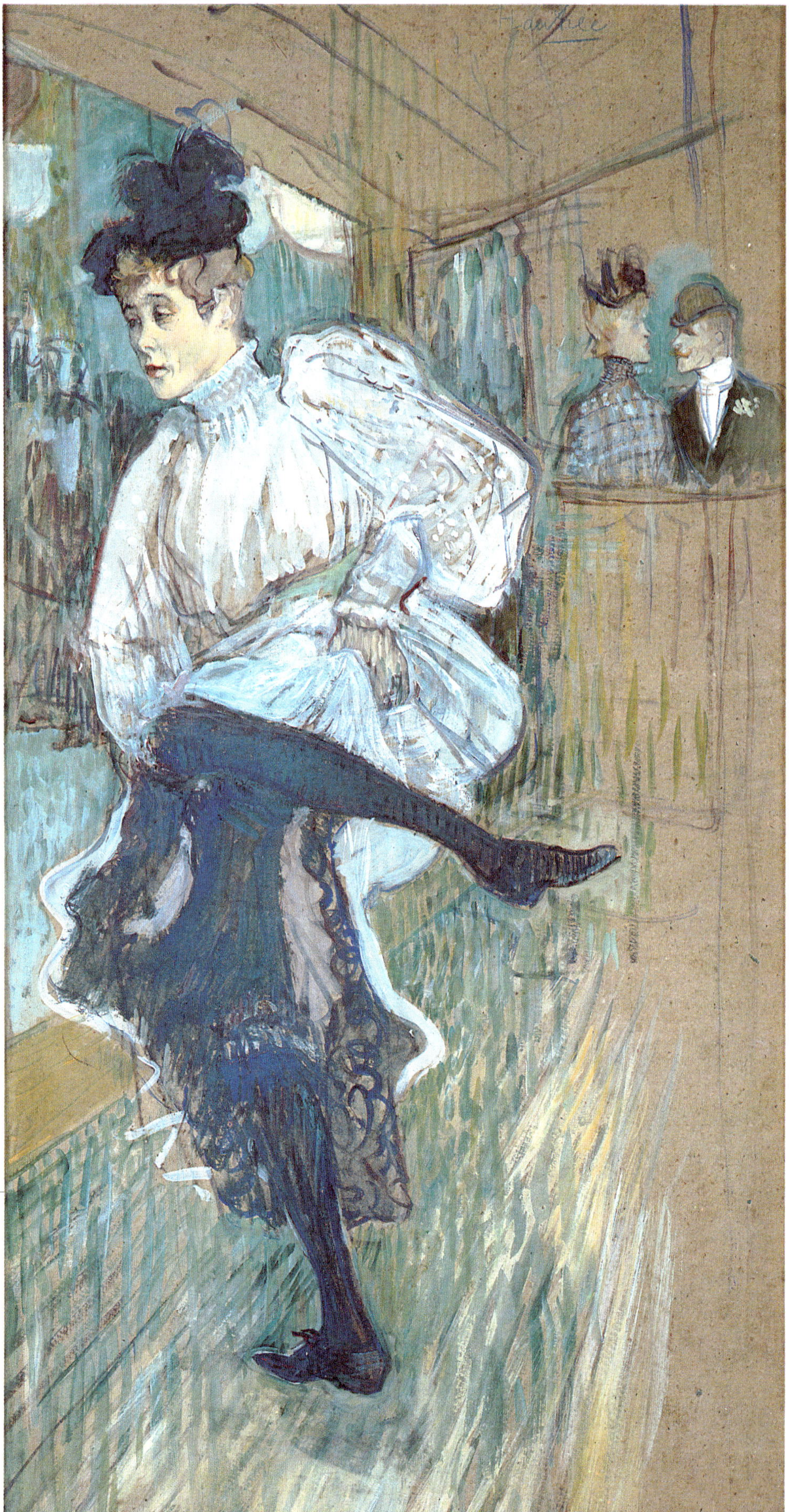

Henri de Toulouse-Lautrec (1864-1901)
Jane Avril dansant, vers 1892
Carton, 85 × 45
Legs Antonin Personnaz, 1937

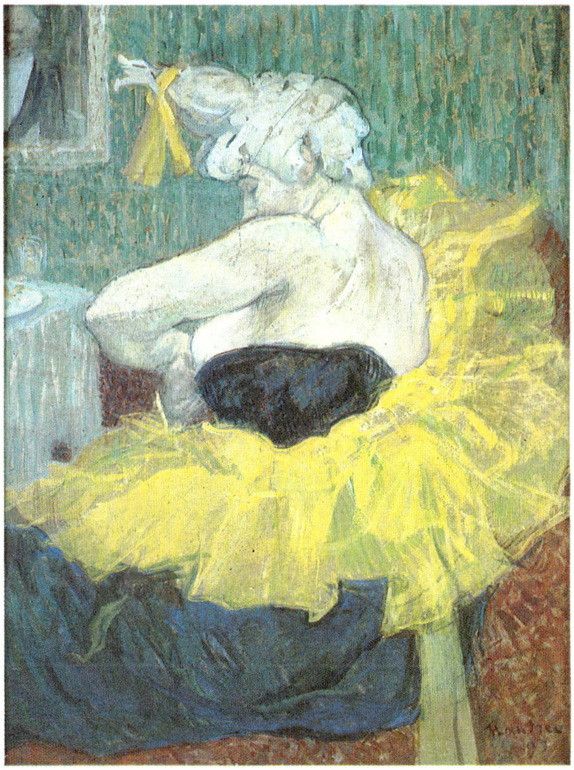

Henri de Toulouse-Lautrec (1864-1901)
La Clownesse Cha-u-Kao, 1895
Carton, 64 × 49
Legs Isaac de Camondo, 1911

Vivante chronique du Paris nocturne des maisons closes et des cabarets, l'œuvre de Toulouse-Lautrec fait revivre les étoiles de la scène et du quadrille. *Jane Avril* saisie sur le vif au Moulin Rouge, *La Clownesse Cha-u-Kao* se rajustant dans sa loge. Lorsque la Goulue quitta le Moulin Rouge pour s'installer à la Foire du Trône à Neuilly, elle demanda à son ami de lui décorer la baraque où elle allait désormais se produire ; ce qu'il fit au moyen de deux grandes toiles où il représenta la danseuse en almée en compagnie de son célèbre partenaire Valentin le désossé.

Henri de Toulouse-Lautrec (1864-1901)
La Danse mauresque ou *Les Almées*
Panneau pour la baraque de la Goulue, 1895
285 × 307
Acquis en morceaux en 1929 puis restauré

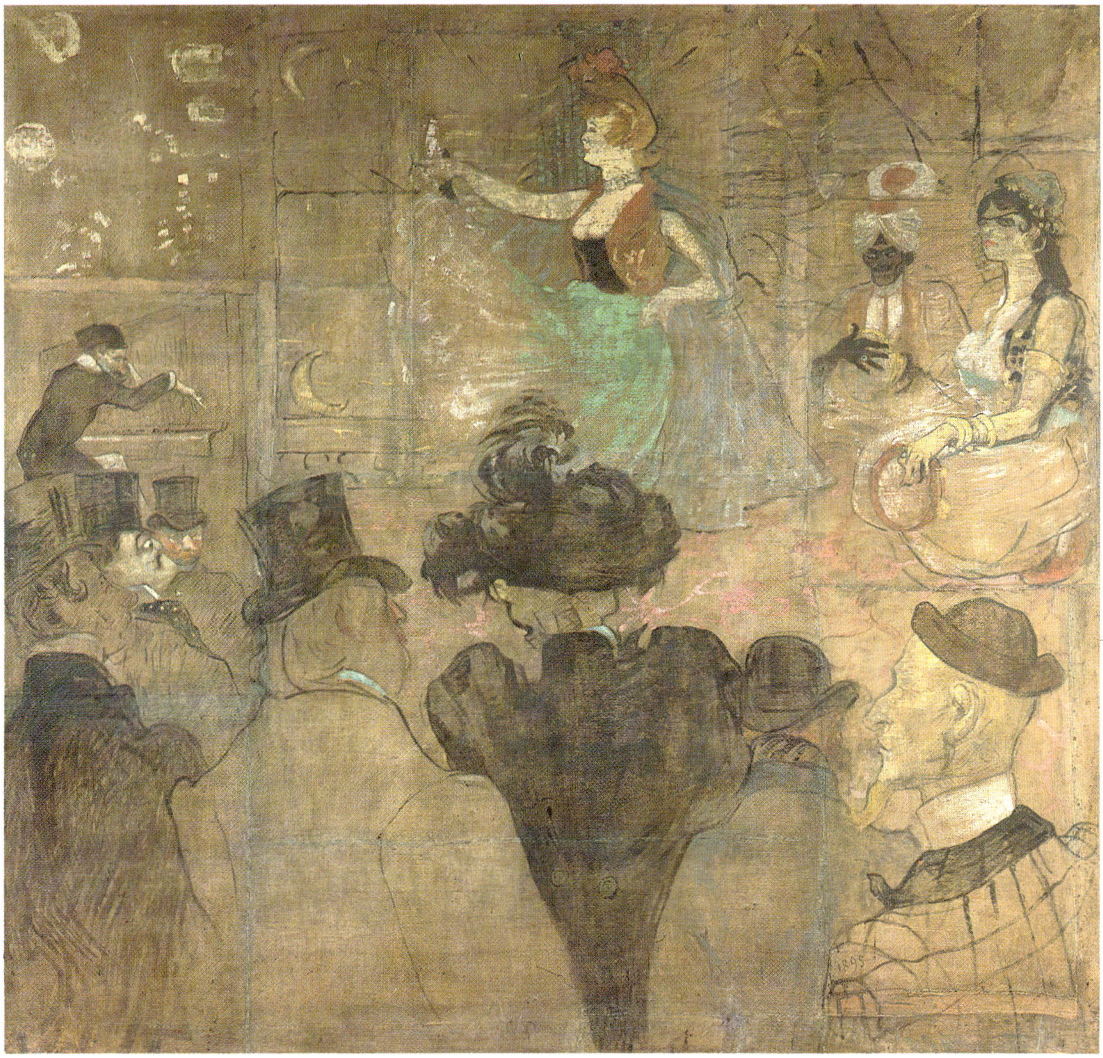

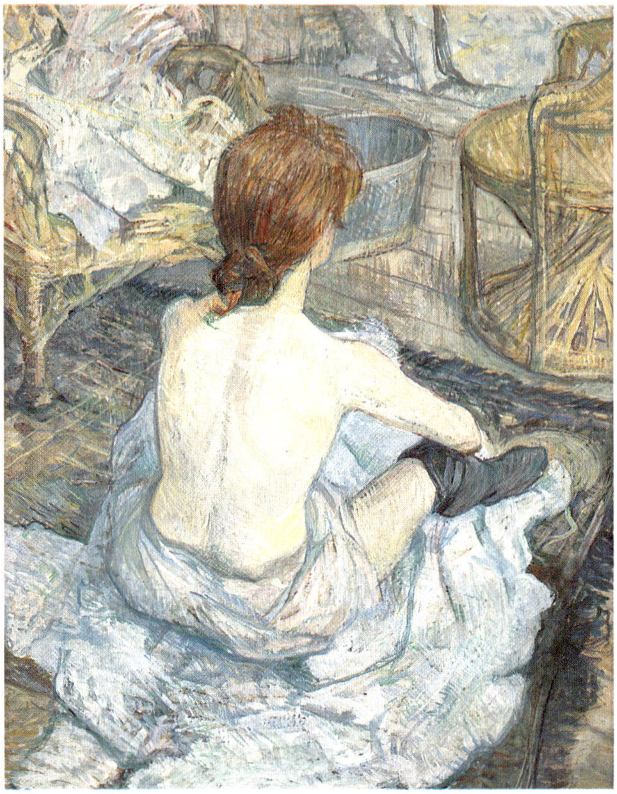

Henri de Toulouse-Lautrec (1864-1901)
La Toilette, 1896
Carton, 67 × 54
Legs Pierre Goujon, 1914

Henri de Toulouse-Lautrec (1864-1901)
Le Lit, vers 1892
Carton sur panneau parqueté, 54 × 70
Legs Antonin Personnaz, 1937

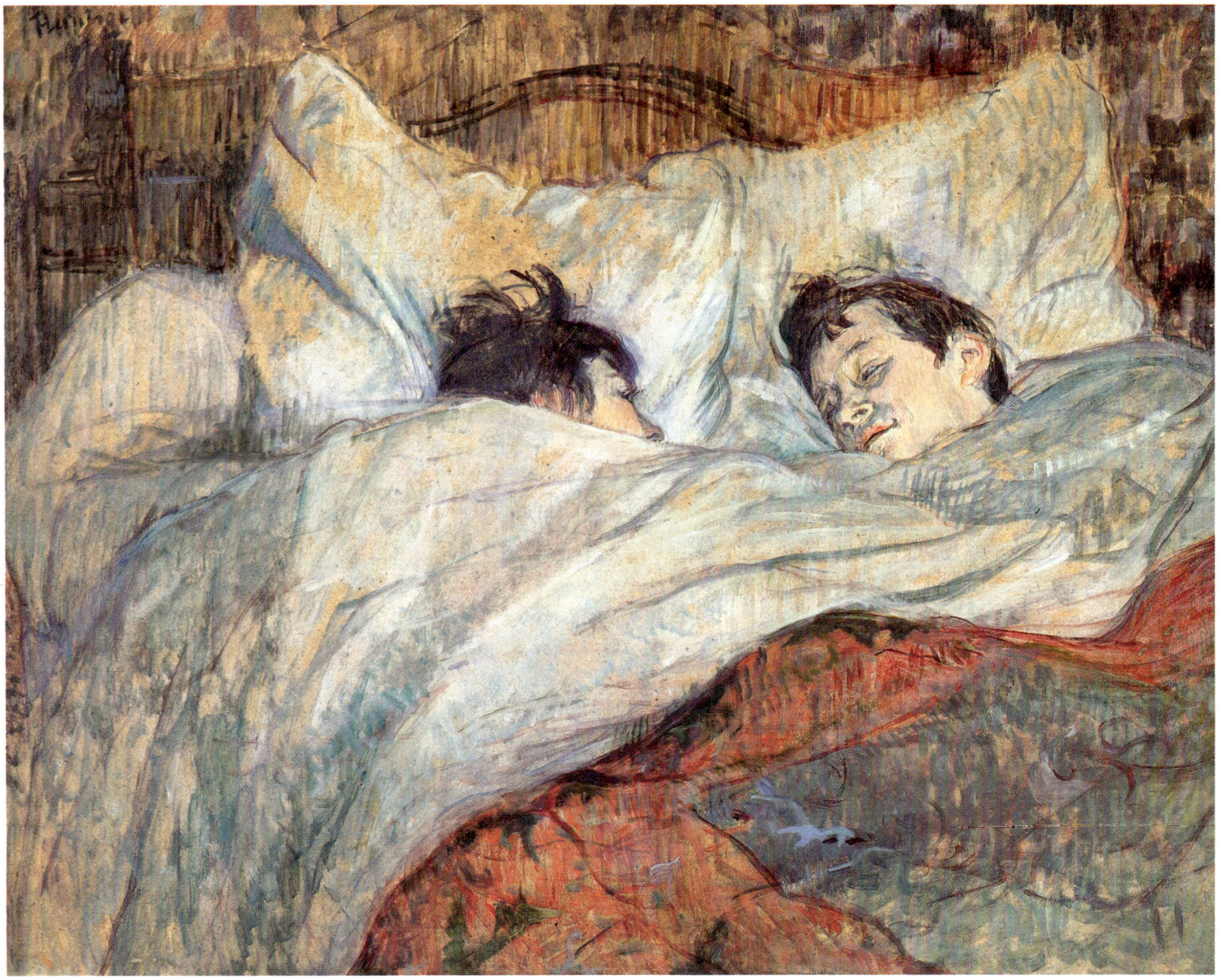

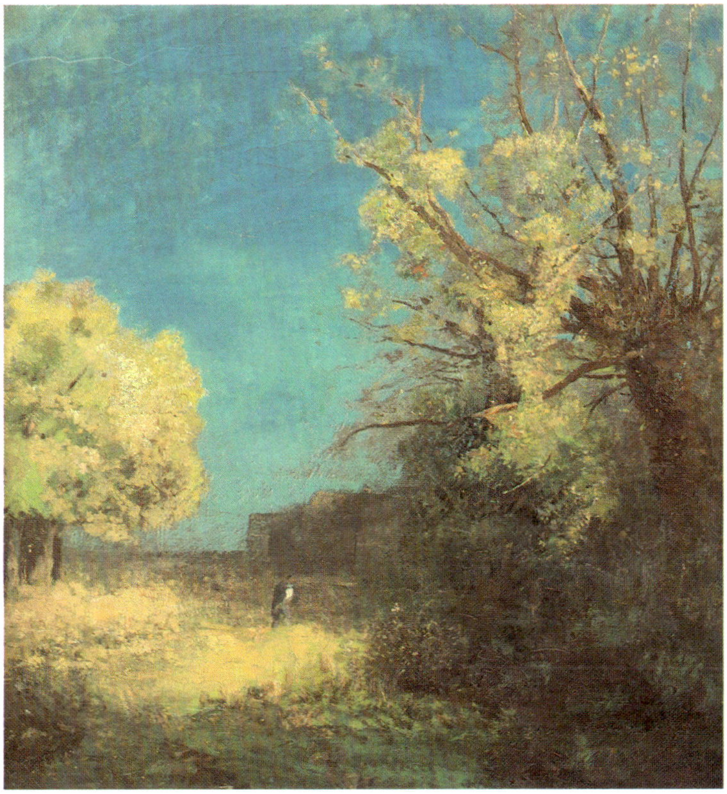

Jalousement gardée dans l'atelier de l'artiste par ses héritiers, la série de petits paysages, entrée à Orsay grâce à Mme Ari Redon, révèle un aspect peu connu de l'art du peintre. C'est dans la propriété familiale de Peyrelebade près de Bordeaux que Redon venait régulièrement se replonger dans la nature pour retrouver ses racines. A l'époque où il n'était encore connu que pour ses "noirs" (fusains et estampes), ces paysages qu'il se plaisait à appeler *Études pour l'auteur* montrent qu'il ne dédaignait pas de recourir à la couleur, mais alors pour lui seul.

Odilon Redon (1840-1916)
Le Chemin à Peyrelebade,
Huile sur papier posé sur carton, 46 × 45
Legs de Mme Ari Redon, 1984

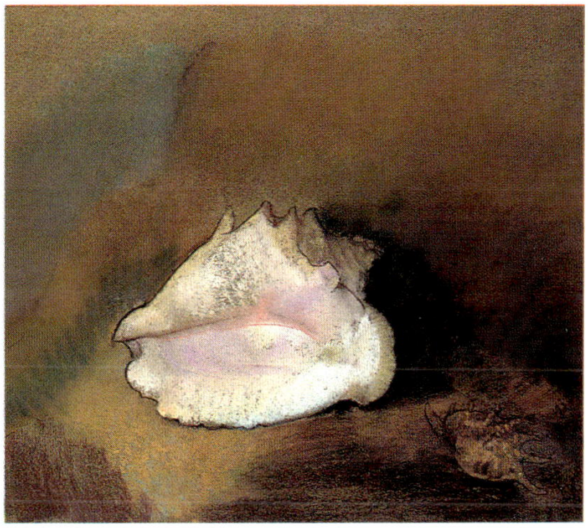

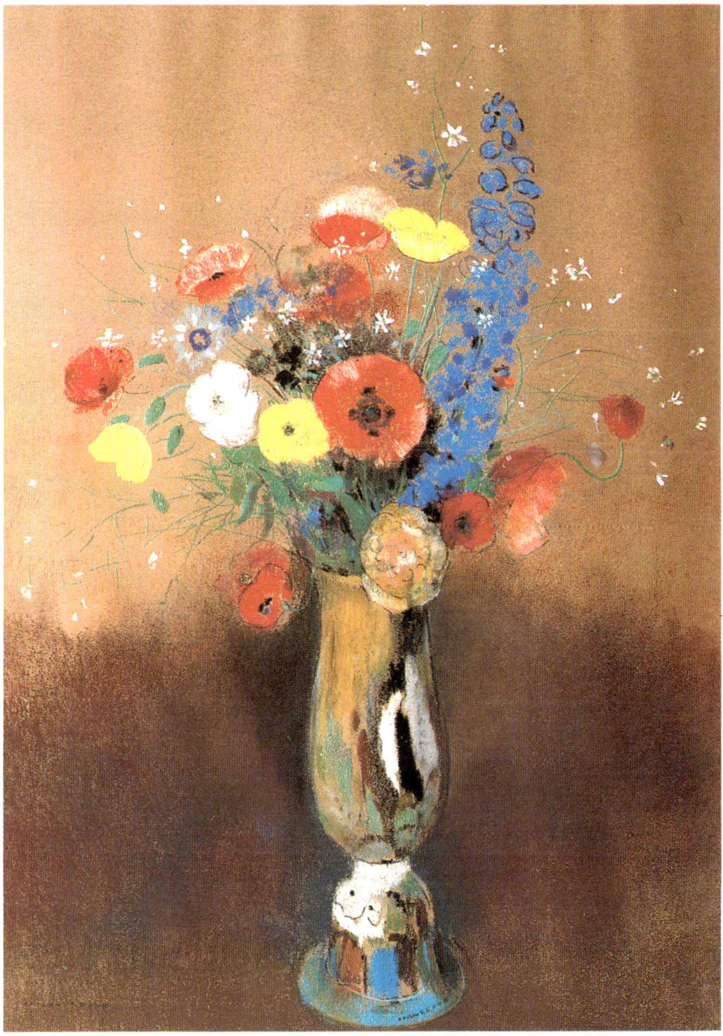

Odilon Redon (1840-1916)
La Coquille, 1912
Pastel, 52 × 57
Legs de Mme Ari Redon, 1984

Odilon Redon (1840-1916)
Bouquet de fleurs des champs, vers 1912
Pastel, 57 × 35
Don de la Société des Amis du Louvre, 1954

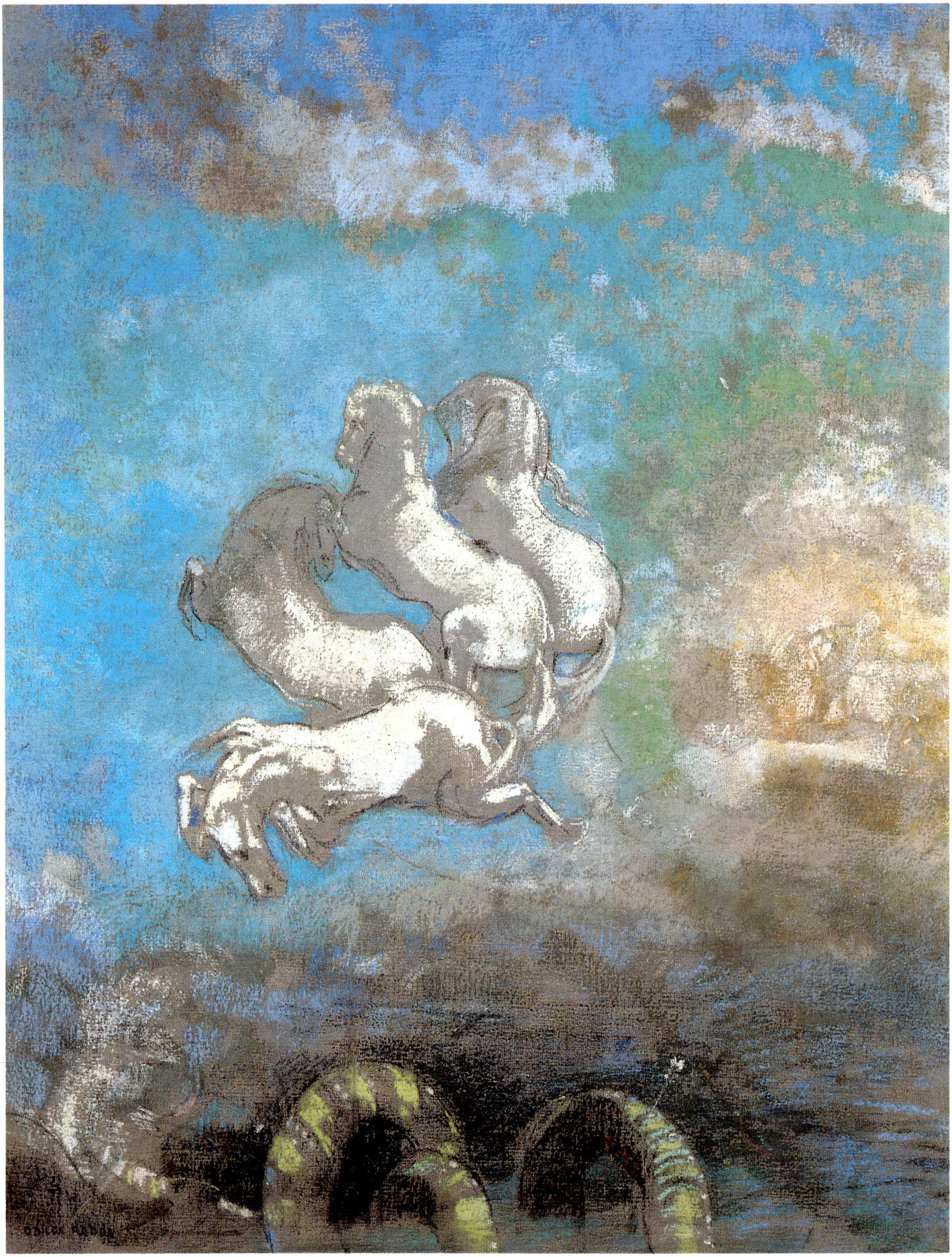

Odilon Redon (1840-1916)
Le Char d'Apollon, 1905-1914
Pastel, 91 × 77
Acquis par dation en 1978

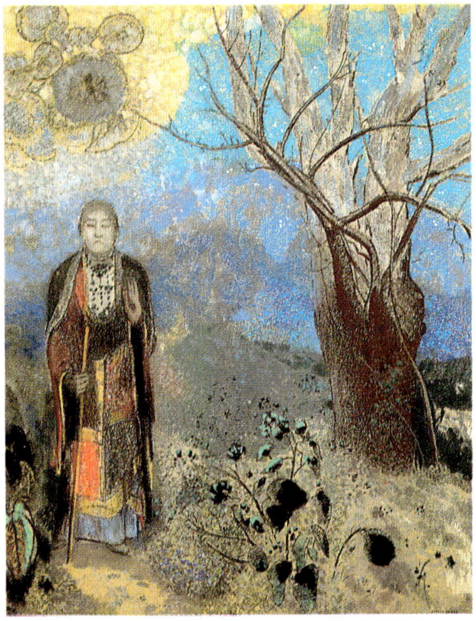

Après 1890, date à laquelle il peint *Les Yeux clos*, Redon se tourne résolument vers la couleur qu'il pratique à l'huile et de plus en plus au pastel. L'artiste atteint dans cette technique, devenue son moyen d'expression favori, des sommets inégalés, jouant avec brio de ses infinies subtilités pour traduire son univers intérieur aux portes du rêve. Puisée aux sources de l'inconscient, des mythologies et des religions, l'inspiration de Redon est typique du symbolisme qui triomphe alors en littérature et en art, puissant antidote au naturalisme officiel.

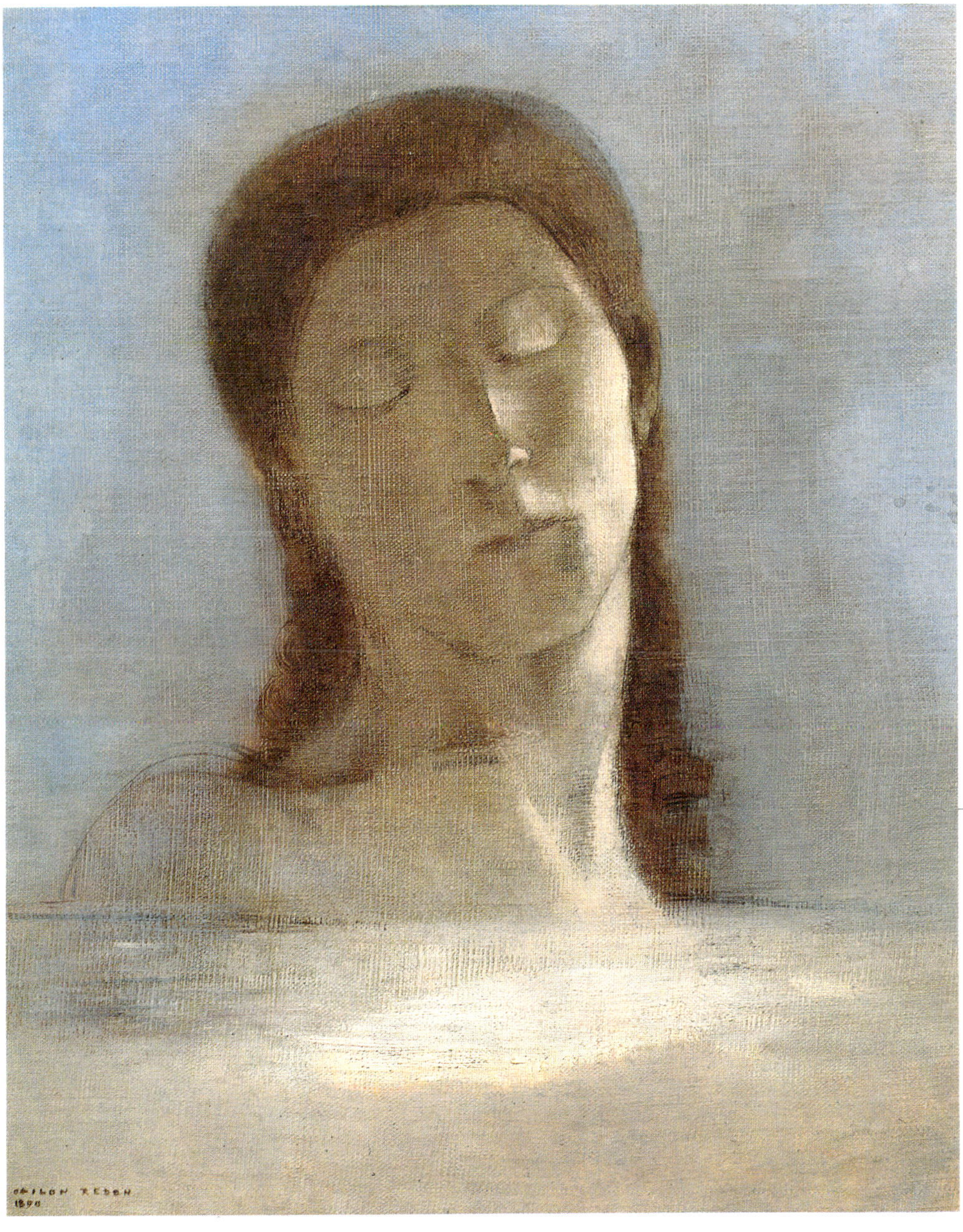

Odilon Redon (1840-1916)
Le Bouddha, vers 1905
Pastel, 90 × 73
Acquis en 1971

Odilon Redon (1840-1916)
Les Yeux clos, 1890
44 × 36
Acquis en 1904

Henri Rousseau, dit le Douanier (1844-1910)
Portrait de femme, vers 1897
198 × 114
Donation de la baronne Eva Gebhard-Gourgaud, 1965

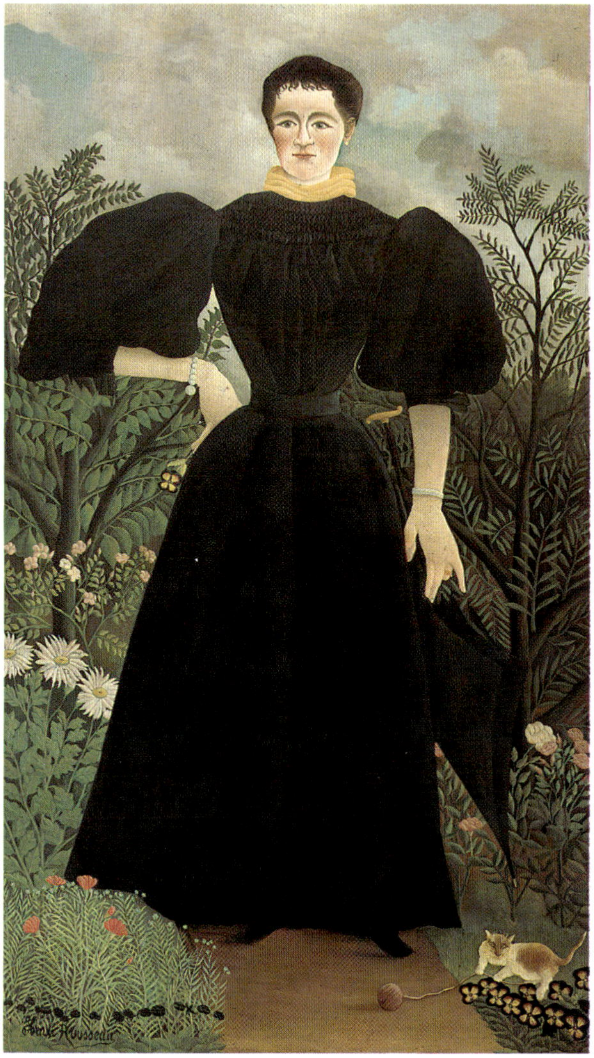

Henri Rousseau, dit le Douanier (1844-1910)
La Guerre ou *La Chevauchée de la Discorde*
Salon des Indépendants, 1894
114 × 195
Acquis en 1946

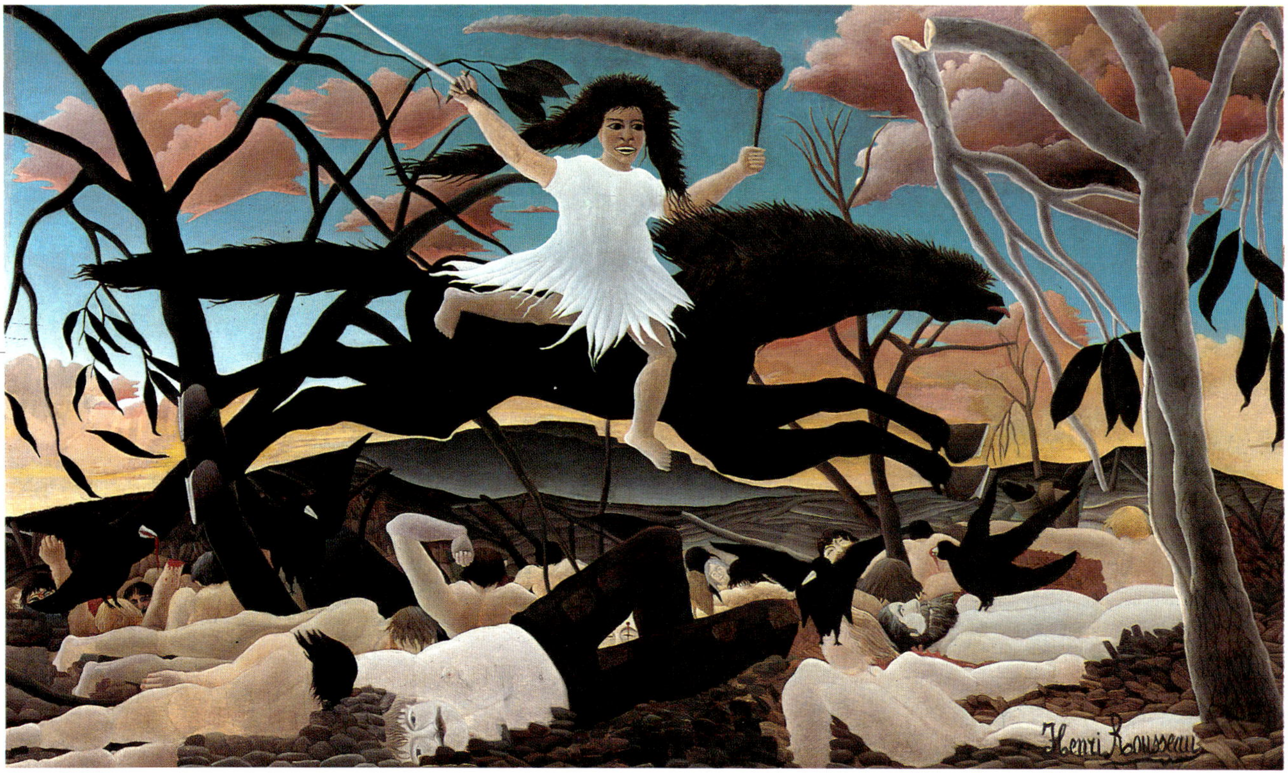

Figure inclassable que celle du Douanier Rousseau qui, autodidacte et longtemps peintre amateur, se plaisait à se réclamer du très officiel Gérôme. Mais on connaît son goût pour le paradoxe et la seule étiquette qui lui convienne est celle d'« Indépendant ». C'est d'ailleurs au Salon des Indépendants où il exposait régulièrement que *La Guerre* fut très remarquée. Pliant les formes à son imagination, Rousseau qui s'inspirait d'images d'Épinal, de vieilles photos ou de visites au Jardin des Plantes, crée un univers bizarre aux résonances symboliques ; le mystère s'y pare des charmes faussement ingénus de la naïveté dans une luxuriance décorative sans précédent.

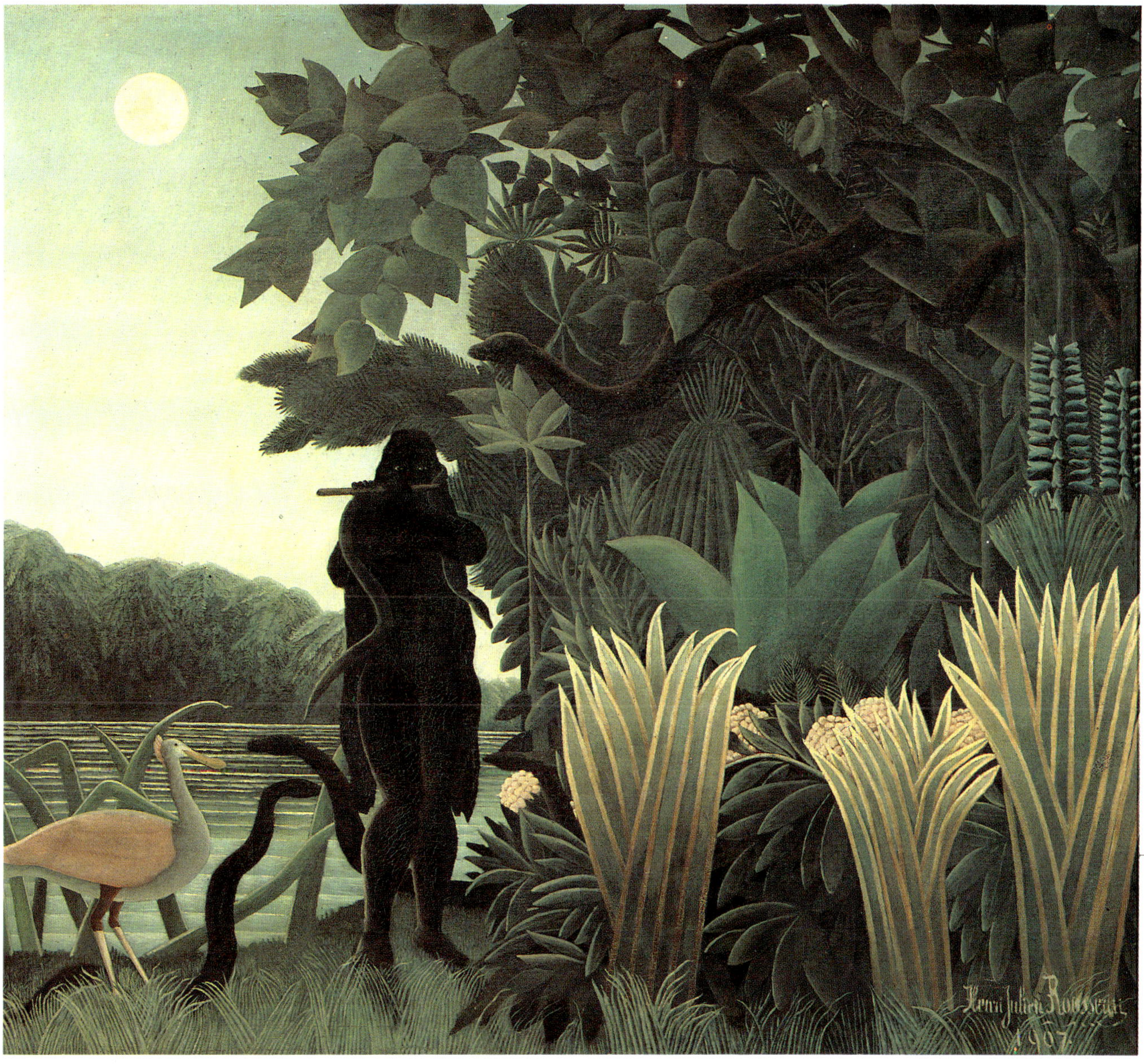

Henri Rousseau, dit le Douanier (1844-1910)
La Charmeuse de serpents
Salon d'automne, 1907
169 × 189
Legs Jacques Doucet, 1936

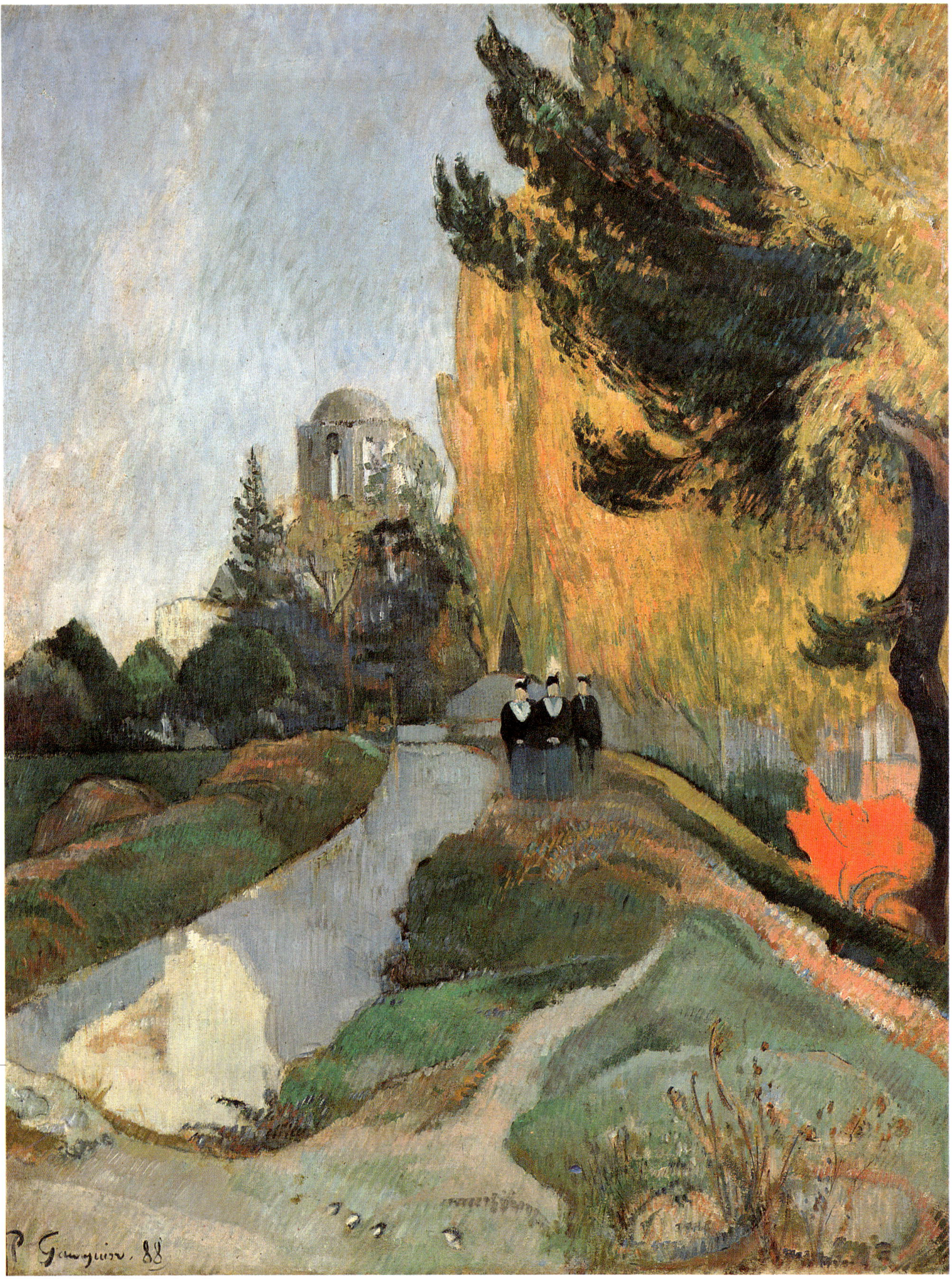

Paul Gauguin (1848-1903)
Les Alyscamps, Arles, 1888
91 × 72
Don de la comtesse Vitali en souvenir de son frère
le vicomte Guy de Cholet, 1923 : entré en 1938

Vincent Van Gogh (1853-1890)
L'Arlésienne, Mme Ginoux, 1888
92 × 73
Donation de Mme R. de Goldschmidt-Rothschild, août 1944
sous réserve d'usufruit ; entré en 1974

A la demande de Van Gogh qui rêvait de fonder l'atelier du Midi, Gauguin se rendit à Arles où il séjourna en sa compagnie d'octobre à décembre 1888. Ce séjour fut source de fructueux échanges entre les deux artistes qui s'influencèrent réciproquement et représentèrent volontiers les mêmes motifs. C'est ainsi que Van Gogh peignit plusieurs fois l'allée du cimetière arlésien des Alyscamps tandis que Mme Ginoux, l'*Arlésienne* dont Van Gogh fit deux versions différentes, apparaît dans une toile de Gauguin intitulée *Au café* (Moscou, musée Pouchkine). L'épisode dramatique de l'oreille coupée vint mettre un terme à cette expérience.

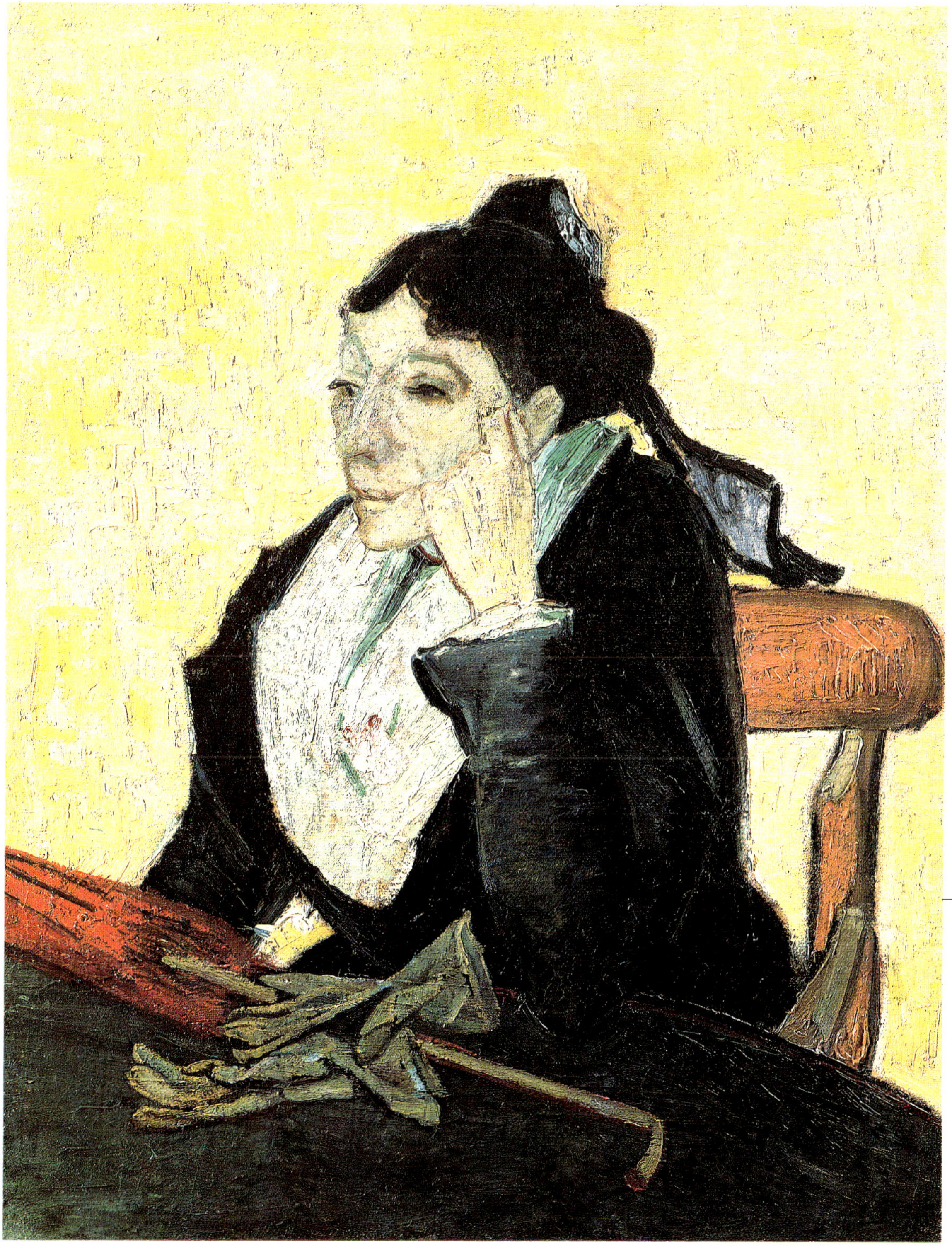

Paul Sérusier (1864-1927)
Le Talisman, 1888
Bois, 27 × 21
Acquis avec la participation de F.M.
par l'intermédiaire de la Lutèce Foundation, 1985

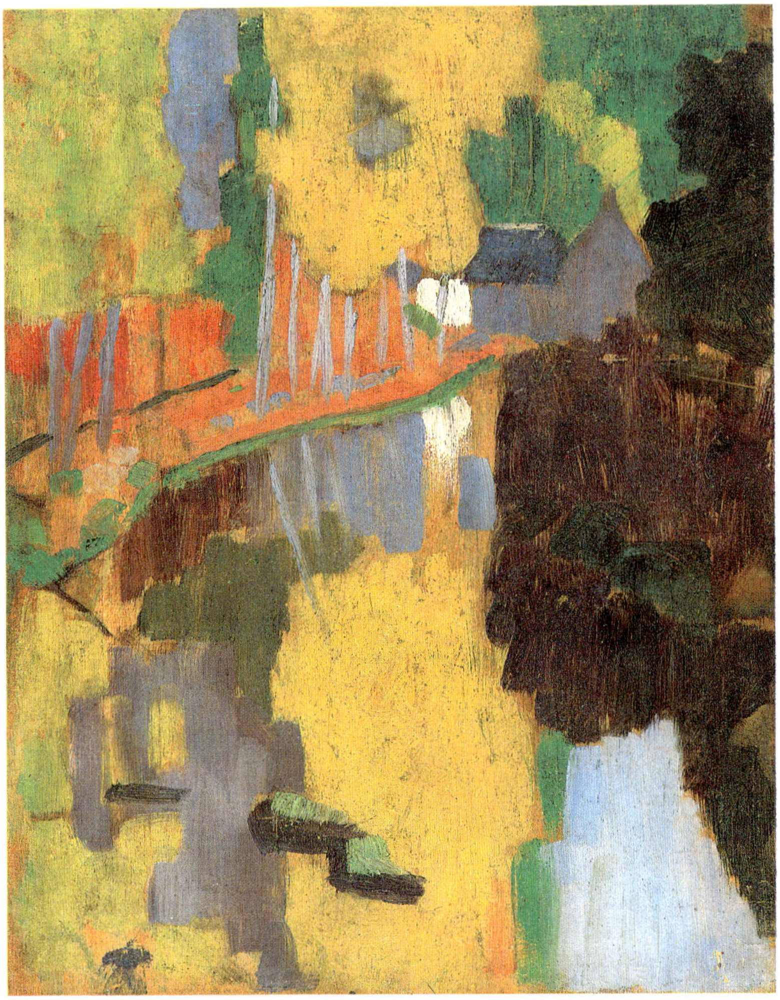

Émile Bernard (1868-1941)
Madeleine au bois d'Amour,
Madeleine Bernard, sœur de l'artiste, 1888
138 × 163
Acquis en 1977

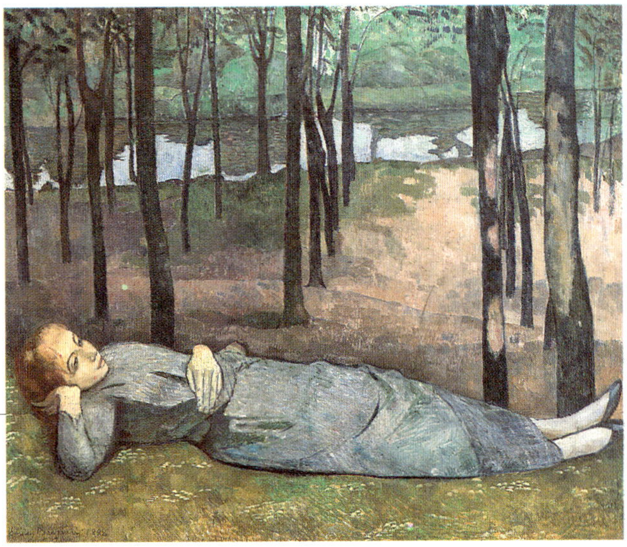

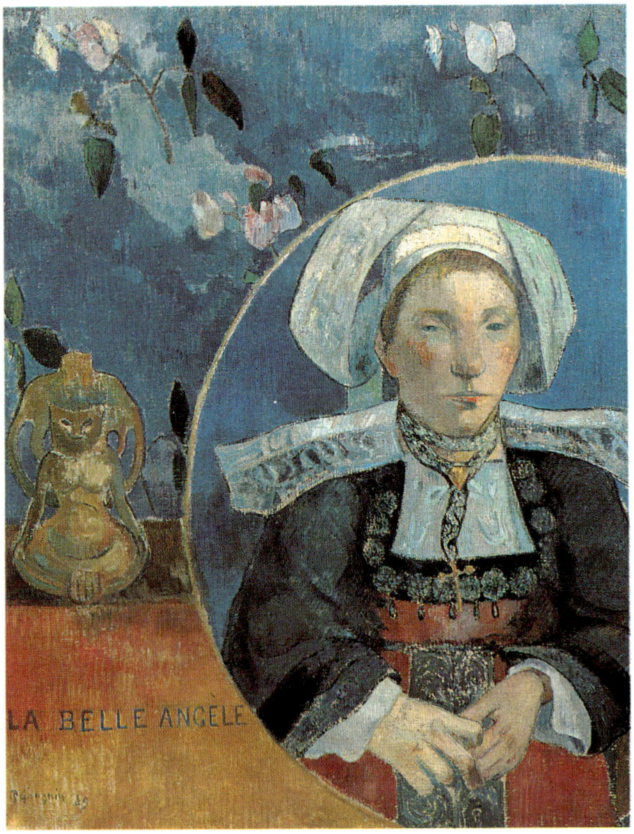

Paul Gauguin (1848-1903)
La Belle Angèle, Mme Satre, 1889
92 × 73
Don Ambroise Vollard, 1927

Comment voyez-vous cet arbre ? avait dit Gauguin devant un coin du bois d'Amour, il est vert ? Mettez donc du vert, le plus beau vert de votre palette ; et cette ombre, plutôt bleue ? Ne craignez pas de la peindre aussi bleue que possible. Quintessence de la leçon de Gauguin par le pinceau de Sérusier, *Le Talisman* est d'abord un manifeste en faveur de la liberté de tout oser qui pulvérise les vieilles servitudes du réalisme et revendique l'autonomie de la chose peinte.

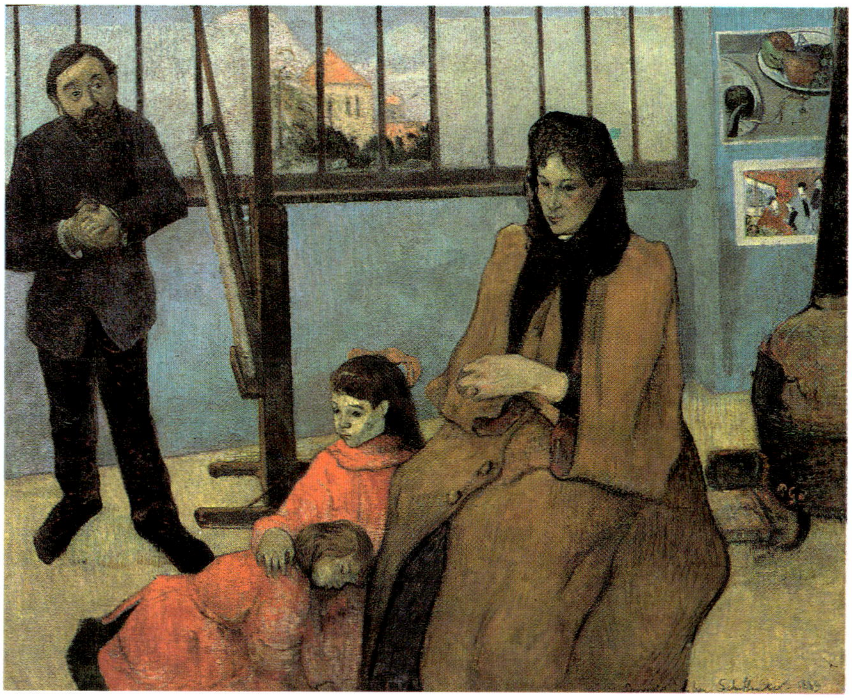

Paul Gauguin (1848-1903)
La Famille Schuffenecker, 1889
73 × 92
Ancienne coll. Matsukata ; entré en 1959 en application du traité de paix avec le Japon

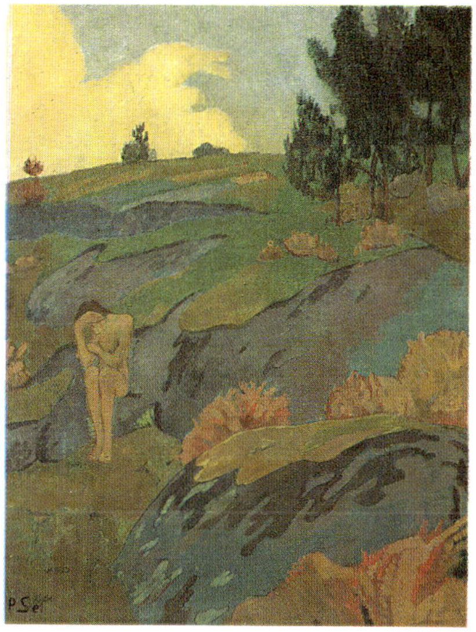

Paul Sérusier (1864-1927)
Ève bretonne ou *Mélancolie*, vers 1890
72 × 58
Donation Henriette Boutaric sous réserve d'usufruit, 1980 ; entré en 1983

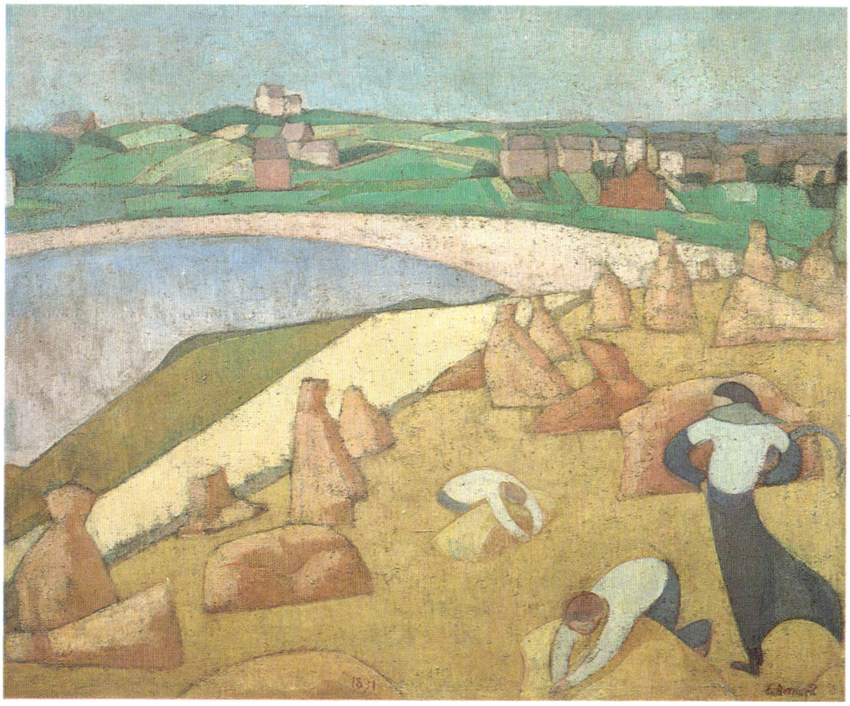

Émile Bernard (1868-1941)
La Moisson au bord de la mer, 1892
70 × 92
Acquis en 1982

Paul Gauguin (1848-1903)
Femmes de Tahiti ou *Sur la plage*, 1891
69 × 91
Legs du vicomte Guy de Cholet, 1923

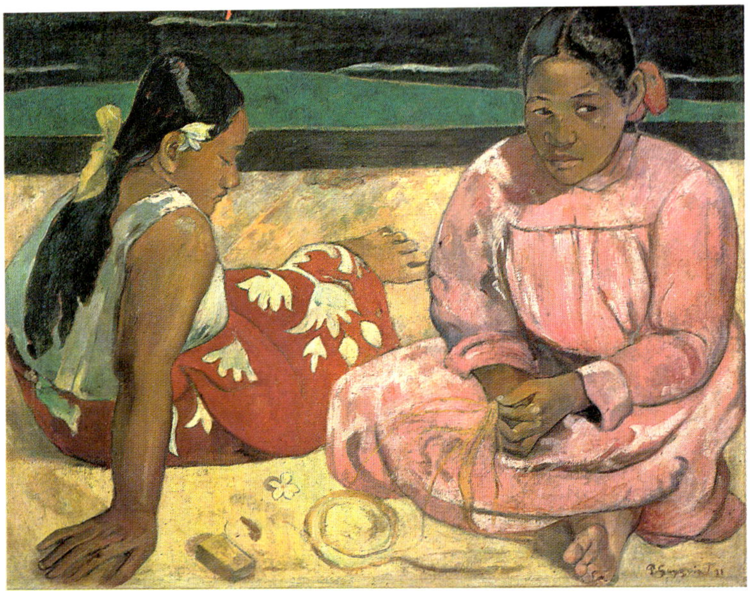

Paul Gauguin (1848-1903)
Le Repas, 1891
73 × 92
Donation de M. et Mme André Meyer
sous réserve d'usufruit, 1954
Abandon d'usufruit en 1975

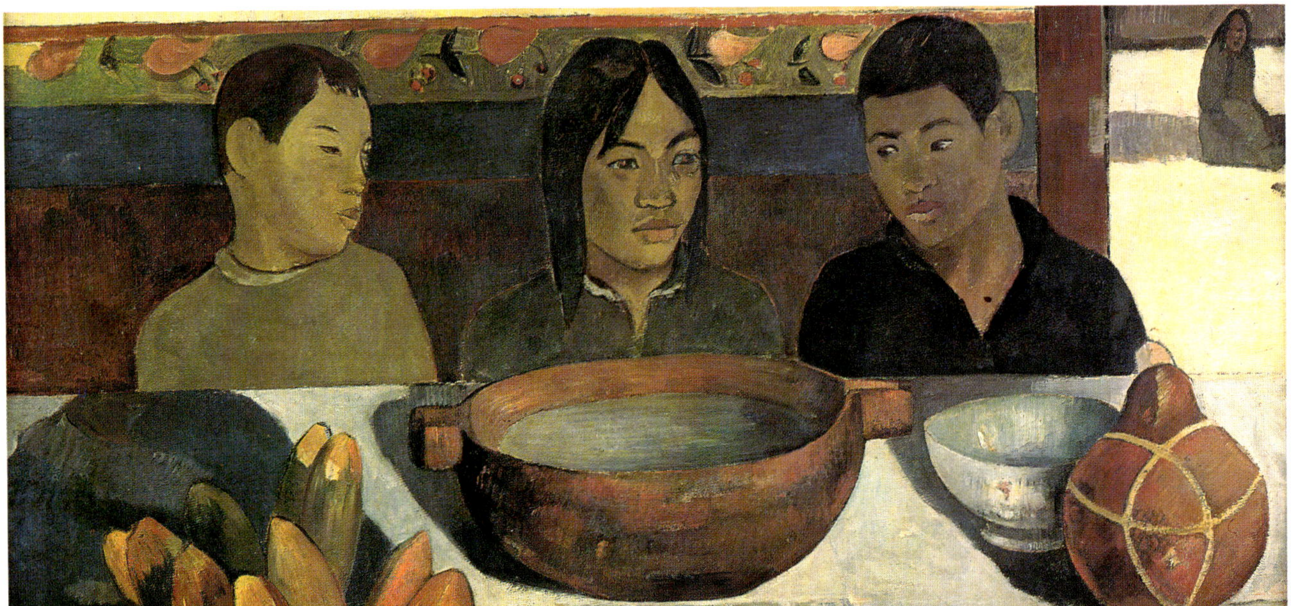

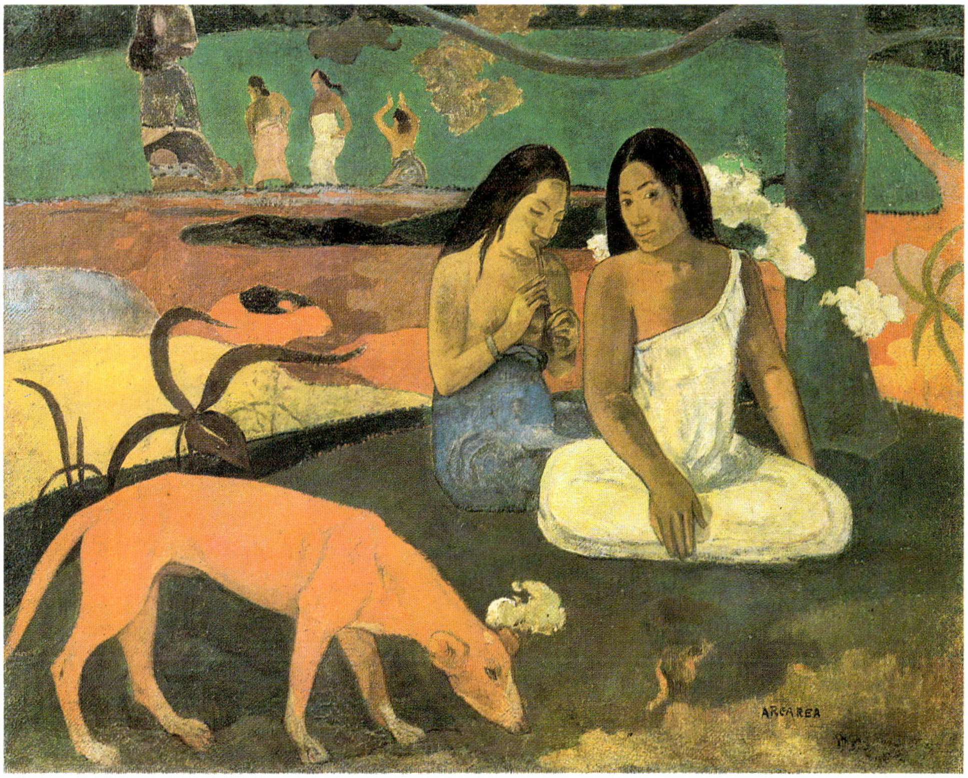

Paul Gauguin (1848-1903)
Arearea (Joyeusetés), 1892
75 × 94
Legs de M. et Mme Lung, 1961

Paul Gauguin (1848-1903)
Portrait de l'artiste, 1896
40 × 32
Dédicacé *à l'ami Daniel* [de Monfreid]
Donation de Mme Huc de Monfreid, 1951; entré en 1968

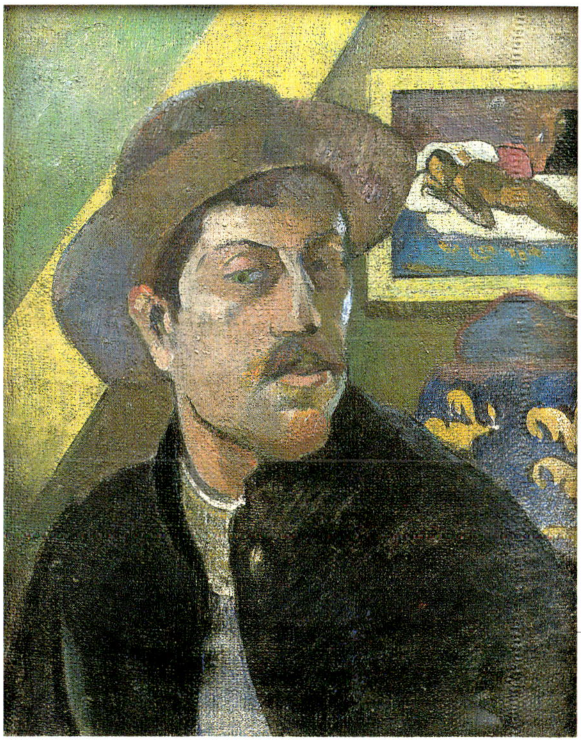

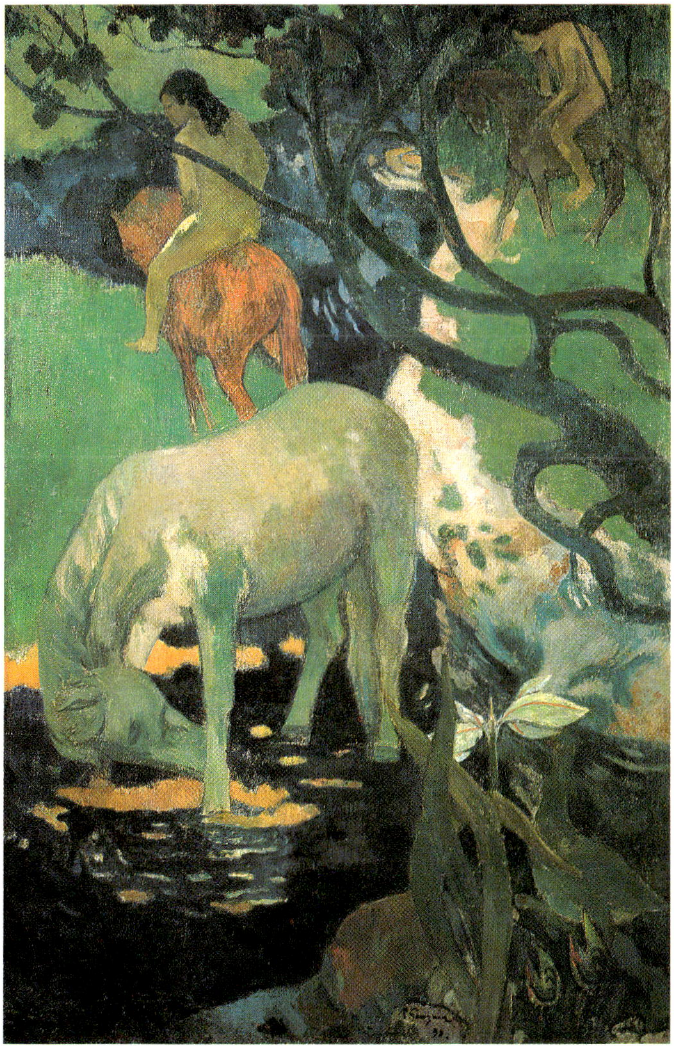

Paul Gauguin (1848-1903)
Le Cheval blanc, 1898
140 × 91
Acquis en 1927

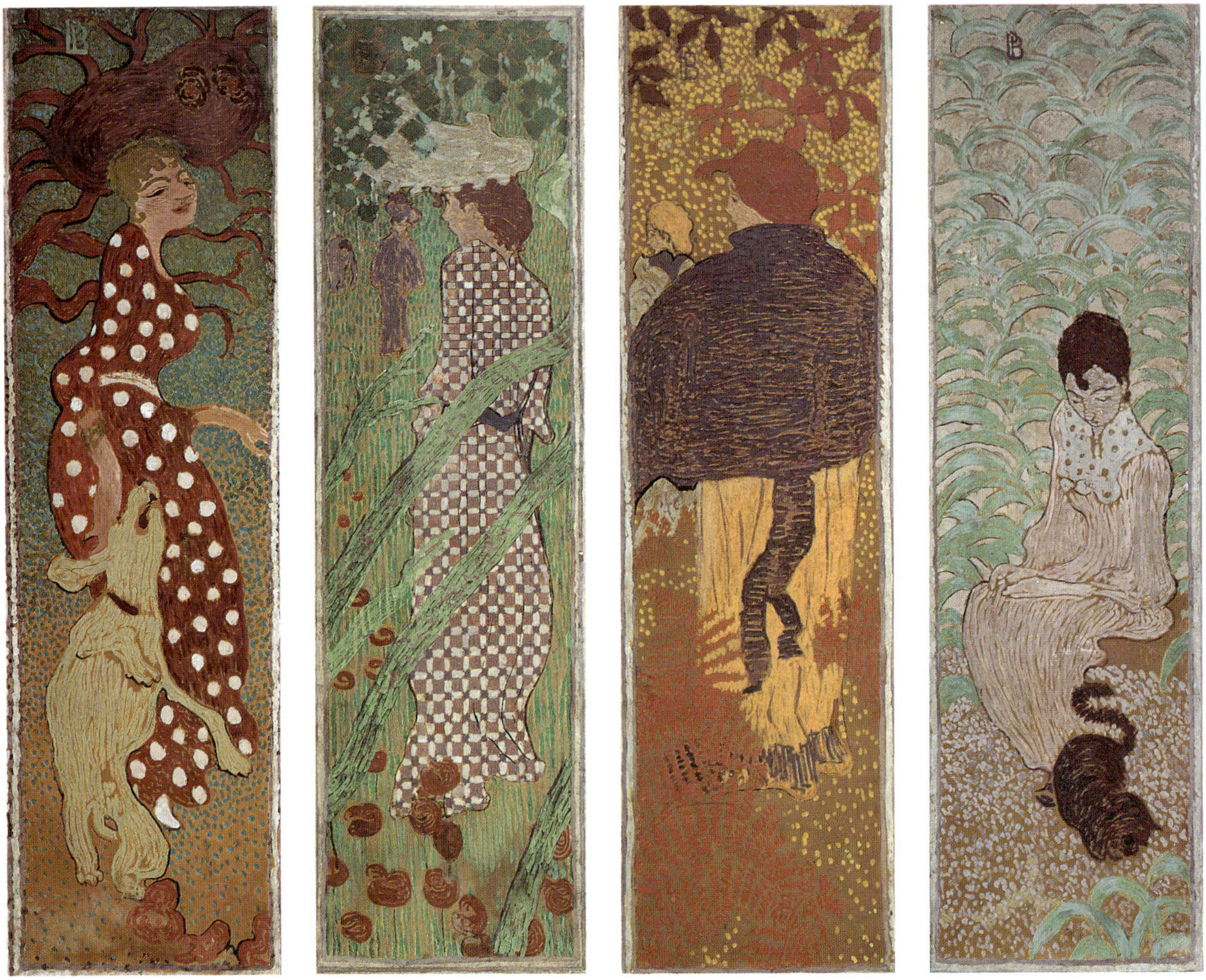

Pierre Bonnard (1867-1947)
Femmes au jardin
Salon des Indépendants, 1891
Chaque panneau : 160 × 48
Acquis par dation en 1984

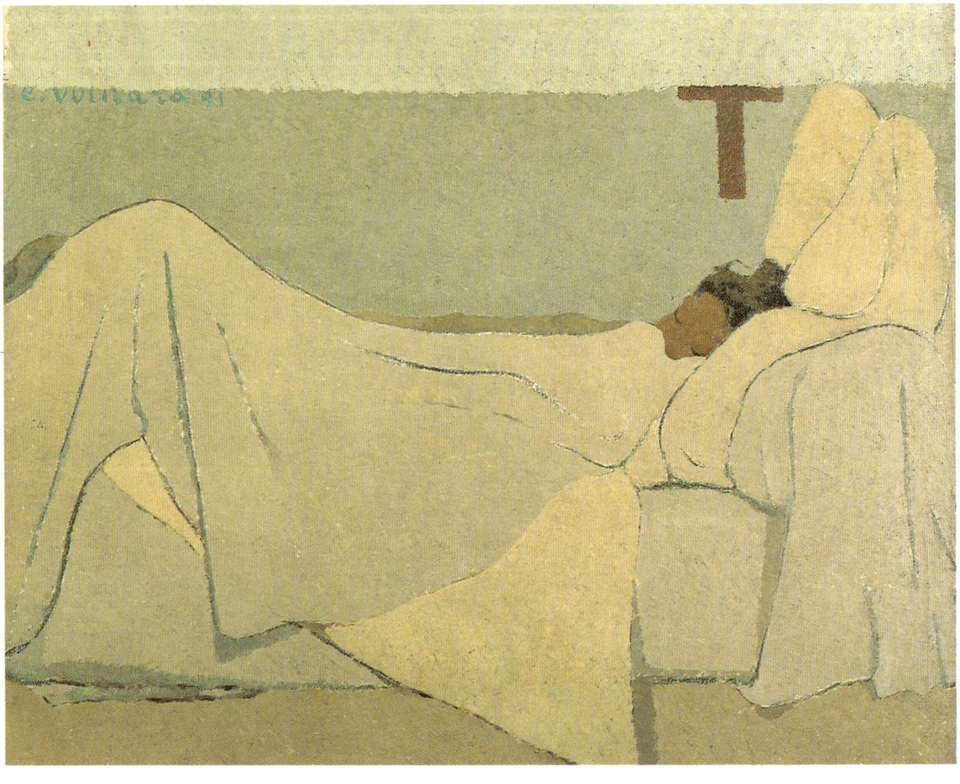

Édouard Vuillard (1868-1940)
Au lit, 1891
Legs verbal de l'artiste exécuté par
M. et Mme Ker-Xavier Roussel, 1941

D'abord conçus comme un paravent, les quatre panneaux des *Femmes au jardin* furent séparés par Bonnard lui-même lorsqu'il les exposa au Salon des Indépendants de 1891 ; l'année suivante, il présentait à ce même salon *Crépuscule* ou *La Partie de croquet* qui résume parfaitement ses recherches nabies : renoncement à l'espace traditionnel sous l'influence conjuguée du japonisme, de Gauguin et de la pratique des décors de théâtre ; figures plates et sinueuses, dépourvues de modelé, exubérance décorative, composition basée sur les contrastes de valeurs. A la même date Vuillard donne avec *Au lit* une version plus ascétique des principes nabis dans un camaïeu de teintes plates et selon une structure géométrique subtilement dépouillée.

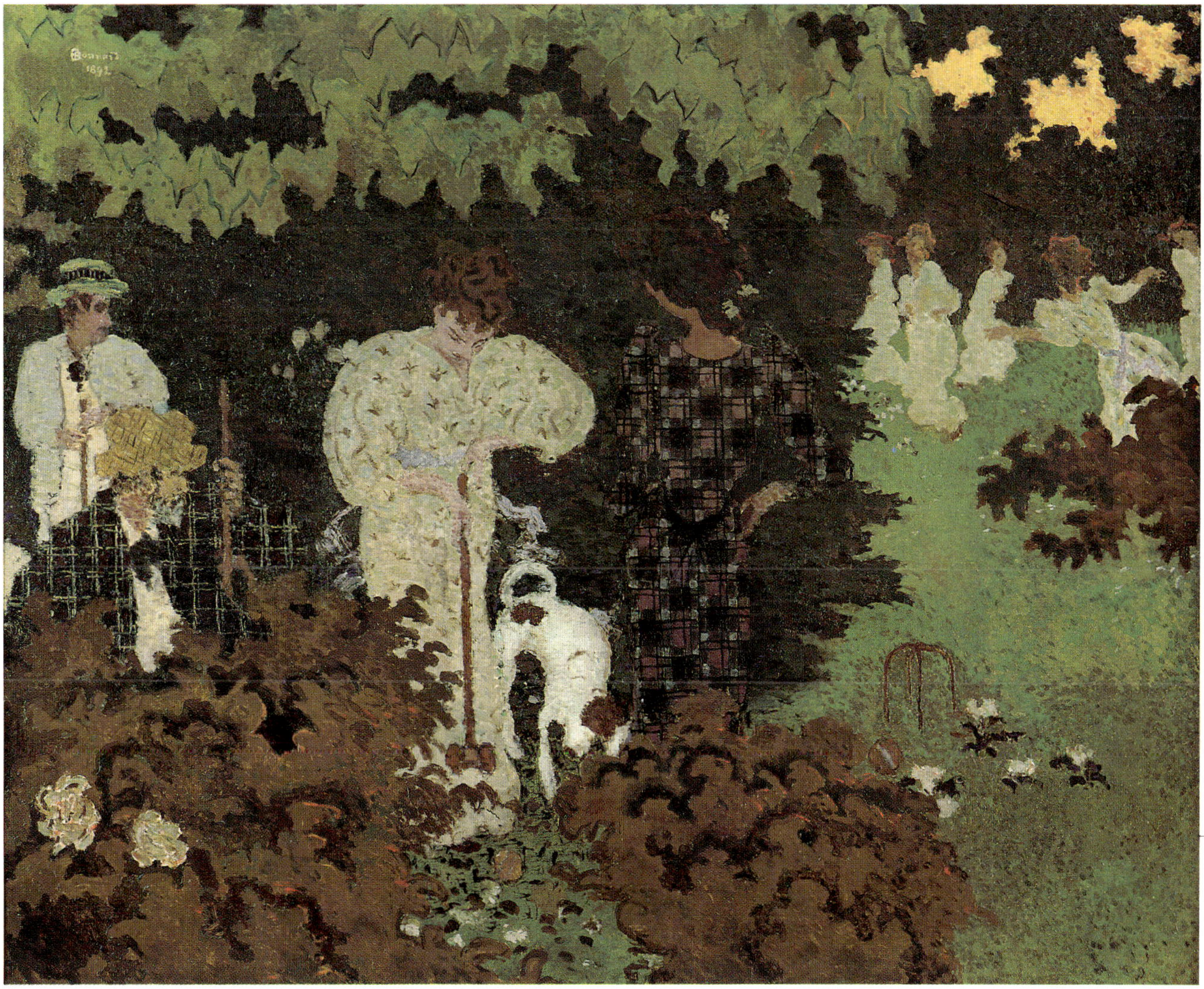

Pierre Bonnard (1867-1947)
Crépuscule ou *La Partie de croquet*
Salon des Indépendants, 1892
130 × 162
Don de M. Daniel Wildenstein par l'intermédiaire de la Société des Amis du musée d'Orsay, 1985

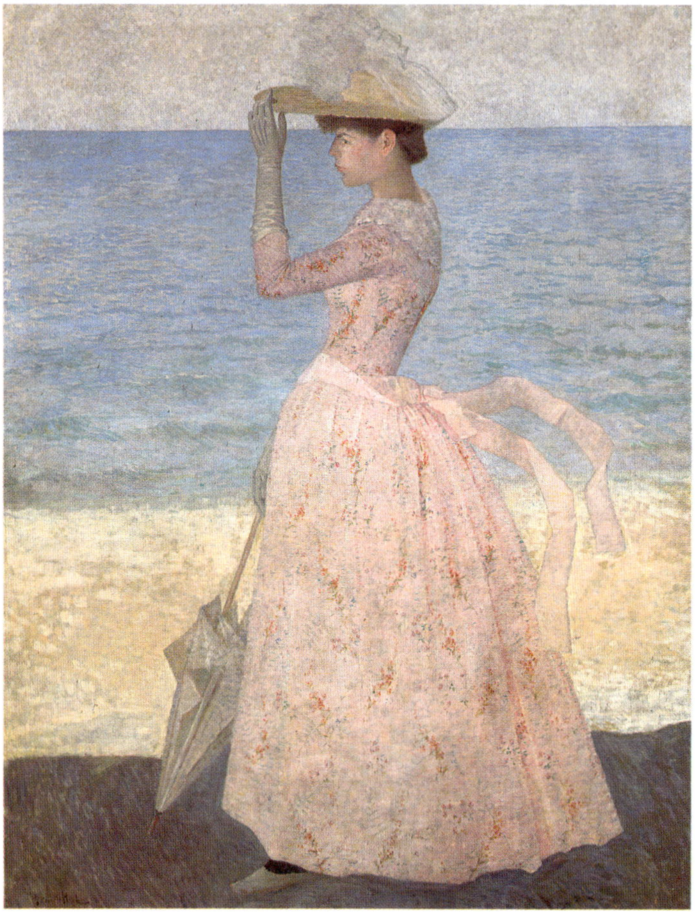

Maurice Denis (1870-1943)
Les Muses
Salon des Indépendants, 1893
171 × 137
Acquis en 1932

Aristide Maillol (1861-1944)
La Femme à l'ombrelle
190 × 149
Acquis en 1955

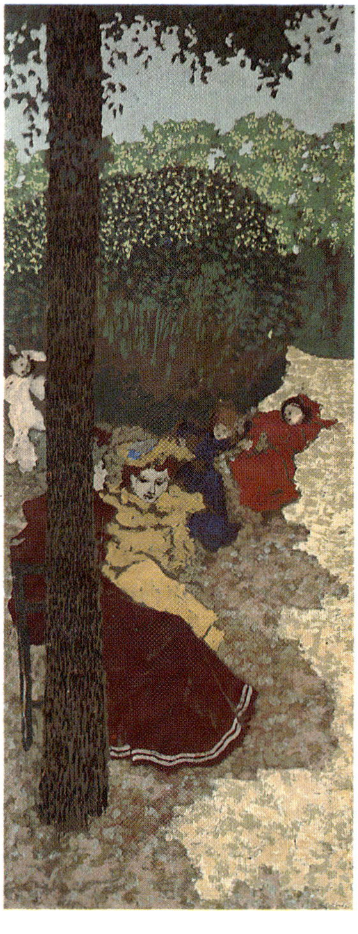

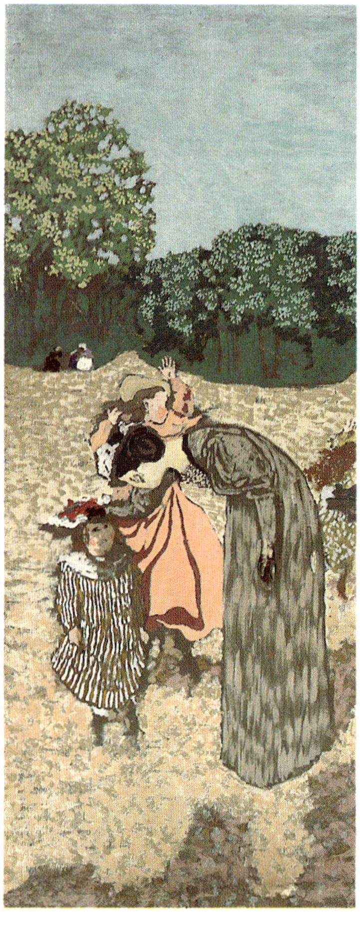

Édouard Vuillard (1868-1940)
Jardins publics, décoration pour Alexandre Natanson, 1894
Fillettes jouant, 214 × 88
L'Interrogatoire, 214 × 92
Legs de Mme veuve Alexandre Radot, 1978

Les Nourrices, 213 × 73
La Conversation, 213 × 154
L'Ombrelle rouge, 213 × 81
Acquis en 1929

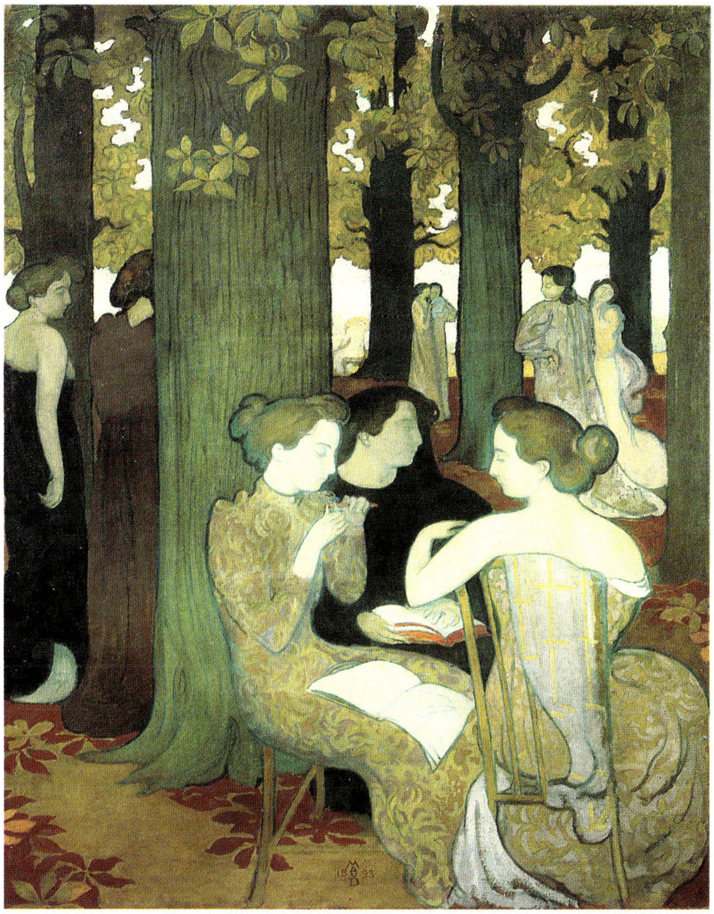

En 1894, Vuillard réalisa un de ses premiers ensembles décoratifs destiné à orner l'hôtel particulier d'Alexandre Natanson. Le musée d'Orsay possède cinq des neuf panneaux exécutés à la peinture à la colle. La composition est basée sur l'alternance de masses sombres et claires et un enchaînement rythmique souligné par la continuité des lignes sinueuses. L'influence de Puvis de Chavannes y est sensible, comme d'ailleurs dans *Les Muses* et *La Femme à l'ombrelle* où le parti décoratif régit l'économie interne de la toile.

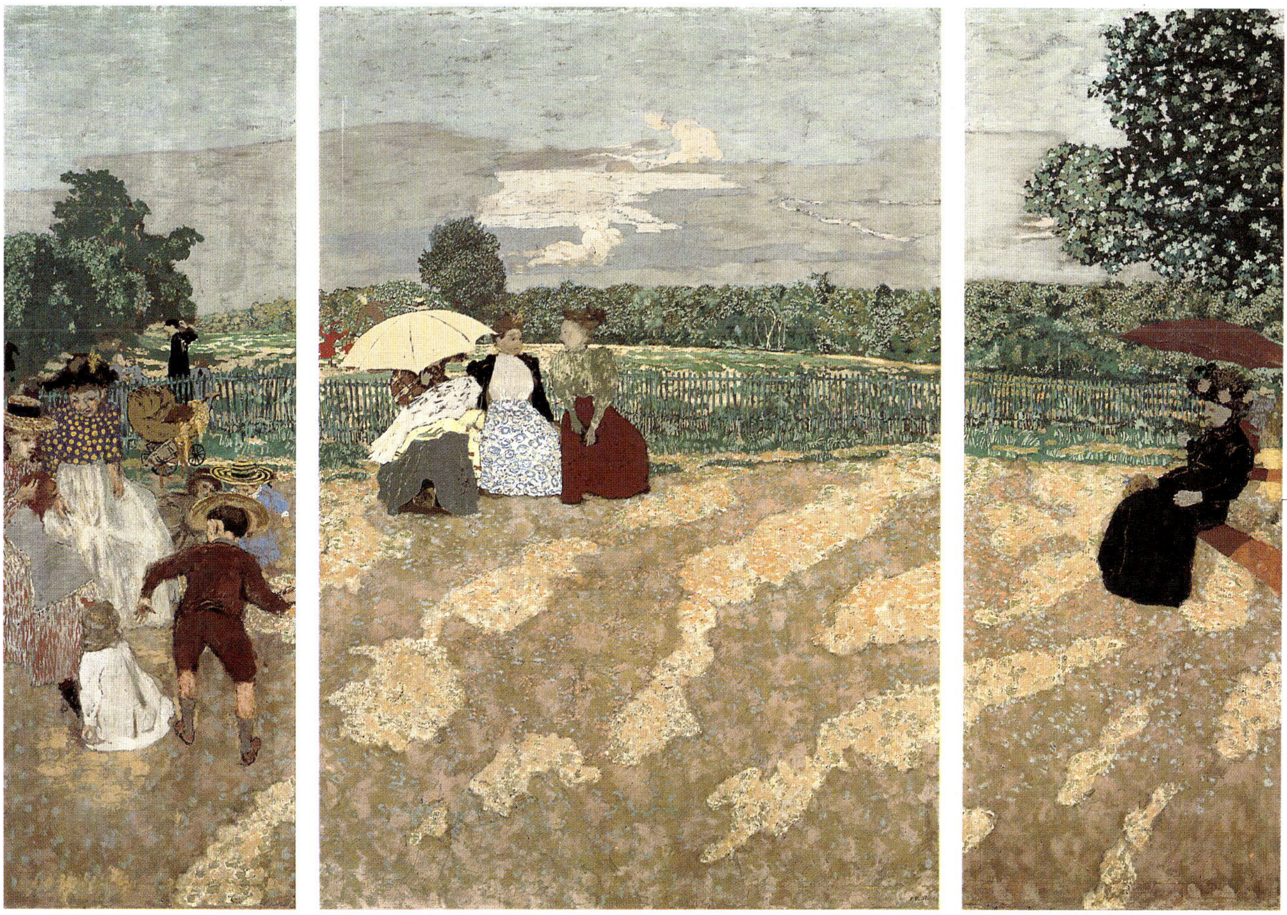

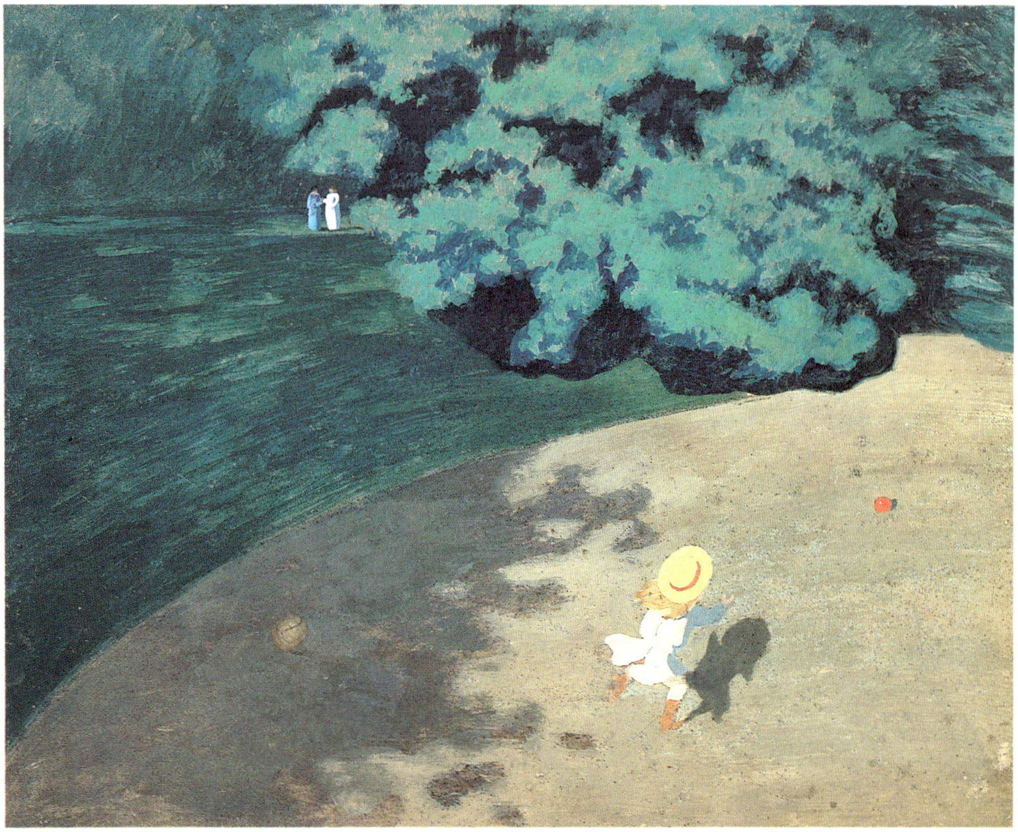

Félix Vallotton (1865-1925)
Le Ballon, 1899
Carton, 48 × 61
Legs Carle Dreyfus, 1953

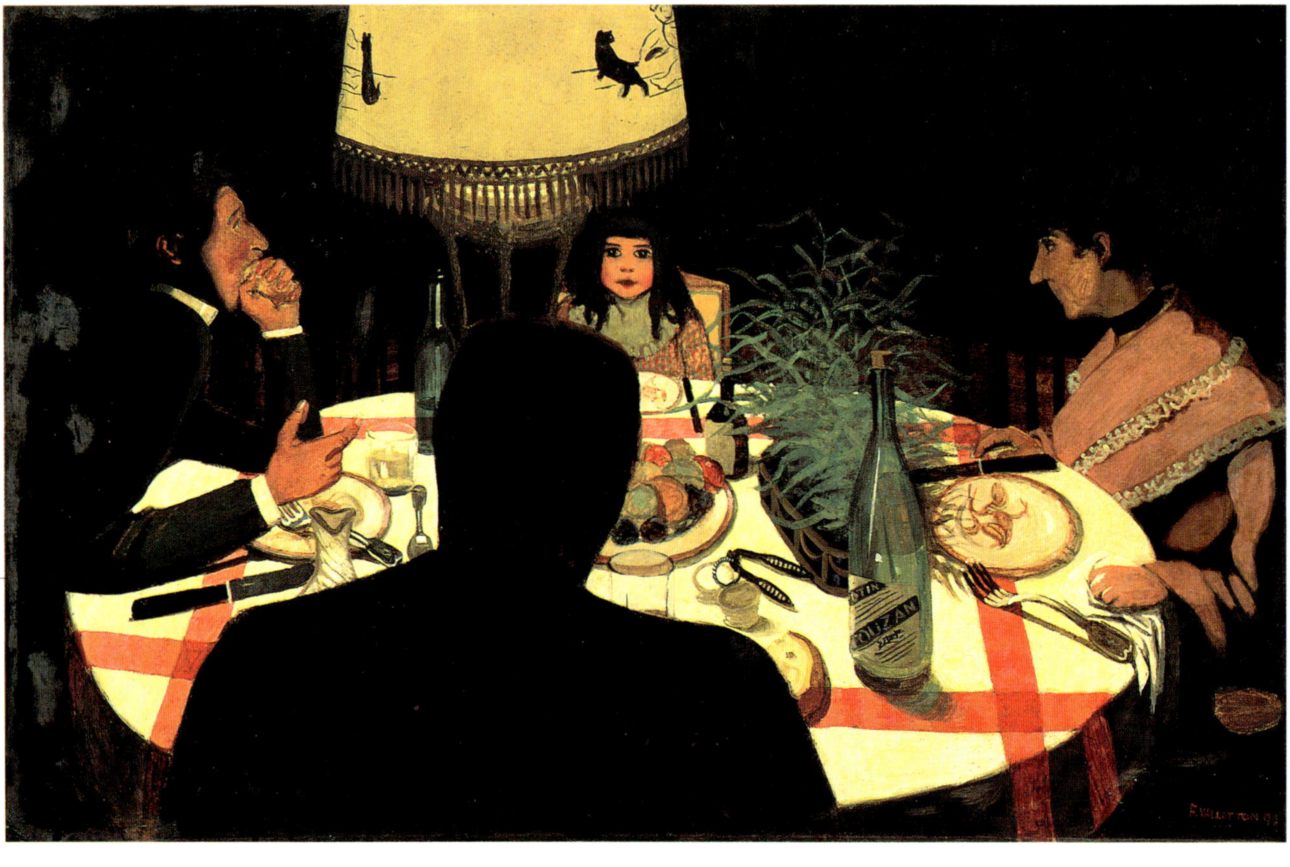

Félix Vallotton (1865-1925)
Le Dîner, effet de lampe, 1899
Bois, 57 × 89
Acquis en 1947

Pierre Bonnard (1867-1947)
Femme assoupie sur un lit ou *L'Indolente*, 1899
96 × 106
Acquis en 1947

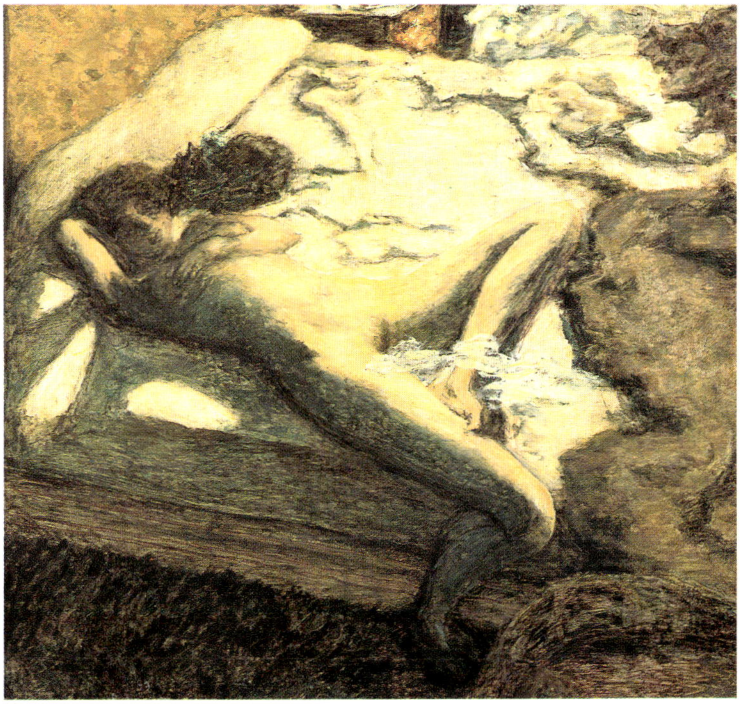

L'*Hommage à Cézanne* réunit de gauche à droite, dans la boutique d'Ambroise Vollard, autour d'une *Nature morte* de Cézanne : Odilon Redon, Vuillard, le critique André Mellerio, Ambroise Vollard, Maurice Denis, Sérusier, Ranson, Roussel, Bonnard et l'épouse de Maurice Denis, Marthe. Hommage à Cézanne mais également à Redon et Gauguin dont on devine une toile à l'arrière-plan et auquel allait l'admiration unanime des nabis.

Maurice Denis (1870-1943)
Hommage à Cézanne, 1900
Salon de la Société nationale des Beaux-Arts, 1901
180 × 240
Don André Gide, 1928

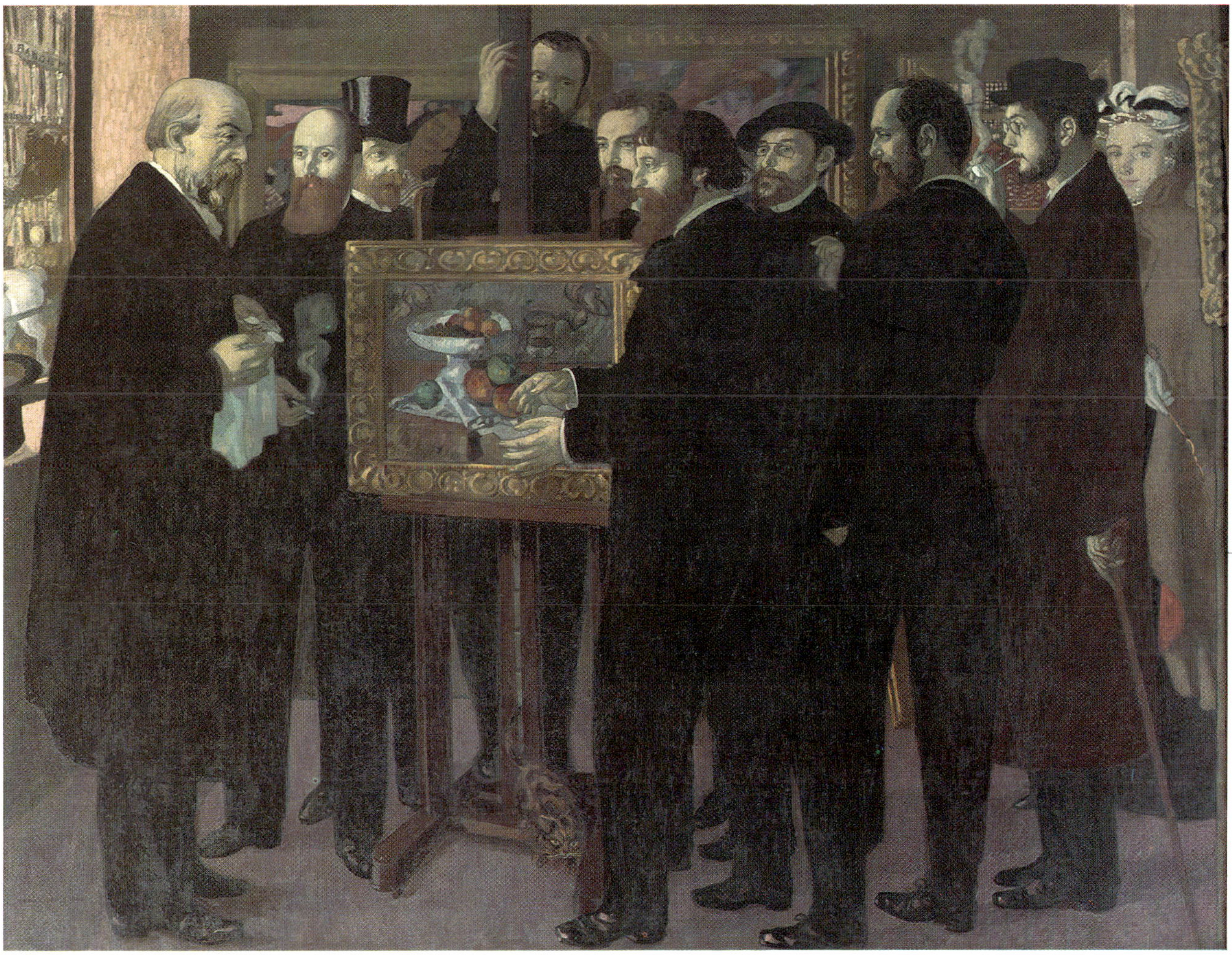

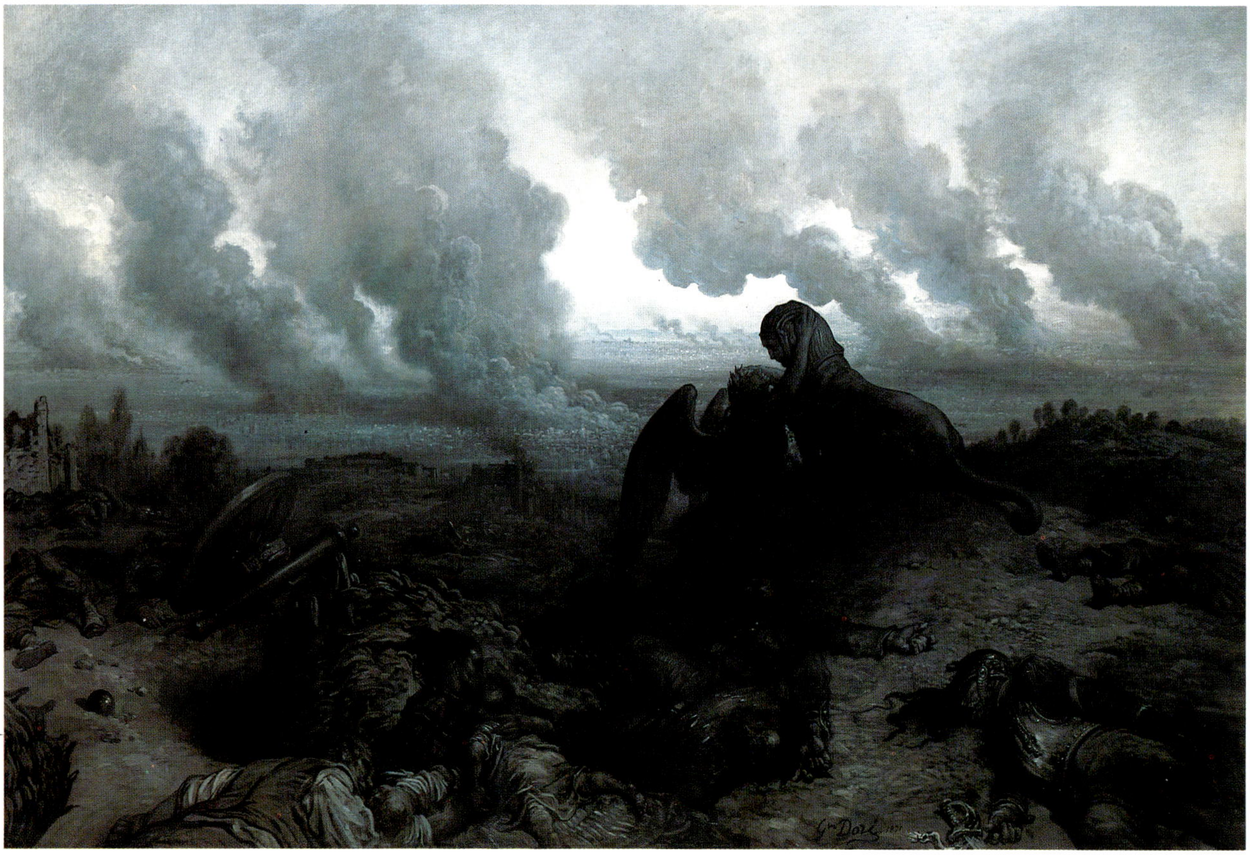

Gustave Doré (1832-1883)
L'Énigme, 1871
130 × 195,5
Acquis en 1982

Naturalisme et Symbolisme

Les événements qui marquèrent la chute du Second Empire, la guerre de 1870 et le siège de Paris, plus encore la Commune, ne furent nullement évoqués à l'époque dans les collections du musée du Luxembourg. Tout fut si brutal d'ailleurs que peu d'artistes y puisèrent alors leur inspiration. Gustave Doré était resté à Paris et fut le témoin de scènes qui lui inspirèrent d'extraordinaires dessins croqués sur le vif et plusieurs peintures allégoriques, dont *L'Énigme*, récemment acquise par le musée d'Orsay. A sa vente posthume en 1885, elle formait avec *L'Aigle noir de Prusse* et *La Défense de Paris* une suite intitulée *Souvenir de 1870*. A *L'Énigme* étaient associés deux vers de Victor Hugo, de 1837 :

« Ô spectacle, ainsi meurt ce que les peuples font!
Qu'un tel passé pour l'âme est un gouffre profond. »

Devant une ville en feu — Paris sans aucun doute — les victimes civiles et militaires du combat entourent la France éplorée, personnifiée en une femme ailée qui questionne un sphinx sur les raisons du désastre.

C'est au legs en 1898 de Mme Meissonier, veuve du peintre, venu s'ajouter à un premier don de son fils Charles en 1893, que l'on doit l'entrée au musée du Luxembourg de nombreuses études de Meissonier, dont l'impressionnante esquisse pour *Le Siège de Paris*. Elle avait été peinte fiévreusement, sous l'émotion de la défaite, en deux mois, dit-on, dans l'atelier de Poissy, tandis que la maison de l'artiste à Paris était envahie par l'ennemi. « C'était ma vengeance », note-t-il dans ses *Entretiens*. Parmi les personnages identifiés, le peintre Regnault s'effondre près de la monumentale figure de la ville de Paris, coiffée d'une peau de lion et dressée devant le drapeau national. Cette géante transfigure en allégorie une scène qui, sans cela, n'aurait été rien d'autre qu'une de ces images de guerre, comme en peignirent surtout après 1880 d'innombrables chroniqueurs de la vie militaire, notamment Edouard Detaille.

Meissonier rêvait de convertir en tableau cette esquisse, mais ne le fit jamais, comme il ne réussit pas à exécuter, lui qui était spécialiste des petits formats, la commande que l'État, à l'instigation de Philippe de Chennevières, lui avait confiée pour le Panthéon. Dans ce vaste programme patriotique, conçu en 1874 et réalisé à partir de 1875, Meissonier était chargé d'un autre siège de Paris, celui que firent les Francs et qui avait conduit la ville à la famine au temps de sainte Geneviève.

Puvis de Chavannes qui, pour le Panthéon, avait déjà réalisé avec tant de bonheur les scènes de l'enfance de sainte Geneviève en 1875-1878, fut chargé, de préférence à Detaille qui s'était aussi porté candidat, de compléter le décor après la mort de Meissonier; ce qui fut fait entre 1893 et 1898. Les rigueurs du programme du musée du Luxembourg s'étaient alors un peu assouplies et, à la mort de Puvis en 1898, comme quelques années avant à celle de Delaunay, le musée put s'enrichir d'un certain nombre d'esquisses dont celle qui représente *Sainte Geneviève ravitaillant Paris*; Puvis y avait évité les scènes de famine et choisi la représentation plus sereine de leur disparition grâce à l'intervention de la patronne de Paris. Bien des grands décors du Second Empire avaient sombré dans les incendies de la Commune. Sous la Troisième République, se multiplièrent les commandes privées, rarement préservées — le sauvetage récent du décor de Luc-Olivier Merson pour l'escalier de l'hôtel Watel-Dehaynin est une exception exemplaire — et surtout les commandes publiques pour les édifices de toutes sortes, mairies et théâtres notamment. Si la maquette en plâtre à la forme du plafond de la salle de la Comédie-Française, confiée à Albert Besnard pour la mise en place de son décor, a pu être préservée, c'est au hasard d'une acquisition récente que l'on doit la première esquisse de Benjamin-Constant pour le plafond de l'Opéra-Comique.

On songea même à décorer les gares de chemin de fer et c'était un vieux rêve de Courbet — jamais réalisé — que d'y contribuer. En 1900, les artistes les plus académiques, Gabriel Ferrier, Benjamin-Constant, Pierre Fritel, participèrent au décor de l'hôtel Terminus attenant à la gare d'Orsay, tandis que Fernand Cormon brossait des paysages pour le grand hall de la gare. L'un d'eux s'aperçoit encore derrière une autre composition de Cormon, l'une des gloires de l'ultime Salon officiel, celui de 1880, acquise immédiatement pour le musée du Luxembourg : *Caïn*, premier sujet « préhistorique » de l'artiste. C'est en fait une monumentale illustration de quelques vers de « La Conscience », fameux poème de *La Légende des siècles* de Victor Hugo, le proscrit de Napoléon le Petit revenu en pleine gloire dans la France républicaine. Tout en utilisant les procédés traditionnels de l'enseignement académique — on se plut à reconnaître des modèles professionnels en ces fuyards hirsutes — Cormon a assimilé déjà certaines des caractéristiques de la peinture naturaliste qui devient, à ce moment-là, dominante et, avec toutes les variations possibles, le véritable art officiel lorsque s'impose autour de 1880 la Troisième République. Ceux qui avaient été si malmenés sous le Second Empire atteignaient souvent, à titre posthume il est vrai, une gloire incontestable. Les prix des œuvres de Millet commençaient une fulgurante ascension, l'école des Beaux-Arts organisait des expositions Courbet en 1882 ou Manet en 1883 ; Jules Bastien-Lepage, mort à 36 ans en décembre 1884, avait droit à une rétrospective de son œuvre, quelques mois plus tard, à l'Hôtel de Chimay où l'administration choisit d'acquérir pour le musée du Luxembourg le grand tableau *Les Foins*, faisant ainsi entrer au musée une œuvre naturaliste avec des figures grandeur nature, qui renouait, par le sujet et par l'échelle, avec les tableaux-manifestes de 1849 ou 1850, tout en montrant déjà une certaine assimilation de la technique impressionniste.

A peine établie dans sa gloire officielle, la peinture naturaliste, qui s'attache surtout aux sujets paysans (*La Paye des moissonneurs* de Léon Lhermitte), sans négliger le monde moderne du travail industriel (*La Forge* de Cormon ou *Au pays noir* du Belge Constantin Meunier) est remise en cause par ceux qui y voient, tel Joséphin Péladan, futur ordonnateur des Salons de la Rose + Croix, la marque de la décadence de l'art par défaut d'idéalisme et de spiritualité. Et tandis que, déjà, le naturalisme vulgarisé devient une simple manière de peindre, avec des touches de couleurs rapidement jetées, au service de tous les sujets, y compris religieux et symbolistes, il envahit tous les pays d'Europe, d'autant plus facilement que les structures académiques, pour pesantes qu'elles soient, le sont souvent moins hors de France : du coup, les plus fortes personnalités adoptent un naturalisme vigoureux et de qualité, comme le Hollandais Breitner, représenté au musée d'Orsay par une récente acquisition, ou l'Allemand Liebermann. Celui-ci, qui avait multiplié, plus que les Français, dans les années 1870-1880, les sujets du monde ouvrier, avait certes visité à cette époque Paris et même Barbizon, mais avait aussi l'exemple remarquable d'un artiste comme Menzel, malheureusement pour nous d'une génération trop ancienne pour être représenté au Luxembourg, malgré la présence, à l'Exposition universelle de 1878, de son imposant *Laminoir*. C'est d'ailleurs plus tard, en 1895, au moment où le musée du Luxembourg s'intéresse enfin aux étrangers qu'est acquise la *Brasserie à Brannenburg*, peinte en 1893 , d'un sujet plus aimable : toile claire où Liebermann privilégie les effets de lumière et d'atmosphère, plus à la suite de l'impressionnisme que du naturalisme officiel dont les œuvres sont souvent baignées d'une lumière uniforme et terne.

L'art du portrait montre bien l'évolution des techniques depuis les sombres et sérieuses effigies de Bonnat ou de Delaunay, jusqu'aux brillants portraits de Sargent — celui d'*Édouard Pailleron* en 1879 est d'une technique audacieusement libre — ou plus mondains d'Albert Besnard — qui joue des reflets jaunes de la lumière artificielle dans le portrait de *Madame Roger Jourdain* — de Jacques-Émile Blanche et de Boldini, champion de la peinture jetée avec virtuosité.

Comme précédemment, les portraits, pour la plupart, sont d'abord conservés par le commanditaire et sa famille et n'entrent que tardivement dans les musées, le plus souvent par donation. Il en a été ainsi récemment pour le portrait si délicat, aux tonalités nabis, de *Madame Lwoff* par le peintre russe Sérov. Lorsque les tendances symbolistes s'affirment par réaction au naturalisme — le manifeste du symbolisme paraît en 1886 — aussi bien avec les artistes du post-impressionnisme qu'avec ceux qui restent en dehors de l'avant-garde, les jeunes générations se réfèrent à quelques aînés : si Moreau et Puvis de Chavannes ont alors chacun une œuvre remarquable au musée du Luxembourg, Burne-Jones en est pratiquement absent, malgré quelques dessins qu'il a offerts, et Böcklin y est totalement ignoré. A ce moment, le musée ne joue plus correctement le rôle qu'il s'était assigné de donner les modèles aux artistes. Il faut puiser ces modèles — et les occasions se multiplient — dans les expositions, dans les reproductions des livres et revues illustrés.

Ce sont donc des acquisitions récentes d'œuvres importantes qui permettent d'évoquer ces peintres au musée d'Orsay : pour Burne-Jones, l'occasion manquée à la fin du XIXe siècle est réparée par l'acquisition d'une œuvre majeure appréciée de Puvis de Chavannes et venue il y a cinquante ans dans une collection française. Pour Böcklin, c'est une reprise tardive d'une composition encore classique, qui n'est pas sans rapport avec *Le Gouffre* de Paul Huet, lui aussi récemment acquis.

Parmi les premières œuvres à représenter le symbolisme au musée du Luxembourg — et encore s'agit-il d'un symbolisme discret — se trouve le délicat portrait de *Thadée Jacquet* par Aman-Jean, un fidèle des Salons de la Rose + Croix et de la toute nouvelle Société nationale des Beaux-Arts. S'y trouvent également des œuvres de Carrière, dont est acquis, en 1897, l'ample *Famille du peintre*. On préfère maintenant de cet artiste des œuvres plus séduisantes, par exemple *L'Enfant au verre* ou ses portraits d'écrivains, comme celui, célèbre, du poète *Paul Verlaine*, acquis en 1910 avec la participation de la Société des Amis du Luxembourg. C'est essentiellement grâce à des donations successives, dont les plus abondantes sont celles de son ami le sculpteur Devillez, en 1930, ou plus récemment le legs de son gendre Ivan Loiseau, que l'artiste est largement représenté dans les collections du musée d'Orsay. Il reste cependant une figure encore mal comprise du symbolisme fin de siècle : en se limitant de plus en plus exclusivement à un camaïeu de bruns, il s'éloigne progressivement d'un réalisme encore proche de l'art de Ribot dans les années 1880 pour atteindre par un simple jeu de courbes, ménageant quelques zones lumineuses, à la « magie du rêve », aussi bien dans des scènes intimistes où il évoque, sans anecdote, les aspects essentiels de la vie, que dans ses paysages aux sinuosités Art Nouveau.

La plupart des symbolistes de la génération de 1890 se sont peu à peu dégagés du naturalisme qu'ils pratiquèrent à leurs débuts, notamment Léon Frédéric qui est un des rares étrangers de cette génération à avoir été représenté au musée du Luxembourg par de nombreuses œuvres dont deux importants triptyques symbolistes, l'un acquis, l'autre reçu en don. Il avait la sympathie de Léonce Bénédite dont on peut essayer de percevoir le goût autour de 1900, en ajoutant qu'il soutenait aussi vivement Charles Cottet, peintre austère et puissant de la « Bande noire »; il exposa chez Le Barc de Boutteville en compagnie des nabis, mais ces derniers ne retenaient pas encore l'attention. Seurat était pour longtemps encore un grand absent, tandis que ses émules, les divisionnistes italiens, furent bien représentés surtout à partir de 1910, grâce à de fructueux contacts avec les responsables de la Biennale de Venise; mais il était trop tard pour Segantini, mort à la veille de l'Exposition universelle de 1900, où l'on avait pu admirer de très nombreuses œuvres de lui.

Il n'y eut rien de tel avec les membres du groupe des XX qui avaient accueilli Seurat ou Gauguin à Bruxelles, puis avec ceux de la Libre Esthétique, sans doute jugés trop sulfureux. Aussi c'est grâce à des acquisitions récentes que le Belge Khnopff ou le Hollandais Toorop sont enfin représentés, ce dernier par une œuvre qu'il proposa en échange à Maurice Denis.

Dans le foisonnement des manifestations artistiques de la fin du siècle, tout en s'ouvrant plus largement au monde, le musée du Luxembourg pouvait-il être autre chose que l'instrument privilégié de l'art officiel? L'enseignement que ses choix nous apportent est un précieux témoignage sur les relations de l'art et de l'administration autour de 1900. C'est le rôle des acquisitions et des donations récentes — qui ont permis de représenter brillamment des artistes comme Lévy-Dhurmer ou Mucha à qui les succès n'avaient d'ailleurs pas manqué à l'époque — de compléter et nuancer la vision que le musée avait de la création de son temps.

Alphonse de Neuville (1835-1885)
Le Cimetière de Saint-Privat - 18 août 1871
Salon des Artistes français, 1881
235,5 × 341
Don Roland Knoedler, 1904

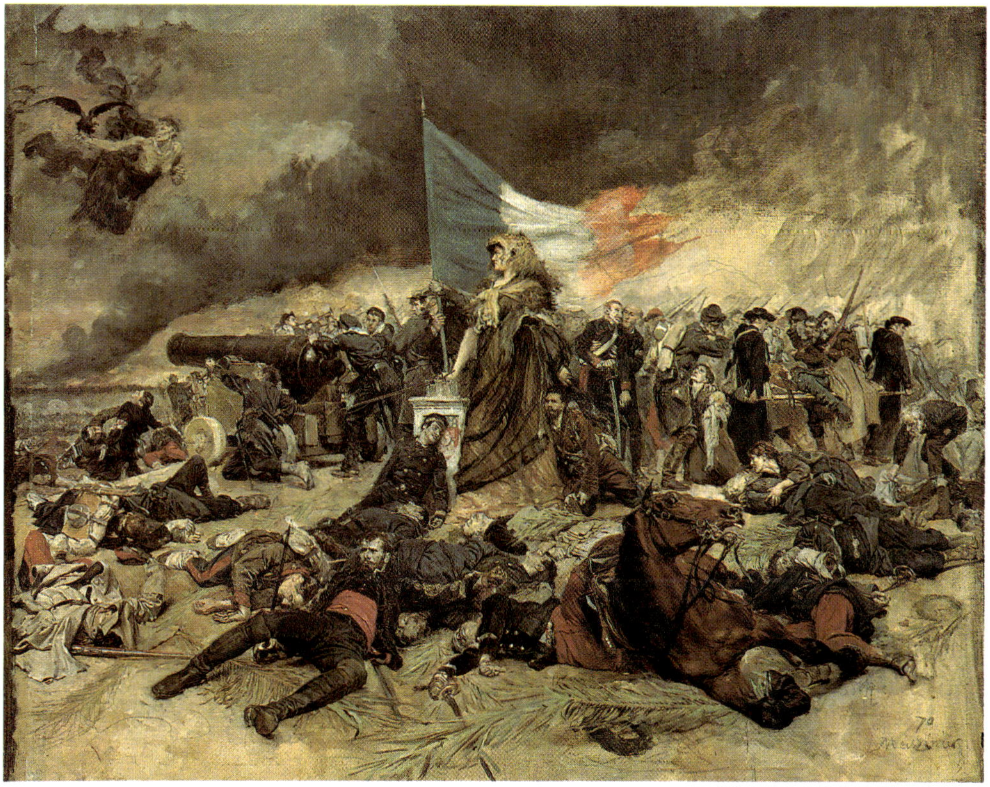

Ernest Meissonier
(1815-1891)
Le Siège de Paris. Allégorie
1870
53,5 × 70,5
Legs de Mme Meissonier
veuve de l'artiste, 1898

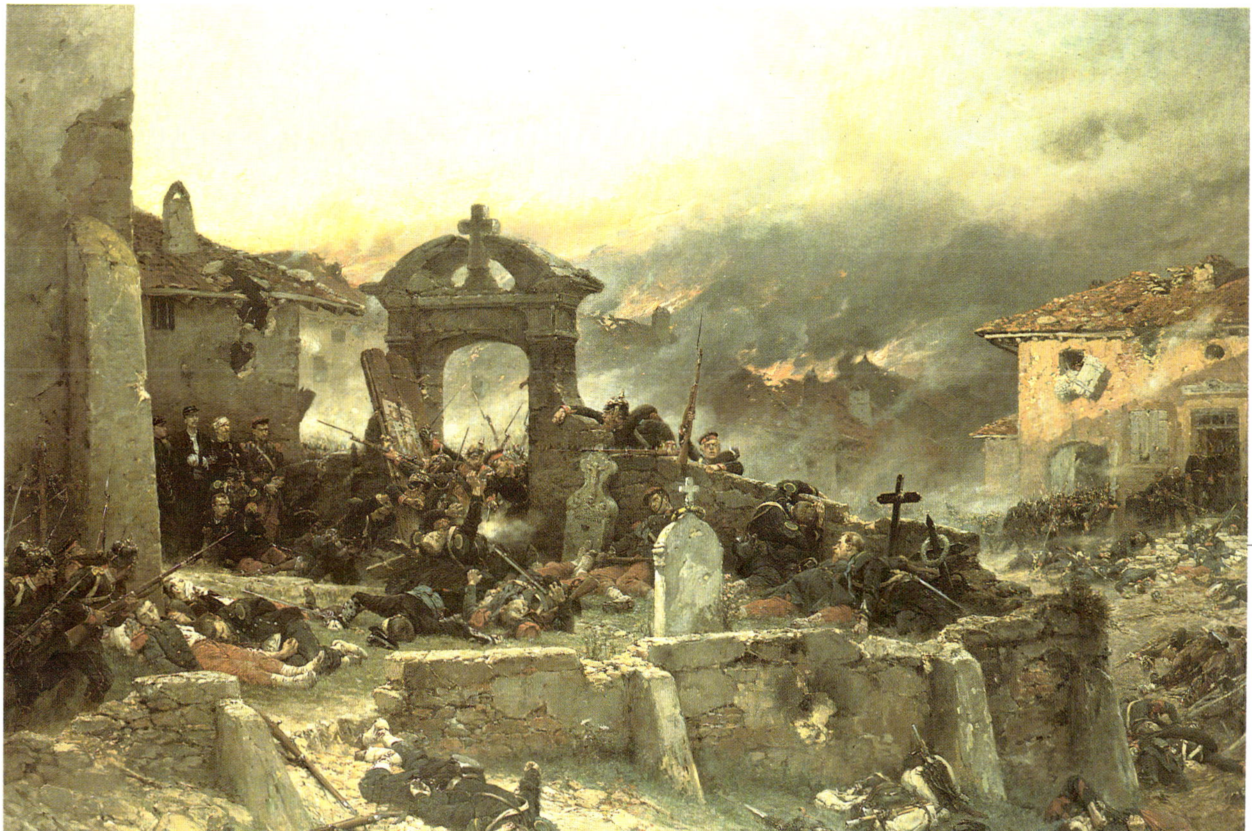

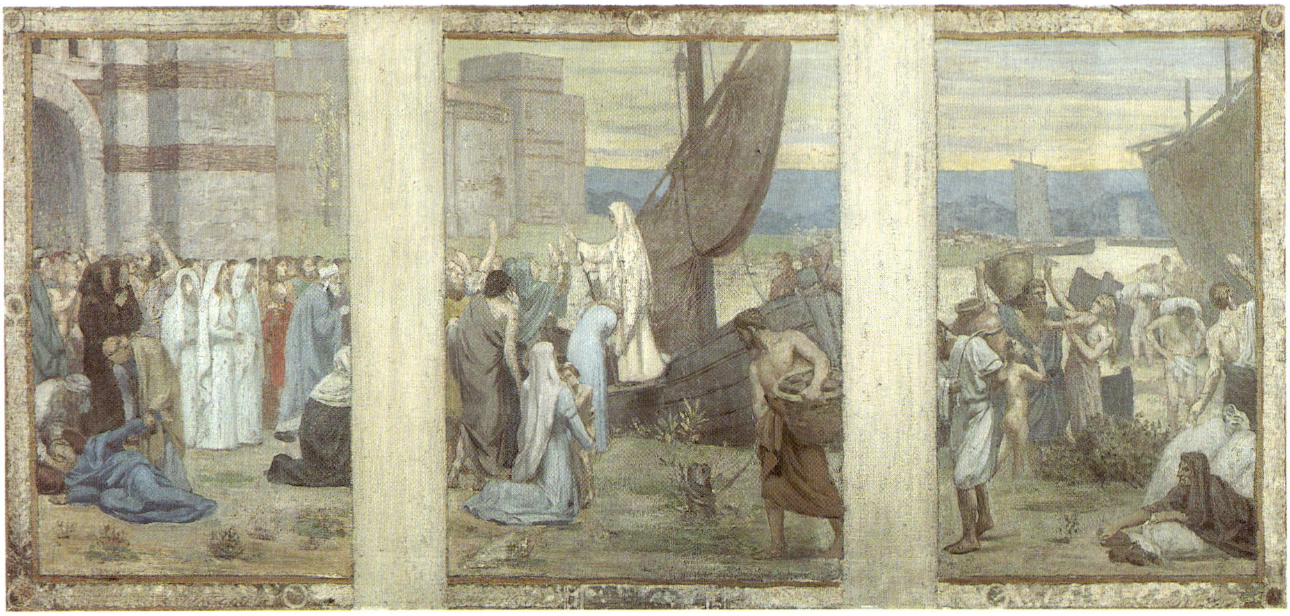

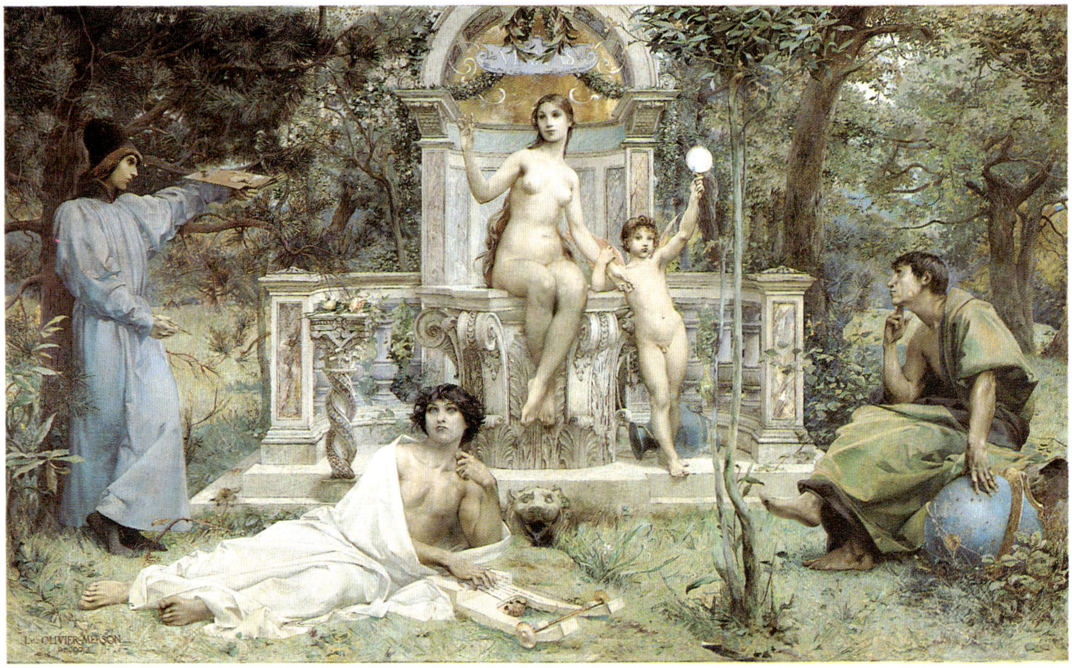

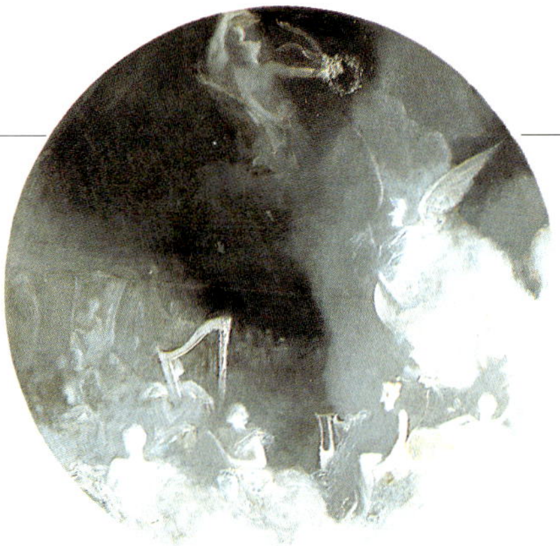

Pierre Puvis de Chavannes (1824-1898)
Sainte Geneviève ravitaillant Paris
Esquisse pour la décoration du Panthéon
commandée en 1896, terminée en 1898
64 × 140
Entré au musée du Luxembourg en 1898

Luc-Olivier Merson (1846-1920)
La Vérité
Décoration de l'escalier de l'hôtel
Watel-Déhaynin, 1901
221 × 372
Acquis lors de la démolition de l'hôtel, 1974

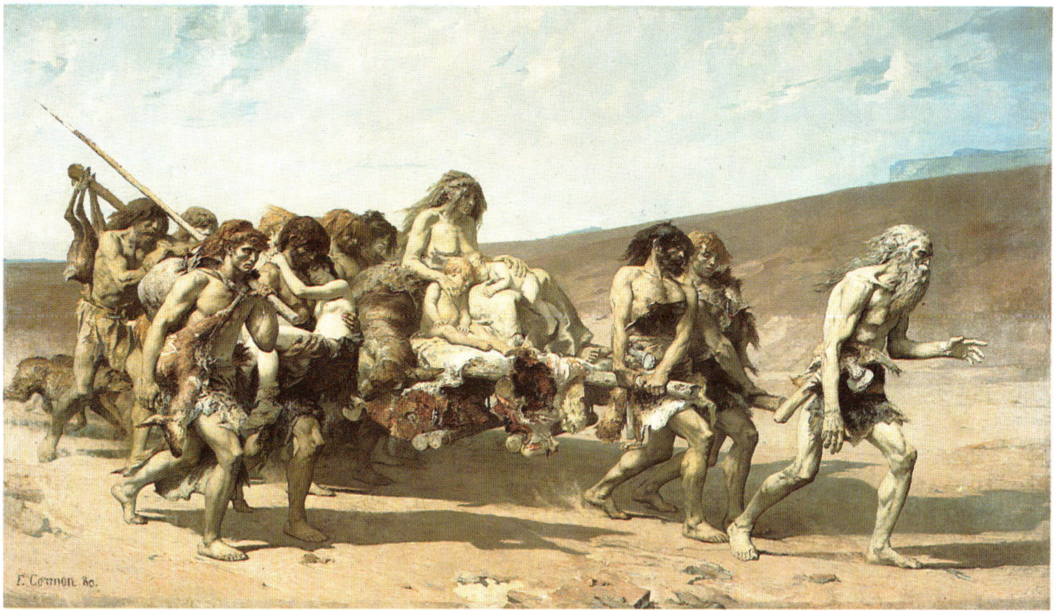

Fernand Cormon (1845-1924)
Caïn. Salon de 1880
384 × 700
Acquis en 1880

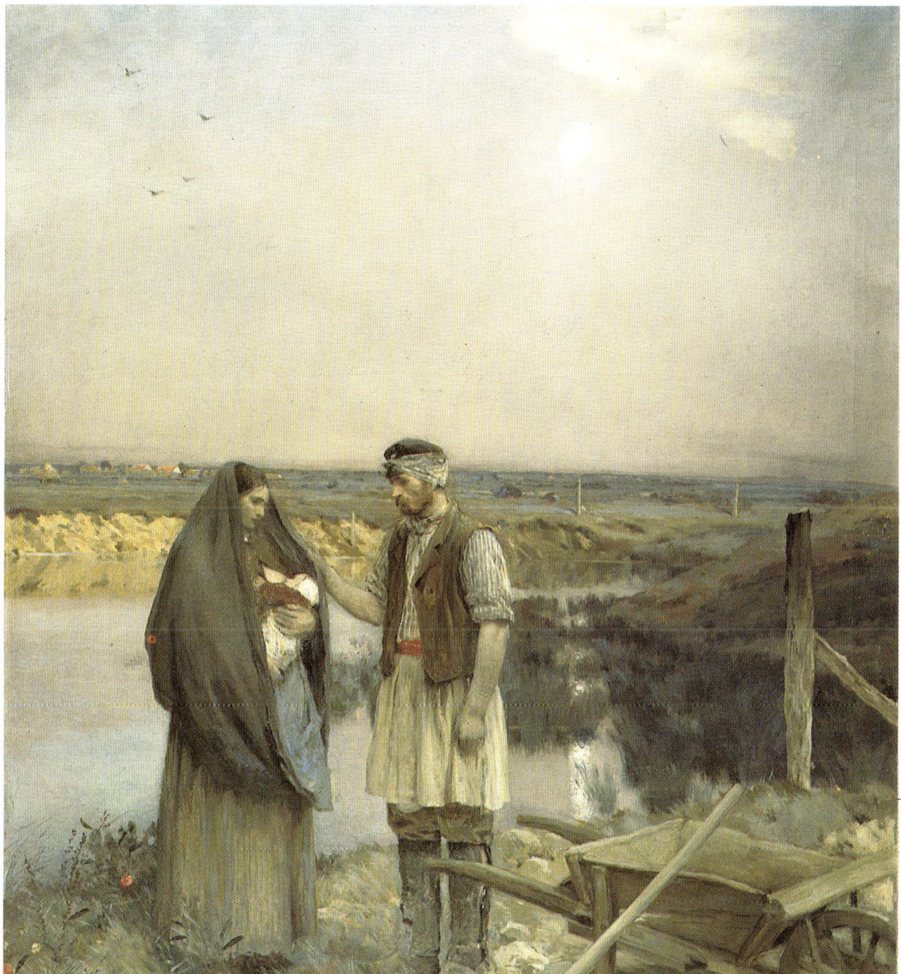

Jean-Charles Cazin (1841-1901)
La Journée faite
Salon des Artistes français, 1888.
199 × 166
Acquis en 1888

Benjamin-Constant (1845-1902)
Glorification de la musique
Première esquisse pour le plafond de la salle de l'Opéra-Comique à Paris, peint en 1898
Diamètre : 56. Acquis en 1979

Élève de Cabanel à l'École des Beaux-Arts, Bastien-Lepage, qui avait de peu échoué au Prix de Rome, décida de retracer la vie des paysans de son village natal, Damvillers en Lorraine. Le grand tableau des *Foins* en est la première démonstration : exposé au Salon de 1878, il frappa le public par la sensation de plein air et d'espace qui s'en dégage. Bastien-Lepage devint, dès lors, rapidement le chef de la génération naturaliste des années 1880 et l'on associe parfois alors son nom à celui de Manet, en raison de sa facture rapide et de ses couleurs claires. Plus encore que les Français, ce furent les étrangers séjournant à Paris qui diffusèrent sa manière à travers l'Europe et l'Amérique.

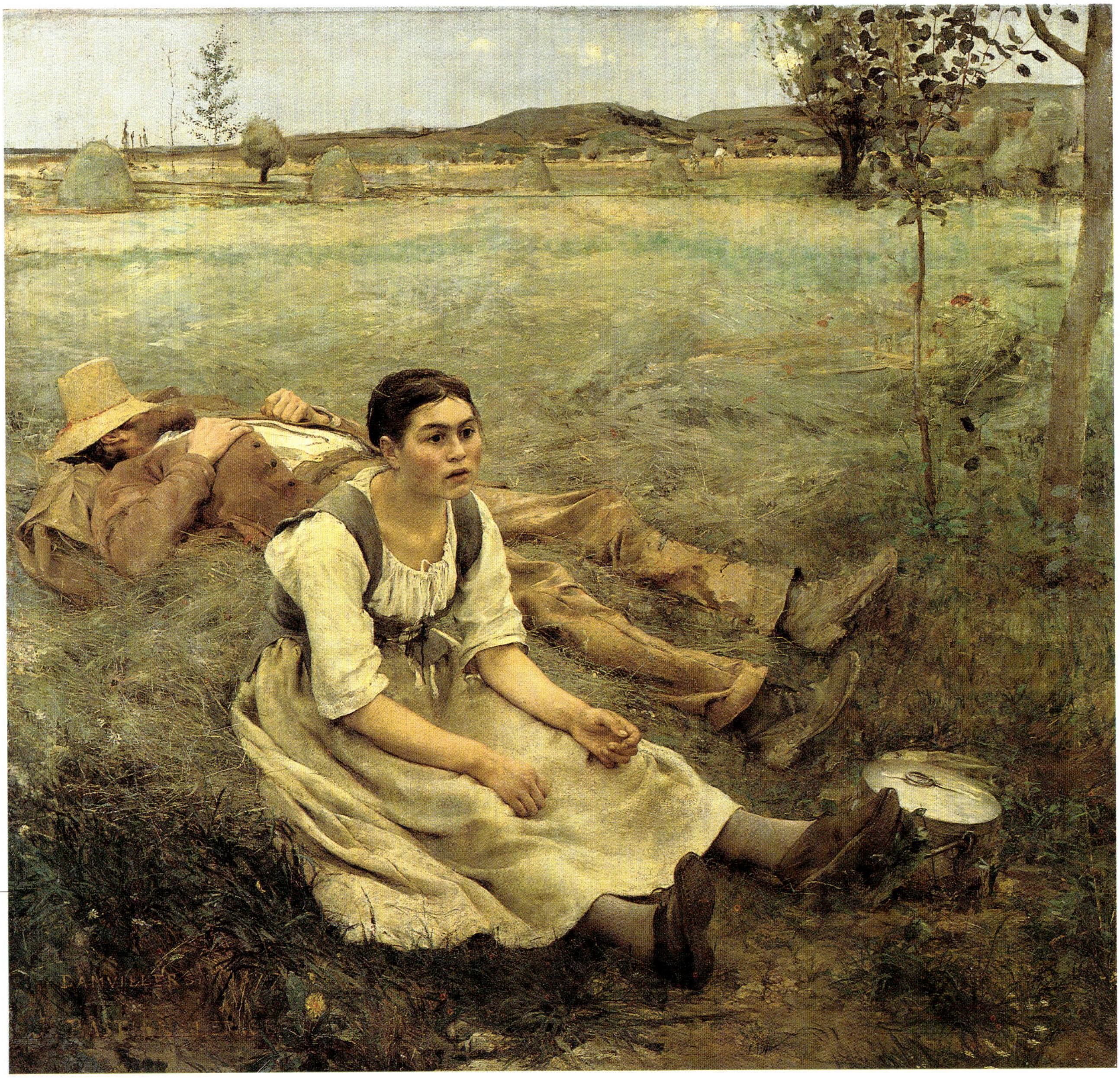

Jules Bastien-Lepage (1848-1884)
Les Foins, 1877. Salon de 1878
180 × 195
Acquis en 1885

Fernand Cormon (1845-1924)
Une forge. Salon des Artistes français, 1894
70 × 90
Acquis en 1894

Léon Lhermitte (1844-1925)
La Paye des moissonneurs
Salon des Artistes français, 1882
215 × 272
Acquis en 1882

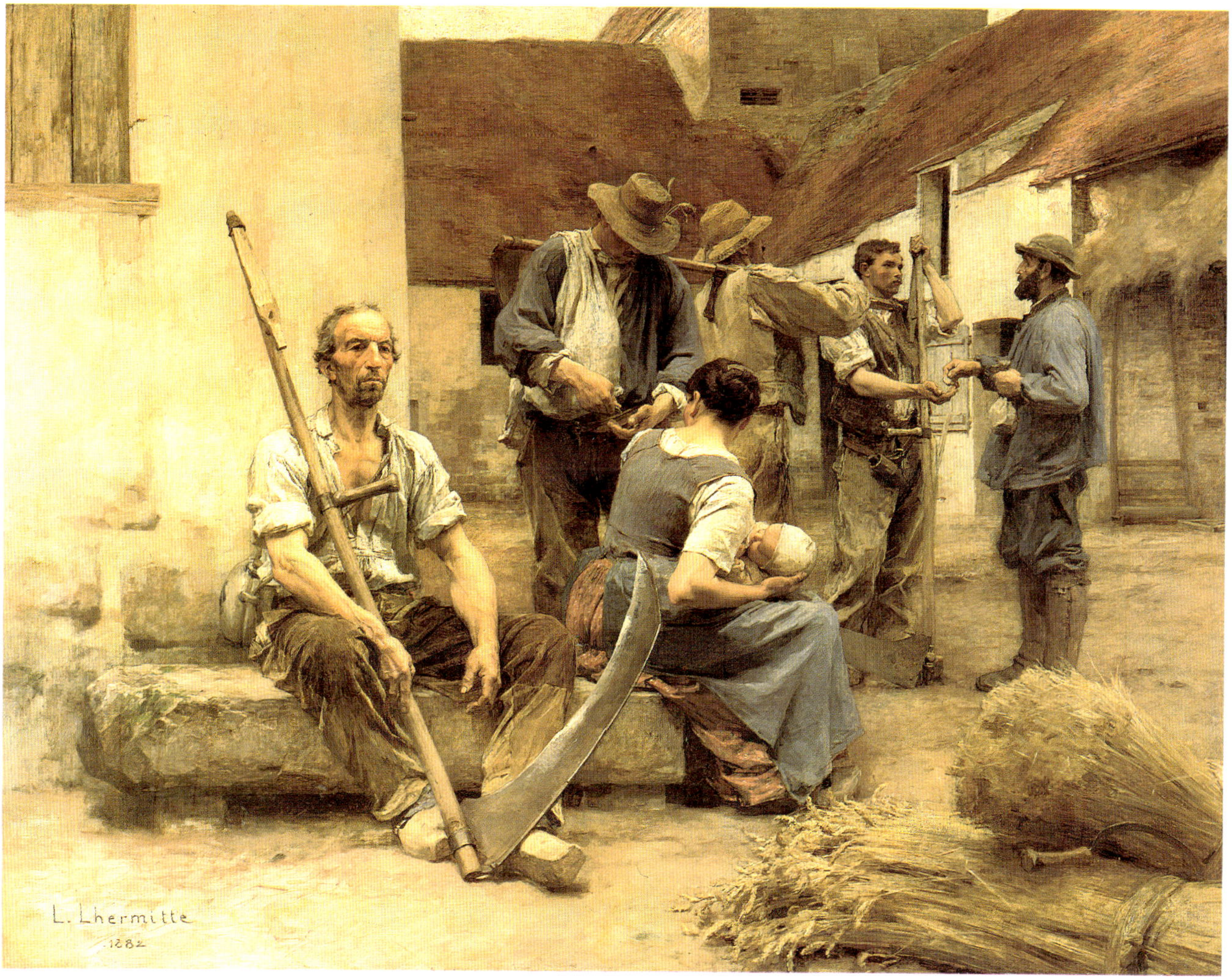

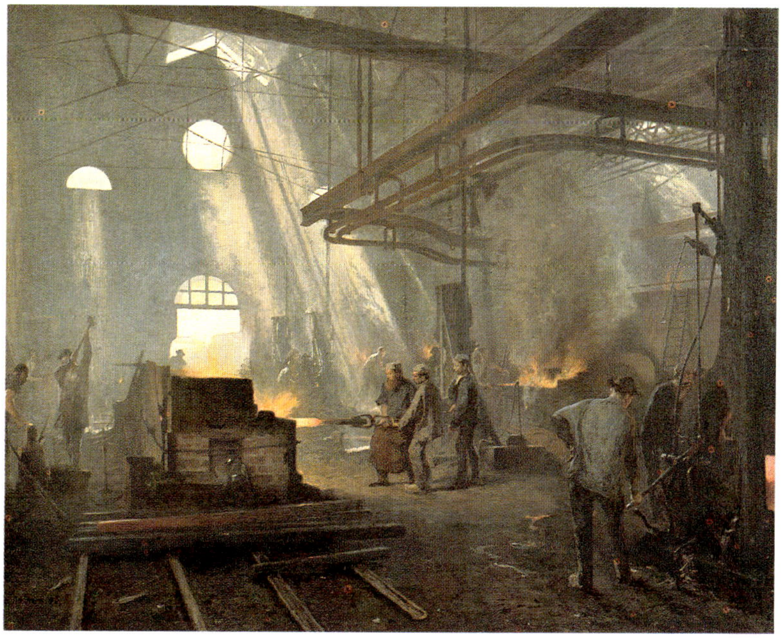

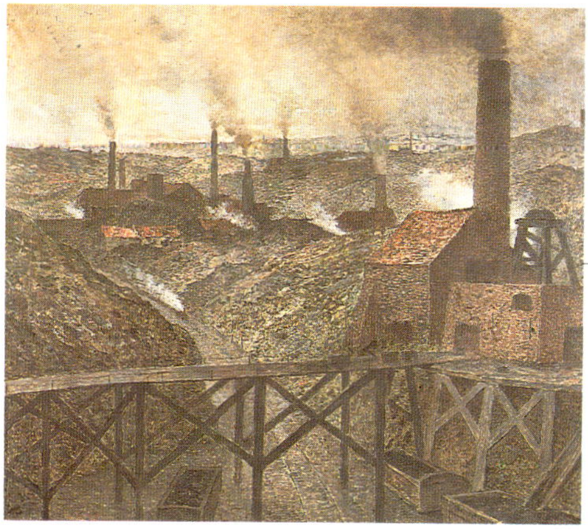

Constantin Meunier (1831-1905)
Au pays noir, 1893
81 × 93
Acquis en 1896

Valentin Alexandrovitch Serov (1865-1911)
Madame Lwoff (1864-1955), 1895
90 × 59
Donation du Pr André Lwoff et de M. Stéphane Lwoff, fils du modèle, 1980

Max Liebermann (1847-1935)
Brasserie de campagne à Brannenburg (Bavière)
Société nationale des Beaux-Arts, 1894
70 × 100
Acquis en 1894

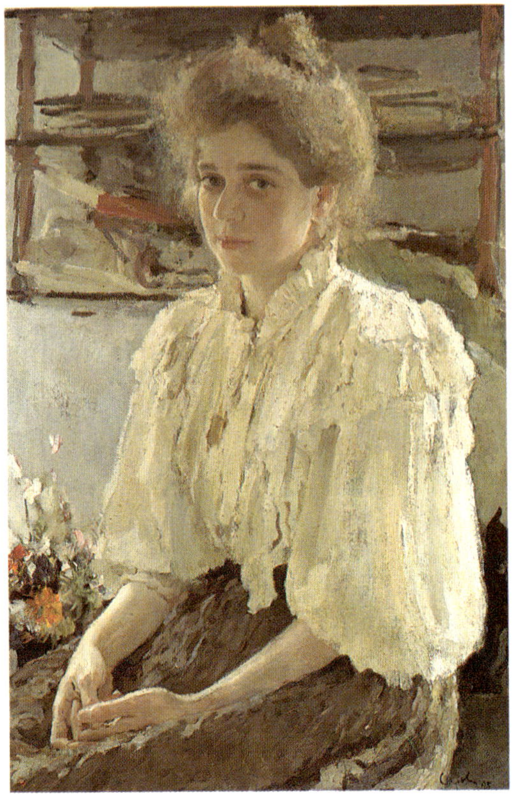

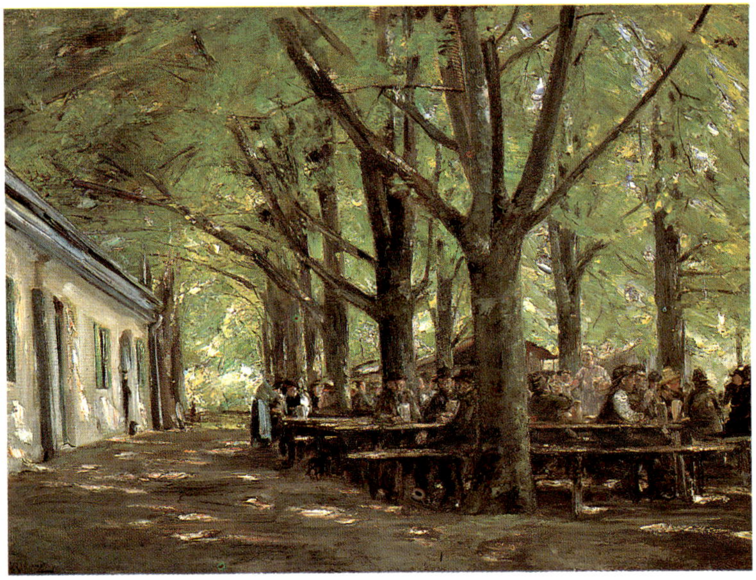

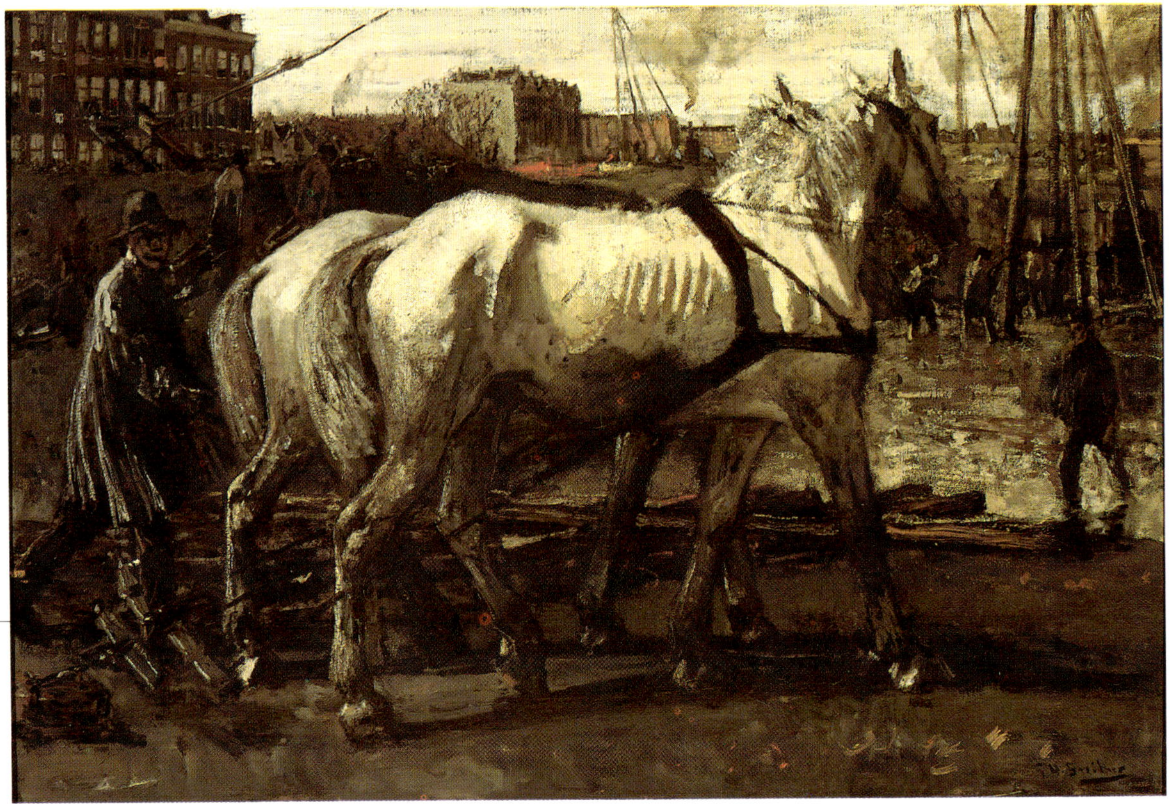

George-Hendrik Breitner (1857-1923)
Deux chevaux blancs tirant des pieux à Amsterdam, vers 1897-1898
100 × 152
Acquis en 1982

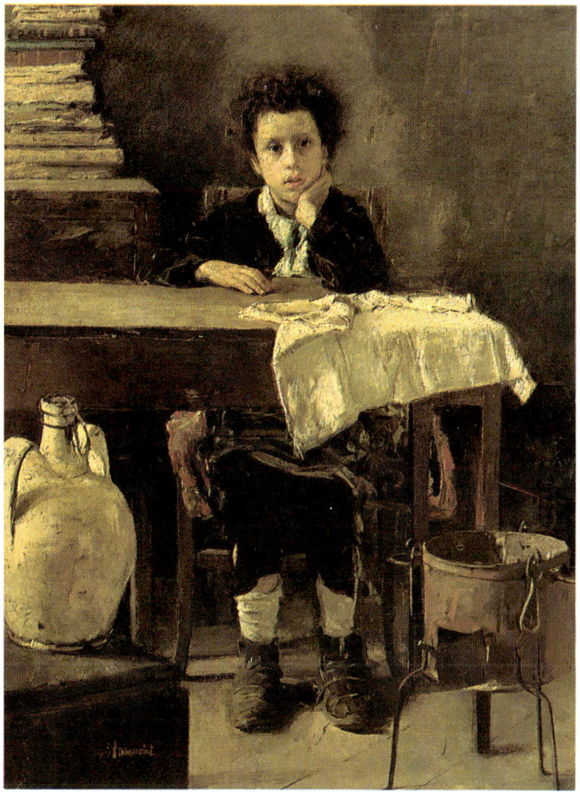

Antonio Mancini (1852-1930)
Pauvre écolier. Salon de 1876
130 × 97
Don Charles Landelle, 1906

Winslow Homer (1836-1910)
Nuit d'été, 1890
76,7 × 102
Acquis en 1900

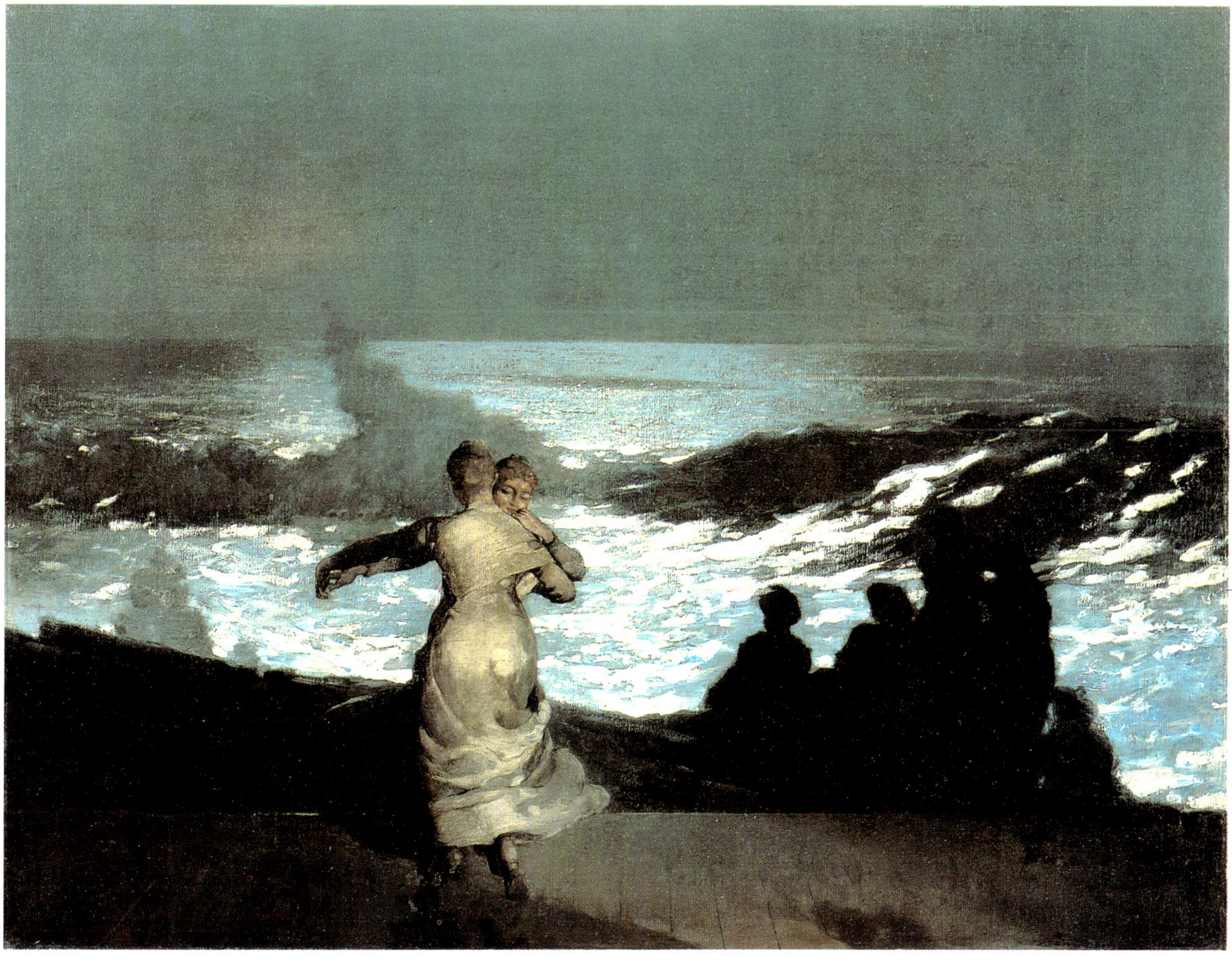

Elie Delaunay (1826-1891)
Madame Georges Bizet, née Geneviève Halévy,
plus tard Mme Émile Straus. Salon de 1878
104 × 75
Legs de Mme Émile Straus, sous réserve d'usufruit
en faveur de son mari, 1927
Entré en 1929

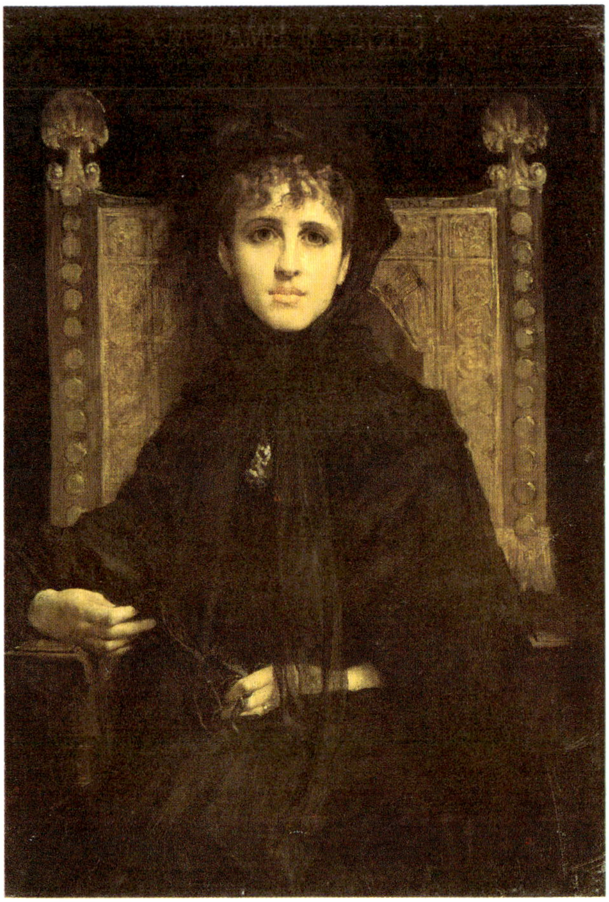

Léon Bonnat (1833-1922)
Madame Pasca, 1874. Salon de 1875
222,5 × 132
Acquis sur le legs Arthur Pernolet, 1915

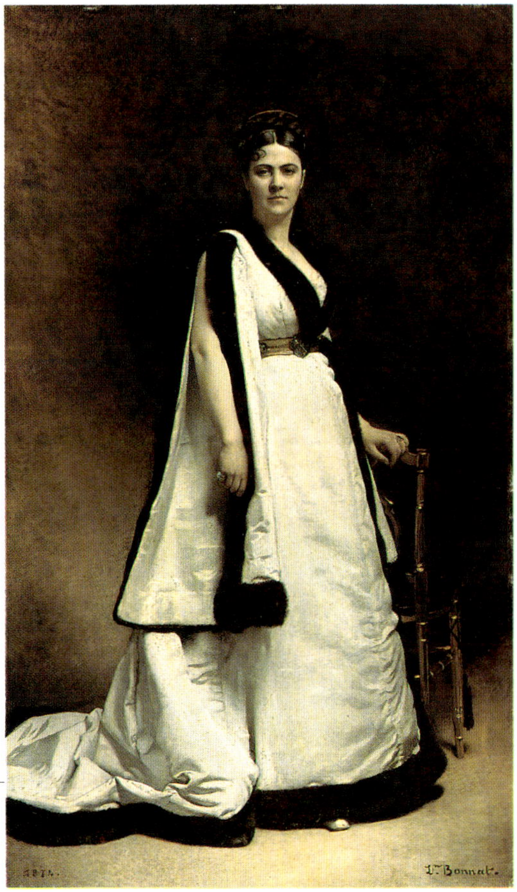

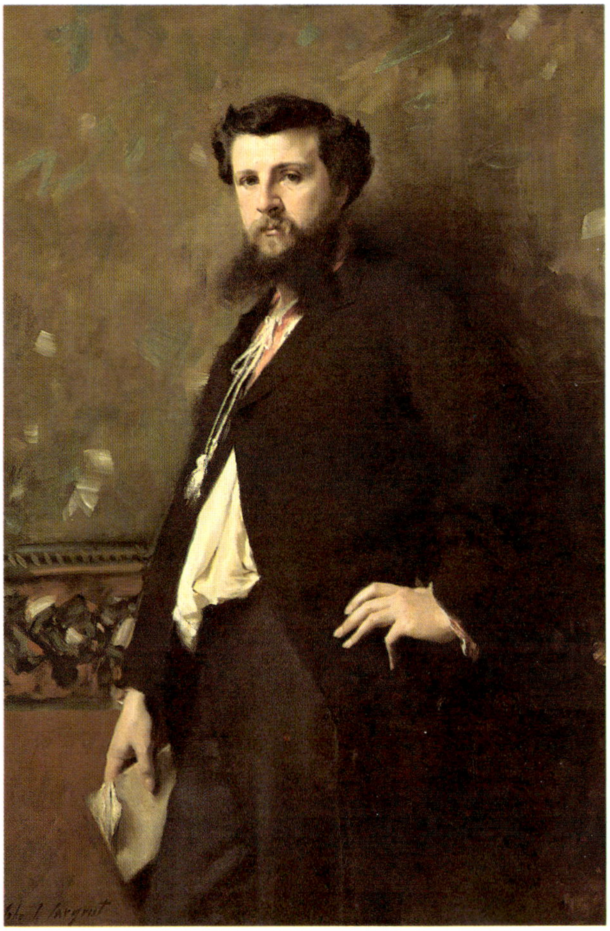

John Singer Sargent (1856-1925)
Édouard Pailleron (1834-1899), 1879
128 × 96
Don de la famille Pailleron au château de Versailles, 1904
Dépôt au musée d'Orsay, 1986

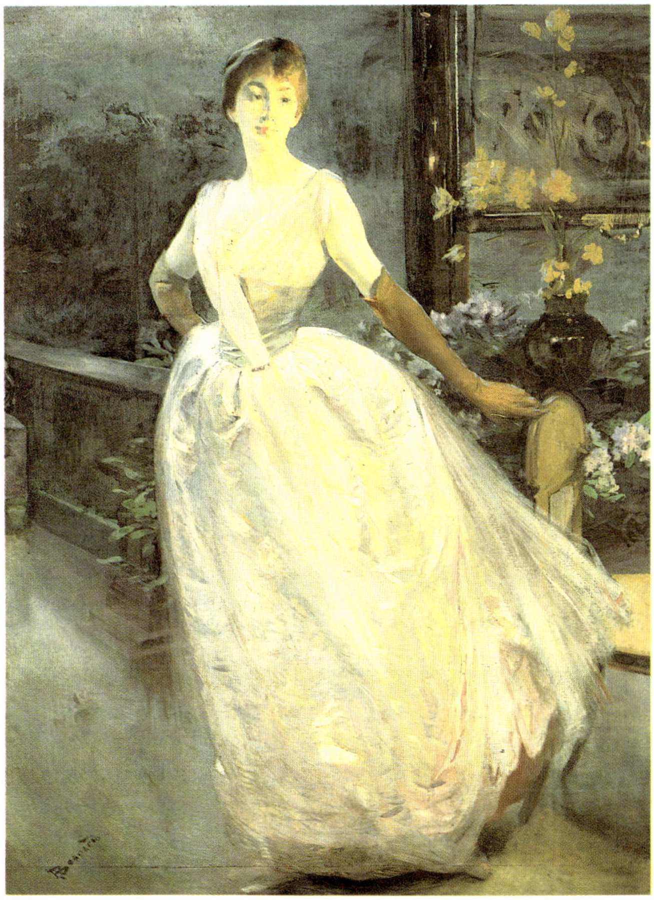

Albert Besnard (1849-1934)
Madame Roger Jourdain, 1885
Salon des Artistes français, 1886
200 × 153
Don de Mme Roger Jourdain, 1921

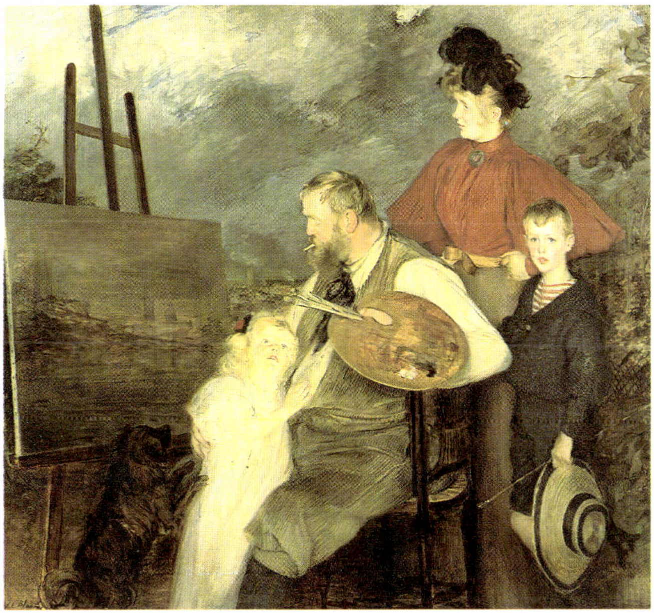

Jacques-Émile Blanche (1862-1942)
La Famille Thaulow, 1895. Salon de
la Société nationale des Beaux-Arts 1896
180 × 200
Acquis en 1900

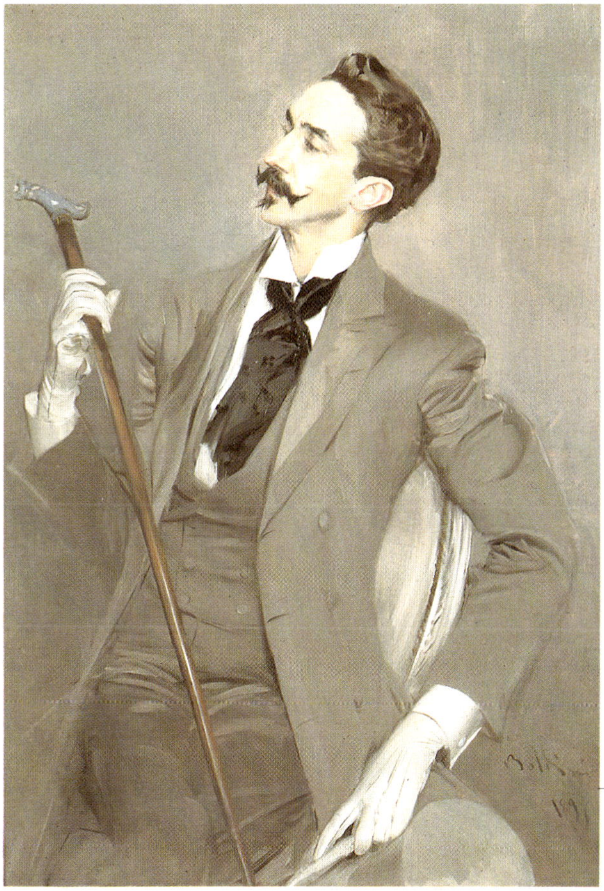

Giovanni Boldini (1842-1931)
Le Comte Robert de Montesquiou (1855-1921)
166 × 82,5
Don Henri Pinard, au nom du comte de Montesquiou, 1922

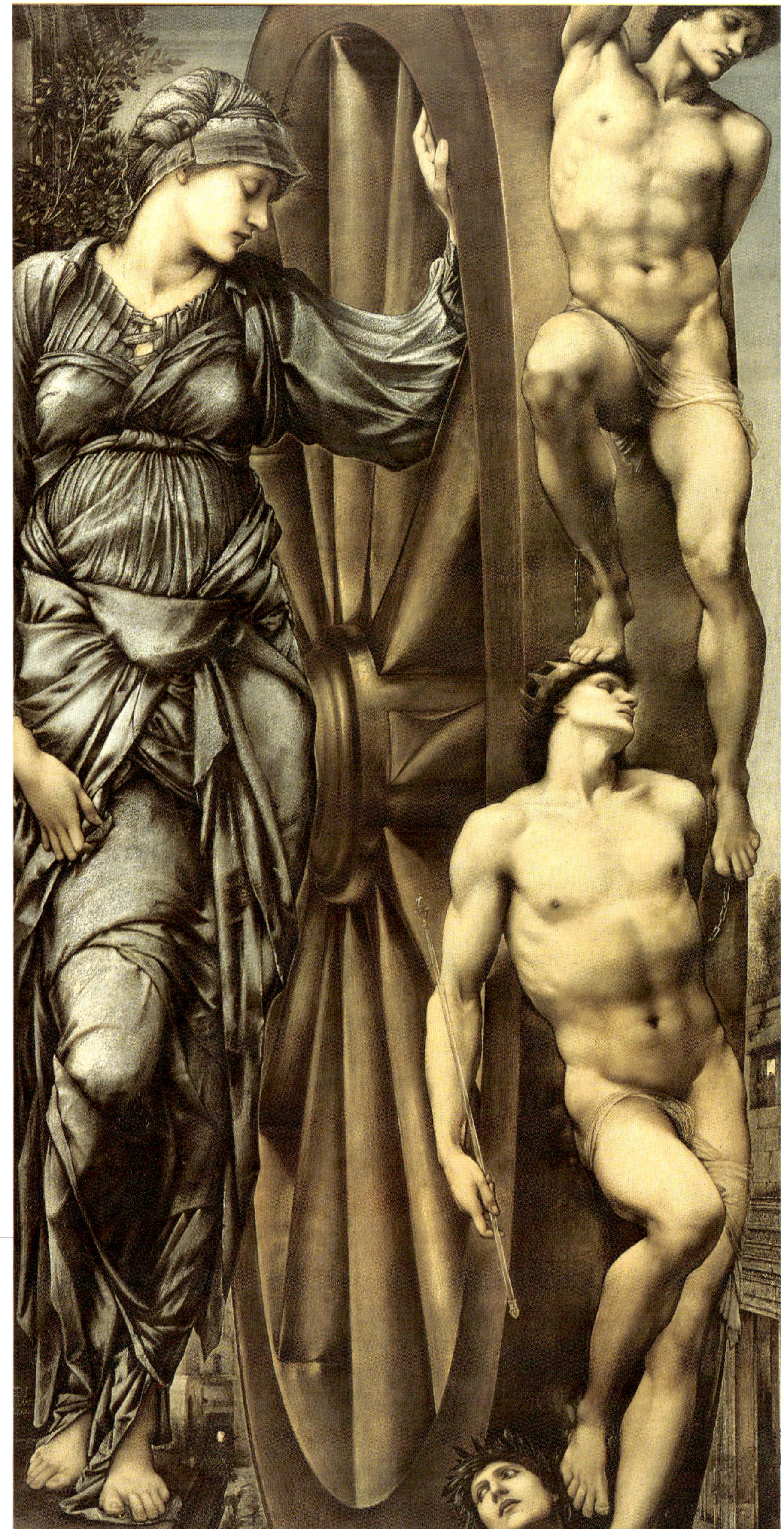

Sir Edward Burne-Jones (1833-1898)
La Roue de la Fortune, 1877-1883
200 × 100
Acquis en 1980

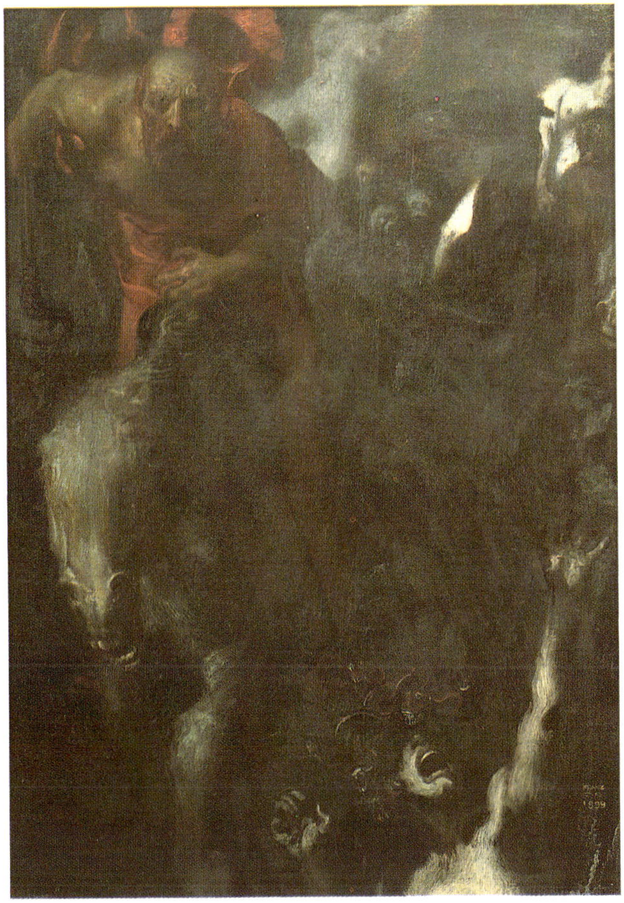

Cette version de *La Roue de la Fortune* est la plus accomplie et la plus importante des différentes variations sur ce thème qui apparaît pour la première fois en 1870 dans un projet de triptyque sur la chute de Troie que Burne-Jones n'acheva jamais. La référence plastique à Michel-Ange dans les figures du roi et de l'esclave, la manière incisive proche de celles de Mantegna ou Crivelli, montrent bien l'impact de l'art italien de la Haute Renaissance sur Burne-Jones qui l'étudiait aussi bien à Florence et à Rome qu'à la National Gallery de Londres.

Franz von Stuck (1863-1928)
La Chasse sauvage, 1899
97 × 67
Acquis en 1980

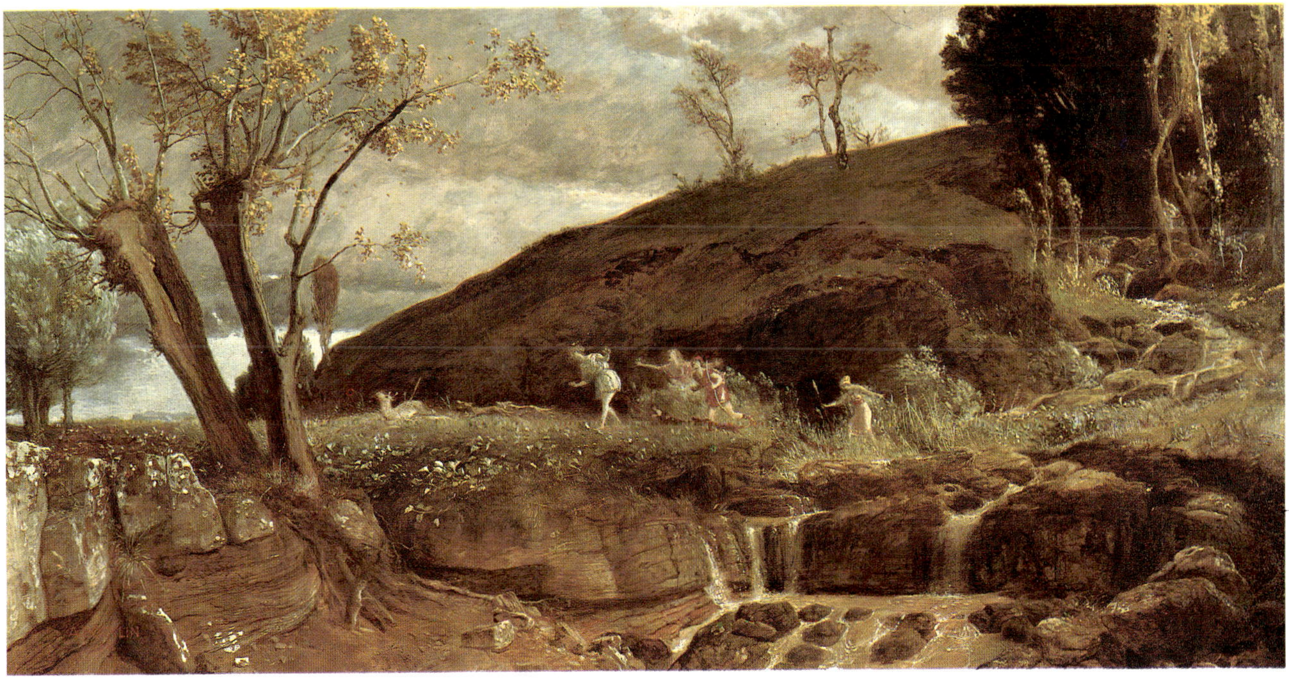

Arnold Böcklin (1827-1901)
La Chasse de Diane, 1896
100 × 200
Acquis en 1977

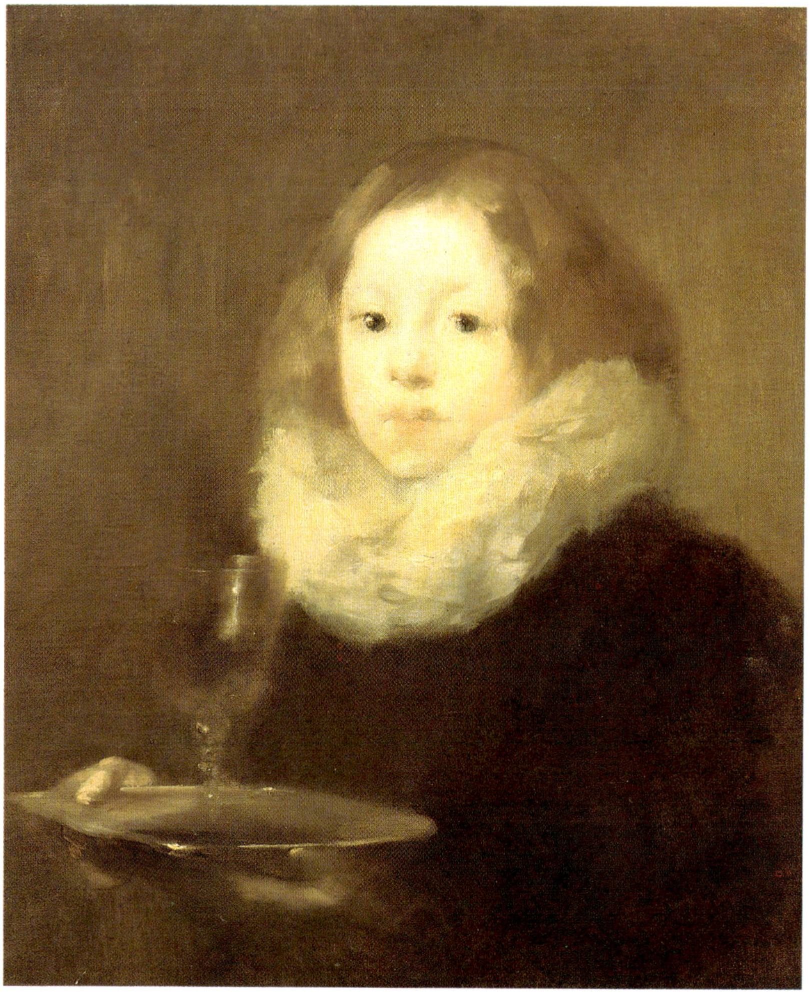

Eugène Carrière (1849-1906)
L'Enfant au verre, 1885
61,2 × 50,8
Donation Louis-Henri Devillez, 1930

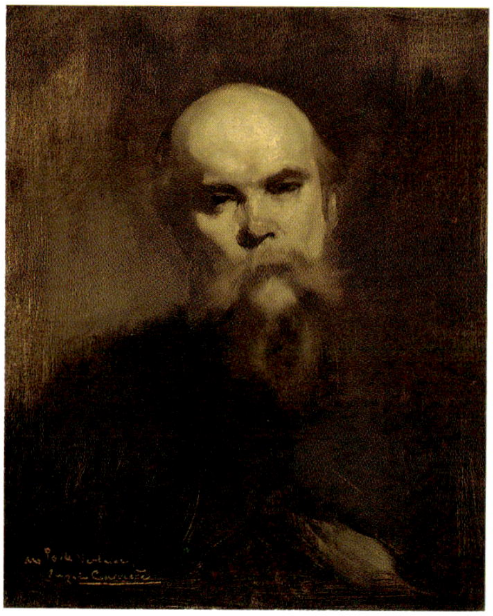

Eugène Carrière (1849-1906)
Paul Verlaine (1844-1896), 1890
Salon de la Société nationale des Beaux-Arts, 1891
61 × 51
Acquis avec la participation de la
Société des Amis du Luxembourg, 1910

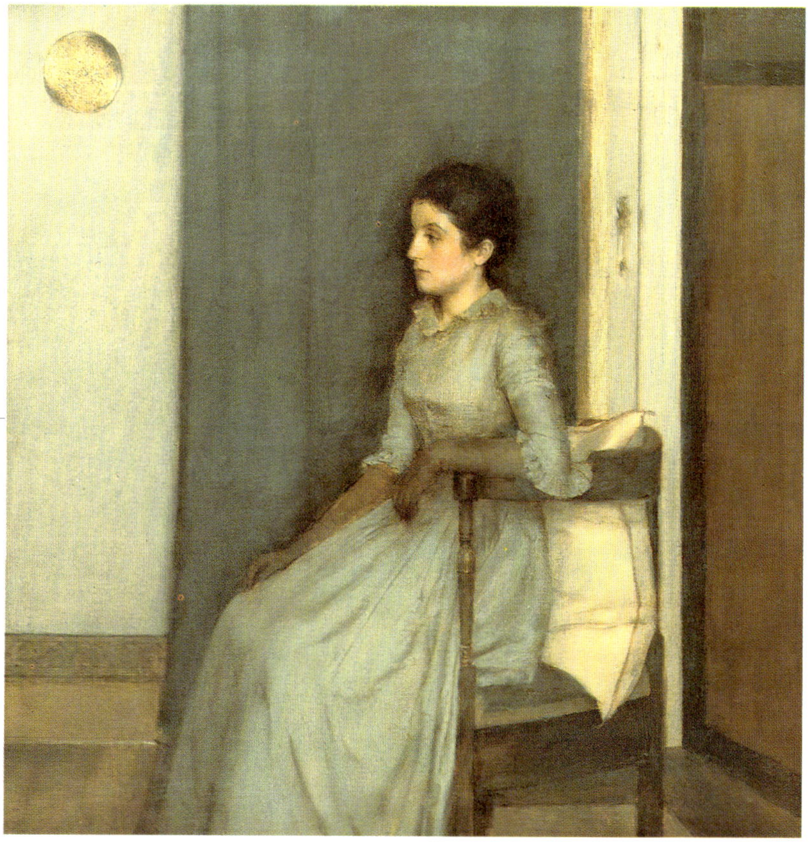

Fernand Knopff (1858-1921)
Marie Monnom, fille de l'éditeur bruxellois
plus tard Mme Théo Van Rysselberghe, 1887
49,5 × 50
Acquis en 1981

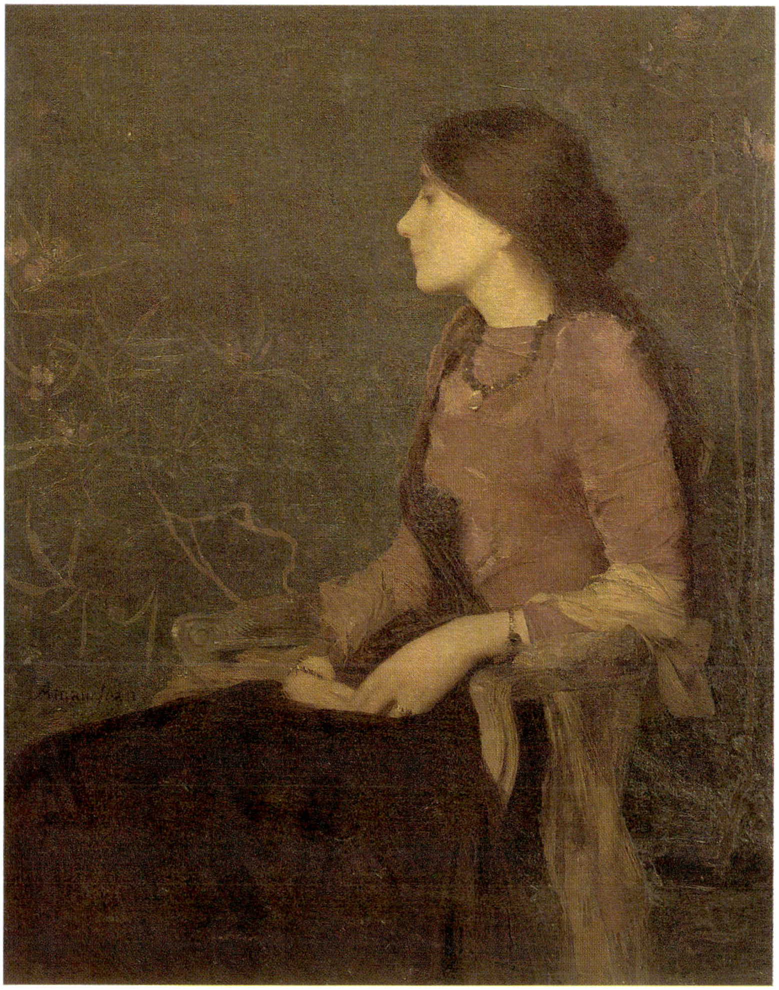

Edmond Aman-Jean (1860-1936)
Mlle Thadée C. Jacquet, (plus tard Mme Aman-Jean)
Salon de la Société nationale des Beaux-Arts, 1892
100 × 88
Acquis en 1892

Lucien Lévy-Dhurmer (1865-1953)
La Femme à la médaille ou *Mystère*, 1896
Pastel 35 × 54
Don de M. et Mme Zagorowsky, 1972

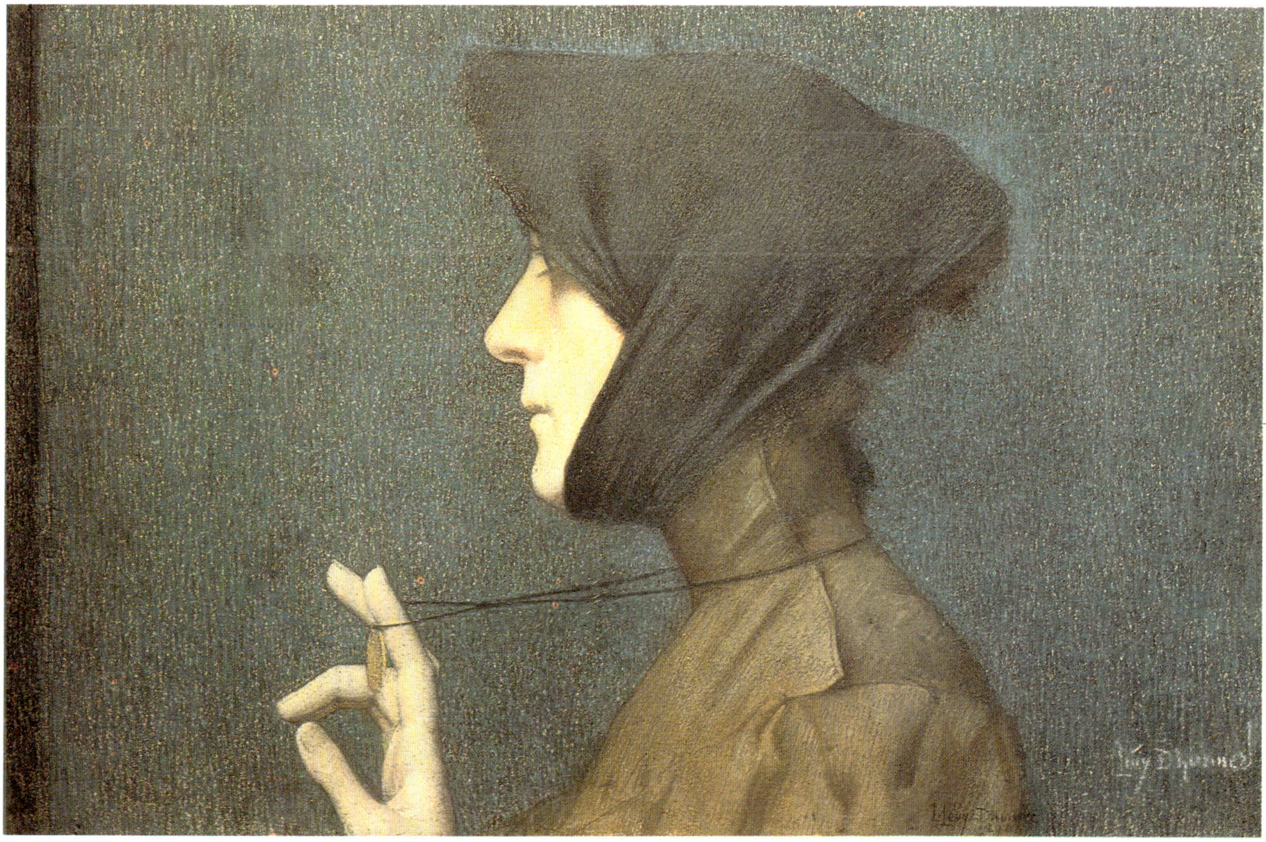

Giuseppe Pelizza da Volpedo
(1868-1907)
Fleur brisée, 1896-1902
79,5 × 107
Acquis en 1910

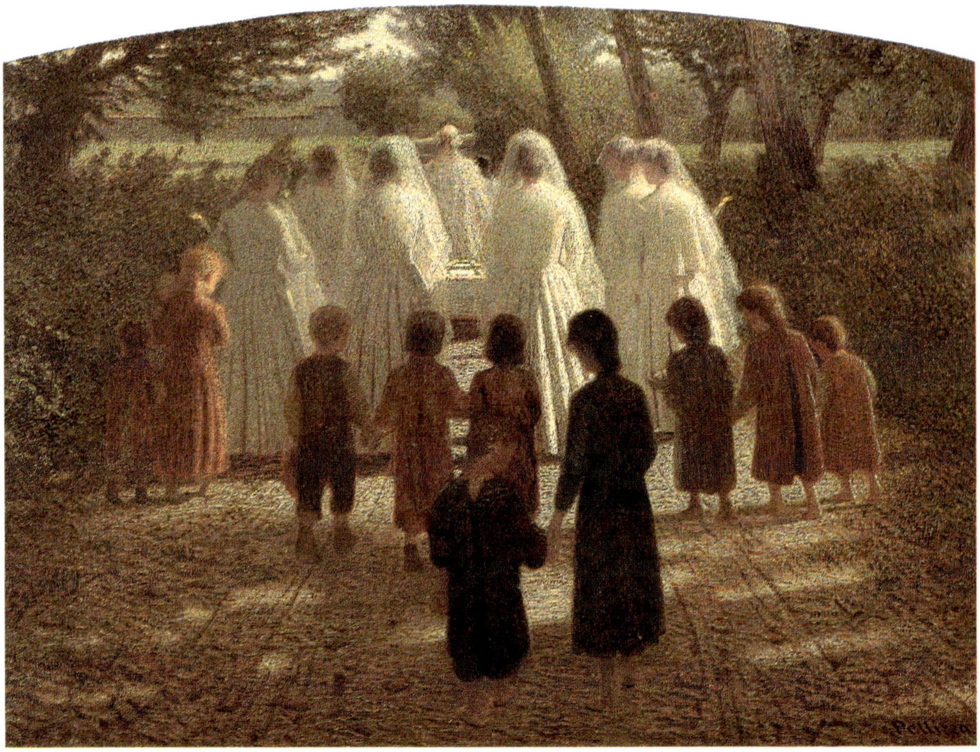

Angelo Morbelli (1853-1919)
Jour de fête à l'hospice Trivulzio à Milan, 1892
78 × 122
Acquis en 1900

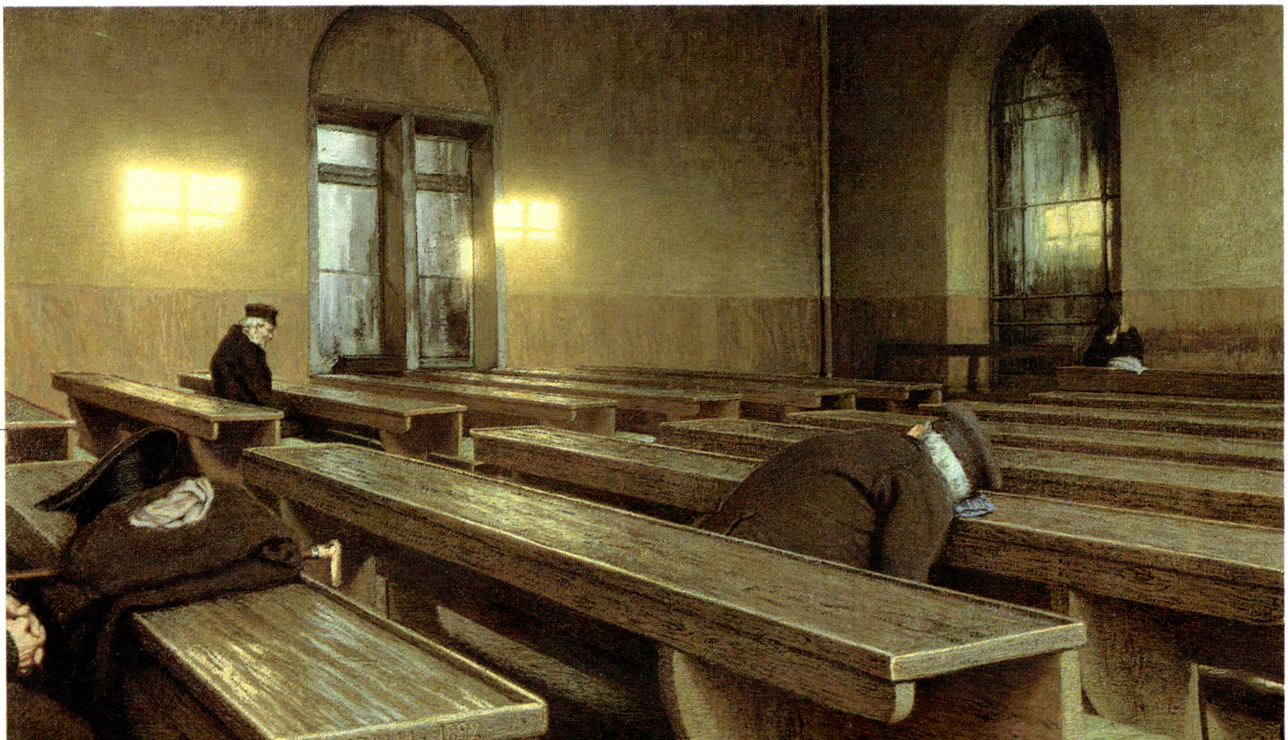

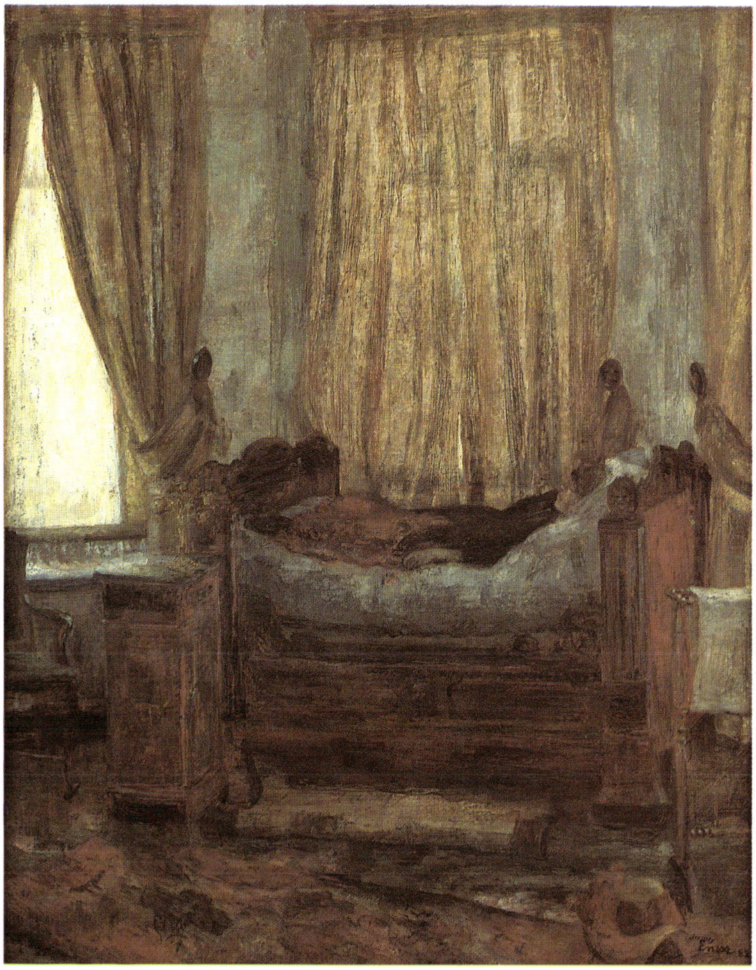

James Ensor (1860-1949)
La Dame en détresse, 1882
100 × 80
Don Lheureux, 1932

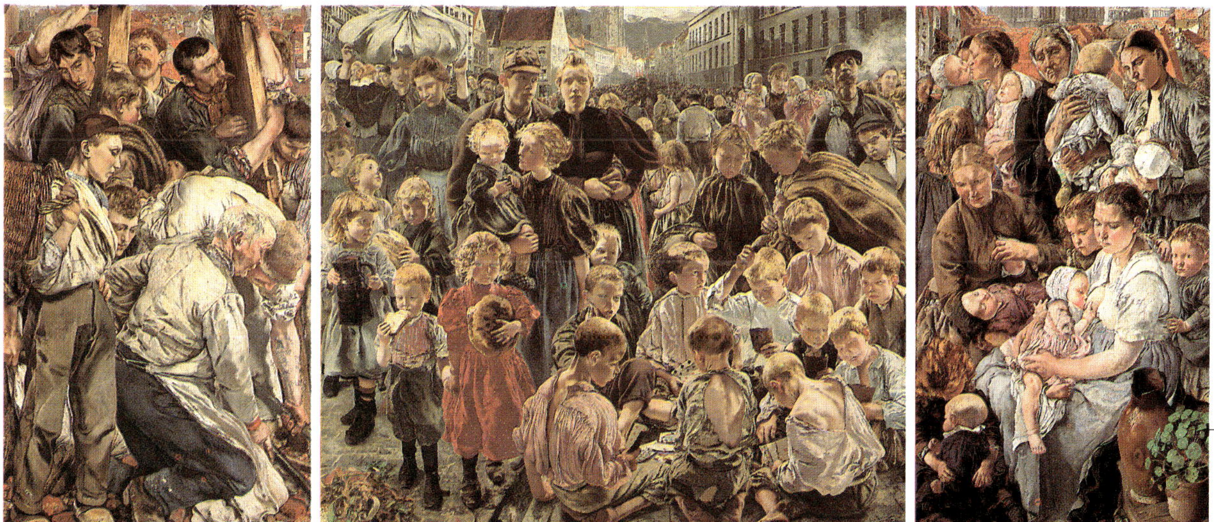

Léon Frédéric (1856-1940)
Les Ages de l'ouvrier, triptyque, 1895-1897
Salon de la Société nationale des Beaux-Arts, 1898
163 × 187 (partie centrale)
163 × 94 (panneaux latéraux)
Acquis en 1898

Émile-René Ménard (1862-1930)
L'Age d'or (partie gauche), 1908
Salon de la Société nationale des Beaux-Arts, 1909
352 × 287
Partie du décor de la Faculté de Droit de Paris, déposé en 1970

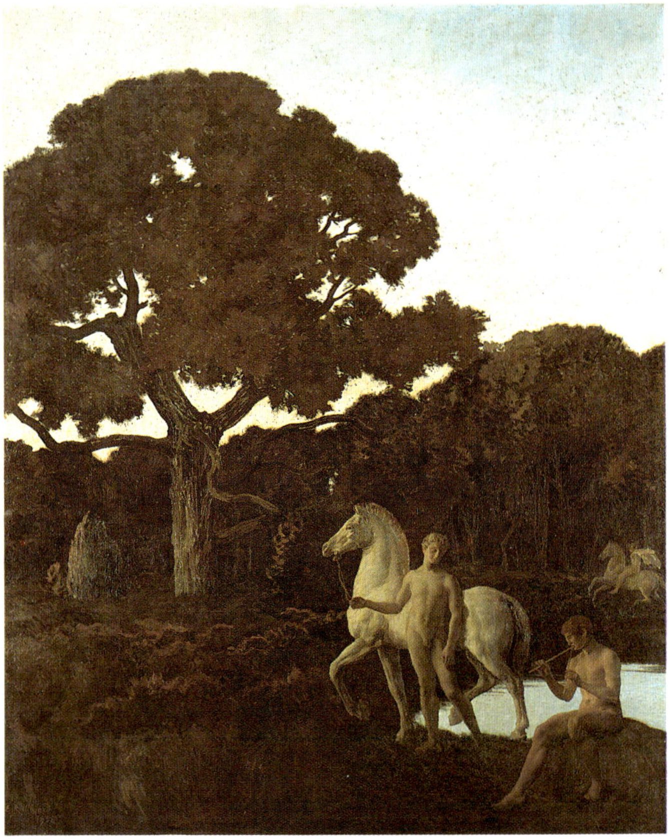

Charles Cottet, formé à l'académie Julian, puis auprès d'Alfred Roll, avait aussi écouté les conseils de Puvis de Chavannes, mais il préfère une manière sombre, austère et solide, qui renvoie au souvenir de Courbet. C'est particulièrement net dans l'important triptyque *Au pays de la mer*, salué comme un chef-d'œuvre poignant en 1898 et acquis alors pour le Luxembourg. Entre des panneaux latéraux qui évoquent sur fond de mer ceux qui s'en vont, à gauche (les pêcheurs) et celles qui restent à droite (les femmes), se déroule le sobre repas d'adieu, où plane l'angoisse des naufrages. Ainsi ressent-il l'austère vie des pêcheurs bretons de la région de Camaret qu'il découvrit en 1886 et où il revint régulièrement, comme ses amis de la « Bande noire ».

Charles Cottet (1863-1924)
Au pays de la mer
Salon de la Société nationale des Beaux-Arts, 1898
176 × 237
Acquis en 1898

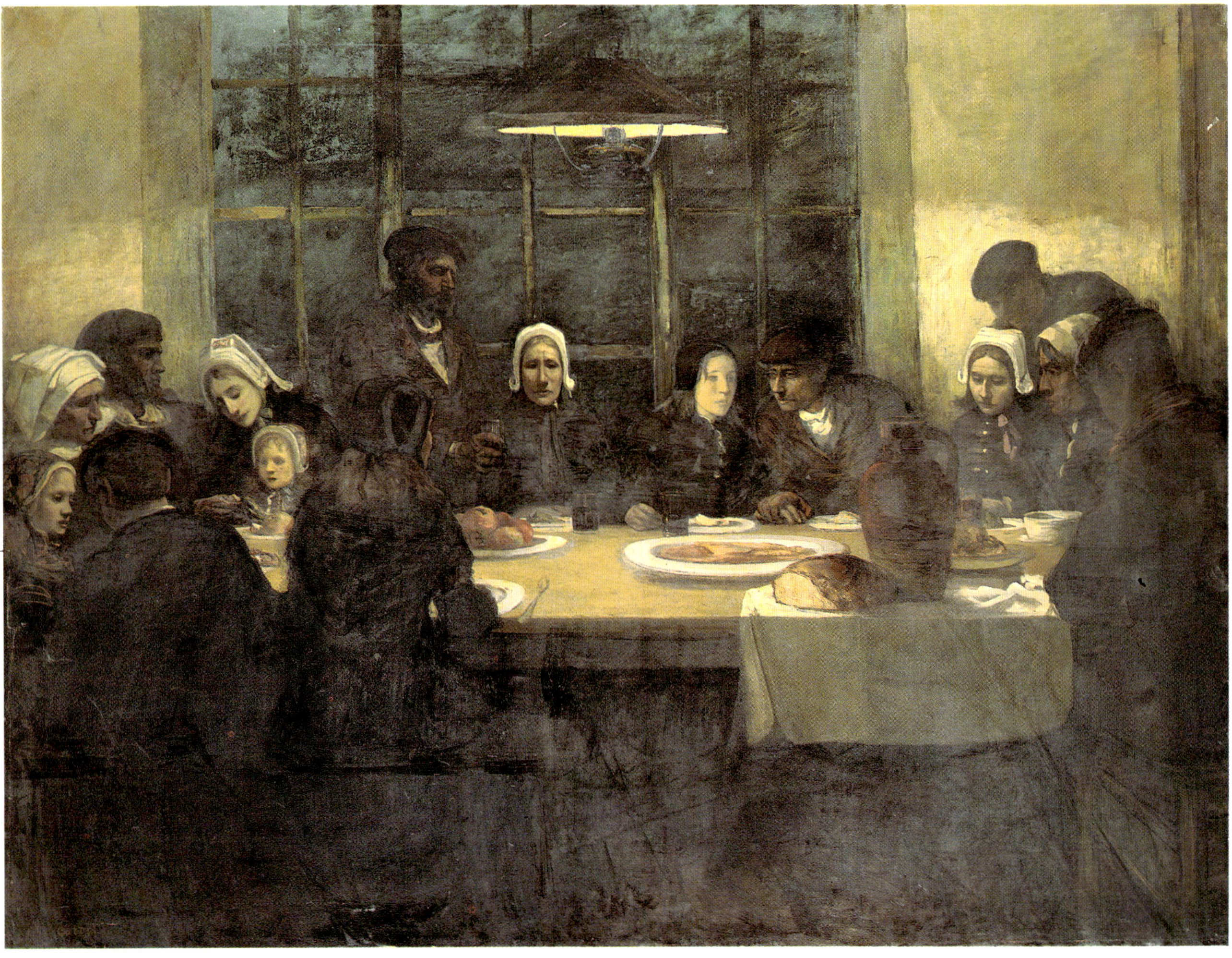

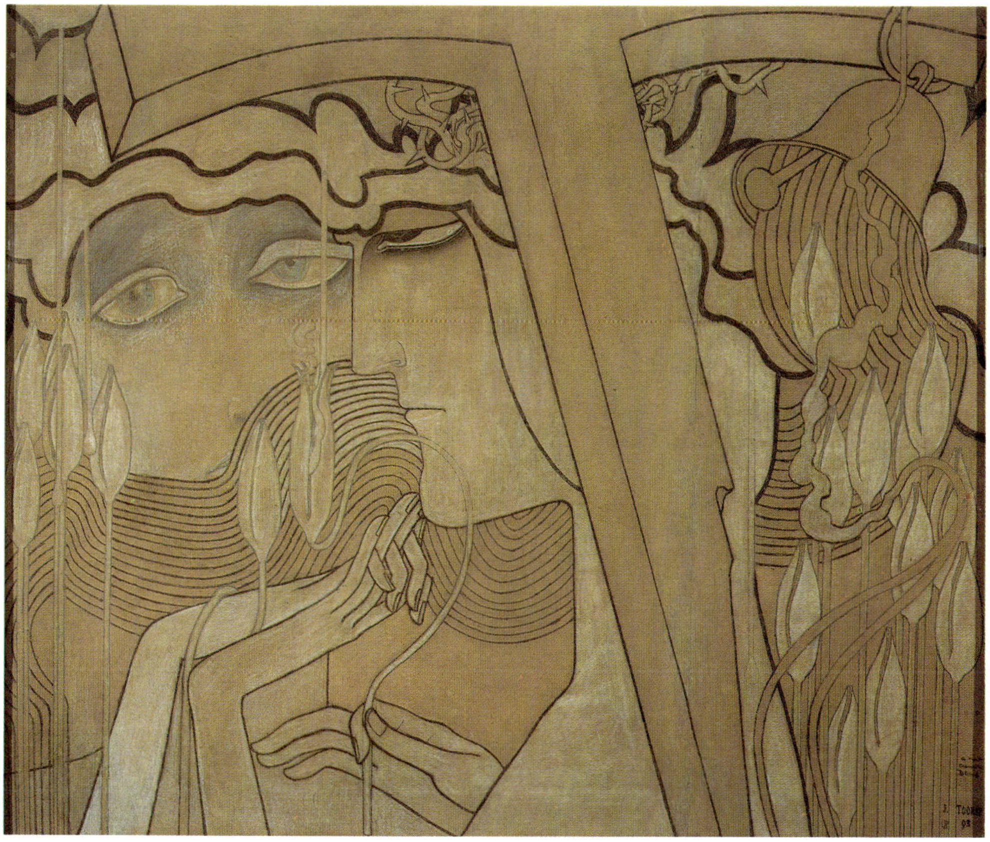

Jan Toorop (1858-1928)
Le Désir et l'assouvissement
ou *L'Apaisement*, 1893
76 × 90
Acquis en 1973

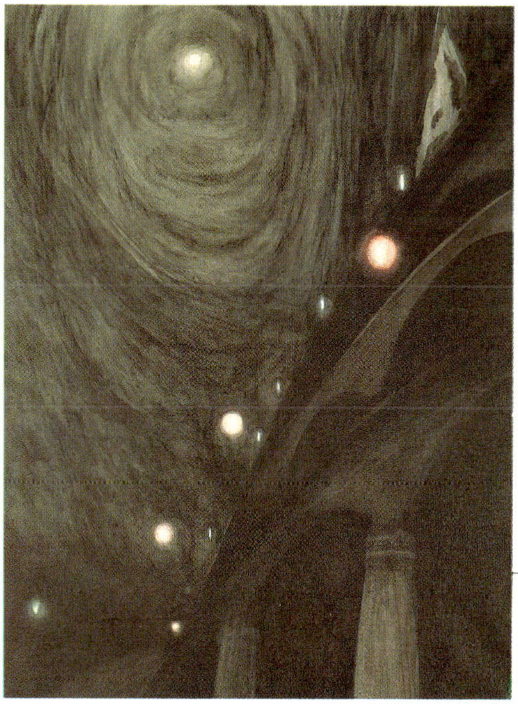

Léon Spilliaert (1881-1946)
Clair de lune et lumière, vers 1909
Pastel, 65 × 50
Don de Mme Madeleine Spilliaert, fille de l'artiste, 1981

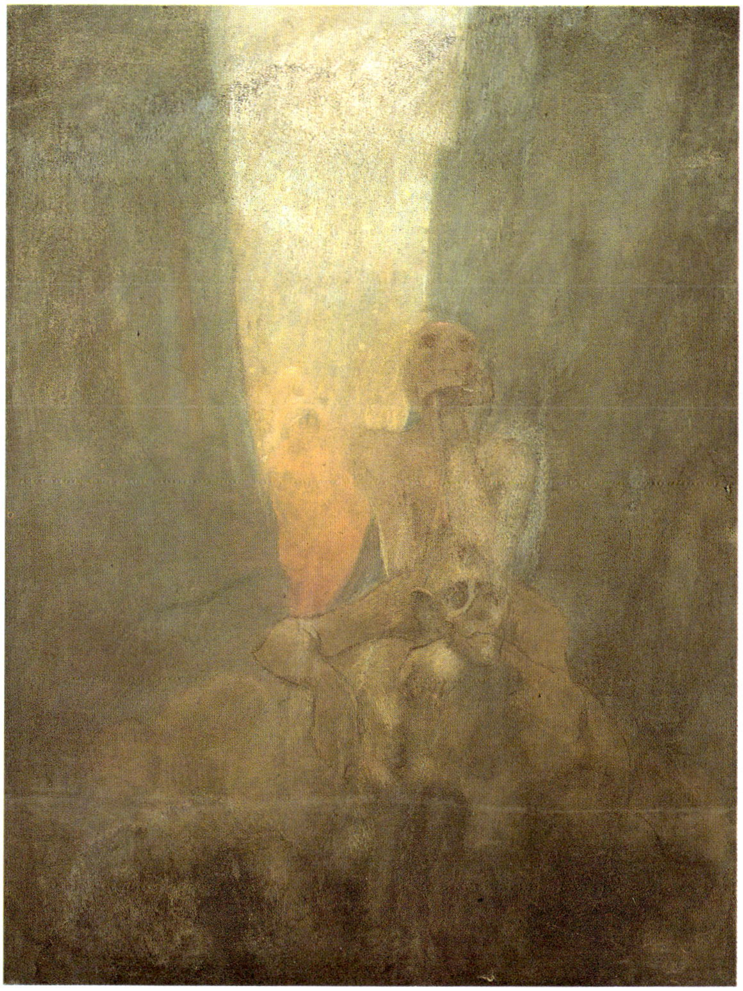

Alphonse Mucha (1860-1939)
Le Gouffre, vers 1897-1899
Pastel, 129 × 100
Don de Jiri Mucha, fils de l'artiste, 1979

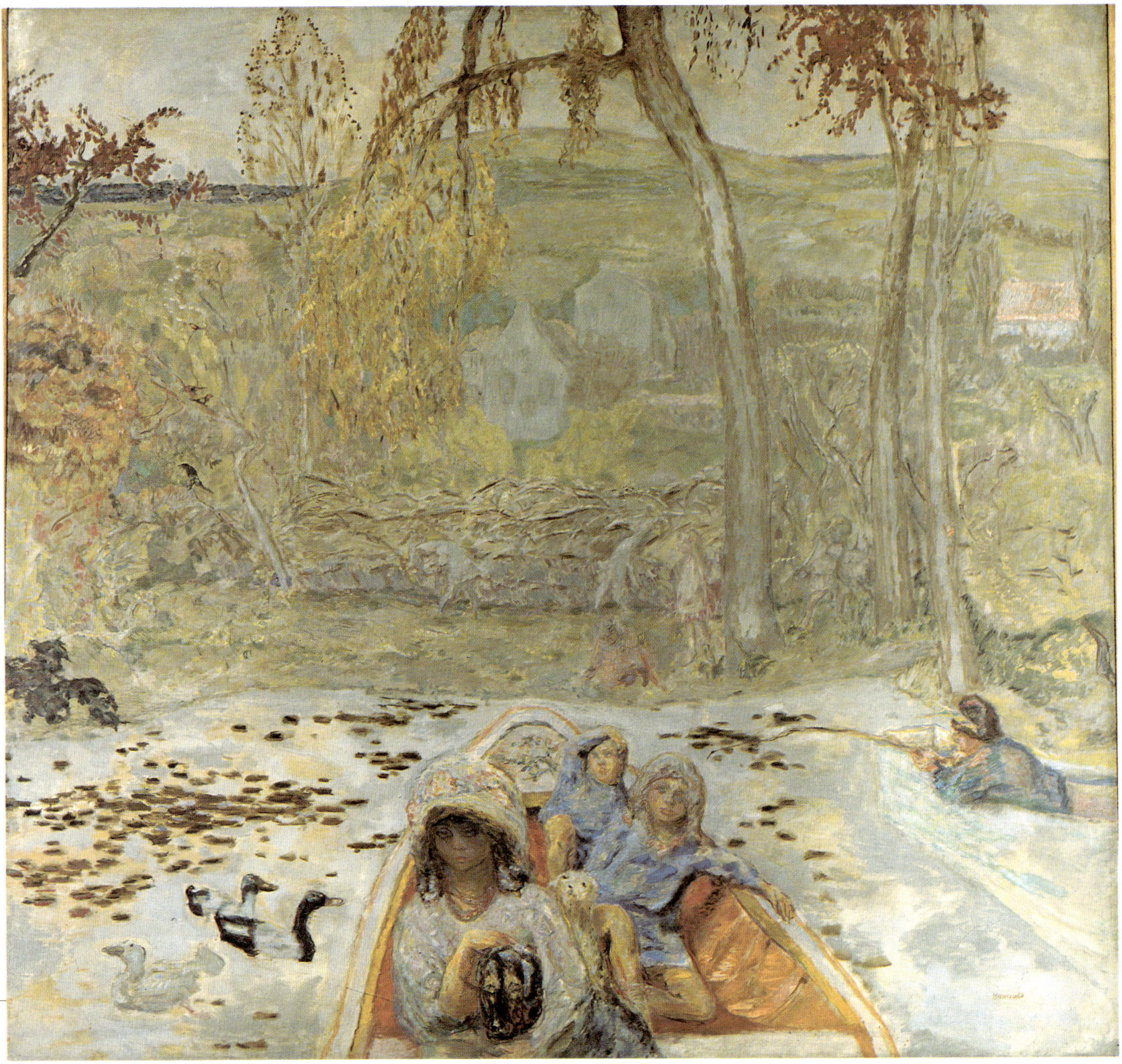

Pierre Bonnard (1867-1947)
En barque, vers 1907
278 × 301
Acquis en 1945

Après 1900

Au tournant du siècle, le mouvement nabi qui a bien souvent préfiguré les exubérances décoratives de l'Art Nouveau perd de sa cohésion. Sans qu'on puisse pour autant parler de rupture au sein de ce qui ne fut jamais qu'une fraternité de peintres soudée par les liens d'une solide amitié, chacun suit désormais sa voie propre. Fort d'une douzaine d'années d'expériences communes, sanctionnées par quelques expositions-manifestes dans les galeries comme Le Barc de Boutteville, dans les locaux de la *Revue Blanche* ou chez le grand marchand Siegfried Bing, le groupe en tant que tel organisera des dernières expositions à la galerie Bernheim-jeune en 1900 et 1902. Après cette date, Vuillard et Bonnard continuent d'y exposer mais il s'agit dès lors de manifestations particulières. Vallotton se produit de plus en plus dans son pays d'origine, la Suisse, où il présente des œuvres aux coloris audacieux d'un réalisme toujours plus mordant, et qui ont gardé de ses années nabies un goût prononcé pour les mises en page et les perspectives déconcertantes. Après 1900, Maillol, qui avait un temps rejoint les nabis, délaisse la peinture pour se consacrer exclusivement à la sculpture, à la recherche d'un nouveau classicisme à travers la plénitude des formes de ses femmes puissamment charpentées.

Bonnard, Vuillard, Maurice Denis et Roussel poursuivent une carrière brillante et nous les retrouvons en dépit de leurs divergences stylistiques sur les terrains communs de la grande peinture décorative et des portraits ou scènes intimistes. De leurs années nabies leur est resté le goût des grandes surfaces à décorer. Le musée d'Orsay a la chance de pouvoir présenter plusieurs exemples significatifs de Maurice Denis, Vuillard et Roussel. Le dépôt à Orsay par le musée des Arts décoratifs de l'ensemble des huit peintures réalisées par Maurice Denis entre 1898 et 1900 pour la chapelle du collège Sainte-Croix au Vésinet permet d'apprécier l'inspiration religieuse de cet artiste si profondément chrétien. Après la désaffection de la chapelle dès 1905, en vertu de la loi sur les congrégations religieuses, cet ensemble marouflé sur toile a pu être déposé et heureusement restauré par la suite.

Vuillard restera pour sa part plus attiré par la décoration d'intérieur. Après les panneaux réalisés pour l'écrivain Claude Anet en 1902, ceux qu'il a exécutés pour Henry Bernstein en 1908 témoignent d'une inspiration plus réaliste que ses premiers ensembles nabis. En 1911, *La Bibliothèque* peinte pour le cabinet de travail de la princesse de Bassiano déploie dans un très grand format une scène d'intimité d'une grande harmonie avec, en toile de fond, une tapisserie d'inspiration classique tandis qu'une frise surmonte cet ensemble d'un équilibre parfait. Deux ans plus tard, Vuillard est appelé à décorer la villa des Bernheim-jeune, Bois-Lurette, à Villers-sur-Mer d'une série de panneaux dont le musée d'Orsay, grâce à la générosité des descendants de la famille, a reçu un exemplaire : *Femmes sous la véranda*. Ker-Xavier Roussel puise dans le répertoire mythologique les thèmes de ses grandes compositions vivement animées et colorées : *L'Enlèvement des filles de Leucippe*, ainsi que *Polyphème, Acis et Galatée*, vaste panneau exécuté pour le metteur en scène Lugné-Poë, avec lequel collaborèrent les nabis dès leurs débuts. En 1913, l'important chantier du théâtre des Champs-Élysées construit par les frères Perret à l'initiative du mécène Gabriel Thomas réunit trois des anciens nabis : Maurice Denis couvre la coupole de théories classiques évoquant la musique et l'opéra dans les couleurs suaves qu'il affectionnera désormais pour ses grandes entreprises décoratives. Le musée d'Orsay présente la maquette en réduction de cette réalisation miraculeusement conservée car restée jusqu'en 1983 dans la famille Thomas à Meudon. Tandis que les bas-reliefs du théâtre sont confiés au sculpteur Bourdelle, Vuillard décore le foyer et Roussel brosse le rideau de la scène contiguë de la Comédie des Champs-Elysées sur le thème d'une juvénile bacchanale.

Bonnard suit pour sa part son propre itinéraire, restant sans conteste le plus délibérément novateur et anticipant bien souvent les audaces picturales du XXe siècle. Tout en restant volontairement à l'écart des grands mouvements artistiques, du fauvisme au cubisme et à l'abstraction, Bonnard qui ne fut jamais un théoricien s'engage à fond dans la voie de la couleur et continue d'explorer les virtualités spatiales de la peinture. Ainsi s'explique que la majeure partie de son œuvre après 1905 soit déposée pour y être exposée au musée national d'Art moderne du centre Georges-Pompidou, tandis que le musée d'Orsay tient à présenter un certain nombre de toiles montrant l'apport de Bonnard dans ces années cruciales du début du XXe siècle *(En barque)*.

On peut aisément observer le décalage entre Vuillard et Bonnard dans le domaine du portrait qui reste un des sujets de prédilection des anciens nabis. Chez Vuillard, une vision chaleureusement intimiste est servie par un respect, nouveau chez lui, de la perspective classique et toujours la même sensibilité aux atmosphères. C'est le cas, notamment, de *La Chapelle de Versailles* et de l'importante série de portraits conservés à Orsay tels ceux de l'écrivain *Romain Coolus*, de la *Princesse de Polignac* ou de *Madame Bénard.* Tout autre est le Bonnard que révèlent *La Femme au chat* de 1912 ou l'étonnant *Portrait des frères Bernheim* de 1920. Dans la continuité de ses innovations nabies, Bonnard explore un champ visuel dont il tente de rendre la totalité par des effets perspectifs nouveaux. La *Nature morte, assiette de pommes* de l'ancienne collection Gould, récemment entrée à Orsay par dation, témoigne des mêmes recherches spatiales que *La Femme au chat*, dont elle est contemporaine. La couleur devient par ailleurs le sujet même des toiles de l'artiste, ce qui rend si éclatant le portrait des *Frères Bernheim*.

En France comme à l'étranger, le XXe siècle s'annonce foisonnant de tendances nouvelles parmi lesquelles les recherches sur la couleur occupent une place privilégiée. Les années 1904-1905 apparaissent comme une période clé où se prépare l'explosion du fauvisme dont Van Gogh, Gauguin et les néo-impressionnistes sont les précurseurs. L'autonomie de la couleur et son rapport avec la forme sont au cœur du tableau de Matisse, récemment entré au musée par dation, *Luxe, calme et volupté* peint en 1904. Héritier des néo-impressionnistes, il annonce *Le Luxe I* dont l'esquisse est exposée au musée national d'Art moderne, toile qui, elle-même, prépare les grandes compositions de la *Musique* et de la *Danse* commandées à Matisse par le grand collectionneur russe Stchoukine en 1909 (Leningrad, musée de l'Ermitage). Autour de *Luxe, calme et volupté*, quelques tableaux fauves en provenance du centre Pompidou comme le portrait du critique *André Rouveyre* de Marquet ou la *Rue du village* de Dufy sont venus s'ajouter aux trois toiles fauves de la donation Kaganovitch, le *Pont de Charing Cross* de Derain, le *Restaurant à Marly-le-Roi* et la *Nature morte* de Vlaminck formant ainsi un ensemble significatif de la libération expressive de la couleur dans la première décennie du XXe siècle.

La récente politique d'acquisition du musée d'Orsay a eu pour but de combler des lacunes importantes dans le domaine de la peinture étrangère où, au début du siècle, plusieurs mouvements accusent la rupture avec le naturalisme ou le symbolisme du siècle précédent. C'est le cas notamment de la Sécession viennoise éclose en 1898 sous le signe des Arts décoratifs. Les peintres Gustav Klimt et Koloman Moser comptent parmi les fondateurs de ce mouvement dont l'importance pour la naissance d'une nouvelle « modernité » est soulignée avec éclat depuis quelque temps aux côtés d'architectes tels Otto Wagner ou Hoffman. Tout en résumant le climat de la fin du siècle, particulièrement chez Klimt, l'émergence du fonctionnalisme affirme les orientations nouvelles de l'architecture et des arts décoratifs modernes en accord avec les artistes de l'Ecole de Glasgow.

Enfin, l'acquisition en 1986 d'un imposant paysage pré-fauve du Norvégien Edvard Munch est un événement d'importance étant donné la rareté des œuvres de cet artiste sur le marché international ; de plus, il n'existait qu'une toile du grand expressionniste dans les collections publiques françaises (musée Rodin). Ainsi, tente-t-on de rétablir l'équilibre entre les mouvements d'avant-garde français et ceux qui se développèrent concurremment à l'étranger dans le sens de l'expressionnisme et de l'abstraction.

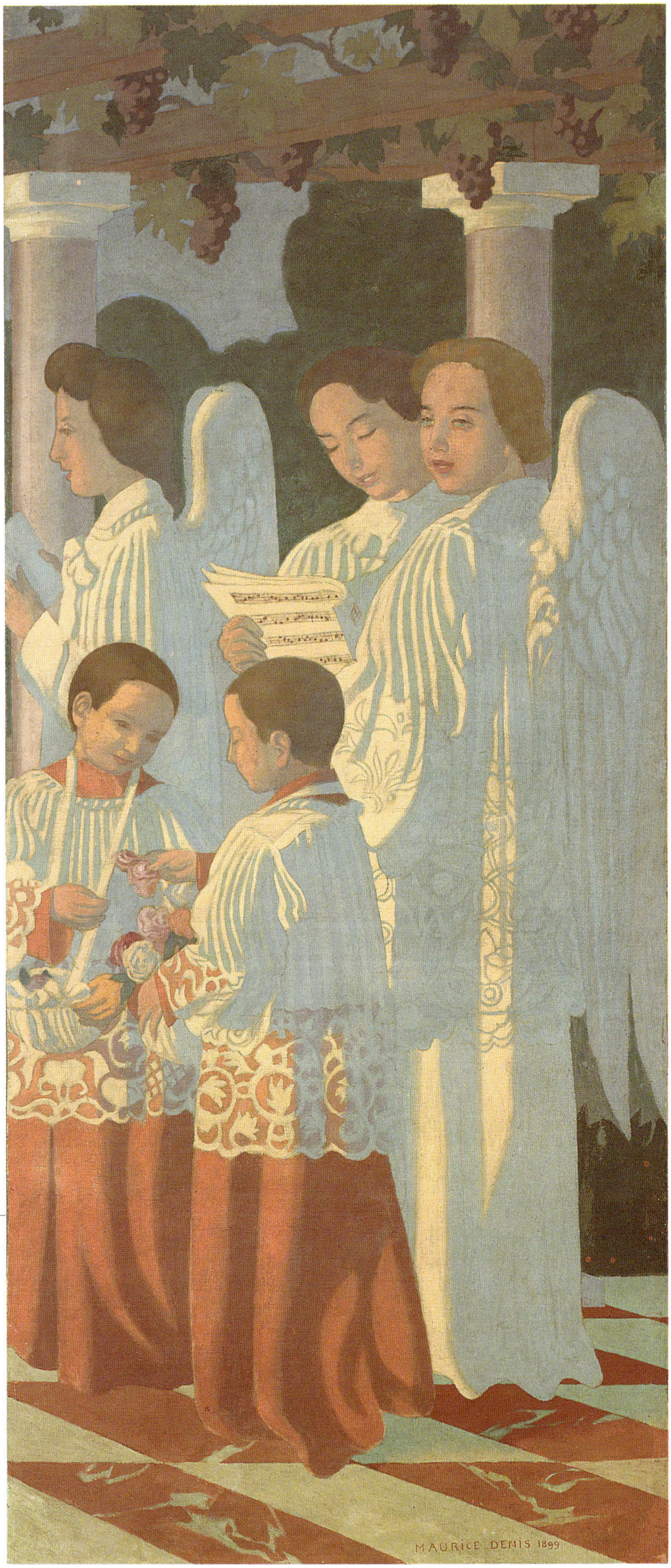

Maurice Denis (1870-1943)
Panneau droit de la décoration de la chapelle du collège Sainte-Croix du Vésinet
1899
250 × 115
Dépôt du musée des Arts décoratifs, 1980

Décorations religieuses comme les peintures de la chapelle Sainte-Croix du Vésinet commencées en 1898 par Maurice Denis, décorations destinées à des édifices publics comme le théâtre des Champs-Elysées ou peintures d'appartement comme *La Bibliothèque* de Vuillard, toutes ces œuvres accusent un net retour au classicisme. Celui-ci se marque chez Roussel par une inspiration mythologique empreinte de sensualité tandis que Maurice Denis recherche des rythmes amples également cultivés par Vuillard mais dans un registre plus intime.

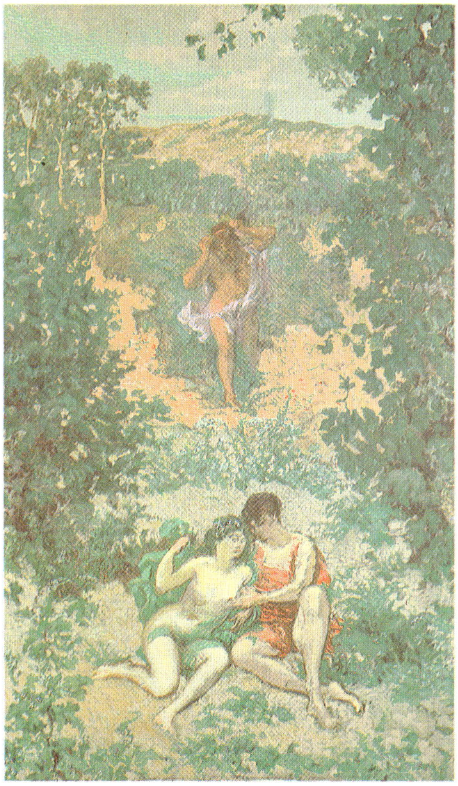

Ker-Xavier Roussel (1867-1944)
Polyphème, Acis et Galatée
Papier sur toile, 273 × 165
Entré en 1943

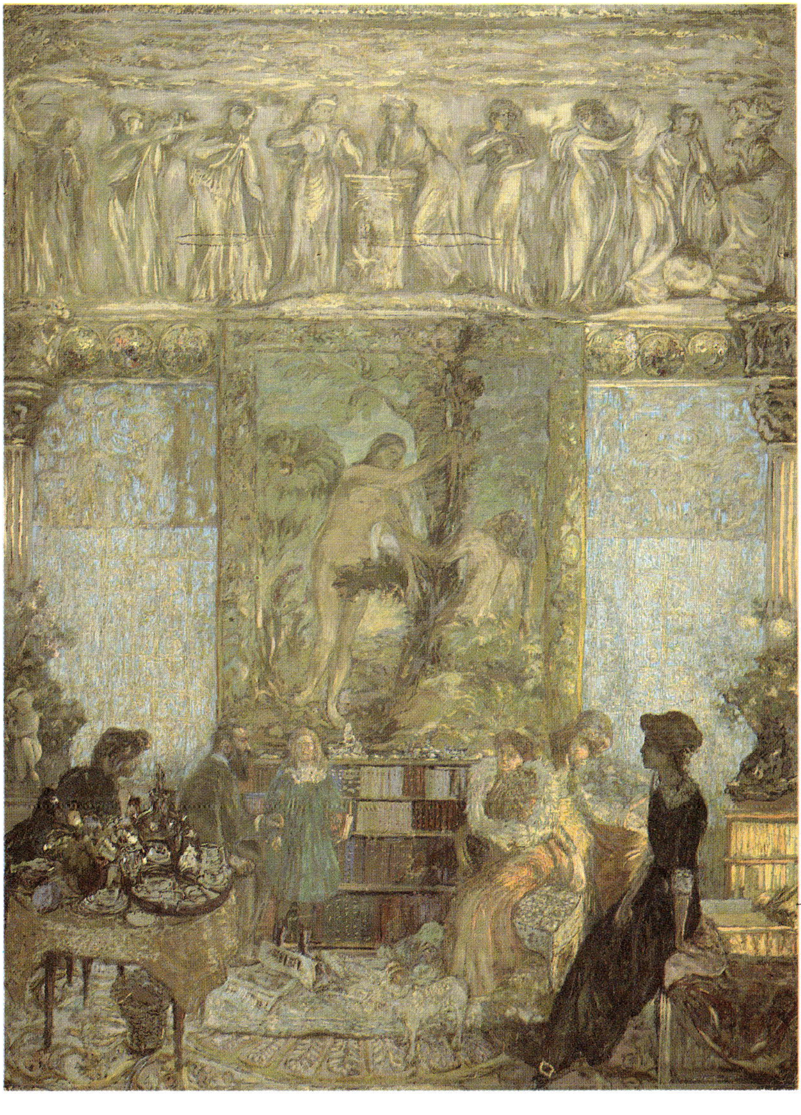

Édouard Vuillard (1868-1940)
La Bibliothèque, décoration pour la princesse Bassiano, 1911
400 × 300
Acquis en 1935

Édouard Vuillard (1868-1940)
La Chapelle du château de Versailles
1917-1919, repris en 1928
Papier sur toile, 96 × 66
Donation Jacques Laroche sous réserve d'usufruit, 1947
Entré en 1976

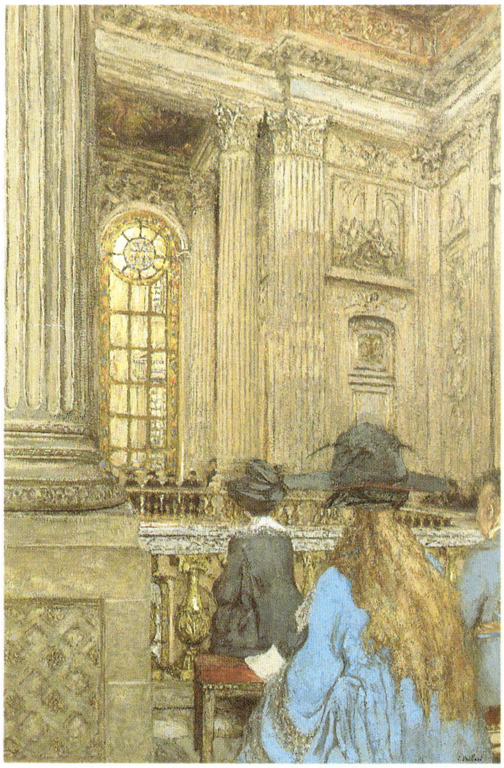

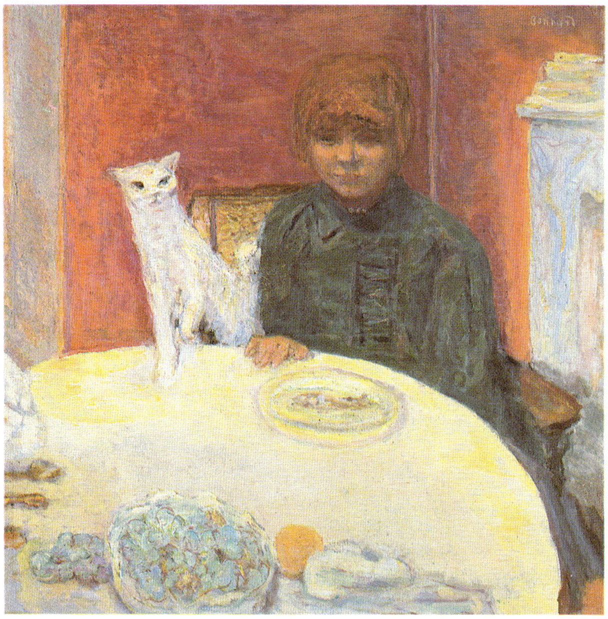

Pierre Bonnard (1867-1947)
La Femme au chat, 1912
78 × 77
Legs de la baronne
Eva Gebhard-Gourgaud, 1965

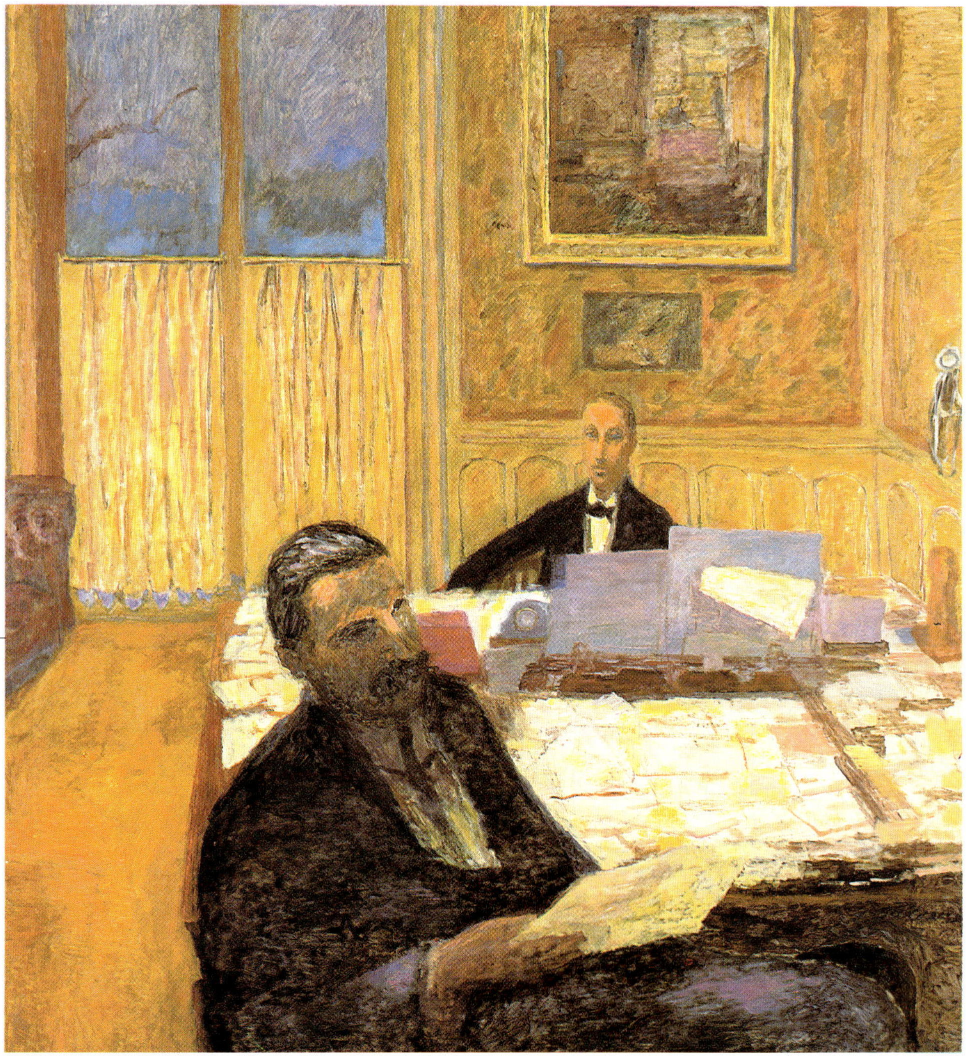

Pierre Bonnard (1867-1947)
Josse Bernheim-Jeune et Gaston Bernheim de Villers, 1920
165 × 155
Don Bernheim de Villers, 1951

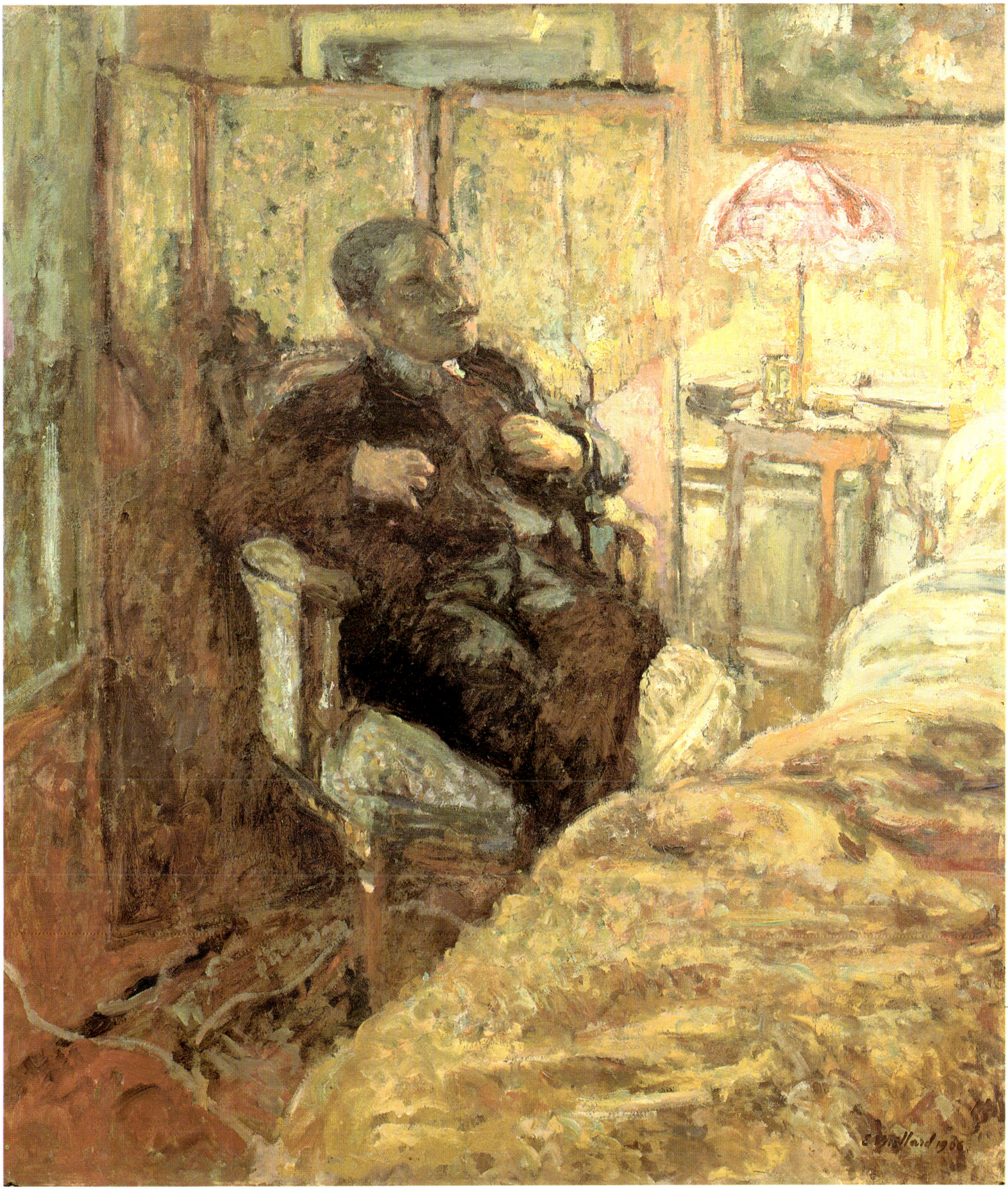

Édouard Vuillard (1868-1940)
Romain Coolus, écrivain de la *Revue Blanche*
Carton, 74 × 68
Prêt puis don du modèle au musée du Luxembourg, 1930

Luxe, calme et volupté que Matisse peignit lors d'un séjour aux côtés de son ami Signac à Saint-Tropez en 1904 montre clairement le passage du néo-impressionnisme au fauvisme. Cette toile illustre le moment précis où les recherches théoriques du divisionnisme basculent dans l'exaltation des pouvoirs de la couleur pure notamment sous la pression du conflit ressenti et exprimé par l'artiste lui-même entre « plastique linéaire » et « plastique colorée ». Derain, Marquet puis Braque se joignent au mouvement que devait révéler au public le fameux scandale du Salon d'automne de 1905.

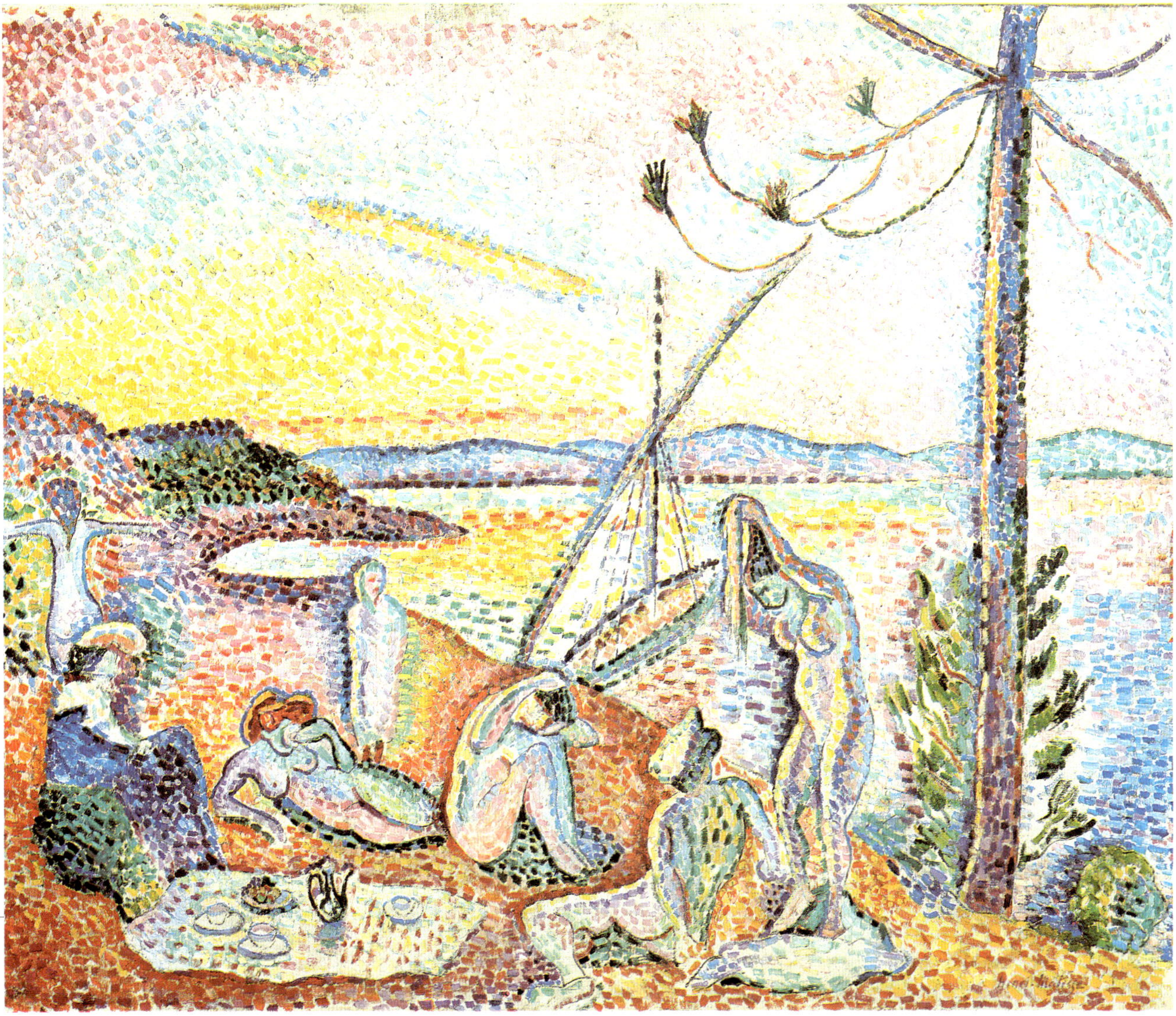

Henri Matisse (1869-1954)
Luxe, calme et volupté, 1904
98,5 × 118
Acquis par dation en 1982 ; dépôt du musée national d'Art moderne

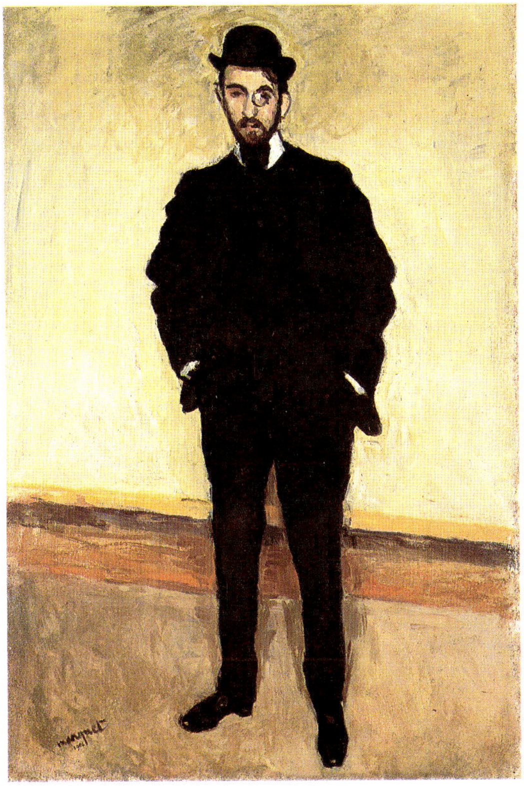

Albert Marquet (1875-1947)
André Rouveyre, 1904
92 × 61
Acquis en 1939 ; dépôt du musée national d'Art moderne

André Derain (1880-1954)
Pont de Charing-Cross, 1906
81 × 100
Donation Max et Rosy Kaganovitch, 1973

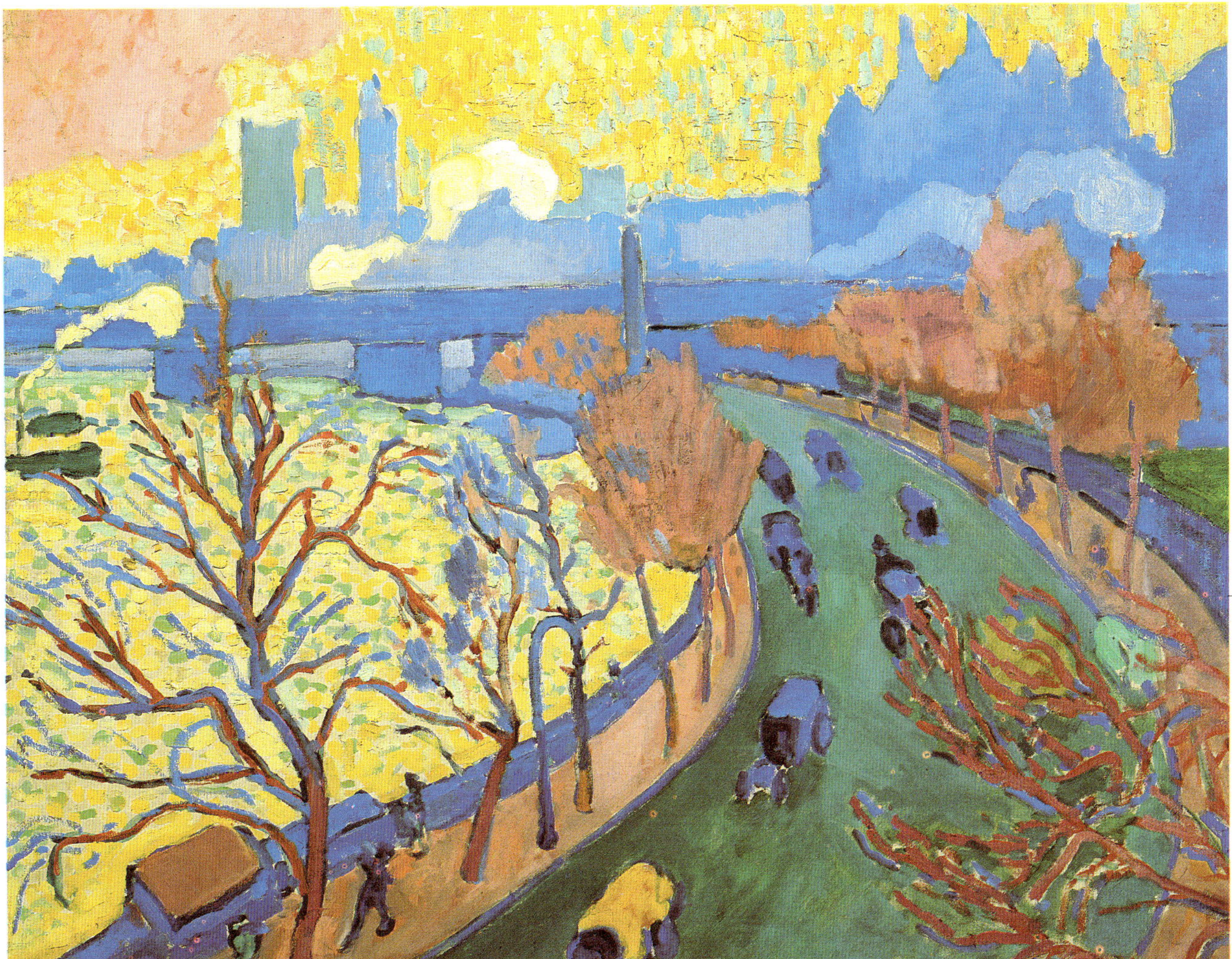

Les *Rosiers sous les arbres*, l'un des dix paysages réalisés par Klimt entre 1905 et 1910, montrent l'apogée de la tendance décorative de la Sécession viennoise. Le carton de vitrail pour l'église de Steinhof à Vienne, un des monuments les plus significatifs de l'architecte Otto Wagner, donne la version rationnelle de cette même tendance décorative marquée par la géométrisation des formes cloisonnées et leur soumission à l'espace architectural dont elles épousent la monumentalité.

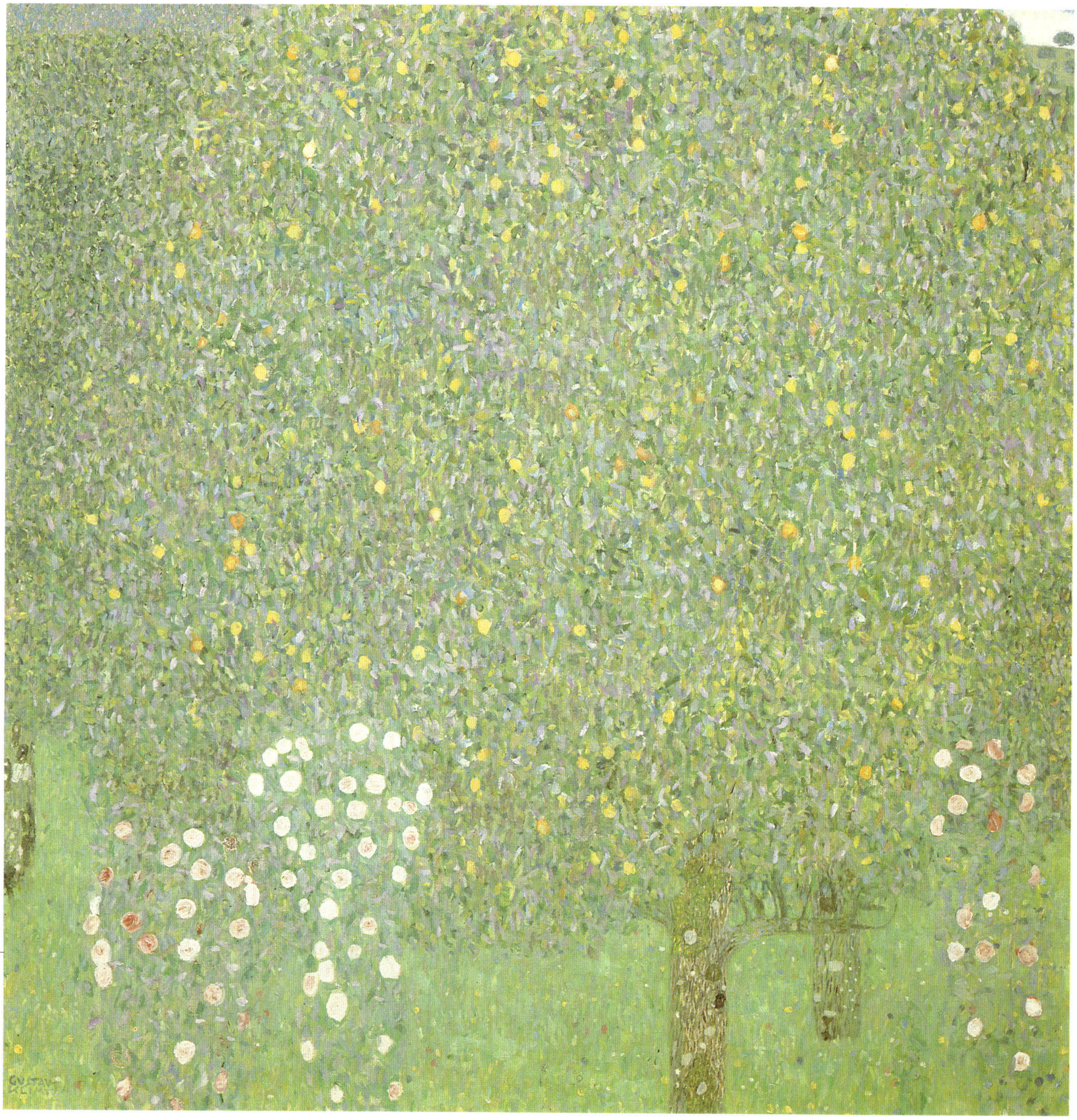

Gustav Klimt (1862-1918)
Rosiers sous les arbres, vers 1905
110 × 110
Acquis en 1980

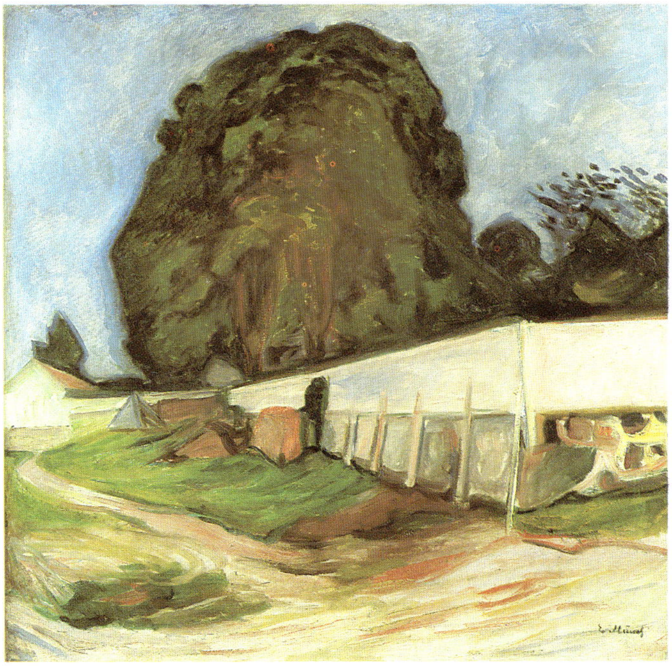

Edvard Munch (1863-1944)
Nuit d'été à Aasgaardstrand, 1904
99 × 103
Acquis en 1986

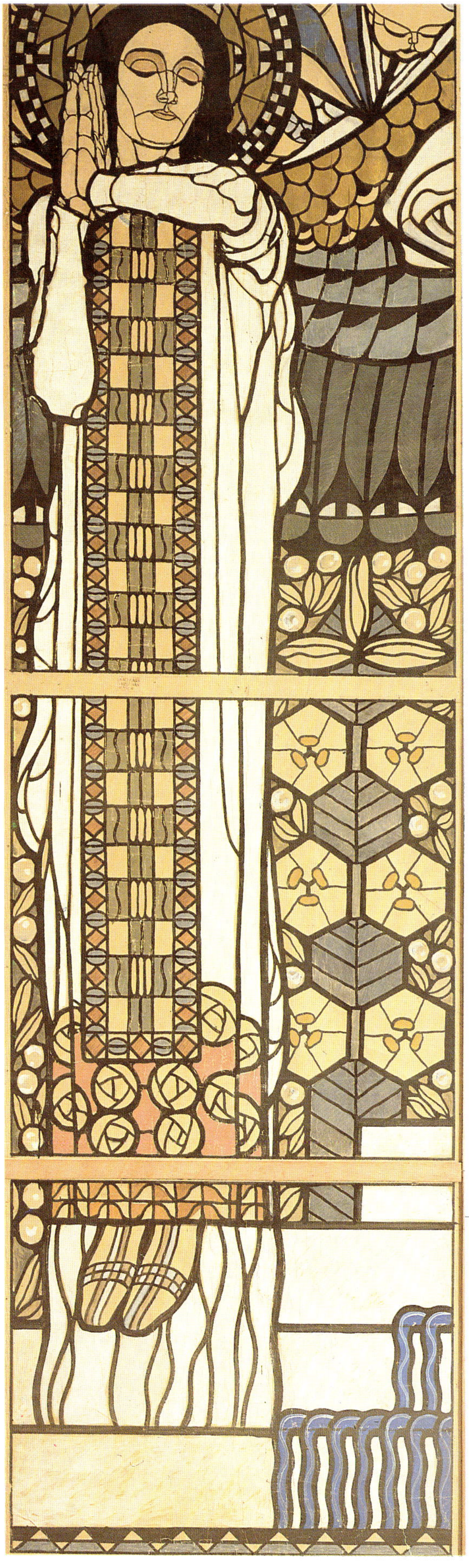

Koloman Moser (1868-1918)
Ange, carton de vitrail pour le portail de l'église du Steinhof à Vienne, 1904-1905
320 × 100
Acquis en 1980

INDEX DES NOMS

Albert (prince), 14.
Alsop (Enriqueta), *50*, *68*.
Aman-Jean, 127, *141*.
Amaury-Duval, *19*, 53.
Anet (Claude), 147.
Angladon-Dubrujeaud, 77.
Angrand, 86.
Antigna 6, 10, 16.
Apollinaire, 88.
Astruc, 53, 54.
Avril (Jane) 87, *104*, 105.

Balze (Paul), *18*.
Bassiano (princesse de), 147, *151*.
Bastien-Lepage, 126, 132, *132*.
Baudelaire, 46.
Baudry, 10, 14, *26*, 53.
Bazille, 7, *52*, 53, 56, *57*, 60, *60*.
Bazille (Marc), *52*, *57*, *60*.
Bellier (Jean-Claude), 11.
Bénard (Mme), 148.
Bénédite (Léonce), 8.
Benjamin-Constant, 126, *130*.
Bénouville (Léon), 13, *20*.
Bernard, 11, 88, *114*, *115*.
Bernard (Madeleine), *114*.
Bernheim de Villers, 11, *152*.
Bernheim-Jeune, 147, 148, *152*.
Bernstein, 147.
Besnard, 126, 127, *136*.
Bing, 147.
Bizet (Mme Georges), *136*.
Blanche, 127, *137*.
Blémont, *47*.
Böcklin, 11, 127, *138*.
Boldini, 127, *137*.
Bonheur (Rosa), 6, 17, *43*.
Bonnard, 11, 88, 89, *118*, 119, *119*, 123, *146*, 147, 148, *152*.
Bonnat, 10, 127, *136*.
Boudin, 9, 17, *50*, 54.
Bouguereau 14, 25, *25*.
Bourdelle, 148.
Boutaric (Mlle), 11, 88, *115*.
Braque, 154.
Breitner, 11, 126, *134*.
Breton, 10, 16, 17, 42, *42*.
Burne-Jones, 11, 127, *138*, 139.

Cabanel, 10, 14, 15, 25, *25*, 53, 132.
Caillebotte, 7, 8, 54, 55, 56, *63*, *66*, *69*, *72*, *73*, *74*, *76*, 79, 85, *91*.
Caillebotte (Martial), 7.
Camondo (Isaac de), 8, *21*, 54, 55, 56, *64*, *69*, *70*, *76*, 77, *78*, *79*, *82*, 85, *91*, *93*, *105*.
Cappiello, 11.
Cappiello (Mme), 11.
Carolus-Duran, 17, *47*.
Carpeaux, 17, *45*.
Carrière, 7, 127, *140*.
Cassatt, 55, 71, *71*.
Cassou (Jean), 9.
Castagnary, 17.
Cazin, 53, *131*.
Cézanne, 7, 8, 9, 11, 68, *69*, *84*, 85, 89, 90, *90*, *91*, *92*, 93, *93*, 123, *123*.
Champfleury, 17, 19.
Charigot (Aline), 81.
Charpentier (Dr et Mme), 9.
Charpentier (Mme Georges), 56.
Chassériau, 6, 13, 22, *23*.
Chassériau (Arthur), *23*.

Chauchard, 7, *27*, *33*, 35, *35*.
Cha-u-Kao, 87, *105*.
Chennevières (Philippe de), 6, 7, 16, 125.
Chintreuil, 17, *43*.
Cholet (Guy de), *112*, *116*.
Clemenceau, 7.
Collin, 14.
Comiot, *67*.
Coolus (Romain), 148, *152*.
Cormon, 126, *131*, *133*.
Corot, 6, 7, 8, 9, 15, 16, *37*.
Cottet, 128, 144, *144*.
Courbet, 5, 6, 8, 9, 11, 13, 15, 16, 17, *38*, 39, *39*, *40*, *41*, 42, 48, 54, 126, 144.
Courbet (Juliette), *38*.
Couture, 13, *22*.
Crivelli, 139.
Cross, 11, 86, *100*, *101*.
Cross (Mme), 86.

Daubigny, 6, 7, 15, 16, *34*.
Daudet (Mme), 56.
Daumier, 9, *12*, 15, *32*.
David-Weill (D.), *32*.
Davis (Edmund), 8.
Decamps, 7.
Degas, 7, 8, 9, 15, 16, *31*, 48, *49*, 55, 71, *76*, 77, *77*, *78*, 87, 88.
Delacroix, 5, 6, 7, 8, 11, 14, 17, *21*, 22, 46, 53.
Delaunay (Elie), 14, *24*, 125, *136*.
Denis (Maurice), 10, 88, 89, *121*, 123, *123*, 147, *150*, 151.
Denis (Marthe), 123.
Derain, 9, 148, *155*.
Desgoffe (Alexandre), *18*.
Detaille, 125.
Devillez, 140.
Diaz, 6, 15, 33, *33*.
Dieuhl, 87.
Dihau, 8.
Dol-Lair, *36*.
Doncieux (Camille), 54.
Doré, *124*, 125.
Doucet (Jacques), *111*.
Dreyfus (Carle), *122*.
Dubrujeaud, *64*, *77*.
Dubois-Pillet, 86.
Duchâtel, 14.
Duchâtel (comtesse), *18*.
Dupré, 15, 33, *33*.
Durand-Ruel, 15, 53.
Duret, 82.

Emperaire, 85, *90*.
Ensor 8, *143*.

Fantin-Latour, 7, 8, 17, 46, *46*, *47*, 53, *57*.
Faure, 53.
Faure-Frémiet (Mme E.), *40*.
Fels (comte et comtesse de), *49*.
Fénéon, 86.
Ferrier, 126.
Flandrin (Hippolyte), 10.
Forain, 10.
Frédéric, 128, *143*.
Fritel, 126.
Fromentin, 17, *44*.

Gabrielle, 56.
Gachet (docteur Paul), 9, 85, 86, *96*.
Gachet (Paul), *97*.
Gachet (Paul et Marguerite), *95*, *96*.
Garnier (Charles), *26*.
Garnier (Mme Charles), *26*.
Gas (René de), *49*.
Gauguin, 9, 85, 86, 87, 88, 89, *112*, 113, *114*, 115, *115*, *116*, *117*, 123, 128, 148.
Gautier, 14.
Gavet, 16.
Gebhard-Gourgaud (baronne Eva), 9, *90*, *94*, *110*, *152*.
Geffroy, 93.
Gérard (Robert), *28*.
Géricault, 5.
Gérôme, 13, *19*, 111.
Gervex, 10.
Gide, *123*.
Ginoux (Mme), 113, *113*.
Gleyre, 53.
Goldschmidt-Rothschild (Mme de), 9, *113*.
Gonzalès, 56.
Goujon (Pierre), *106*.
Goulue (La), 87, 105, *105*.
Goya, 54.
Guigou, 9, 17, *51*.
Guillaumet, 17, *44*.

Halphen (Mme Fernand), *96*.
Hartmann (Frédéric), 16.
Hartmann (Mme), 6, *36*.
Haussmann, 74.
Hayem (Charles), 15.
Hébert (Dr Pierre), *102*.
Henneguy (Mlle), *40*.
Hodler, 8.
Homer, 8, *135*.
Huc de Monfreid (Mme), 117.
Huet, 11, *22*, 127.
Hugo, 125, 126.

Ingres, 6, 11, 14, *18*, 19, *20*, 53.
Isabey, 11.

Jacque, 10, 33.
Jacquet (Mlle Thadée), 127, *141*.
Jeantaud (Mme), 55.
Jongkind, 9, 17, *51*.
Jourdain (Mme Roger), 127, *137*.
Julian, 88, 144.

Kaganovitch (Max et Rosy), 9, 85, 148, *155*.
Khnopff, 11, 128, 140.
Klimt, 8, 11, 149, 156, *156*.
Knoedler (Roland), *129*.

Landelle, *135*.
Laroche (Jacques), 9, *62*, *152*.
Laurens (Jean-Paul), 14, 27, *27*.
Laval, 88.
Le Barc de Boutteville, 128, 147.
Lefebvre, 14.
Legros, 10.
Lemaître, *19*.
Lemmen, 11, 87.
Lévy-Dhurmer, 128, *141*.
Lhermitte, 10, *42*, 126, *132*.
Lheureux, *143*.
Liebermann, 126, *134*.

Loiseau (Ivan), 127.
Louis-Philippe, 5.
Loynes (Mme de), *19*.
Luce, 11, 86, *102*.
Lugné-Poe, 147.
Lung (M. et Mme Frédéric), 9, *117*.
Lutèce Foundation, *114*.
Lwoff (André et Stéphane), *134*.
Lwoff (Mme), 127, *134*.

Maillol, 29, 89, *120*, 147.
Maître, 53.
Makart, *26*.
Mallarmé, 7.
Mancini, *134*.
Manet (M. et Mme Auguste), *49*.
Manet 7, 8, 9, 11, 14, 16, 17, 27, 46, 48, *49*, 53, 54, 55, *58*, 59, *59*, 60, *63*, *64*, *65*, 67, 71, 90, 126, 132.
Manet (Mme), 7.
Mantegna, 132.
Marquet, 148, *155*.
Martin (Henri), 10.
Matisse, 11, 14, *94*, 148, *154*.
Matsukata, 9, *115*.
Mazois, 22.
Meissonier, 7, 10, 14, *27*, 125, *129*.
Meissonier (Charles), 125.
Meissonier (Mme), 125, *129*.
Mellerio, 89, 123.
Ménard, 10, *144*.
Menzel, 127.
Merson, 10, *129*.
Meunier, *133*.
Meyer (M. et Mme André), *116*.
Meyer de Haan, 88.
Michel-Ange, 139.
Millet, 5, 6, 7, 8, 15, 16, 33, *34*, 35, *35*, *36*, 42, 126.
Mollard (Eduardo), 9, *50*, *68*
Monet, 7, 8, 9, 11, 16, 17, 33, 53, 54, 55, 56, *59*, 60, *61*, *62*, *66*, 67, *67*, 74, *74*, *75*, 82, *82*, *83*, 85.
Monet (Michel), *82*.
Monnom (Marie), *140*.
Montesquiou, *137*.
Monticelli, 17, *45*.
Morbelli, *142*.
Moreau, 15, *30*, *31*.
Moreau-Nélaton (Etienne), 8, *12*, 13, *51*, 53, 54, 56, *58*, *65*, *66*, *67*.
Morisot, 54, 71, *71*.
Morot, 14.
Moser, *157*.
Mucha, 11, 128, *145*.
Mucha (Jiri), 11, *145*.
Munch, 8, 11, 149, *157*.

Napoléon III, 25, *25*, *42*, 53, 126.
Natanson (Alexandre), 121, *121*.
Natanson (Reine), 11.
Neuville (de), 10, *129*.

Ovide, 31.

Pailleron, 127, *136*.
Pasca (Mme), *136*.
Péladan, 126.
Pelizza da Volpedo, 8, *142*.
Pellerin (Auguste), 11, 85, 86, *93*.
Pellerin (M. et Mme Victor), *92*.
Perret, 148.
Personnaz, 9, *71*, *104*, *106*.
Petit (Georges), 14.
Petitdidier, *47*.
Petitjean, 87.
Picasso, 88.
Picot, 14, 25.
Pils, 10.
Pinard (Henri), 137.
Pissarro, 7, 8, 9, 11, 53, 55, 67, 68, *68*, *69*, *79*, 85, 88.
Pissarro (Lucien), 87.
Pissarro (Paul-Emile), *68*.
Polignac (princesse de), 9, 148.
Pommery (Mme), 6, *34*.
Poussin, 13.
Proudhon (Mme), *40*.
Puvis de Chavannes, 7, 14, 15, *28*, *29*, 121, 125, 127, *130*.

Quinn, 86, *99*.

Radot (Mme Veuve Alexandre), *120*.
Ranson, 88, 123.
Raphaël, 54.
Ravier 17, *45*.
Redon, 9, 11, 85, 87, 107, *107*, *108*, 109, *109*, 123.
Redon (Mme), 87.
Redon (Ari), 11, 87.
Redon (Mme Ari), 11, 107, *107*.
Regnault, 14, *26*, 125.
Reinach, 31.
Renoir, 7, 8, 11, 14, 53, 55, 56, *57*, 67, *67*, 72, *72*, *73*, *79*, *80*, 81, *81*, 85.
Rimbaud, 46.
Rimsky-Korsakov, *25*.
Rochefort, 11.
Rodin, 149.
Rosenberg (Paul), *50*.
Rouart (Henri), 16, *32*.
Rouart-Manet, *49*.
Rousseau (Henri, le douanier), 9, 88, *110*, 111, *111*.
Rousseau (Théodore), 6, 15, 33, *33*.
Roussel, 88, *118*, 123, 147, 148, *151*.
Rouveyre, 148, *155*.
Roy, 88.

Samary (Henry), 87.
Sargent, 10, 127, *136*.
Satre (Mme), *114*.
Schuffenecker, 88, *115*.
Schuré, 31.
Segantini, 8, 128.
Seguin, 88.
Serov, 127, *134*.
Sérusier, 11, 88, *114*, 115, *115*, 123.
Seurat, 9, 29, 85, 86, 98, *98*, *99*, 128.
Signac, 11, 14, 86, *102*, *103*.
Signac (Ginette), 11, 86, *101*.
Sisley, 7, 8, 55, *66*, 67, *70*.
Société des Amis du Louvre, *39*, *67*, *107*.
Société des Amis du Luxembourg, *140*.
Société des Amis d'Orsay, *119*.
Spilliaert, *145*.
Spilliaert (Mme Madeleine), *145*.
Stevens (Alfred), 17, *42*.
Straus (Mme Emile), 136.
Strinberg, 11.
Stschoukine, 148.
Stück, 11, *139*.

Terrasse (Charles), 11.
Terrasse (Claude), 11.
Thaulow, *137*.
Thiéry (Thomy), 6.
Thiollier (Félix), *45*.
Thomas (Gabriel), 148.
Tiepolo, 13.
Tissot, 10, 17, *46*.
Titien, 54.
Toorop, 128, *145*.
Toulouse-Lautrec, 8, 9, 85, 87, *104*, 105, *105*, *106*.
Troyon, 10, *43*.

Valadon (Suzanne), 81.
Valentin le désossé, 87, 105.
Vallotton, 88, 89, *122*, 147.
Van Gogh, 8, 9, 85, 86, *94*, *95*, *96*, 97, 113, *113*, 148.
Van Rysselberghe, 11, 87, *101*, *140*.
Veil-Picard (Mme Jeannette), *49*.
Verlaine, 46, 127, *140*.
Véronèse, 13.
Victoria (reine), 14.
Vitali (comtesse), 112.
Vlaminck, 148.
Vollard, 88, *114*, 123.
Vollon, 10.
Voragine (Jacques de), *24*.
Vuillard, 11, 88, 89, *118*, 119, *120*, 121, *121*, 123, 147, 148, 151, *151*, *152*, *153*.

Wagner (Otto), 149, 156.
Wagner (Richard), 56.
Watel-Dehaynin, 126, *130*.
Whistler, 7, 8, 17, 46, 48, *48*, 53.
Weerts, 10.
Wildenstein (Daniel), 11, *119*.
Winterhalter, *24*.

Zagorowsky (M. et Mme), *141*.
Zola, 8, 53, 54, 59, *64*.
Zola (Mme), *64*.

Table des matières

Avant-propos
Françoise Cachin 3

Introduction
Michel Laclotte 5

Eclectisme et Réalisme
Geneviève Lacambre 13

Impressionnisme
Claire Frèches-Thory et Anne Distel 53

Post-Impressionnisme
Claire Frèches-Thory 85

Naturalisme et Symbolisme
Geneviève Lacambre 125

Après 1900
Claire Frèches-Thory 147

Index 158

Imprimé en Italie
Graphicom - Vicenza
Photogravure Scala - Italie
Dépôt légal: novembre 1991